동네 목사의 하루 에세이

동네 목사의 하루 에세이
매일의 은총 365일 묵상

초판1쇄   2023년 10월 4일
지은이   박주식
펴낸이   박진우
펴낸곳   엘리샤(주)
주소   서울시 동작구 사당로 16다길 6
전화   010-6733-1233
팩스   0504-415-8306
Email   odir@naver.com
등록번호   2019-000004

Printed in Korea

ISBN   979-11-966233-3-3   03230

동네 목사의 하루 에세이

매일의 은총 365일 묵상

지은이 박주식

엘리샤
ELISHA

서문

이전에 교회 담임목사로 사역하던 중에 여러 글이나 설교집를 접하면서 도움을 많이 받아 "나도 언제인가?" 하는 바램을 가지긴 했습니다.

그런 생각을 알고 있었다는 듯이 가까운 동기 몇몇 지인들 권고가 있기도 했습니다. 그렇지만 그것은 제게는 큰 도전이었습니다. 글 쓰는 재주도 미천한데 더욱이 세상에 글을 내놓을 만한 용기도 없어서 생각을 접었습니다. 그래서 잊고 지내던 중에 우연히 현재 원목으로 사역하고 있는 행복한 요양병원 이사장이신 이창섭 집사님께서 설교집을 내실 것을 말씀하셨습니다.

사역하고 있는 행복한 요양병원은 16년 전 개원한 이래 지금까지 하루도 빠짐없이 365일 새벽기도와 오전 예배를 드리고 있는데 예배당에 나오지 못하시는 환자들은 병실 TV영상으로 예배에 동참하고 있습니다.

드려진 헌금은 전액 선교비로 보내는데 한 곳에 미화 만 불을 기준으로 지금 80여 곳의 선교지를 도왔거나 돕고 있고, 수만 불씩 들여 십수 교회를 건축하고 외국인으로 신학을 졸업하는 수십 명에게 교회 개척 자금을 개인당 7백~천만 원씩 지원했습니다. 물론 이 선교비의 대부분은 병원 설립자이신 회장 이상일 장로님의 헌신으로 이루어진 것입니다. 더더욱 감사한 것은 병원 교회에서 매일 예배를 인도하면서 불신자인 간병사나 직원, 그리고 평생 예수와 상관없던 환자들에게 복음을 전하는 것입니다. 그래서 결신하는 수가 조금씩 늘어 최근에는 매년 80명 여명의 결신자에게 세례를 베풀다가 2022년에는 100명이 넘는 분들이 결신하여 세례를 베풀었습니다.

새벽과 오전 예배에 매일 동참하는 이사장이신 이창섭집사께서 출판을 권고해주시고 얼마 후에는 출판비의 일부를 미리 지불하셨다고 하시면서 출판으로 복음사역을 하시는 박진우집사님을 소개해 주셨습니다.

한참을 망설이다가 떠밀리듯이 용기를 내어 설교원고를 정리하던 중에 이전에 목회칼럼을 보신 교우들이 미소로 반응하던 얼굴들이 떠올라서 설교집 출판은 다음 기회로 미루고 묵상하는 칼럼집을 이렇게 먼저 출간하게 되었습니다. 물론 설교집을 추천한 집사님도 쾌히 응락해 주셨습니다. 아무리 보아도 미천한 원고입니다. 더군다나 "동네 목사 에세이"에 소개된 예화는 이미 세간에 오래전에 알려진 것들이 대부분입니다. 그렇지만 알고 있는 에피소드들이라도 읽는 이나 보는 사람의 시대나 환경에 따라 순간순간 그 주는 감동이 다르다고 믿습니다. 무엇보다도 짧고 간결하게 구성해 놓아서 많은 시간을 소비하기 싫어하는 현대인들이라도 가볍게 하루하루 읽고 묵상하도록 부제가 "365일 묵상집"으로 편집되었습니다.

바라기는 "동네 목사의 하루 에세이"는 가까운 동네의 목사의 어떤 이야기려니 생각하시면서 허물은 덮어주시고 신앙인격을 함양하여 신앙생활에 작게나마 도움이 되었으면 합니다. 특히 설교자들의 설교 예화에 자그마한 도움이라도 되는 것이었으면 합니다. 특별히 귀한 추천서를 써주신 존경하는 선배님들께 감사를 드립니다. 목사님들은 가까이서 제 인격과 제 목회에 직.간접으로 영향을 주신 분들입니다. 그리고 원고를 모아 출판해 주신 박진우 집사님께 감사를 드립니다. 평생 같은 걸음으로 동역한 노정자사모님, 그리고 목회현장에서 5살 때부터 피아노 혹 올겐 반주로 무보수를 고집하며 헌신한 딸 소리와 목회현장에서 묵묵히 순종한 아들 소민이 그리고 5년전 며느리로 들어온 후 거의 매주 방문해 주는 범수민에게도 고맙다는 마음을 지면을 통해 전합니다.

북한산을 바라보면서
박주식목사

추천사

김경원목사(서현교회 원로)

　사랑하는 동역자 박주식 목사님의 말씀 묵상집 "동네 목사의 에세이"(매일의 은총 365) 출간을 축하하며 기뻐합니다. 우리의 신앙생활 요소 중 가장 중요한 것은 말씀입니다. 말씀은 영혼의 양식이며 생명의 양식이며 내 길의 빛이요 등불이기 입니다. 말씀없이 신앙생활 하면 내 이성적 판단으로 하나님의 뜻을 곡해하게 되며 또 말씀의 뜻을 바로 알지 못하게 되면 잘못된 신앙에 빠지게 됩니다.

　박 목사님은 말씀 중심의 사역을 하셨고, 설교도 철저히 성경 중심의 강해설교를 하신 분이며 그 설교를 통해 은혜받은 기억이 있습니다. 섬기는 교회가 말씀 중심의 교회로 성장했습니다.

　이번에 출간된 말씀 "동네 목사의 하루 에세이"(365일 매일 묵상집)는 매일 매일 성도로서 삶의 바른 길을 가르쳐 주는 짧은 글입니다. 어떤 경우는 긴 설교 한편보다 깊이 묵상하면서 성령의 도우심으로 쓴 짧은 글들이 더욱 우리 마음 속에 깊이 있게 다가오며 하나님의 은총을 누리게 합니다. 하루를 시작하며 이 "동네 목사의 에세이"(365일 묵상집)과 함께 할 때 영적 큰 은총이 있을 것으로 생각합니다. 평신도들은 물론 목회자에게도 유익하리라 생각되어 기쁨으로 추천합니다.

김경원목사

전 교갱협의회 회장

전 한복협회장

현 서현교회 원로목사

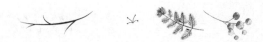

추천사

권성묵목사(청암교회 시인)

필자 박주식 목사는 이미 성공적으로 목회하신 후 명예스럽게 원로목사로 추대받고 지금은 요양 복지기관인 행복한요양병원 원목으로 그의 넘치는 에너지와 농익은 영성을 마지막 쏟아부으면서 보람있게 사역하고 있습니다.

금번에 정감이 가는 "동네 목사의 하루 에세이"라는 책을 상재(上梓)함에서 있어서 기쁜 마음으로 추천드리며 지각 있는 목회자들과 말씀을 사모하는 성도들의 애독을 바라면서 몇 가지 이유 때문에 귀한 책을 추천합니다.

첫째 이유, 이 책은 이론적인 서적이 아니라 성도들의 신앙생활에 도움을 줄 수 있는 책이기 때문입니다. 우리 그리스도인들이 기독교 서점에 가면 다양한 신학서적과 신앙서적을 접하게 됩니다. 평신도로서 전문 신학서적을 구입할 수 있습니다. 기독교 서적에 대한 상식이 부족하거나 가이드로서 보여주는 도서 정보가 빈약할 때 비롯되는 안타까운 귀결이지요. 박주식 목사는 가장 건전하고 안심할 수 있는 신학 과정을 마친 우수한 분입니다. 그는 신학 전문 지식의 단단한 바탕 위에 누구나 쉽게 읽고 실생활에 적용할 수 있도록 하나님의 말씀을 평이하게 풀이하여 영의 양식으로 섭취할 수 있도록 담아놓았습니다. 무신론자들의 악의적인 반론이나 공경에도 끄떡없이 지탱할 수 있는 난공불락(難攻不落)의 말씀의 성을 구축했습니다.

귀를 즐겁게 하는 얄팍한 깊이의 책은 많지만 하나님의 말씀의 원천으로 들어가서 생명을 살리는 생수를 자아올려 믿음의 본질이 무엇인지 보여주고 내공을 강화하여 장성한 그리스도인으로서 성장시켜 나가는 책을 만나기는 쉽지 않습니다. 이런 면에서 이 책은 그 니드(need)를 능히 달성하고도 남음

이 있습니다.

둘째 이유는 이 책은 숨 가쁘게 돌아가는 사역의 현장에서 뛰고 있는 목회자의 따끈따끈한 열정을 보여주는 책이기 때문입니다. 비록 일반목회 현장에서는 떠났으나 특수 사역을 하시는 분으로서 날마다 접하는 다양한 상황에서 보고 듣고 느끼는 것들이 영성 에세이의 질감을 더욱 쫄깃쫄깃하게 만들어 낸 줄 압니다. 명상의 책상에 앉아서 머릿속으로만 그려내는 일반 에세이와는 사뭇 다른 것이 바로 그런 점입니다.

하나님의 말씀을 명상으로 끝나는 명사형이 아닙니다. 이 영성에세이는 우리들이 살아가는 삶의 방향이고 가치이기도 합니다. 그렇게 삶을 움직이게 하는 글이기 때문에 동사형이 될 수밖에 없습니다. 이 글을 읽어가면 행간에서 소리 없이 외치는 음성을 들을 수 있는 솔솔한 재미도 맛볼 것입니다. 가슴을 뛰게 만드는 감동이 울컥울컥 벅차오르면 자리를 박차고 게으름의 엉덩이를 들고 손과 발과 머리와 몸의 실천을 요구하는 소리, 아마도 그것은 틀림없이 성령의 소리일 것입니다. 그래서 때로는 일어서서 읽게 될지도 모릅니다.

하나님의 말씀의 본질은 연구나 명상을 목적으로 쓰여진 것이 아니라 우리의 삶을 겨냥해서 만들어진 실천의 책이기 때문입니다. 맛있는 빵만의 특유한 냄새를 풍기면서 오븐에서 갓 구워낸 따끈따끈한 빵 같은 맛있는 영혼의 양식으로서 말씀을 날마다 만나는 혜택을 누리시기 바랍니다.

셋째 이유는 이 책은 단숨에 독파해야 할 책이 아니라 광야 이스라엘 백성들이 먹던 만나같이 일용할 양식입니다. 일반적으로 맘에 드는 수필집을 손에 들면 단숨에 독파할 수 있습니다. 그러나 이 책은 그런 성질의 것이 아닙니다. 이스라엘 광야 40년 생활에서 아침마다 이슬 같이 내리는 조반(朝飯)으로서의 기적의 음식 만나(manna)와 같은 성격을 가지고 있습니다. 아침마다 내리는 만나에 욕심을 가지고 한꺼번에 며칠 분을 모아 보관한다고 할지라도 다음 날이 되면 썩어지고 마는 것이 만나입니다. 만나는 이용할 양식이기 때문입니다. 본서의 제목 "동네 목사의 하루 에세이"가 암시하듯이 본서는

하루하루 먹을 수 있는 하루분의 양식을 나누고 있습니다. 물론 열심있는 독자가 하루에 다 독파해도 음식처럼 배탈나는 일은 없을 것입니다. 그러나 매일매일 식사량을 조절하듯 지혜로운 성도라면 가장 적절한 때의 은혜를 받고자 할 것입니다. 아무리 유비쿼터스(ubiquitous)같은 편리한 시대라고 할지라도 365일 영성 에세이 집이 나오기까지 얼마나 많은 수고와 끈질긴 인내의 땀을 쏟았을까 경의를 표할 수밖에 없습니다. 이미 일평생 성공적인 목회를 통하여 그의 고귀한 성실과 인내력은 검증된 바 있지만 더욱 놀라운 것은 그에게서 기성의 문인같은 유려한 표현력 법입니다. 남몰래 기울인 부단한 노력은 부인할 길 없겠지만 천부적으로 타고난 문필력의 재능 또한 부인할 길이 없습니다. 그동안 드러나지 않았던 숨은 모습입니다. 놀라움과 찬사를 주저없이 보냅니다. 대단하고 축하합니다.

이번 귀한 매일의 영성에세이를 부담없이 손을 뻗을 수 있게 가장 편리한 장소에 두고 매일 매일 만나시기를 추천드립니다. 여러분의 영성이 날마다 새로워질 것이며 영성 근육도 식스팩 복근처럼 튼실하게 만들어질 것입니다. 기회를 선용하십시오.

2023년 신록이 짙어가는 계절에
전 한국여자신학교교장
현 청암교회 원로
현 시인, 서예가

001
하나님의 사랑으로!

헬라사람들은 사랑을 이성간의 에로스, 형제의 필레아, 우정의 스톨게, 무조건적인 아가페로 구별하지만 "몽테뉴"라는 사람은 인간의 사랑을 두 가지로 분류했다. 하나는 젊었을 때, 초기적인 이 사랑을 "카오스의 사랑" 이라고 했고, 두 번째는 나이 든 이후의 사랑으로 좀 더 생각이 있고 성숙했을 때 하는 사랑 을 "코스모스의 사랑"이라고 했다. 초기적인 사랑인 "카오스의 사랑"은 사랑 때문에 아무 것도 할 수 없는 사랑이다. 사랑하는 님을 떠올리면 공부도 할 수 없고, 일도 손에 잡히지 않는다. 오직 그만을 생각하게 되는 것이다. 그러나 후기 의 사랑, "코스모스 사랑"은 그 사랑의 힘으로 인하여, 혹은 그를 사랑하기 때문 에 더 열심히 일을 하게 되고, 더 잘 살아야 되는 이유를 갖게 되는 사랑이다.

초기의 사랑은 불과 연기가 솟아오르는 사랑이라면, 후기의 사랑은 숯불과 같이 은은한 사랑이라고 할 수 있다. 초기의 사랑은 매혹적이고 성애적이고 정열적 이고 돌발적인 사랑이라고 한다면 후기의 사랑은 담담하고 우정적이고 모성애적인 사랑이라고 말할 수 있다.

그럼에도 불구하고 이러한 인간의 사랑이란 언제나 상대적이요, 조건적이다. 그래서 언제라도 변할 가능성이 있다. 그러나 변치 않는 사랑은 하나님의 사랑이다. 하나님의 사랑은 무조건적으로 사랑하시는 사랑이다. 인간의 사랑이란 세월이 가고, 환경과 여건이 바뀌면, 이성적이고 현실적이고 타협적으로 인간의 사랑은 자꾸 변해만 간다. 그러나 하나님의 사랑은 한결 같은 사랑이다. 그 사랑으로 한해를 지났다. 그리고 새해를 허락해 주셨다. 한 번 더 참아주시는 것이리라! 천년이 하루 같이 참아주시는 그 사랑으로 새로운 해를 또 허락하셨을 것이리라.

> "사랑하는 자들아 주께는 하루가 천년 같고
> 천년이 하루 같다는 이 한 가지를 잊지 말라."(벧후2:8)

002
승-승(勝-勝)적인 사람

일찍이 영국의 사상가인 베이컨은 사람들 가운데는 남을 해하므로 사는 거미 같은 사람이 있고, 남이야 상관없이 자기 살 궁리만 하는 개미 같은 사람도 있다고 했다. 그런가 하면 남도 잘되게 하고 자기도 잘되는 꿀벌 같은 사람이 있다고 했다. 이처럼 이 세상에는 세 가지 유형의 사람들이 있다.

첫째, 패-패(敗-敗)하는 사람이다. 자기도 망하고 남도 망하게 하는 자로 흔히 "너 죽고 나 죽자", "못 먹는 밥에 재나 뿌리자"는 식으로 사는 자이다. 남의 것 빼앗고 훔치고 심지어 사람까지 해치며 사는 자이다. 맛없는 음식이 뜨겁다는 말이 있듯이 못된 인간은 못된 짓만 한다.

둘째, 패-승(敗-勝)하는 사람이다. 남은 못 되더라도 자기만 잘 되면 그만이라고 생각하는 사람이다. 불신 세상 사람의 상당수가 여기에 속한다. 이기주의자로 자신의 배만 채우고, 자신의 이익만 챙긴다. 남의 자식은 어떻게 되든 내 자식만 잘 되면 그만이라고 생각하는 사람이다.

셋째, 승-승(勝-勝)하는 사람이다. 자기도 잘 되고 남도 잘 되게 하는 사람이다. 세상에는 매우 드문 형이다. 하지만 하나님을 믿는 사람 중에 이런 사람이 많다. 이 사람은 남을 이롭게 한다. 어려운 이웃에게 봉사하고, 힘들게 사는 사람을 도우며 산다. 이 사람은 하나님을 기쁘시게 하고 사람도 기쁘게 하기 위하여 이 사람은 사랑을 실천한다. 하나님께 사랑받고 사람들에게 존경받는 사람이다. 자신도 복을 받고 남도 복 받게 하는 이 사람은 사회에 꼭 필요한 산소 같은 사람이다. 꿀 벌 같은 사람이다.

거듭난 성도라면 패-패적인 삶에서 패-승적인 삶으로, 패-승적인 삶에서 승-승적인 삶으로 바뀌어져 성숙한 그리스도인이 되어야 하리라.

"우리 각 사람이 이웃을 기쁘게 하되
선을 이루고 덕을 세우도록 할지니라."(롬15:2)

003
희생 = 하나 되는 길

일본의 여류 작가 미우라 아야꼬가 결혼을 하고 난 후 부업으로 구멍가게를 하나 열었다. 그런데 가게를 열자 장사가 잘 되었다. 매일 트럭으로 물건을 받아와도 금세 다 팔려버렸다. 너무 장사가 잘되니까 새벽부터 밤늦게까지 장사에만 매달려야 했다.

어느 날 믿음이 좋은 그녀의 남편이 아야꼬 한테 이렇게 이야기한다. "우리가 아무래도 잘못하고 있는 것 같소, 우리 가게가 너무 장사가 잘 되어 우리이웃의 가게들이 문을 다 닫을 지경이 되었고, 이것은 예수 믿는 사람이 해서는 안 될 일인 것 같소" 그러면서 부부가 같이 기도했다고 한다. "하나님 우리가게만 잘 되어서 가장 소중한 이웃과의 사랑의 줄이 끊어지는 일이 없게 도와주시옵소서! 사랑의 낙오자가 되지 않도록 도와주시옵소서". 그리고 다음날부터 가게에는 상품을 3분의1 정도만 갖추어 놓았다. 구색을 맞추지 않았다. 그랬더니 모든 가게가 다 번창하게 되었다. 그러다보니까 시간이 좀 남게되어 그때부터 이 미우라 아야꼬는 소설을 쓰기 시작했고 그 책은 많은 사람에게 감동을 주는 베스트셀러가 되었다.

그 소설이 우리나라에도 많이 알려진 "빙점"이다. 더욱이 소설이 현상 응모에 당선되어 가게를 꾸리면서 번 돈보다 더 많은 돈과 명예를 얻게 된 것이다. 후안 카를로스 오르티즈 목사님은 하나 됨을 "으깬 감자"라고 표현했다. 감자를 완전히 으깨듯이 자신을 완전히 희생해야 하나가 된다는 것이다. 하나가 되기 위해 제일 필요한 것은 내가 희생해야 하는 것이다. 다른 사람과하나 되려면 자기를 내어주어 희생해야만 한다. 이 길이 결국 하나님 앞에 복된 길이리라.

"그는 우리의 화평이신지라. 둘로 하나를 만드사
원수된 것 중간에 막힌 담을 자기의 육체로 허시고"(엡2:14)

004
완고한 생각을 버리라

1867년 미국은 미국 본토의 5분의 1에 달하는 알래스카 땅을 러시아로부터 720만 달러에 사들였다. 그때 미의회는 쓸모없는 땅을 의회의결도 없이 거액에 샀다고 국무장관 슈워드와 대통령 앤드류 존슨을 소환해 맹공격했다. "얼음이 그렇게 필요합니까? 왜 쓸데없이 얼음 땅을 720만 달러씩이나 주면서 샀습니까?" 그러자 대통령은 "여러분! 죄송합니다. 그래도 이미 산 것을 어떻게 합니까? 의회에서 의결을 하고 싶었지만, 그러면 토론이 길어지고, 방송이 떠들고, 소문이 퍼지고, 그러면 러시아가 팔지 않겠다고 하거나 값을 많이 달라고 할 것 같아서 국무장관과 의논해서 그냥 사버렸습니다. 용서해주십시오." 결국 의회가 조사단을 파견해 알래스카를 조사했다. 그랬더니 금과 은과 백금이 엄청나게 매장되어 있었고, 풍요한 어장과 울창한 산림이 있었고, 무진장의 석유가 매장되어 있었다. 코가 납작해진 미국 의회는 대통령에게 사과를 했다. "당신의 사과를 되돌려 드립니다. 알래스카는 얼음 창고가 아니라 보물창고였습니다. 정말 잘 사셨습니다."

우리는 어떤 사안을 가지고 함부로 비판하지 말아야 한다. 조금 더 많이 알고, 조금만 더 냉정하게 따져보면 생각이 바뀔 수 있는 일이 많기 때문이다. 쓸모없는 얼음 창고인 줄 알았던 것들이 보물창고가 되는 경우들을 우리는 무수하게 보며 지내왔다. 우리의 판단들이 틀렸었다는 기억을 잊고서 현재의 단순한 판단으로 무조건 비판하고 배척하는 것은 결코 바람직한 태도가 아니다.

그래서 주님께서는 산상수훈에서 "비판을 받지 아니하려거든 비판하지 말라"하셨으리라(마7:1).

> "그러므로 남을 판단하는 사람아 무론 누구든지 네가 핑계치 못할 것은
> 남을 판단하는 것으로 네가 너를 정죄함이니 판단하는 네가
> 같은 일을 행함이니라."(롬2:1)

005
남는 감자는 썩는다!

L.A 클라크라는 한 미국 부인은 농장에서 유년 시절을 보냈다. 가을철 추수 때가 되어 감자를 거둬들여야 했는데 그녀의 아버지는 너무나 바빠서 그 일을 할 틈이 없었다. 그래서 아버지는 딸에게 품삯을 줄 터이니 감자를 거둬들이라고 해서, 그녀는 땀을 흘리고 애를 써서 감자를 거둬들였단다. 그러는 동안 만족감과 고마움을 느끼게 되었다. 그런데 한 가지 불평거리가 생기고 말았다. 왜냐하면 그녀의 아버지가 겨울에 자기 집에 찾아오는 손님들에게 자기가 애써 거둬들인 감자를 아낌없이 나눠줬기 때문이다. 클라크는 그 감자가 너무도 아까웠다. 감자를 아낌없이 주는 아버지가 서운하기까지 했다. 그래서 하루는 아버지에게 불평을 털어놓았다. 그러자 아버지가 웃으면서 그녀에게 말했다.

"얘야, 감자라는 것은 나누어주어야만 우리에게 남는 법이란다. 나누어주지 않으면 남은 감자가 썩어 버린단다." 하지만 어린 클라크는 그 말을 이해하지 못했다. 그러나 이듬해, 그녀는 비로소 이해할 수 있었다. 그 해 봄까지 감자가 썩지 않고 남아 있던 집은 클라크네 집 밖에는 없었던 것이다. 이웃집들은 그대로 쌓아 두었기 때문에 썩어서 남도 못주고 자기도 못 먹게 되었다.

사람들은 무엇이든지 움켜쥐려고만 한다. 그러나 쌓아놓아 썩게 하는 것은 죄악이다. 그래서 야고보는 경고한다. "저희 재물은 썩었고 저희 옷은 좀 먹었으며 너희 은과 금은 녹이 슬었으니"(약 5:2,3).

실로 하나님의 법칙은 나누는 것이다. 하나님은 나눌 때 더 좋은 것으로 채우신다. 있는 것들이 썩어나간다면 그 사람에게는 화가 있다고 하신다. 민속 명절이 다가온다. 외롭고 가난한 이웃과 함께하는 자라면 하나님의 사랑이 그 위에 머문 자이리라.

> "주라 그리하면 너희에게 줄 것이니 곧 후히 되어 누르고 흔들어
> 넘치도록 하여 너희에게 안겨 주리라."(눅6:38)

006
상대의 약점을 담당하라!

30대 미혼청년들은 명절에 친척이 함께 하는 가정에 머물기를 싫어한다고 한다. "결혼은 언제나 할 것이냐? 애인은 있느냐?"는 말들이 싫기 때문이다. 그렇지만 결혼에 대한 가장 큰 어려움은 결혼에 대한 당사자의 열망의 부족 때문이라고 생각한다. 결혼하여 상대에게 희생하겠다는 의식이 바탕이 된 열망을 가지고 있다면 결혼은 그렇게 어려운 것만은 아닐 것이다.

미국의 위대한 청교도요 경건주의자로서 목회자요 저술가인 조나단 에드워드가 프린스턴신학교 교장으로 있을 때 일이다. 그에게는 성격이 꽤 까다로운 딸이 있었다. 그 딸이 적령기가 되었는데 그녀를 바라보는 아버지의 마음은 무겁기만 하였다. 딸의 성격으로 결혼생활을 원만히 해낼 것 같지 않았기 때문이다. 그런데 하루는 꽤 괜찮은 청년이 청혼을 했다. 그러나 아버지는 오히려 청년을 향하여 "나는 아비로서 자네의 청혼을 받아들일 수 없네. 결혼할 생각을 하지 말세나." 그러나 이 청년은 물러날 생각을 하시 않았나. "서로 사랑하고, 예수를 믿는데 어찌 결혼할 조건이 되지 않는 겁니까?"라며 청년은 물러서지 않았다. 그러자 조나단 에드워드는 "내 딸 같은 사람과 함께 하려면 그는 하나님이라야 할 걸세. 자네가 하나님이라도 된다는 말인가?"

우리 중에 어떤 약한 자를 받아 짐을 져주려면 하나님처럼 하여야할 경우가 있다. 그들을 포근히 감싸주는 "작은 예수"가 되어야 한다. 더더욱 결혼생활은 물론이고 교회생활에서는 상대방의 약점을 담당하려는 희생이 절대적으로 필요하다. 물론 우리네는 언제나 기쁨으로 약한 자의 짐을 질 수만은 없는 것이 현실이다. 그럼에도 상대편의 약점을 끌어안고 인정하며 짐을 져주는 관계가 되어 질 수만 있다면 서로 끈끈한 관계가 되어 질 것이리라.

> "마땅히 믿음이 약한 자의 약점을 담당하고
> 자기를 기쁘게 하지 아니할 것이라."(롬15:1)

007
설 명절을 보내며!

설 명절이 지난 지 한주가 되었으나 명절만 생각하면 머리가 질끈 아파온다 는 분들이 많다. 소위 명절증후군을 앓고 있는 것이다. 스트레스가 얼마동안 연장되는 상태인데 이외로 우리네 주부들은 명절로 인한 많은 고통을 호소한다. 맏이인 어느 집사님 집에는 가족과 친족들 이삼십 명이 명절 하루전부터 모여 들었다고 한다. 집사님이나 권사님은 언제나 기쁘게 이들을 맞아 접대하려 하지만 점점 이들이 부담 없이 먹고 즐기기만 하다가 가는 것이 힘겹게 여겨지는 듯이 보였다. 음식을 간단하게 준비하려고 하지만 막상 그럴 수는 없어 명절만 가까워지면 걱정을 하며 시장을 오가는 것을 보며 안쓰러운 마음까지 들었다.

또 다른 가족은 명절이지만 맏이인 집에서만 모이는 것이 아니라 형제들 집을 돌아가며 모인다. 모일 수 있는 공간만 확보된다면 형제들이 고통을 서로 분담한다는 면에서 좋은 방법이다. 그러나 서로가 은근히 비교하는 마음이 들게 되어 음식준비에 소홀하지 않으려는 마음의 부담은 역시 스트레스로 남는다. 어떤 가족은 명절에는 여러 친족들이 분담한 음식을 각자의 집에서 한두 가지씩 마련하여 준비해 온다. 그리고 중요한 메뉴들은 함께 만들면서 그동안 쌓인 이야기 등을 나눈다. 한두 사람에게 일을 맡기는 것이 아니라 함께 준비 하고 함께 상차림을 하고 설거지를 하니 명절이 덜 힘들게 여겨진다.

그렇지만 무엇보다 마음이 중요할 것이다. 어차피 감당해야 할 일들이라면 즐겁게 대접하는 마음으로 한다면 사람이 마냥 좋고 일들이 즐거운 것이다. 음식 자체도 중요하지만 집안 친족들이 모처럼 모여 함께 예배를 드리고 서로의 안부를 물으며 지낸다는 것이 그렇게 즐거운 것이리라.

> "그러므로 무엇이든지 남에게 대접을 받고자 하는 대로
> 너희도 남을 대접하라. 이것이 율법이요 선지자니라"(마7:12)

008
마더 테레사 효과

"마더 테레사 효과"라는 것이 있다. 마더 테레사 수녀처럼 남을 위한 봉사활동을 하거나 선한 일을 보기만 해도 인체의 면역기능이 크게 향상되는 것을 말한다. 하버드 대학에서 의대생을 대상으로 한 실험을 했다. 학생들을 봉사활동에 참여시킨 후 체내 면역기능을 측정했다. 그 결과 면역기능이 크게 증강되었다. 이번에는 마더 테레사의 전기를 읽게 한 다음 인체 변화를 조사했다. 그런데 놀랍게도 단지 그 책을 읽은 것만으로도 면역기능이 크게 향상되는 것으로 나타났다. 연구진은 이와 같이 봉사활동을 하거나 봉사하는 모습을 보기만 하여도 면역기능이 높아지는 것을 두고 "마더 테레사 효과"라는 이름을 붙였다. 이런 일은 사람의 침에 면역항체 "IgA"가 들어 있는데, 근심이나 긴장상태가 지속되면 침이 말라 이 항체가 줄어든다고 한다. 연구를 주관한 대학교수는 실험 전에 학생들의 "IgA" 수치를 조사하여 기록한 뒤, 마더 테레사의 일대기를 그린 영화를 보여수고, "IgA" 수지가 어떻게 변화하였는지를 비교분석하였다고 한다. 결과는 "IgA"수치가 실험 전보다 일제히 높게 나타났으며 이런 효과에 봉사와 사랑을 베풀며 일생을 보낸 테레사 수녀의 이름을 붙였다.

2차대전 중에 모자라는 약을 대신하여 소화제를 주어 효과를 본 일이 있는데 이를 "플라시보 효과"라고 불렀다고 한다. 플라시보 효과란 약효가 전혀 없는 거짓약을 진짜 약으로 가장하여, 환자에게 복용토록 했을 때 환자의 병세가 호전되는 효과를 말한다. 반대로 "노시보 효과"란 적절한 처방이나 약도 정작 환자 본인이 믿지 않고 의구심을 가지면 약을 먹는다 해도 잘 낫지 않는 것을 말한다. 그래서 현대의학에서는 스트레스를 암의 원인으로 꼽고 있다. 안정되지 못하고 조화를 잃은 마음이 각종 발암의 원인이라고 하는 것이다. 그래서 지혜자는 "마음의 즐거움은 양약이라도 심령의 근심은 뼈를 마르게 하느니라"고 했다(잠17:22).

"노하기를 더디하는 자는 용사보다 낫고
자기의 마음을 다스리는 자는 성을 빼앗는 자보다 나으니라."(잠16:12)

009
오직 예수그리스도

고승으로 알려진 성철은 고행에 도가 튼 사람이었다. 그는 결혼 직후 처자식을 버리고 집을 떠나 수행을 했는데 부모가 찾아와도 수행에 방해된다고 만나지 않았다고 한다. 거처에 철조망을 치고 10년 동안이나 아무도 못 들어오게 했다. 16년 동안 쌀가루와 솔잎가루만 먹고살았다. 그리고 8년 동안 눕지 않고 자면서 수행을 했다고 한다. 그런데 그가 마지막에 그가 남긴 말은 뜻밖의 말이었다. "나는 한평생 무수한 사람을 속였으니 그 죄업이 하늘에 가득 차서 수미산보다 더 높다. 산채로 떨어져 그 한이 만 갈래니 한 덩이 불덩이가 푸른 산에 걸려 있다." 한평생을 고행하며 도를 쌓았는데 안타깝게도 그는 후회하는 말로 마친 것이다.

유명한 시인 윌리엄 카우퍼(Cowper)도 "내가 살아서 무엇하나?" 하면서 괴로워 하다가 좌절 속에 빠졌던 적이 있었다. 어느 날 그가 창문가에 앉아 성경을 펼쳤다. 로마서 3장25절의 말씀이 눈에 들어왔다. "이 예수를 하나님이 그의 피로 인하여 믿음으로 말미암는 화목 제물로 세우셨으니 이는 하나님께서 길이 참으시는 중에 전에 지은 죄를 간과하심으로 자기의 의로우심을 나타내려 하심이니"(25절). 카우퍼는 이 말씀을 읽고 그 때의 감동을 이렇게 적었다. "그것을 읽고 나는 큰 힘을 얻었다. 의의 태양 빛이 전혀 가림 없이 내게 비추어졌다. 나는 그리스도께서 용서와 완전 칭의를 위해서 이루신 속죄를 보았다. 전능하신 하나님의 팔이 나를 붙잡아 주시지 않았다면 나는 감사와 기쁨 때문에 압도되었을 것이다. 내 눈에는 눈물이 가득했고 목이 메어 말할 수 없었다. 나는 사랑과 경의가 넘치는 채 조용한 침묵 속에서 하늘을 쳐다 볼 뿐이었다."

성도들이 "오직 그리스도"라고 고집하는 까닭이 있다. 예수그리스도께서 우리의 구원을 이루어 놓으셨다. 그리고 믿기만 하라 하셨기 때문이다. 예수그리스도만이 우리의 모든 것이 되심을 아는 것이 참된 지혜리라.

"누구든지 주의 이름을 부르는 자는 구원을 얻으리라."(행2:21)

010
나를 살린 십자가

　스코틀랜드에서 성자로 존경받는 수도사 성 카일스는 원래 아덴의 왕자다. 하지만 예수님을 만난 후부터는 세상의 부귀영화를 배설물로 여기고 깊은 산속에 들어가 수도사가 되었다. 그런데 그가 수도를 위하여 떠날 때 어려서부터 기르던 암 사슴 한 마리가 어미처럼 따르기 때문에 데리고 갔다. 그는 산 속에서 암 사슴을 자식처럼 여기며 돌봐 주고 사슴과 함께 시간들을 보낼 수 있었다. 그때 마침 프랑스의 어떤 임금이 사냥을 하기 위하여 깊은 산속으로 들어 왔는데 바위 밑에 엎드려 있는 사슴을 발견하고 먼 곳에서 화살을 쏘았다.
　사슴 곁에서 기도하고 있던 성자는 이상한 소리를 영감으로 깨닫고 눈을 뜨니 화살이 자기가 아끼는 사슴을 향하여 날아오는 것이 아닌가. 순간 그는 손을 내 밀어 화살을 막았는데 화살이 성자의 손바닥을 뚫고 사슴에게 꽂혔지만 성자의 손에서 충격이 완화 된 화살을 사슴에게 상처는 입혔지만 치명적이지 못했다. 하지만 성자의 뚫어진 손바닥에서는 붉은 피가 쏟아졌다. 사슴이 죽은 줄 알고 달려온 프랑스의 임금은 자신의 눈 앞에 벌어진 광경을 보는 순간 깜짝 놀랐다. 그는 성자의 손바닥에서 흐르는 피를 보는 순간 그리스도가 십자가에 달려 피 흘리는 손이 연상되어 그 자리에 엎드려 울면서 회개하였다.
　성자가 손바닥으로 화살을 막아 사슴을 살렸듯이 그리스도께서는 우리 죄값을 십자가 위에서 대신 치루셨다. 내 대신 누군가 한 학기 등록금을 내 준다면 감사할 것이다. 내 대신 누가 감옥에서 살아 준다면 평생 그 은혜를 못 잊을 것이다. 그런데 내 대신 죽어준 사람이 있다면 평생토록 그분 앞에서 순종하고 겸손한 모습으로 살 것이다. 나를 대신하여 지신 십자가는 나를 구원하여 영원한 영생까지 얻게 하셨으니 무엇으로도 다 갚을 수가 없으리라!

"또 십자가로 이 둘을 한 몸으로
하나님과 화목하게 하려 하심이라."(엡2:16)

011
십자가를 믿는 자들에게 부활의 능력이!

오래 전에 동남아시아에서 한 선교사가 있었다. 선교활동을 하던 지역에서 이름 모를 질병으로 수많은 삶들이 죽어가는 것을 바라보다가 그는 결심했다. 그들을 살리기 위해 자신의 몸속에 그 세균을 넣고 미국의 존스 홉킨스 대학에 가서 자신의 피로 면역체를 개발하게 하였다. 고열이 나고 통증은 점점 더해 갔으며 결국 그 선교사님은 그 병원에서 죽고 말았다. 그러나 그 희생의 결과 질병의 면역체를 만들 수 있었고 그것으로 동남아시아의 죽어가던 사람들을 모두 살릴 수 있게 되었다. 이 선교사가 자원하여 희생함으로 죽어가던 수많은 사람들을 살릴 수 있게 된 것 같이 예수님께서 우리의 죄를 대신 담당하시고 십자가에서 죽으심으로 죄로부터의 승리가 우리에게 주어진 것이다.

성경은 우리가 죄로 죽었던 존재들이라고 선언한다. 하나님과 분리된 저주 가운데 살던 존재였다. 그런데 예수님이 십자가에서 죽으심으로 십자가를 통해 화목한 관계로 회복하신 것이다. 성경은 우리는 죄로 더럽혀진 존재들이라고 하였다. 아무리 씻으려고 해도 조금도 깨끗해지지 않는 것이 우리의 양심이다. 어떻게 씻을 수 있는가? "여호와께서 말씀하시되 오라 우리가 서로 변론하자 너희 죄가 주홍 같을지라도 눈과 같이 희어질 것이요 진홍같이 붉을지라도 양털같이 되리라"(사1:8). 예수님이 십자가에서 흘리신 피로써 이 일이 가능하다. 나아가 성경은 우리의 죄는 우리의 기억과 양심 속에 있고 하나님의 행위록에 지워지지 않는 글로 기록되어 있다고 하신다(계20:12). 그런데 예수님이 "십자가에 못 박으심으로 그 증서를 도말"하셨다고 선언한다(골2:14). 그러므로 성도는 십자가로 용서의 확신을 가짐으로 죄책감으로부터 승리한다. 십자가의 예수님을 통하여 하나님과의 관계를 회복하여 죄의 종이 아닌 의의 종으로 살아간다. 사망권세 깨뜨리시고 부활하신 예수 그리스도께서 믿는 성도들을 죄와 사망에서 구원하시고, 또한 영원한 생명의 나라로 인도해 주시기 까닭이리라.

> "우리 주 예수 그리스도로 말미암아
> 우리에게 승리를 주시는 하나님께 감사하노니"(고전15:57)

012
하나님의 말씀으로 양육하라.

아이젠하워 대통령의 신앙은 그의 어머니의 철저한 신앙교육의 결과였다. 그는 가난한 가정에서 자랐기에 등록금혜택을 받는 사관학교를 선택해 공부를 했다. 1차 대전이 일어났을 때 그는 소위로 임관했는데 그는 복무 중에도 주일만 되면 전차안에 아이들을 데려다가 성경을 가르치며 예배를 드렸다고 한다. 2차 대전 때에는 연합군 사령관이 되었다. 그는 하나님이 함께하심을 믿고 기도했다. 그러자 하나님이 그와 함께하셔서 큰 업적들 을 남기게 하셨다. 2차대전 종식의 분수령이 되는 노르망디상륙 작전을 성공하였다. 한국전쟁에서 휴전을 이끌어 전쟁을 끝냈다. 그의 어머니는 부모님이 어릴 때 돌아가셔서 그녀는 외할아버지 댁에서 지냈다고 한다. 외조부모는 외손녀를 학교에 보내는 대신 교회학교로 보냈다. 어려서부터 하나님의 말씀을 듣고, 외우는 것을 축복으로 알았던 것이다. 그리고 장성한 후에는 성경을 더 많이 외워 600절 이상 암송했다고 한다. 말씀으로 훈련을 받은 그녀는 결혼해서 아이젠하워를 낳았는데 이 아들에게도 그가 배운 대로 신앙교육을 시켰다. 철저한 가정예배와 말씀 순종하는 생활을 모습을 통해 신앙을 보여주었다. 그래서 그 영향을 받은 아이젠하워는 신앙의 사람이 되었다.

"이 생존경쟁의 시대에 우리아이들에게 무엇을 어떻게 가르쳐야만 뒤 떨어지지 않을 것인가?" 부모라면 삼손의 아버지 마노아가 물었던 것처럼 묻지 않을 수 없을 것이다. "과연 아이들에게 우리가 어떻게 행하여야 하는 것인가?" 어린이 주일을 맞아 그 해답은 하나님의 말씀이라는 사실을 다시 인식해야 한다. 말씀으로 세워지기만 하면 우리 아이들을 하나님이 책임져주시기 때문이다. 그렇게 할 수만 있다면 어린이주일이 참으로 우리 가정에 의미 있는 날이 되어 질 것이다. 미국의 옛 대통령 아이젠하워는 일생 성경 한 구절을 날마다 외우며 살았다고 알려졌다. 바로 스가랴서 4장 6절이다.

"여호와께서 스룹바벨에게 하신 말씀이 이러하니라.
만군의 여호와께서 말씀하시되 이는 힘으로 되지 아니하며
능력으로 되지 아니하고 오직 나의 영으로 되느니라."(슥(4:6)

013
부르고 싶은 이름-어머니

얼마 전까지 모 TV에서 국군장병들이 출현하는 프로가 있었다. 한 장병이 어머니를 만나 특별휴가를 떠나는 것이 그 프로의 하이라이트이다. 어머니 그림자만 보고 저마다 "우리 어머니인 것 같다"고 뛰어나온 군인들, 그러나 최종적으로 한 장병만이 그의 어머니의 품에 안긴다. 그 때 "어머니!"라고 부를 때 모인 장병들의 눈에서는 굵은 눈물이 흐르고 시청하는 이마다 눈시울을 붉어졌다. 자녀들은 집에 들어서면 으레껏 어머니를 부르며 자란다. 그러니 힘든 군대생활을 할 때는 어머니가 얼마나 그립겠는가? 불효해서 미안하고, 보고 싶어 그리운 어머니! 어머니 단어만 들어도 뭉클하여 눈물이 금방이라도 쏟아져 내리는 것이다. 그래서 이 세상에서 가장 부르고 싶은 이름 중 하나는 어머니이다. 가나안 농군학교의 김용기 장로님은 오래 전에 돌아가시긴 했지만, 80이 다 되시도록 당신의 방에 누렇게 변한 어머님사진을 벽에 걸어 놓으셨다. 때로 기자들이 방문하여 "왜 저 사진을 벽에 걸어 놓고 계시냐"고 물으면 그분은 눈에 눈물을 그렁그렁 맺히시면서 "지금도 어머니를 뵙고 싶고, 어머니가 그립다"고 어린아이처럼 말씀하셨다 한다. 무려 50여 년 동안 아들을 위해 기도를 쉬지 않으신 그의 어머니까닭에 장로님은 위대한 일들을 하였고 그의 아들들도 아버지가 하시던 일을 이어서 하고 있는 것이다.

어떤 이는 인간이 태어나서 가게 되는 최초의 학교를 "어머니"에 비유한다. 실로 어머니는 최초의 스승이요, 최고의 스승이다. 어머니의 말씀은 최고의 영양소이고 어머니의 손길은 우리의 천국이요, 어머니의 가슴은 모든 이의 고향이다. 어머니의 헌신적 기도와 사랑, 돌보심이 없었다면 우리도 없었을 것이다. 그래서 어머니는 영원한 사랑을 결코 잊을 수 없는 것이리라.

> "어머니의 백성이 나의 백성이 되고
> 어머니의 하나님이 나의 하나님이 되시리니"(룻1:16)

014
당신은 어떤 사람인가?

누군가 오늘날 교회 안에는 네 종류의 사람이 있다고 했다. 첫 번째 사람은 방관자들이다. 예수님 당시 예수님의 근처에 서성거리던 사람처럼 교회에는 들어왔으나 주변에서 서성거리는 사람들이다. 이들은 대개 특징은 무명으로 남아있기를 원한다. 모임을 피하고 중요한 행사라도 관심이 없다. 일명 교회에서 구경만 하는 사람들이다.

두 번째 사람은 구도자들이다. 구도자들의 특징은 호기심이다. 그들 나름대로 주님은 누구인가? 교회란 무엇인가? 목사는 누구이며 교인들은 어떤 사람들인가? 에 대해서 알기를 원하고 고민하고 생각하는 그룹들이다. 그러나 머리로만 접근하려 한다. 아직 가슴은 뜨겁지 않아 손발이 움직여지지 않는 사람들이다.

세 번째 사람은 추종자들이다. 구원받은 믿음으로 주님을 따르고 싶어하는 자들이다. 자신의 사명을 알고 ㄱ 목석을 인성하는 단계이다. 그러나 의욕은 있지만 능력은 없어서 자주 망설이고, 다짐했다가도 쉽게 넘어진다. 그래서 마음은 원이로되 힘이 없는 까닭에 참되게 헌신하고 희생하지 못한 자들이다.

네 번째 사람은 하나님의 나라 건설자이다. 가장 이상적인 단계로서 교회가 주님이 피흘려 세우신 하나님의 집임을 안다. 그래서 자신이 할 일이 무엇인가를 알아 찾아 하는 사람이다. 주님의 나라와 영광을 위해서 온전히 자신을 헌신하고, 주님께 늘 기도하여 주의 능력을 공급받아 그리스도의 종으로서 사역을 감당하는 사람이다. 누군가 "당신은 교회에서 어떤 사람인가?"라고 묻는다면 바른 대답을 해야 할 것이다. 오늘은 스승의 주일이다. 영원한 스승이 되신 그리스도께서 보시는 우리들의 교회생활을 돌아보니 부끄럽고 죄송하기만 한 까닭은 아직도 달려가야 할 길이 멀기만 까닭이리라.

"각각 자기 일을 돌볼뿐더러 또한 각각
다른 사람들의 일을 돌보아 나의 기쁨을 충만하게 하라"(빌2:4)

015
기도할 수만 있다면!

남쪽의 어느 마을에 머슴으로 일하는 사람에게 8남매가 있었다. 너무 가난하여 8남매가 다 학교를 못 갔는데 유독 여섯 째 아들만 똑똑해서 초등학교를 보냈다. 그런데 이 아들이 초등학교 5학년 때 마을에 교회가 들어왔고 그때부터 아들은 새벽기도를 하루도 안 빠지고 했다. 그 기간이 무려 13년이었다.

그는 계속 공부를 하고 싶어 서울에 올라와 구두닦이를 했다. 낮에는 구두닦이를 하면서 집도 없어서 아무데나 잤다. 그러면서도 새벽기도는 계속 나갔다. 새벽기도 시간에 가면 신비하게 힘과 소망이 넘쳤다. 그래서 구두 통이 아닌 전능하신 하나님이 보이기 시작했다. 그러던 어느 날 구두를 닦다가 마음이 감동이 와 덴마크의 국왕에게 편지를 보냈다. "저는 한국 농촌을 위해 일하고 싶은데 농사가 발달된 덴마크에서 공부하게 해주세요."

얼마 후에 덴마크 국왕이 전액장학금과 생활비를 제공하는 초청장을 보냈다. 그는 덴마크에서 공부하게 되었고 그곳에서 박사학위를 받았다. 그래서 우리나라 학계에서 가장 존경받는 분 중에 한 사람이 되었다. 그분 이 바로 건국대 유태영 박사님이시다. 유박사님은 비록 머슴의 아들로 태어났지만 기도했더니 하나님은 그의 길을 열어주셔서 가장 존경받는 어른이 된 것이다.

시대가 흐르고 역사가 바뀌어도 기도의 능력은 변하지 않는다. 하나님께서 기도하는 사람을 축복하시기 까닭이다. 아무리 큰 환난을 만났을지라도 기도할 수만 있다면 고난이 도리어 축복이 되어 지고, 회복되어지는 것은 시간문제이다. 그러나 평안하다고 기도하지 않는다면 불안하고 걱정스럽다. 하나님을 의지하기보다 자신을 의지하므로 하나님의 손길이 멀어져 있기 때문이다. 성도가 기도할 때 하나님은 힘을 주시고 세상을 이기게 하시리라.

"너는 내게 부르짖으라.
내가 네게 응답하겠고...네게 보이리라." (렘33:3)

016
성령의 능력으로 살라.

옛날 백여 년 전 미국의 어떤 여인이 있었다. 그녀는 매우 부자였지만 또한 매우 검소했다. 그런 여인이 자기 집에 제일 먼저 전기를 가설하겠다고 하자 사람들이 놀랐다. 그녀의 생활은 너무 검소했기 때문이다. 드디어 전기를 가설하고 몇 주 후 계량기 검침원이 집에 찾아왔다. 검침원은 "전기가 잘 들어오고 있나요?"묻자 여자는 "그렇소"라고 했다. 검침원이 "도대체 영문을 모르겠군요. 부인 댁 계량기는 거의 제자리걸음입니다. 전기를 쓰고 계신 겁니까?" "물론이죠. 저녁마다 해가 지면 촛불 붙이는 데 필요한 시간만큼 전깃불을 켜지요. 그리고는 꺼버립니다."

전기는 들어오지만 이 여인은 전기를 거의 사용하지 않고 있었다. 사용하고 있다고 한다면 그녀가 밤에 촛불을 켤 때만 사용하고 있었던 것이다. 문제는 우리네 가운데 이런 모습으로 사는 사람이 적지 않다는데 있다. 제자들을 떠나시기 전 주님께서는 보혜사성령을 약속하셨나. 주께서 장차 보내신 성령께서 가르치시고 인도하시며 보호해 주신다고 하신 것이다(요14:26).

더욱이 성령으로 말미암아 우리는 예수를 그리스도라 고백한다. 그리고 성령을 통하여 하나님은 세상 끝 날까지 떠나지 아니하시고 버리지 않으신다고 하셨다(마28:20). 분명 성령께서는 우리 안에 계시고 하나님은 우리와 함께 하심이 분명하다. 그렇다면 믿는 그리스도인들은 성령의 능력으로 사는 자라야 한다. 이것이 그리스도인들의 순리이다. 이런 삶이 우리 그리스도인들에게만 주신 특권이요 자랑이다. 이런 삶이야말로 하나님이 주신 선물이며 지혜의 삶이다. 그럼에도 혹시 안타까운 부자여인처럼 전기를 가설해 놓고도 여전히 촛불을 켜고 살듯이, 성령을 모셨음에도 불구하고 무력한 삶을 살고 있지는 않는가?

"내가 너희를 고아와 같이 버려두지 아니하고
너희에게로 오리라"(요14:18)

017
주님의 손과 발이 어디로?

세계 제2차 대전 때, 독일 어느 시골에 있는 성당이 폭격을 맞아 예배당이 다 무너져 버렸다고 한다. 그러자 그 성당은 폐허가 되고 그 뜰에 세워 있던 예수님의 동상은 쓰러져서 땅에 묻히고 말았다. 전쟁이 끝난 후 피난을 갔던 교인들이 다시 마을로 돌아왔다. 다시 예배당을 짓게 되는데 그들은 땅에 묻힌 예수님의 동상을 발견하고 그 동상을 꺼냈는데 그 동상의 손목이 잘려져 나가고 없었다. 그들은 그 잘려 나간 손을 찾아보려고 노력하였으나 찾을 수가 없어 교인들을 모으고 의논을 했다. 어떤 사람들은 그전의 손과 똑같이 만들어 붙이자 하고, 다른 사람들은 아예 그 동상을 녹여서 새로 만들자 하였다. 또 어떤 사람들은 그대로 세우자는 의견을 냈다. 나중에는 그대로 세우자는 의견이 많아 손목이 잘려나간 채로 예수님의 동상은 세워지게 되었다. 그리고 그 동상의 밑에는 다음과 같은 글을 새겨 넣었다. "주님, 주님의 손이 여기에 있습니다"

그 손이 바로 교인들의 손이었다. 교인들 한 사람 한 사람이 다 주님의 손이 되어드리자는 결의를 기록한 것이다. 성도들은 주님의 몸 된 교회의 지체들이다(고전12:12). 몸에 지체들은 한 지체라도 쓸데없는 지체가 없다. 하나님께서는 모든 지체가 필요하고 다 제자리에서 역할을 하라고 만드신 것이다. 그럼에도 주님의 지체된 성도들이 제 역할을 하지 않는다면 마치 손목 잘린 주님의 동상처럼 결코 주님의 몸 된 교회로서 사역을 감당하지 못하고 주님이 원하시는 효율성을 제대로 이루어 낼 수가 없는 것이다. 그래서 예수 그리스도께서는 주님의 지체들을 찾으신다. 마치 위치를 잃은 아담을 향하여 "아담아 네가 어디 있느냐?"라고 찾으시듯 지체들을 찾고 계시리라.

"너희는 그리스도의 몸이요 지체의 각 부분이라."(고전12:27)

018
무릇 마음을 지키라.

　중국의 역사상 가장 평화로운 시대는 중국의 요순시대라고들 한다. 그 시대에는 서로 비워진 순수한 마음을 지키려고 노력했기 때문이었다. 이런 이야기가 있다. 중국의 요임금 때 소부라는 이와 허유라는 사람이 살고 있었다. 하루는 요임금이 소부를 불러"내가 왕 노릇을 더 할 수가 없으니 그대가 왕위에 앉아 대를 이을 수 없겠는가?"하고 물었다. 보통사람 같으면 매우 기뻐하며 그 왕위를 받았을 것이다. 그러나 소부는 끝까지 거절하고 물러나와 강가에 와서 들어서 안 될 말을 들었다고 흐르는 맑은 물에 귀를 씻고 또 씻고 있었다. 이때 소를 몰고 물을 먹이려고 오던 허유가 그를 보고 이상해서 "이 사람아, 대낮에 멀쩡한 귀는 왜 씻고 또 씻는가?" 하고 물었더니 소부가 말하기를 "응, 내가 여차여차해서 듣지 못할 소리를 들어서 귀를 씻고 있는 중일세." 이 말을 들은 허유는 아무런 대꾸도 하지 않고 소에게 물도 먹이지 않고 슬며시 자리를 떠나는 것이다. 이러자 이번에는 소부가 이상하게 생각하고는 "아니, 허유! 이 사람아, 왜 소에게 물도 안 먹이고 그냥 가나?"하고 물었더니 "허! 이 사람아, 그런 더러운 말을 들은 귀를 씻은 그 더러운 물을 내 소에게 어떻게 먹이겠나!" 하고서는 그냥 가버리더라는 것이다. 들어서는 안 될 말을 들었을 때 귀를 씻음으로써 깨끗한 마음을 지켜보겠다는 소부의 마음이나 더럽혀진 물을 소에게 먹이지 않겠다는 허유의 마음이나 현대에는 찾아보기 어려운 귀한 마음이 아닐 수 없다. 그래서 중국 당나라때 명의 손사막은 "念念要如 臨戰 日하고 心心常似 過橋時나라"했다. "염염요여 임전일하고 심심상사 과교시니라", 즉 생각은 항상 전쟁에 나갔을 때처럼 하고 마음은 항상 다리를 건너는 때와 같이 조심해야 한다는 뜻이다. 어렸을 때 자주 불렀던 복음송이 기억 난다. "네 눈이 보는 것을 조심해! 네 귀가 듣는 것을 조심해!" 위에 계신 하나님이 살피시니 마음을 지키라는 말이다.

"무릇 지킬만한 것보다 더욱 네 마음을 지키라.
생명의 근원이 이에서 남이니라"(잠4:23)

019
용기있는 자라야!

삼국유사의 서동설화에서 백제의 서동은 마를 팔아 살았는데 신라의 선화공주가 미인이라는 소문을 듣고 신라로 건너가 결국 선화공주와 혼인을 맺고 후에 백제의 무왕에 오른다. 여기서 "용기 있는 자가 미인을 얻는다."는 말이 유래했다 한다. 독일 낭만주의 작곡가 멘델스존의 할아버지인 모세 멘델스존도 용기를 내어 미인을 얻은 사람이었다. 모세 멘델스존은 어려서부터 척추 카리에스를 앓아서 몹시 보기 흉한 곱추였다고 한다. 어느 날 함부르크에 있는 어느 부잣집 상점에 갔다가 그 집 딸인 프롬체를 보고 첫 눈에 반했다. 그는 자신의 애절한 마음을 보여주려 했지만, 프롬체는 한 번도 눈길을 주지 않았다.

어느 날 이야기를 나눌 기회가 되어 모세 멘델스존은 용기 있게 그녀에게 물었다. "하나님께서 정해 주신 배필이 있다고 믿습니까?" 그녀는 그렇다고 대답했다. 그러자 모세 멘델스존은 용기를 내어 말하기를 "제가 저의 배필을 위해서 기도하였는데, 하나님께서는 너의 배필은 마음이 착하지만 꼽추라고 하셨습니다. 그래서 저는 "안됩니다. 하나님, 차라리 저를 꼽추로 만들어 주시고 제가 사랑할 사람은 이 세상에서 가장 아름다운 여인으로 태어나게 해주세요"라고 기도했습니다. 그래서 제가 "꼽추가 되었습니다"라고 했다. 그러자 이 이야기를 들은 프롬체는 모세의 용기있는 태도와 순수한 눈을 보며 천천히 다가가 그의 손을 꼭 잡았다. 두 사람의 사랑이 시작된 것이다. 얼마 후 프롬체는 모세 멘델스존의 아내가 되었고 그녀의 헌신적인 내조로 가문이 재건되었으며, 이 가정에서 세계적으로 유명한 작곡가 멘델스존이 태어난 것이다.

믿음으로 삶을 개척하려는 사람에게 가장 필요한 것이 무엇인가? 용기이다. 특히 결혼하려는 사람에게 용기를 가지고 도전하라고 권하고 싶다. "용기있는 자가 미인을 얻는다"는 것은 고금을 막론하고 정설이리라.

"강하고 담대하라. 두려워하지 말고 놀라지 말라."(수1:9)

020
번연나무와 바나나나무

한 때 우리네 가운데 "며느리도 몰라 아무도 몰라"라는 말이 유행된 적이 있다. 어떤 음식점의 할머니가 자신만의 노하우를 아무도 가르쳐 주지 않는 것을 자랑삼아 말한 것이 유행이 된 것인데 이것은 우리의 기질을 잘 드러낸 것이다. 가까운 일본만 해도 그 가업을 이어 수 백 년 내려온다는데, 우리네는 고작1, 2대로 그치고 만다. 그래서 고려청자나 인쇄술이 세계적으로 앞서 갔으나 계속 전해지지 않았던 것이다. 인도에는 "번연나무 아래서 자라는 것이 없다"는 말이 있다. 이는 번연나무와 같은 리더십을 빙자한 말이라 한다.

번연나무는 매우 큰 나무로 왕성한 가지와 큰 뿌리, 많은 잎들이 웅장하고 거대한 모습을 하고 있다. 그래서 완전히 자란 나무는 주위를 다 덮어 새들이 깃들고 사람들에게 쉴 수 있는 그늘까지 제공한다. 그러나 그 나무 밑에서는 아무것도 자랄 수가 없다. 그렇다고 다른 뿌리를 내려 싹이 나도록 하는 것도 아니다. 거대한 나무가 죽으면 무든 깃이 끝이 나고 민다.

그와 반대로 바나나 나무는 여섯달이 지나면 다른 곳에 뿌리를 내리고 열두 달이 지나면 또 다른 곳에 뿌리를 내린다. 열 여덟달이 되면 열매를 맺어 짐승이나 사람들에게 열매를 제공한다. 그리고 바나나는 나누다가 죽는다. 그러나 이미 뿌리를 내렸기에 다른 바나나가 자라면서 그 바나나 농장은 계속 된다. 신앙인들은 번연나무가 아닌 바나나 나무와 같이 되어야 한다. 그래서 나로 인해 계속해 또 다른 그리스도인들이 만들어져야 한다.

사람은 두 종류가 있다. 자기만 세우는 사람과 또 다른 사람을 세워나가는 사람이다. 주님께서는 제자들을 불러 훈련시킬 뿐만이 아니라 그들에게 가서 가르쳐 지키게 하라고 하셨다(마28:20). 주님께서 우리에게 무엇을 원하시는 가를 분명히 나타내신 것이다.

"그러므로 너희는 가서 모든 족속으로 제자를 삼아
아버지와 아들과 성령의 이름으로 세례를 베풀고
내가 분부한 모든 것을 가르쳐 지키게 하라."(마28:19,20)

021
세월을 훔친 도둑이라도!!

1920년대에 미국을 휩쓸던 아더 배리라는 유명한 도둑이 있었다. 그는 사회적으로 저명한 사람들의 돈과 보석을 훔치는 지능범이었다. 어느 날 밤, 아더 배리는 강도질을 하던 중 3발의 총알에 맞았다. 총알에 맞은 눈에 유리 조각이 박혔기 때문에 그는 극심한 고통을 느꼈다. 그때 그는 "절대로 도둑질하지 않겠다."고 굳게 결심하였다. 그리고 18년간의 감옥생활 후에 그는 한 작은 마을에 정착하여 모범적인 시민생활로, 지역주민들은 그를 지역 재향군인회 회장 으로 세우게 되었다. 결국 그에 대한 미담(美談)이 사방에 퍼지게 되었고 전국에서 기자들이 그가 살고 있는 작은 도시까지 찾아와서 인터뷰를 하게 되었다. 어느 기자가 "아더 배리 회장님! 당신은 도둑질을 할 때 부자들의 재산을 많이 훔쳤다는 소식을 들었습니다. 그런데 그 중에서 누구의 재산을 가장 많이 훔쳤습니까?"라고 물었다. 그때 아더 배리는 조금도 주저하지 않고 "가장 많은 재산을 훔친 사람은 바로 이 아더 배리의 것입니다." 의아해 하는 기자들에게 그는 "나의 능력을 선용했더라면 성공적인 사업가나 사회에 공헌하는 사람이 되었을 것입니다. 그러나 나는 도둑생활 때문에, 나의 성인생활 중 3분의 2를 감옥에서 낭비하게 되었습니다"라고 대답했다.

금년도 벌써 6개월이 지났다. 하나님은 "주어진 시간들을 잘 사용하였는가?"라고 물으실 것이다. 참으로 주신 시간, 재능과 기회를 무의미하게 보냈다면 허비한 것이고, 나만을 위해 사용하였다면 그것들을 도용한 것이며, 무심코 사용했다면 남용한 것이요, 일부러 부도덕 하게 사용하였다면 악용한 것이다. 주어진 시간과 젊음, 재능과 주신 기회들은 대부분 다시 오지 않는 일회적인 것들이다. 내가 사용하는 것들 은 하나님께서 바로 사용하라고 주신 것들이기에 잘못사용하거나 허비했다면 분 명 하나님의 귀한 것들을 낭비한 것이다. 하나님 앞에 설 때 "시간도둑, 재능도둑, 인생도둑"이 아닌, "충성된 자"라는 판결을 기대하며 다시 시작해야 하리라!

"그러므로 너희는 가서 모든 족속으로 제자를 삼아 아버지와 아들과 성령의 이름으로 세례를 베풀고 내가 분부한 모든 것을 가르쳐 지키게 하라."(마28:19,20)

022
오직 주의 일을 위하여!

1873년 아프리카 밀림 속에서 선교 사역하던 리빙스턴의 소식이 끊어진 후, 스텐리가 이끄는 탐험대는 중앙아프리카 어느 마을에서 리빙스턴을 발견하였다. 이때의 리빙스턴은 이미 병들어 쇠약해져 있었다. 스탠리는 리빙스턴을 보고 30년간 토인들과 함께 사역하였으니 함께 영국으로 돌아갈 것을 설득하였다. 그렇지만 리빙스턴은 계속 아프리카에 머물렀고, 결국 그는 그 해에 세상을 떠나고 말았다. 그 날이 1873년 3월 19일이었고 그 날은 바로 리빙스턴의 생일이었다. 그의 마지막 일기장에는 이렇게 기록되어 있었다. "오늘은 나의 생일이다. 나의 예수여! 나의 왕이여! 나의 생명이여! 나의 모든 것이여! 오늘을 기하여 다시 나를 바칩니다. 자비하신 아버지 나를 받아주소서. 하나님께서는 독생자를 나에게 주셨는데 이 못난 것, 아무 것도 아니지만 모두 바치오니 받아 사용해 주옵소서 아멘." 그의 시체는 무릎 꿇고 기도하는 자세로 발견되었다. 그의 묘비에는 "이 사람에게는 다른 말이 필요 없다. 그는 하나님의 사랑에 응답하여 살고, 응답하다 죽었다"라고 기록되었다. 리빙스턴의 일생은 오직 주의 일을 위해 힘썼던 생애였다.

무더운 여름이다. 이때쯤이면 여름철바캉스를 생각하거나 휴가를 떠올리는 사람들이 많을 것이다. 교회에서는 이미 성경학교가 시작이 되어 한주 간격으로 각 부서들이 여름행사를 실시한다. 수많은 분들이 여기에 매달려 땀을 흘릴 터인데, 벌써부터 자신에게 맡겨진 어린 영혼들을 새롭게 하려고 금식에 들어간 교사들, 매일 교회에 나와 기도와 말씀으로 준비하는 선생님들, 땀 흘려 수고하는 것을 기쁨으로 여기며 분주히 계단을 오르내리는 교사들, 잠시 위하여 기도하는데 내 가슴이 뭉클 해진다. 코흘리개 어린 시절 언덕위 교회를 올라가는 내게 손 내밀어 이끌어주던 선생님, 그 선생님은 어느 곳에 계시는지? 혹 세상은 떠나시지는 않으셨는지? 찾아 소식이라도 전해야하리라.

"그러므로 너희는 가서 모든 족속으로 제자를 삼아 아버지와 아들과 성령의 이름으로 세례를 베풀고 내가 분부한 모든 것을 가르쳐 지키게 하라."(마28:19,20)

023
두렵고 떨림으로!

별로 좋은 말은 아니지만 우리가 사용하는 말 가운데에 철면피라는 말이 있다. 사람의 얼굴이 살갖이 아니고 철판이라는 말이다. 중국에 〈북몽쇄언〉의 기록에 의하면, 옛날 중국의 진사 왕광원(王光遠)이란 출세주의자가 있었는데, 그는 출 세를 위해서는 수단과 방법을 가리지 않는 사람이었다. 특별히 윗사람들에게 아 첨을 하는데는 낯이 간지럽게 행동해서 보는 사람들이 오히려 얼굴을 붉힐 정도 였다. 높은 사람이 시를 읊든가 하면 그 시가 아무리 졸작이라도 높이 칭찬하여 이태백이도 따를 수 없는 시라고 아첨을 하는 것이다. 그래서 그의 얼굴에는 열 겹이나 되는 철갑을 깔았다고 말을 하게 된 것이 철면피라는 말이 되었다 한다.

이처럼 세상에 무서운 것이 없다고 말하는 사람은 정말 무서운 사람이다. 우리는 최근에 이런 사람들을 만나는 것은 그리 어렵지 않다. 물론 마마보이가 되어 스스로는 아무것도 할 수없는 유약한 사람들은 더 자주 쉽게 만나기도 한다는데 이 사회의 고민이다. 그래서 "나는 할 수 있다(I can do it)"라고 저마다 외치는 우렁찬 소리들이 공무원이나 대기업 연수장을 비롯, 도처에서 단골메뉴로 울려 퍼져 나온다. 물론 사람이란 어떤 일을 하든지 당당하고 용감하게 살아가는 이런 자신감을 갖는 것은 너무 중요하다.

하지만 철면피처럼 막무가네 인생이 되어서는 곤란하다. 하나님께서는 철면피 같은 사람들을 좋아할리 없기 까닭이다. 되지 못하고 된 줄 아는 뻔뻔한 사람들, 심지 않고서 열매를 거두려고 밭에 나가는 어리석은 사람들, 일은 하지않고 품삯 받으려 대기하는 줄에 끼는 사람들, 앞의 낭떠러지를 잊고서 내달리는 사람들, 타인을 배려는커녕 더 많이 누리지 못해 분해하는 사람들, 자기 국그릇은 덮어놓고 남의 떡에 침 바르는 사람들, 구경하면서 콩나라 팥나라 하는 사람들, 이런 사람들은 다 하나님이 싫어하시는 철면피적 스타일이리라.

"지금 나없을 때에도 항상 복종하여 두렵고 떨림으로
너희 구원을 이루라."(빌2:12)

024
온전한 자유

오늘날 많은 사람들은 자신이 어떤 일을 하지 않음으로 진정한 자유를 누리고 있다고 생각한다. 그러나 어떤 일을 할 수 없다고 하는 것은 온전한 자유가 아니다. 영국의 옥스퍼드 대학의 이사야 벌린(Isaiah Berlin)이라는 유대인 교수에 의하면 그것은 반쪽 자유에 불과하다. 그는 대부분 미국사람들은 한 가지 자유밖에 누리고 있지 않다고 지적하며 두 가지 차원에서 자유를 설명했다.

소극적으로 어떤 사람이나 장소로부터 벗어나므로 누리는 자유가 있다. 그러나 적극적으로 또 다른 자유가 있는데 무엇인가 할 수 있는 일을 하는 자유이다. 물론 무언가로부터 자유도 중요하지만 그것은 한 가지 자유뿐이다. "자유는 무언가로부터 자유뿐 아니라 무언가를 할 수 있는 자유여야 한다." 누군가에 의해서가 아니라. 우리가 해야 할 일을 할 수 있는 능력을 말한다. 이 두 가지를 온전히 누릴 때 우리는 온전한 자유를 누린다고 할 수 있다. 그러면 어떤 것들에서 벗어나야 하고 또한 무엇은 해야 하는가? 이런 척도는 개인이나 사람마다 다르다. 여기와 저기가 다르다. 그것이 상대적이거나 혹 자신 의 주관일 경우가 대부분이기 때문이다. 진정 변치 않는 것이라야 진리이다. 그렇다면 이 세상에 진리는 존재하는가? 진정 변치 않는 존재는 계신가? 계시다. 그분이 예수 그리스도이시다. 히브리서기자는 "예수는 어제나 오늘이나 영원토록 변함이 없으시니라"했다(히13:8). 주님은 변함이 없는 진리가 되시기에 친히 "나는 길이요 진리요 생명이니 나로 말미암지 않고는 아버지께로 올 자가 없느니라"고 하셨다(요14:6). 세상의 수많은 종교창시자들은 한 결 같이 진리를 찾거나, 길을 찾는 자들로 자신들을 표현할 뿐이다. 그렇지만 주님은 진리가 되신다. 이 진리가 우리를 자유하게 하신다. 한걸음 나아가 우리로 하나님의 자녀로 예배하며 하나님의 뜻을 이룰 수 있는 참 자유자로 살도록 한 것이다.

"진리를 알지니 진리가 너희를 자유하게 하리라."(롬8:32)

025
하나님 전상서!

전라남도 해남의 산정리라는 시골에 한 개구쟁이 소년이 살고 있었다. 구슬치기도 잘 하고 공부도 썩 잘 했다. 그런데 그는 어렵게 초등학교를 졸업했지만 중학교에 진학할 수가 없었다. 소년의 아버지는 남의 집 머슴이었기에 그가 학교에 갈 형편이 안됐던 것이다. 그러나 소년은 공부를 너무너무 하고 싶었다. 그러나 좋은 방법이 떠오르지 않았다. 더욱이 그가 공부를 계속할 수 있도록 도와줄만한 사람이 전혀 없었다. 그러나 하나님께 기도하면 이루어 주신다는 설교에 감동을 받아 하나님께 기도하기로 결심하였다. 그래서 그는 40일 동안 꼬박 쉬지 않고 기도를 하고 하나님께 편지를 썼다.

편지 제목은 "하나님 전상서!"였다. "하나님, 저는 공부하고 싶습니다. 길을 열어주세요. 남의 집 머슴살이를 해도 좋고, 굶어도 좋으니 공부만 할 수 있게 도와주세요"라는 내용의 편지를 써서 우표도 못 붙이고 우체통에 넣었다.

편지 받을 사람도 "하나님 전상서"라고 쓴 그대로였다. 우체부 아저씨가 이 편지를 배달해야 하는데 어떻게 할까 고민하다가 당시 해남읍교회 목사님께 갖다 드렸다. 그 편지를 읽으신 목사님은 큰 감동을 받으셨다. 그래서 그 소년을 부르셔서 아들로 삼고 학교에 보내주셨다. 그 소년은 중학교에 입학하여 열심히 공부했다. 후에는 신학대학에 진학하여 열심히 공부한 뒤 독일로 유학을 가서 박사학위를 받고 돌아와 교수가 되었다. 그리고 얼마 후 그 대학 총장이 되었다. 그분이 바로 한신대학의 오영석 총장이다. "하나님 전상서!"라고 믿고 기도한 한 어린 소년의 기도를 하나님은 이런 방법을 통하여 응답하여 주셨다.

> "구하는 이마다 얻을 것이요, 찾는 이가 찾을 것이요,
> 두드리는 이에게 열릴 것이니라."(마7:8)

026
주신 것으로 하나님께 영광을!

찰스 조지 고든은 중국과 아프리카에서 많은 공을 세운 영국의 장군이었다. 그가 아프리카 수단에 총독으로 부임했을 때이다. 그가 반란군을 토벌하는 장군으로 싸움터로 나갔는데 그의 막사 앞에는 매일 아침 한 시간씩 하얀 손수건 한 장이 걸려 있었다. 매일 아침 하나님과 만남의 시간을 가졌던 것이다. 그는 하나님과 만나는 시간에는 다른 사람의 방해를 받지 않기를 원했다. 그래서 그는 그 시간에 그의 막사 앞에 하얀 손수건을 걸어놓았던 것이다. 영국 정부는 그의 혁혁한 전공을 치하하기 위해서 기념비를 제작하며 동상도 만들려고 했었다. 그러나 그의 반대로 만들지를 못했다. 영국 정부는 그 대신 그에게 작위를 주고 포상금을 지급하겠다고 제의를 했다. 그러나 고든 장군은 그것마저 사양했다. 그래서 영국 정부는 그를 겨우 설득해서 그의 업적을 새겨 넣게 자그마한 금메달 하나만 그에게 수여했다. 그가 세상을 떠난 후에 그의 유족들은 그의 유품을 정리하게 되었다. 그런데 낭연히 보여야 할 금메달이 보이지를 않았다. 그래서 가족들은 그 금메달의 행방을 찾다가. 나중에 가슴 뭉클한 사연이 있음을 알게 되었다. 어느 해인가 큰 흉년이 들었을 때 그는 애지중지하던 금메달을 녹여서 팔았다. 그리고는 그 돈으로 양식을 사서 가난한 사람들을 도왔던 것이다. 그의 일기장에는 그때의 일을 이렇게 적고 있었다. "나는 그 동안 내가 받은 선물 가운데 가장 아끼던 것을 오늘 하나님께 기쁜 마음으로 바쳤다."

우리의 모든 것들, 우리의 신분과 지위, 승리와 성공, 삶의 열매인 업적들, 생명까지도 모두 하나님께로 온 것들이다. 그것을 개인의 만족이나 개인의 유익이 아닌 다른 이의 유익을 구하여 마지막 메달까지 사용했던 고든장군처럼 사용해야 한다. 그것들은 분명 "하나님의 영광을 위하라"는 목적으로 하나님이 주셨음이다.

> "그런즉 너희가 먹든지 마시든지 무엇을 하든지
> 다 하나님의 영광을 위하여 하라."(고전10:31)

027
때를 얻든지 못 얻든지 힘쓰라.

미국의 일리노이 주 호숫가에 잭 밀러라는 농부가 있었다. 그는 열렬한 기독교 신자였다. 그는 전도를 하고 싶었으나 워낙 말이 서툴고 무학무식해서 엄두를 내지 못했다. 그래서 그는 늘 "어떻게 하면 전도할 수 있을까?" 골몰하며 여러 가지 생각에 잠기곤 했다. 그는 기도하던 중에 좋은 방법 한 가지를 떠올렸다. 그가 사는 시골에는 1년에 두 번 정도 야생거위가 날아왔다. 그는 거위들을 그물로 잡아 거위다리에 성경구절을 적은 쪽지를 매어주는 것이었다. 그래서 그가 쪽지를 달아준 거위가 1년에 약 200마리나 되었다고 한다. 이 쪽지를 매단 거위는 겨울이면 남아메리카까지 날아갔고, 여름이면 북극지방 에스키모인이 사는 곳까지 날아갔다. 하나님께서 밀러의 이 행위를 축복하시고 그가 하는 일을 인도하셨다. 그가 사는 곳에서 200마일이나 떨어진 곳에서 이 거위가 지니고 간 성경구절이 적힌 쪽지를 읽고 어떤 사람은 신앙의 길을 힘차게 가게 되었고, 또 어떤 사람은 회개하고 하나님께로 돌아왔다. 그의 책상에는 이들이 보낸 감사편지가 소복하게 쌓이게 된 것이다.

이슬비편지라는 것이 있다. 규장문화사를 창업한 여운학장로께서 기도하던 중에 이슬비처럼 복음을 전하고 믿음을 심어주는 의도로 개발한 것이 이슬비 편지이다. 건축이래로 목사 사모와 함께 몇몇 집사님들은 수요일 오전 10시만 되면 어김없이 함께 모여 기도하고 이슬비편지에 정성어린 사랑의 메시지를 담아 보내고 있다. 화요일 오후에 정성스럽게 끓인 차로 노방 전도하는 일도 8월에 쉬었으나 9월에는 다시 시작이 되어 진다. 주님을 사랑하는 남전도회원들은 토요일에 띠를 두르고 길에 나서서 휴지도 줍고 차도 전달하면서 주의 사랑을 전할 것이다. 각각 어떤 방법으로든 복음을 전하라는 것이 주님의 지상명령이기 때문이리라.

"너는 말씀을 전파하라. 때를 얻든지 못 얻든지 항상 힘쓰라."(딤후4:2)

028
갚아야 할 빚-복음의 빚

공식적인 선교사가 들어오기 전부터 하나님께서는 이미 중국에서 우리민족을 위하여 역사하셨다. 영국교회에서 파송한 선교사 로스와 멕킨타이어가 만주 봉천에서 장사꾼으로 들어왔던 한국사람 백홍준, 서상륜 등을 접촉하여 성경을 한글로 번역하였다.백홍준, 서상륜 등 한국 청년들이 세례를 받고 한글로 번역된 성경을 가지고 귀국하여 비밀리에 전도활동을 하던 중 1884년에 그들을 중심으로 하여 황해도 장연군에 한국 최초로 소래교회를 세웠다. 그리고 조선 말엽 대원군의 집권 당시에 대동강에 미국의 상선 제너럴 셔먼호를 타고 왔던 토마스 선교사는 한국 땅을 밟자마자 순교를 당한 최초의 순교자였다. 한국교회사에 보면 당시 토마스 선교사의 나이는 27세였는데 그때 그를 죽인 평양 수비대 장교 박춘건은 이렇게 회고했다. "내가 서양사람 하나를 죽였는데 갈수록 이상한 생각이 든다. 내가 그를 찌르려 할 때 그는 두 손을 마주 잡고 무슨 말을 한 후, 붉은 헌섭으로 서죽을 싼 책을 웃으년서 나에게 받으라고 했다. 나는 그를 죽이기는 했으나 그가 주던 책을 도저히 받지 않을 수가 없었다." 그후 이 한문 성경 때문에 박춘건은 물론 평양에 많은 신자들이 생기게 되었다. 그리고 1885년에는 미국 장로교 선교사 언더우드, 감리교 선교사 아펜젤러가 입국하게 된다. 그로부터 125년이 지나는 동안 수를 헤아릴 수 없는 많은 선교사들이 들어와 복음을 전하면서 교회를 세우고, 병원, 양로원, 고아원을 세워 우리나라를 개화시켜 오늘날 이토록 발전하는 계기를 만들어 놓은 것이다. 우리는 선교사들에게 복음의 빚을 지고 살아 왔다. 늦게나마 우리교회가 박도전선교사와 김고은선교사를 파송하여 복음의 빚을 갚아나갈 수 있게 되었다. 이 일이야 말로 하나님께서 가장 기뻐하시며 큰 영광을 받으실 것이리라.

"헬라인이나 야만인이나 지혜 있는 자나
어리석은 자에게 다 내가 빚진 자라."(롬1:14)

029
믿음의 사람이 되라.

오래전 어느 날, 독일 트리에(Trier)에 살던 유대인 소년이 그의 법률가 아버지에게 물었다. "아버지, 우리는 유대인인데 왜 유대인 회당에 안가고 교회에 나가요?"아버지의 대답은 전혀 신앙적인 것이 아니었다. "아들아, 우리가 다른 사람들에게 소외되고 왕따 당하지 않고, 이 땅에서 잘 살기 위해서는 그렇게 할 수 밖에 없단다." 본래 이 소년의 할아버지는 유대인 랍비였다. 그의 큰 아버지도 유대인 랍비였다. 그러나 현실감각이 빠르고 이재(理財)에 밝았던 이 소년의 아버지는 유대인들에 대한 사회적 불이익을 피하기 위해서 개신교인이 되었던 것이다. 그러나 진정한 회심의 경험이 없었던 그는 자기 아들에게 아무런 신앙적인 영향을 끼칠 수 없었다. 이렇게 자라던 소년은 대학에 들어가면서 교회를 완전히 떠났다. 그리고 그의 나이 30세가 되던 해 1847년 그는 엥겔스라는 사람과 런던에서 유명한 공산당 선언을 발표하기에 이르렀다. 이 소년이 바로 "칼 맑스"이다.

가정이나 교회의 최대의 비극은 참 믿음을 갖지 못하고 교회에 다니는 사람이다. 구원확신이 없고 영적체험도 없으니 교회나 성도를 바라볼 때 인간적인 비판의 시각으로 바라보게 된다. 교회에서 자라고 교회출입하면서도 믿음이 없이 다니는 사람은 스스로 속이는 자이다. 교회생활에 익숙하거나, 교회일들을 알았다 해서 그 실상까지 아는 것은 아니다. 그럼에도 모든 것을 아는 것으로 착각하고 살아가기에 스스로를 속이는 사람이다. 주님은 말만하고 행하지 않는 바리새인 들을 외식자들이라 책망하셨다. 더 큰 것, 더 가치 있고, 더 중요한 것을 보잘 것 없고 하찮은 것으로 바꾸어 버리기 때문이다. 그래서 주님은 "화있을 진저!" 하셨다. 소년의 아버지는 세상과 타협하며 살던 외식자였기에 그 아들 칼 맑스는 저주스런 사람으로 장성하고 말았다. 만약 이 소년이 참된 믿음의 사람으로 자랄 수 있도록 인도해 주었다면 실로 세상의 역사는 달라졌으리라.

"맹인 된 인도자여 하루살이는 걸러내고 낙타는 삼키는 도다."(마23:24)

030
하늘나라의 주인들

민족의 명절이 되면 어른이나 아이들이나 마음이 들뜨는 것은 가족모임의 기쁨 때문일 것이다. 가족이 모이면 고향의 옛정들이 새록새록 떠오르는 향수에 잠시나마 젖을 수 있기에 좋다. 사랑하는 형제들이 얼굴을 맞대고 가족들의 안부를 서로 전하며, 그동안의 삶을 나누는 시간은 참으로 의미 있는 시간들이다. 그럼에도 명절만 되면 머리부터 아파온다는 사람도 있다. 설거지통에 그릇들이 싸이기 때문이 아니다. 만나기 싫은 사람들이 있어서도 아니다. 인가귀도 되지 않는 가정이기 때문이다. 홀짝 믿음을 가진 며느리라면 홀로 떨어진 외로운 기러기처럼 외롭기 그지없다. 왕따를 당하는 정도가 아니다. 함께 하지 않는다는 이유로 온갖 욕설과 구박이 있다. 일부러 들으라고 큰 소리로 목사와 교회를 욕하고 비난하며 웃어댈 때는 가슴이 소금에 저린 듯 아려온다.

멍절이 되넌 이 땅에 속한 사람들은 이 땅의 논리와 철학, 이방송교의 신앙전통에 따라 제사를 드리고 무덤에 절을 한다. 진리를 모르기에 그것만이 진정 복 받는 행위라고 생각하기 때문이다. 그리스도인들도 얼마 전까지도 그런 가운데 함께 하였다. 그러나 하나님은 그 가운데서 구별해 내어 하나님의 백성을 삼아 주셨다. 이제 예수를 믿음으로 구원을 받고 예수를 따르는 자들이 된 것이다. 그래서 예수님을 바라보고, 예수님에 대해 생각하고, 예수님을 공부하고, 그의 본을 따라가려고 노력하며 그리스도를 닮아가는 자들이다. 뿐만 아니라, 예수님처럼 핍박도 당하는 것이다. 그래서 앞서간 성도들은 구차하게 핍박을 피하지 않았다. 주님께서 같은 민족이라던 유대인들로부터 핍박을 받았다면 그리스도인들도 가까운 친척으로부터 핍박을 받을 지라도 도리어 그들을 미워하지 말고 불쌍히 여기는 것이다. 모 권사님께서 "지금은 남편이 불쌍해요!"라는 말씀을 듣고 그 가정의 구원이 멀지 않았다고 생각되었다. 도리어 그런 핍박으로 천국을 소유하는 자들이 되니 기뻐하고 즐거워하여야 하리라(마5:10).

"우리가 하나님의 나라에 들어가려면 많은 환난을 겪어야 할 것이라."(행14:22)

031
연단의 열매-천로역정 (天路歷程)

몇년전 초대 한국교회 부흥사 이성봉 목사의 '천로역정 강화'를 여러개의 테이프로 들으면서 큰 은혜를 받은 일이 있다. 그리스도인들에게 성경 다음으로 많이 읽혔다는 〈천로역정〉의 저자는 존 번연이다. 그는 어릴때 가난하여 독학으로 글을 배웠다. 젊은 시절 두려움으로 시달린 그를 돕던 경건한 아내가 갑자기 20대의 나이로 세상을 떠나고 말았다. 그후 번연은 설교에 헌신했다. 그러나 허락없이 설교한다고 영국정부는 그에게 3개월 형을 내려 투옥했다. 그러나 설교를 계속하겠다고 말하자 형기가 12년으로 늘었다. 그러나 그는 요셉처럼 형을 치르는 동안 하나님의 임재를 체험하게 되었고 그 감옥에서 천로역정을 썼다. 이 책은 역경의 불로 연단받은 영혼만이 기록할 수 있는 불후의 고전이다.

사실 하나님의 사람들로 쓰여진 사람들은 특별한 연단의 과정을 거친 자들이라 할 수 있다. 바로의 화려한 궁궐에 있던 모세를 미디안 광야로 보내 연단하셨다. 다니엘은 사자굴을 통과해야 했다. 그의 세친구는 불무불로 연단받아야 했다. 하물로 예수께서도 광야에서 40일 동안 금식하며 시험을 받으셨다. 일찌기 오스왈드 챔버스는 '지저귀는 새는 노래하는 법을 어둠속에서 배운다'고 했다. 캄캄한 연단의 터널을 통과한 사람들을 통해 하나님께서는 자신의 거룩한 목적을 이루신다. 하나님께서는 지금도 일정한 프로그램에 온전히 순복하여 연단받는 자들을 통해 자신의 뜻을 이루시리라

"도가니는 은을, 풀무는 금을 연단하거니와
여호와는 마음을 연단하시느니라."(잠17:3)

032
조건이 없는 사랑이라야!

빅토르 위고가 쓴 "나인티쓰리"라는 책에 이런 이야기가 있다. 불란서 혁명 직후 숲을 지나던 병사들이 기아에 지친 어머니와 세 아들을 발견했다. 병사들은 그 어머니와 세 아들이 너무 불쌍해서 한 군인이 빵 한 덩어리를 건네주었다. 그러자 빵을 받은 어머니는 빵을 세 조각으로 나누어서 아이들에게 나누어 주었다. 한 군인이 "저 여자는 배가 안 고픈 모양이군"라고 하자 그의 상사는 "그 여자가 배가 안고파서가 아니라 어머니이기 때문일세"라고 했다. 자신은 죽어도 자식은 살려야 한다는 어머니의 사랑이 빵을 네 덩이가 아닌 세 덩이로 나누게 한 것이다. 어떤 사랑이든 희생을 요구한다. 그렇지만 극단적인 사랑으로 흐를 때 또 다른 편에서 피해자가 생길 수도 있다. 짐승의 세계에서는 자신의 새끼를 먹이려고 다른 짐승을 물어와 먹인다. 그런데 이런 현상은 인간사회에도 깊숙이 있다. 사람들은 이를 당연시하며 성도에게도 깊숙이 침투하였나. 지난 주간에 총회총내로 참석했다. 1500명의 총내의 한사람으로 착석했다. 회의장 밖에는 몇몇 교회에서 몰려온 교인들이 자신들의 문제를 해결해 달라고 피켓을 들고 유인물을 나누며 허리를 굽신거렸다. 그래서 명찰을 확인받고야 회의장에 들어갈 수 있다. 아침 9시 반부터 밤 9시 반까지 계속되는 회의는 금요일까지 되었다. 하지만 서로 이해관계가 걸린 안건마다 찬반 토론이 한두 시간 계속되는데 지켜보고 앉아 있는 것은 고역이었다. 젊잖아 보인 회원이 분노하여 소리치는가 하면 발언대에서 상대의 허물을 지적한다. 그러면 한동안 잠잠하던 어느 회원은 갑자기 일어나 발언대 앞으로 나간다. 누구나 안건이 자신에게 관계된다고 하는 것에 강하게 옳음을 주장한다. 결국 금요일 12시에 끝나야 할 회의는 점심도 거른채 오후 5시를 훌쩍 넘기고 있었다. "팔은 안으로 굽는다"는 속담처럼 자기편 사람만을 위하는 것은 인간사회 어디나 마찬가지인 것 같다. 그러나 "원수를 사랑하라"고 하신 주님은 어떻게 보실까?

> "하나님이 우리를 이렇게 사랑 하셨은즉
> 우리도 사랑하는 것이 마땅하도다."(요일4:11)

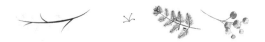

033
교회는 생명선입니다.

변선환교수가 "교회밖에도 구원이 있다"라는 논제가 지상(紙上)에 논쟁화
된 적이 있었다. 그는 이미 고인이 되었다고 한다. 만일 그가 죽는 순간까지도
자신의 신념을 굽히지 않았다면 그는 천국에서 만날 수 있는 사람의 명단에
는 없을 것이다. 그는 예수 그리스도의 구원의 유일성을 부인한 사람이었다.
그래서 그는 교회가 어떤 곳이며 어떤 속성을 가지고 있는지를 몰라 교회를
부정한 것이라 생각된다. 그러나 교회는 신앙생활의 터전과 같다. 뿌리가 견
고할지라도 그 뿌리를 내리는 터전이 없다면 그 나무는 얼마 가지 못해 고사
하고 말 것이다. 교회는 생명선이다. 중국선교의 아버지라 불리는 허드슨 테
일러는 7년간 중국에서 헌신된 사역으로 곳곳에 많은 제자들을 얻었다. 이제
7년이 되어 안식년으로 1년간 영국에 거하면서 제2의 도약을 위해 영적, 육
적 준비를 마치고 다시 중국으로 돌아갔을 때 그는 크게 실망한다. 7년 동안
그토록 헌신적으로 양육한 제자들이 어떤 이는 믿음에서 떨어져 버린 이들이
있는가 하면, 어떤 이는 믿음의 비밀을 너무 많이 잃어버린 모습을 볼 수 있
었기 때문이다. 허드슨 테일러는 그 이유를 깊이 묵상하다가 결국 중요한 결
론에 이르게 되었다. 그들에게 그리스도의 제자를 만드는 데는 성공했지만,
그들을 꾸준히 양육하고 돌보아 이끌어 줄 교회를 소개시켜 주지 않아 그들
은 방치되어 있었던 것이다. 누군가 구원받았어도 하나님의 집인 교회에 머
물지 않으면 떨어진 숯불과 같은 것이다. 그래서 오늘날 사람들이 자신의 과
거신앙을 자랑하지만 영적으로 매우 허약한 상태에 있는 까닭은 그들이 교회
에 뿌리를 내리고 있지 못하기 때문이다. 교회가 울타리가 되어있지 않는 사
람은 간사한 사탄에게 노출되어 있 는 사람이다. 그래서 그의 믿음이 점점 식
어지고 물거품으로 변해갈수 있음을 깨 달아야 한다. 좋은 교회를 찾아 이리
저리 방황하는 그 시간에 내가 좋은 교회를 만들어간다면 하나님은 나와 가
족들을 견고한 신앙의 사람으로 만들어 주시리라.

"이 집은 살아계신 하나님의 교회요 진리의 기둥과 터니라."(딤전3:15)

034
에펠탑 효과(Eiffel Tower Effect)

심리학에서 하는 말 가운데 "단순노출효과"라는 말이 있다. 제이 존크라는 사람이 사용한 개념인데 누군가 자주보기만 해도 그 사람에게 호감을 갖게 된다는 이론이다. 특히 사람이란 자주 보면 정이 들고 좋아진다는 것이다. 이런 현상을 다른 말로는 에펠탑 효과(Eiffel Tower Effect)라고도 한다. 1889년 3월 31일, 프랑스 파리에서는 프랑스대혁명 100주년을 기념하기 위해 에펠탑을 건립했다. 그런데 탑을 세우는 건립계획이 발표되었을 당시 파리의 예술가들과 시민들은 결사적으로 반대했다. 시민들은 거대한 철제구조물이 고풍스러운 파리의 분위기를 완전히 망쳐 놓을 것이라고 생각한 것이다.

시인 베들렌은 싫어서 에펠탑 근처에는 가지도 않았고, 모파상은 몽소공원에 세워진 자신의 동상이 에펠탑을 보지 못하게 등을 돌려 세워놓기까지 했다. 또한 에펠탑 철거를 위한 〈300인 선언〉이 발표되기도 했다. 그러나 지금 에펠탑은 천박한 흉물이 아니라 프랑스 사람들이 가장 자랑스럽게 생각하는 파리의 명물이 되어있다. 세계의 수많은 관광객을 끌어들이는 구조물이 된 것이다. 왜인가? 파리의 시민들이 눈만 뜨면 탑을 보았고, 매일 보다 보니 정이 들고 점점 에펠탑을 좋아하게 되었다는 것이다. 이런 에펠탑 효과는 효과는 신앙생활에도 그러하다. 가장 큰 믿음의 사람 이 누구인가? 말씀을 가장 많이 접한 사람이다. 교회를 누가 가장 사랑하는가? 교회를 가장 가까이하는 사람이다. 하나님께 가장 통하는 사람은 쉬지 않고 기도하는 사람이다. 역시 우리가 쉬지 않고 복음을 전해야 할 이유도 같다. 불신자들이 성도와 자주 접하다 보면 서로의 어색함이 사라지고 정이 들어 복음 안으로 들어와 교회 안에서 보게 되어 지는 것이리라.

"너는 말씀을 전파하라. 때를 얻든지 못 얻든지 항상 힘쓰라."(딤후4:2)

035
하나님을 위한 그릇들

세계적인 조각가 미켈란젤로는 화가요, 조각가요, 건축가요, 시인이다. 그는 1475년에 태어나서 1564년에 세상을 떠나기까지 많은 위대한 작품을 남겼다. 성베드로 성당의 "피에타", "다비드", 시스티나 대성당의 천장화인 "천지창조와 최후의 심판" 등이 대표작이다. 그런데 그의 스승 "버톨도 지오바니"라는 사람을 아는 분은 별로 없다. 하지만 미켈란젤로를 위대한 사람으로 만든 이가 바로 그의 스승이 된 버텰도였다. 미켈란젤로가 14살 때에 버톨도의 문하생이 되기 위해 그를 찾아갔다고 한다. 그는 미켈란젤로의 재능을 테스트해보고 놀란다. "위대한 조각가가 되기 위해서 재능과 기술을 더 닦아야 한다"고 생각한다는 미켈란젤로에게 버텰도는 "네 기술만으로는 안 된다. 너는 네 기술을 무엇을 위하여 쓸 것인가에 관해서 반드시 결정해야 한다"고 했다. 그리고 어린 미켈란젤로에게 술집 입구의 천사의 조각상과 성전 입구에 세워진 아름다운 천사조각상을 보여주면서 "너는 이 천사의 조각상이 아름답게 느껴지느냐 아니면 아까 그 술집 입구 에 있던 조각상이 마음에 드느냐? 두 개의 조각은 모두 똑같은 조각품이지만 하나는 하나님의 영광을 위해서 쓰여졌으며, 또 하나는 술 마시는 사람들의 쾌락을 위하여 세워졌단다. 너는 네 기술과 재능을 무엇을 위하여 쓰기를 원하느냐?"라고 물었다. 이때 어린 미켈란젤로는 세 번이나 대답하였다. "선생님, 하나님을 위하여, 하나님을 위하여, 하나님을 위하여 쓰겠습니다"라고 대답하였다.

핍박자인 사울을 주님께서는 택하여 부르시고 "택한 나의 그릇이라"고 하셨다. 그 후 로 그는 주의 복음과 성령의 은사를 담은 그리스도의 그릇으로만 사용되어졌다. 바울만이 아니라, 하나님께서 택하셔서 사용하시는 사람들이라면 역시 그들도 하나님의 택하신 그릇이다. 당연히 하나님영광을 위하여 사용되어져야 하리라.

> "내 이름을 이방인과 ...이스라엘 자손들에게 전하기 위하여
> 택한 나의 그릇이라."(행9:15)

036
감사함으로 은혜를 갚으라!

성경에는 다윗은 사울의 아들 므비보셋을 후대함으로 은혜를 보답하여 후대에 귀감이 된다. 우리네 역사가운데도 은혜를 갚는 아름다운 이야기들이 있다. 이조 중종 때 유명한 신하 중에 반석편이라는 분이 있었다. 이분은 형조판서까지 지내신 분인데 본래 종의 신분이었다. 어릴 때에 이 참판이라는 주인집에서 종으로 자라는데 머리가 좋아서 주인은 그 종을 하루는 불러서 그 아이 앞에서 종 문서를 찢어버리며 자유를 주었다. 그리고 자식이 없는 어느 양반집에 수양아들로 보냈다. 그런데 반석편은 열심히 공부해서 과거에 급제하고 후에 형조판서 자리까지 오르게 되었다. 형조판서가 된 그가 어느 날 한양의 거리를 둘러보는데 거지 하나가 가마니를 뒤집어쓰고 거리에 앉아 있었다. 자세히 보니 자기가 어릴 때 자랐던 이 참판댁 자제였다. 형조판서는 그 거지 앞에 무릎을 꿇고 큰절을 올렸다. "주인님, 저를 몰라보시겠습니까? 저는 종 반석편입니다"라고 인사를 했다. 그 낭시는 종이 판직에 나갈 수 없있다. 관직에 나갈지라도 자기가 종이었다는 신분을 노출당했을 때에는 관직이 박탈됨은 물론 곤장을 맞고 감옥에 들어가야 하는 때이다. 그런데 반석편은 은혜 입은 자로서 그냥 지나칠 수가 없었던 것이다. 그래서 나중에 문제가 되었지만 신하들과 임금이 그의 충정을 아름답게 여겨 사표가 반려되었고, 지난날의 그 주인을 집에 모셔 잘 모셨다고 한다. 우리네 말 가운데는 "원수는 돌에 새기고 은혜는 물에 새긴다"는 말이 있다. 세상인심을 잘 표현한 말이다. 그러나 그리스도인들의 특징은 은혜 갚는데 있다. 이 세상을 살아가면서 하나님의 은혜를 입지 않는 인생은 없다. 특히 우리는 영원한 천국을 선물로 받았을 뿐만이 아니라. 하나님의 특별한 보호와 인도로 살아가는 자들이다. 금년에도 어김없이 하나님의 은혜로 살아 왔다. 추수감사절은 하나님의 은혜를 갚는 절기이다. 하나님이 베푸신 은혜에 합당한 감사로 그 은혜에 보답해야 한다. 당연하고 또 다른 은혜를 받는 비결이리라.

"여호와께 감사하라. 그는 선하시며 그 인자하심이 영원함이로다."(시136:1)

037
희망을 주는 말을 하라!

1947년 전보 배달원으로 일하고 있는 12살 난 한 소년이 있었다. 그는 열심히 전보를 집집마다 배달을 해주었다. 대부분의 사람들은 그냥 전보를 받고서 고맙다는 말을 하고서 문을 닫았다. 그러나 한 집에서만은 나와서 전보를 받고 난 다음 머리를 쓰다듬으면서 "야, 너 굉장히 똑똑하고 총명해 보이는구나. 지금 은 전보배달을 하지만 세월이 지나면 너는 온 세계에 희망을 주는 사람이 되겠다"고 했다. 이 한마디가 스코틀랜드에서 미국으로 이민한 전보배달원의 소년의 마음을 끓어 올렸다. 그는 휘파람을 불며 일했다. 새로운 생각과 새로운 꿈과 자기 자신에 대한 믿음을 가진 것이다. 그 사람이 후에 미국의 강철왕이며 세계적 인 부호가 된 카네기이다. 카네기는 나중에 부호가 되고 난 다음에도 자기에게 희망을 준 그 말 한마디가 자기에게 희망을 주었다고 술회했다.

우리네는 "한마디의 말로 천냥 빚을 갚는다", "오는 말이 고와야 가는 말이 곱다"고 한다. 우리가 사용하는 말들이 중요하다는 것이다. 더욱이 생명을 다루는 의사들의 말은 그에게 치명적일 수 있다. 오래전 한 권사님이 어느 날부터 두문불출하시어 찾아뵈었더니 "의사가 움직이면 안된다고 하여 교회도 심방도 포기한 채 누워있노라"고 했다. 그 때부터 그 권사님은 불행한 나날이 시작되었다. 얼마 지나지 않아 정말 움직일 수 없는 몸이 되어버린 것이다. 3년이 지나자 치매까지 와서 온 방안에 오물을 묻히며 살아 결국 가족들이 입과 코를 막고 고개를 돌리게 한 후에 세상을 떠났다. 의사의 말을 더 신뢰한 것이 잘못이지만 의사의 무책임한 그 한마디가 그 권사님을 망가뜨린 것이다. 하물며 영혼을 다루는 사람들이겠는가? 교회에서 목양하는 교역자는 물론, 교인들에게 음양으로 영향을 끼치는 사람들의 언어나 행동이 그 영혼을 살리기도 하지만, 망가뜨리기도 하는 것이다. 이 시대는 말 한마디를 해도 격려해 주고 위로해 주는 말이 필요한 시대이다.

"누구든지 이 작은 자 중 하나를 실족하게 하면 차라리 연자 맷돌이
그 목에 달려서 깊은 바다에 빠뜨려지는 것이 나으니라."(마18:6)

038
복음의 빚진 자들

잘못된 우상숭배가 나라를 병이 들게 만들어 더욱 어둡고 암울한 세상을 만드는 것은 어디서나 마찬가지이다. 그럼에도 그런 삶이 고통이라고 여기지 아니하는 것은 어둠에 묻혀 있기 까닭이다. 세계1위인 방글라데시, 2위인 북한의 특징은 어둠의 세계에 있다는 특징일 것이다. 비데 화장실의 비데라는 이름조차 들어보지 못하여 재래식 변소에 칸막이라도 쳐있다면 그것을 천국으로 여기는 법이다. 우리 한국이 복음을 받기 전에는 참으로 어두운 사회였다. 초기에 전도를 받아 교회에 온 사람들은 난로에 둘러앉아 난로가 복 주는 줄 알고 난로를 향해 주여! 주여! 했다. 어떤 선교사가 성탄절에 비누를 선물로 주었는데 이 비누가 서양 떡인 줄 알고 쪼개서 나누어 먹고 모두 구토하며 죽을 고생을 하기도 했다. 이런 이야기는 한국 시골 벽촌 골짜기의 이야기가 아니라 당시 대도시의 이야기들이다. 그래서 초기선교사들이 한국에 와서 사역한 상황을 선교 본국에 보고한 가운데 "먼 항해를 하여 한국에 도착해보니 한국 사람들은 너무나 무지하고, 가난하며, 비참하게 살고 있으면서도 그 삶을 고통과 괴로움으로 생각하지 않고 사는 것을 보았다."라 기록했다. 이렇게 무지하고 어둡던 우리나라에 복음의 빛이 들어와 이 빛 가운데서 밝고 건강하고 합리적이며 깨끗하게 살 수 있게 된 것이다.

양화진에는 이 땅에 와 순교한 분들의 묘가 몰려있다. 미국인 230명, 영국인 30명, 프랑스 25명, 덴마크 3명, 호주 12명, 벨기에 4명, 러시아 54명, 캐나다 7명, 일본 1명, 스페인 4명, 한국선교사 77명이 그곳에 묻혀있다. 100년 전 배를 타고 수개월 걸려 이 땅에 와서 캄캄한 이 나라에 복음의 빛을 비춰주었기에 오늘의 우리가 이만큼 살게 되었다. 아니 내가 구원받은 것은 복음을 들고 온 이런 분들을 인하여서 이다. 이렇게 많은 사람의 희생과 헌신으로 복음을 받은 것이다. 그렇다면 이제 우리도 어두운 나라에 빛을 비춰주어 복음의 빛을 갚아야 하지리라.

"헬라인이나 야만인이나 지혜 있는 자나
어리석은 자에게 다 내가 빚진 자라."(롬1:14)

039
웃으면 행복해 진다.

웃음이 있는 가정이나 사회나 그리고 교회는 건강하다. 물론 사람도 잘 웃는 사람이 건강하다. 일생가운데 가장 건강한 시절은 어린아이 시절일 것이다. 그렇게 앉고 일어서고 뛰어도 피곤함을 모른다. 왜일까? 아이들은 그만큼 잘 웃기 때문일 것이다. 그러나 어른들은 잘 웃지 않는다. 하루에 외국인은 15회 웃는데 비해 우리나라 어른들은 6회 정도 웃는다고 한다. 그것마저도 4번은 비웃음이고 2번은 기가 막혀 웃는다. 그러나 아이들은 하루에 무려 300번 내지 500번을 웃는다고 한다. 그러니 아이들은 맑고 깨끗한데, 어른들은 건강하지 못한 정신과 육체를 지니고 살아가는 것이다.실제로 이런 사실을 일찌기 의학계에서 먼저 알아냈다. 일본 오사카의 이타미라는 병원원장은 20세에서 62세의 환자들을 둘로 나누어 한 쪽은 웃고 즐기게 하고, 한 쪽은 가만히 있게 하였다. 그랬더니 웃고 즐긴 환자들에게 병을 억제하는 세포가 신속하게 생겨났다. 그래서 이타미 원장은 연구결과를 "최고의 항암제는 바로 웃음이다"라고 한마디로 요약하였다. 낙천적으로, 얼굴이 웃으면 위도 웃고, 얼굴을 찡그리면 위도 찡그린다고 한다. 그래서 얼굴을 자꾸 찡그리는 사람은 소화불량에 걸리고 오장육부가 병들게 된다. 더욱이 웃으면 여러 호르몬이 분비되는데 지혜롭게 하는 도파맨호르몬이나 사랑의 옥시타민 호르몬이 흘러나와 지혜롭고 사랑스럽게 만든다. 잘 웃으면 건강하고 인정받고 사랑받는 사람이 된다. 그래서 바울은 그의 서신에서 "주 안에서 항상 기뻐하라! 내가 다시 말하노니 기뻐하라"고 했다(빌4:4). 그는 기뻐하면서 다른 사람에게 기쁨을 주어 웃도록 했다. 어떻게 웃게 하는 사람이 될 것인가? 사람이 가장 잘 웃는 때는 일반적으로 인사할 때라 한다. 인사하면 그 누구라도 웃는다. 성도들은 서로간의 문안하고, 만나면 반갑게 웃으며 인사하므로 상대를 웃도록 해 준다면 자신도 행복해지고 다른 사람을 행복하도록 하는 복의 통로가 되리라.

"항상기뻐하라. 쉬지 말고 기도하라. 범사에 감사하라."(살전5:16-18)

040
신앙으로 산다.

　어제 조간신문에 독일과 일본도 신용평가가 강등이 되어 진다는 머릿기사가 눈길을 끌었다. 우리는 선진대국들은 기반이 단단하기에 넘어가지 않을 것이라 생각한다. 하지만 예전에 아르헨티나나 필리핀이 부강한 나라였으나 빈국으로 전락한 전례도 보고 있다. 흔히 20세기에 망하지 않는 것은 은행과 학교와 교회라고 했다. 그렇지만 21세기에 들어오면서 그런 얘기가 소용이 없어졌다. 은행들이 망하는 것을 보았다. 학교도 망한다. 서울 자율고들이 무더기 미달사태가 벌어졌다. 지방 대학들은 정원을 채우지 못해 편법을 쓰다가 퇴출되기도 한다. 그런데 교회마저도 문을 닫는 곳이 생겨났다. 이 이야기는 유럽의 이야기가 아니라 우리나라의 교회들이 없어지고 있다. 물론 재개발로 많은 2층 교회들이 사라졌다. 개척하던 교역자들은 얼마의 보상금을 가지고 개척의 고난을 피해 사라져 버린 경우도 있다. 재개발 지역이 아니라도 교회가 그러하다. 교역사가 없어서가 아니다. 임지가 없어 쉬는 교역자들이 넘기 때문이다. 신학교들이 없어 망한 것이 아니다. 유럽에 세계적인 신학교들이 많다. 그럼에도 유럽의 교회들은 문을 닫았다. 예배당이 술집이 되고 카페나 도서관으로 변하고 하물며 모슬렘 사원이 되어 버렸다. 무슨 까닭인가? 신앙의 부재까닭이다. 신학은 있는데 신앙은 없다. 자유는 있는데 말씀은 없다. 계시록에 소개된 버가모 교회 등 일곱 교회가 무너진 것은 신앙의 자유가 없어서가 아니다. 313년 콘스탄틴 황제가 밀라노칙령으로 기독교를 국교로 삼은 뒤부터 세속화 되었다. 신앙이 무너지니 교회도 무너진 것이다. 그럼에도 라틴계교회나 중국에서는 교회가 부흥하고 있다. 중국에 교인수가 1억이 넘었다는데 변변한 신학교 하나 없다. 교역자도 많이 부족하다. 그래도 교회가 부흥을 한다. 성장을 하는 것이다. 신학은 부족하나 신앙이 있기 때문이다. 참으로 교회나 성도가 사는 것은 신앙이리라.

> "만물의 마지막이 가까웠으니 그러므로 너희는 정신을 차리고
> 근신하여 기도하라."(벧전 4:7)

041
새로운 해를 만났으니!

사람의 성품을 바꾸기가 참 어렵다고들 한다. 그의 인격이나 성품은 하루아침에 형성되는 것이 아니기 때문에 그것을 바꾼다거나 어떤 변화를 일으킨다고 하는 것은 그만큼 힘이 든다는 것이다. 그런데, 톰 해리슨은 세 가지 연유가 있으면 사람이 달라지는 것이 가능하다고 이야기 한다.

첫째는 아주 어려운 고통을 당하면 사람이 달라진다고 한다. 모든 지식과 의지 를 다 버릴 정도의 환난이나 고난을 당하면 사람이 달라질 수 있다는 것이다. 두 번째는, 소망이 끊어질 때라 한다. 인간능력과 의지의 한계를 넘지 못할 때에 그 절망 속에서 사람은 비로소 생의 새로운 궤도수정을 하게 된다는 말이다. 세 번째는 "유레카 스테이지(eureka stage)"에서 사람이 바꾸어진다고 한다.

"유레카(Eureka)"라는 말은 헬라어로 "찾았다"는 말이다. 옛날 시라큐스의 유명한 수학자 아르키메데스가 공중목욕탕에서 사색을 하다가 그 유명한 아르키메데스의 원리를 발견하고는 너무 기뻐서 벗은 몸으로 집으로 뛰어가며 "유레카", "유레카"를 외쳤다는 일화는 너무나 유명한 이야기이다. 새로운 것을 찾았을 때, 내가 새로운 진리, 새로운 세계를 발견했을 때, "아, 이것이다" 하고 감격하며 새롭게 태어난다는 것이다. 세상에서 버림받은 줄 알았는데, 하나님께서 나를 붙드시고 계심을 깨닫게 된 순간에 그 사람의 기질과 삶은 바꾸어질 수 있다.

새해가 되었다. 새로운 차원의 세상이 열린 것이다. 그렇다면 과거와는 다른 차원이 높은 새로운 인생을 살아야 하지 않겠는가? 욕망을 좇는 삶이 아니라 하나님의 말씀을 좇는 삶 말이다. 이것이 형이하학적인 삶이 아니라 형이상학적인 삶, 저급한 삶이 아니라 고급한 삶, 육적인 삶이 아니라 영적인 삶이다. 새로운 해를 만났으니 이제 내 뜻이 아닌 주의 뜻을 이루는 삶이어야 하리라.

"너희는 이 세대를 본받지 말고 오직 마음을 새롭게 함으로
변화를 받아"(롬12:2)

042
기도로 주의 뜻을 이루라.

1960년 케냐에서 마우마우 폭동이 일어나고 있을 때 선교사인 매트 히겐스 부부가 사역하고 있었다. 선교사는 마우마우지역의 중심부를 통과하여 나이로비로 돌아와야 했다. 그런데 나이로비 외곽 17마일 지점에 이르렀을 때 차가 고장이 나고 말았다. 당시 마우마우지역에서는 케냐인과 선교사들이 살해되어 시체가 토막 나는 사건이 여기저기 일어나고 있었기 때문에 그들은 두려움으로 밤을 지내고서 차를 수리한 후 겨우 돌아올 수 있었다.

수 주일 후 휴가를 얻어 미국으로 돌아간 선교사 가족에게 브랜트라는 친구는 "최근에 무슨 위험을 겪지 않았느냐?"고 물었다. 클레이는 3월 23일 밤에 히겐스선교사 가족을 위해 기도해야겠다는 영적부담감을 느껴서 자다 말고 친구들을 불러 16명이 그 부담감이 없어질 때까지 함께 기도했다는 것이다.

바로 그날 밤에 지금은 회심한 형제 하나가 세 명의 친구들과 함께 칼을 들고 히겐스 선교사가족을 죽이기 위해 선교사가족이 탄 차에 접근했있는데 16명의 장정이 칼을 들고 지키고 있어서 그만 돌아갔다는 이야기를 지역교회 목사님으로 부터 듣고는 "우리 식구 외에는 아무도 없었는데 도대체 무슨 말을 하는지 모르겠네요"하며 웃고 넘겼었다. 하지만 선교사의 친구들의 기도로 하나님께서는 천사를 보내셔서 그 가족을 지키셨음을 알게 된 것이다.

하나님께서는 기도하면 천사를 보내신다. 옥에 갇힌 베드로를 위하여 예루살렘 교회가 모여 기도했더니 천사를 파송하여 베드로를 건지신 것처럼 성도들이 함께 모여 기도하면 하나님께서는 위기를 이길 수 있도록 사자들을 보내 함께 하신다. 새해에 주님의 뜻을 이루려면 가장 필요한 것은 하나님의 능력이다. 이런 하나님의 능력은 무엇으로 가져올 수 있나? 주님은 명쾌하게 대답하셨다. "기도 외에 다른 것으로는 이런 종류가 나갈 수 없느니라"(막9:29).

"환난 날에 나를 부르라. 내가 너를 건지리니
네가 나를 영화롭게 하리로다."(시50:15)

043
가치를 잃은 세대

동물사랑 실천협회는 최근 소 10여 마리가 굶어 떼죽음을 당한 전북 순창군의 문 모씨가 운영하는 농장의 모습을 담은 동영상을 공개했다. 이 농장에서는 10일 육우(젖소수컷) 5마리가 추가로 아사하는 등 상황은 걷잡을 수 없이 나빠지고 있다. 목을 쭉 늘어뜨린 채 죽어있는 송아지, 뜬 눈으로 앙상하게 말라 죽어있는 소들은 앙상한 다리와 바짝 말라붙은 엉덩이는 죽기 전 소들이 겪어야 했던 굶주림의 고통이 어느 정도였는지 짐작케 한다. 아직은 살아 있으나 굶주림에 지쳐 간간히 울고 배고픔에 지쳐 흙을 핥아먹으며 마지막 생명을 이으려고 몸부림치는 장면을 볼 때 가슴이 메어 터질 것 같았다.

농장주인은 정부에 자신의 요구를 관철하기 위한 방법으로 기르던 소들을 집단으로 굶어 죽도록 했다고 한다. 물론 안타까운 경제적 어려움을 십분 이해한다고 할지라도 농장주 그가 말한 것처럼 "자식같이 키운소들"이라는데... "어떤 핑계로라도 자신이 기르는 소들을 굶겨 죽게 하는 것은 참으로 매몰찬 행위"라고 동물사랑실천협회를 비롯한 각계의 비난하는 소리를 들어 마땅하다. 배추가 풍년이 들면 그 넓은 배추밭을 어김없이 갈아 엎어버린 사람들은 TV 기자들을 불러 자랑스럽게 공개한다. 어느 해는 과일이 풍년이 드니 과일을 나무에서 썩도록 방치한 일도 있다. 정부에서도 쌀이 많이 수확이 되니 쌀을 가지고 막걸리를 만들어 먹자고 부추기더니 쌀이 많이 수확되니 이제 논농사를 하지 못하도록 하고 그 대신 쌀값을 지불한다고 한다. 일하지 않고 쌀값을 지불받은 농부들은 여름날 부채를 들고서 잡초 무성한 묵힌 논을 한가하게 바라본다. 참되고 귀한 것이 무엇인지를 분별 못하는 이 세대를 향하여 패역한 세대라고 책망하시는 하나님의 음성이 귀에 쟁쟁하게 들리는 듯하다. 참으로 성도라면 모두가 한 마음이리라.

**"그러나 너희 눈은 봄으로,
너희 귀는 들음으로 복이 있도다."**(마13:16)

044
더 나은 본향이 있기에!

찾아갈 고향이 있는 사람은 명절이 즐겁다. 하지만 명절이라고 다 즐거운 것은 아니다. 지척의 북녘땅에 고향을 둔 실향민의 아픔은 명절에 더하다. 이 슬픔에 비길 수는 없지만 반겨줄 이 하나 없는 고향이라서 명절이 서럽다. 성공하리라는 기약과는 달리 너무 초라해진 자신을 보일 수 없어 고향 땅을 밟지 못하는 아픔 역시 명절에 더하다. 서로 만날 가족을 그리며 얼굴 얼굴에 화색이 일지만 찾아올 식솔하나 없는 노인들은 명절이 괴롭다. 직원들 명절보너스를 마련해야 할 사업주의 고통은 이 명절이 정말 고통스럽다.

내가 가장 좋아하는 가곡은 이은상씨가 쓴 "가고파"라는 곡이다. "내 고향남쪽 바다 그 파란 물이 눈에 보이네 꿈엔들 잊으리오 그 잔잔한 고향 바다지금도 그 물새들 날으리 가고파라 가고파 어릴 제 같이 놀던 그 동무들 그리워라 어디 간들 잊으리오 그 뛰놀던 고향 동무 오늘은 다 무얼 하는고 보고파라 보고파. 그 물새 그 농부들 고향에 다 있는데 나는 왜 어이타가 떠나 살게되었는고 온 갖것 다 뿌리치고 돌아갈까 돌아가 가서 한데 얼려 옛날같이 살고지고 내 마음 색동옷 입혀 웃고 웃고 지내고저 그 날 그 눈물 없던 때를 찾아가자 찾아가."

마산이 고향인 이은상씨는 고향의 앞바다를 그리며 이 노래 말을 만들었다고 한다. 이 노래가 명절만 되면 흥얼거려지는 까닭은 아무래도 내 안에도 고향에 대한 그리움이 찰랑거린 까닭일거다. 부모님이 계셔서 반겨줄 고향이 있다면 언제라도 달려가겠는데... 달려갈 고향이 있는 사람은 참 행복한 사람이다. 그렇지만 더욱더 행복한 사람이 있다. 하늘의 본향을 가진 사람이다. 본향이 있는 하늘나라를 사모하며 살아가는 사람은 진정 행복한 사람이리라.

"그들이 나온바 본향을 생각하였더라면 돌아갈 기회가 있었으려니와
그들이 더 나은 본향을 사모하니 곧 하늘에 있는 것이라."(히11:15,16)

045
하나님의 뜻이 하나님의 의

올해 교회의 표어는 "주님의 뜻을 이루는 교회가 되자."이다. 그리스도인이라면 무엇이 하나님의 뜻인가 고민하며 살아야 하고 그 뜻에 따라 구체적으로 인도를 받는 것이 우리 그리스도인들의 근본자세일 것이다. 그럼에도 굳이 이렇게 표어를 정한 까닭은 주님의 뜻을 이루며 사는 사람들이 많지 않기 때문이다. 나름대로 주의 일을 한다는 사람들도 자신의 의를 세우는데 더 초점이 맞추어져 있는 사람이 많다. 초대교회 당시 유대인들은 하나님에 대한 열심히 특심하였다. 그러나 지식을 따름이 아니었다. 바울은 저들이 "하나님의 의를 모르고 자기의 의를 세우려고 하나님의 의에 복종하지도 않았다."고 지적했다(롬10:2.3).

죠지 트루엣은 "가질 수 있는 가장 위대한 지식은 하나님의 뜻을 아는 것이며, 인간이 행할 수 있는 가장 위대한 업적은 하나님의 뜻을 행하는 것이다"라고 했다. 하나님의 뜻을 아는 비결이 무엇인가? 조지 뮬러는 6가지 단계로 소개한다.

1.어떤 문제가 있을 때 그 문제에 관한 나의 의사가 있지 않도록 마음을 비우려고 노력하라. 2.결과에 대해서는 나의 감정이나 이상을 개입시키지 않도록 노력하라. 3.성령께서 나를 인도하시고자 하는 방향을 깨달으려고 노력하라. 4.주변 상황을 고려하라. 종종 상황과 말씀과 성령이 서로 연결되어 하나님의 뜻을 밝혀준다. 5.기도하는 가운데 하나님의 뜻을 내게 보여주시기를 간구하라. 6.하나님께 기도하고, 말씀묵상을 한 후에 심사숙고하여 얻은 결론에 따라 행하라. 이때 내 마음에 평안이 따르면, 두세 번 더 기도한 다음 진행하라. 주를 믿는 자는 부끄러움을 당하지 않는다(롬10:11). 시행착오를 당연시하는 이 세상에서 후회없는 삶을 살아 부끄러움을 당하지 않는다면 이보다 행복한 사람은 없으리라.

"너희는 이 세대를 본받지 말고 오직 마음을 새롭게 함으로 변화를 받아
하나님의 선하시고 기뻐하시고 온전하신 뜻이 무엇인지
분별하도록 하라."(롬12:2)

046
하나님의 뜻이 아니면 안돼~

개그콘서트에 나오는 김원효군의 "야 안돼~!"라는 말이 유행어가 되었다. 급한 일이 생겼다고 보고하는 부하직원을 향해 그야말로 말도 안 되는 이유들을 들어서 "그러니까 안돼~"라고 한다. 다른 화면에서는 내 사전에는 안 된다는 말이 없다고 하는 왕회장의 기업광고가 뜨기도 하지만 역시 안돼~라는 말이 더 힘을 얻어 김원효 군은 신인상과 함께 인기 개그맨의 반열에 올라섰다.

물론 "개그는 언제까지나 개그일 뿐 따라 하지 말라"고 하지만 그와 상관없이 아이들의 입에서 "야 안돼~!"라는 말이 거침없이 쓰여 지고 번져나간다.

하지만 친구들 간에는 물론 부모에게나 스승에게도 안돼~ 라고 내 뱉는 우리 청소년들의 그 뇌리에 정말 무슨 일이나 안되는 일로 여과 없이 입력이 되어 버린다면, 그리고 일생을 안 되어지는 부정적 삶을 살아간다면 그들의 앞날이 어찌될 것인가는 불을 보듯 빤하다. 하기야 기독교인이라고 다 자신의 뜻대로 되는 것처럼 말하거나 어떤 기업가처럼 내게 안 되는 일이 없다고 말하는 것도 잘못이다. 야고보 선생은 내일을 자랑하며 장사하는 사람들에게 이렇게 지적한다. "너희가 도리어 말하기를 주의 뜻이면 우리가 살기도 하고 이것이나 저것을 하리라 할 것이거늘 이제도 너희가 허탄한 자랑을 하니 그러한 자랑은 다 악한 것이라"(약4:15,16).

성도는 알아야 한다. 하나님이 함께하시면 우리는 모든 것을 할 수 있다. 그러나 하나님이 함께하시지 않으면 모든 것을 할 수 없다. 하나님이 원하신다면 된다. 그러나 하나님이 원하시지 않으면 안 된다. 하나님의 뜻이면 우리는 이것저것을 할 수 있다. 그러나 하나님의 뜻이 아니며 이것저것도 안 된다. 잘된 것은 자기의 노력으로 이루어진 것처럼 어깨를 으쓱대고, 잘못된 것은 하나님의 뜻으로 돌려서 스스로 위안을 얻으려 해서는 안 되리라.

"주의 뜻이면 우리가 살기도 하고 이것이나 저것을 하리라."(약4:15)

047
영혼을 살리는 복된 부흥회

미국에서 있었던 일이다. 젊은 부부가 늙은 어머니를 집에 홀로 남겨놓고 바캉스를 다녀왔더니 노모가 굶어 죽었다. 그 옆집도 바캉스를 다녀와 보니 개가 굶어 죽어 있었다. 이웃의 고발로 두 집 부부가 재판에 회부 되었다. 그런데 어머니가 죽은 집 부부는 무죄가 되었고 개가 죽은 집 부부는 유죄 판결이 났다고 한다. 그 판결 이유인즉 "개는 동물이다. 묶어놓고 굶겨 죽었으니 동물 학대에 해당한다. 그러나 늙은 어머니는 동물이 아닌 사람이다. 더욱이 건강하였기 때문에 배가 고프다면 냉장고를 뒤질 수도, 슈퍼에 갈 수도, 이웃에서 얻어먹을 수도 있었다. 자기가 먹기 싫어서 게을러서 죽은 것이다. 자기 생명을 보호할 책임을 다하지 못한 것이다." 그 판결은 명판결이었다. 노인이 왜 식사를 안 하고 굶어 돌아가셨을까? 화가 나서란다. 자기만 두고 가는 자녀 내외가 괘씸하다 하여 "살아 무얼하나?"하여 자신의 손발을 움직이지 않은 것이다. 냉장고에 먹을 것이 잔뜩 있었지만 먹지 않아서 죽고 만 것이다.

사람의 영혼은 말씀을 먹지 않으면 병들거나 죽고 만다. 그래서 교회는 부흥성회를 준비한 것이다. 우리 영혼의 곤고함과 핍절함을 해소하려고 집중적으로 영적양식을 공급하는 시간이 부흥성회시간이다. 이 시간들은 우리에게 하나님이 복 주시는 시간이다. 아무리 냉장고에 음식이 가득 있었으나 꺼내 먹지 않은 노모는 죽고 말았다. 자신만 죽은 것이 아니라 자녀들을 법정에 서게 하고 그들을 세간의 가십거리가 되게 했다. 부흥회가 하나님께서 복을 주시는 시간이지만 그 복을 무시하고 참석하기를 게을리한다면 그야말로 그는 미국의 노파와 다를 바 없다. 이 부흥회 주인공은 우리 자신이다. 이 시간이 우리를 위해 마련한 시간이며 바로 나에게 하시고자 하신 말씀을 하나님께서 하실 것이다. 우리 영혼이 소성하고 기도가 응답 되어 삶이 형통하며 구하지 않는 은총과 복이 넘치는 시간이다. 우리는 마치 보물 지도를 잡으려는 심정으로 마음과 정성을 다하여 부흥회에 참여해야 하리라.

> "너희는 귀를 기울이고 내게 나아와 들으라.
> 그리하면 너희 영혼이 살리라."(사55:3)

048
순종=복을 받는 통로

요순시대의 이야기이다. 순 임금이 하루는 신하들을 불러 모아놓고 이렇게 명령을 내렸다. "이제 내가 너희들에게 망태기 하나씩을 줄 터이니 우물에 가서 물을 하나 가득 담아 가지고 오너라!" 열댓 명의 신하들이 제각기 흩어져 버렸다. 망태기에 물을 담아 보았자 쏟아져 내릴 것이 분명하였는지라 아무도 물 담을 생각을 하지 않았던 것이다. 그런데 오직 한 신하만이 우물가로 가서 하루 종일 물을 퍼 담는 것이었다. 물론 그도 불가능한 일이라 생각했으나 어찌 임금의 명령을 거역할 수 있으랴 하는 마음으로 하루 종일 물을 퍼 담았다. 이윽고 해질녘이 되자 우물의 물이 다했는지 아무리 두레박을 내려도 물을 길을 수가 없었다. 신하는 허리를 펴고서 우물을 들여다보았다. 그런데 바닥 한 가운데에 황금덩어리가 빛을 내는 것이 아닌가! 신하는 얼른 그것을 올려다가 임금에게 가져다 주었다. "수고했다! 내 말에 순종하는 자가 너뿐이구나. 그것은 순종하는 사에게 주려고 내가 마련한 상급이니라. 그것을 네가 차지하도록 하여라."

고진감내(苦盡甘來)라 했다. 쓴 것이 다하면 단 것이 온다는 뜻으로, 순종하느라 심한 고생을 하지만 그 고생 끝에는 반듯이 즐거움이 온다는 말이다. 우리네 속어에 "어른들의 말을 들으면 자다가도 떡이 생긴다."했다. 순종하는 사람에게 뜻하지 않는 행운이 찾아온다는 말이다. 최근의 유행어는 "묻지도 말고, 따지지도 말고 실행하라."고 한다. 이런 속어나 유행어가 아니더라도 말씀에 순종하는 성도들에게 하나님은 순종의 열매들을 주신다. 하나님은 우리를 사랑하시는 분이시다. 사랑의 하나님은 복을 주시려 "순종"이라는 시험을 통과하게 하신 것이다. 이 순종이라는 통로를 통해서 하나님의 각양 좋은 것들이 온다. 아브라함이 복을 받은 까닭은 순종이라는 통로를 지났기 까닭이다. 그러나 사울 왕이 탈락한 까닭은 순종의 길목에서였다.

> "순종이 제사보다 낫고 듣는 것이
> 수양의 기름보다 나으니"(삼상15:22)

049
쓰임 받는 그릇

미국의 대통령 중에 성자라고 불린 이는 아브라함 링컨이다. 그를 하나님이 그처럼 강하게 쓰신 것은 그의 학벌이나 실력, 정치력이 아니다. 하나님에 대한 철저한 믿음과 아울러 정직하고 깨끗한 그의 삶이라는데 있다. 링컨은 한때 법률사무소에서 함께 일했던 헨리라는 사람은 아브라함 링컨의 정직함과 깨끗함에 대해서 하나의 사건을 예로 들어 소개하였다.

1833년 링컨은 잠시 일리노이주 뉴사렘이라는 작은 고을에서 우체국장을 지낸 일이 있었다. 그러나 무슨 이유 때문인지 그 우체국은 폐쇄되고 말았다. 그때 법적으로 정부가 수금해 가야 할 잔액이 18불이 있었다. 링컨은 그 후 대단히 어렵게 살면서 여기저기 조그마한 부채들까지 있었다. 그런데 몇 년 후에 한 체신부 관리가 스프링필드에 있는 링컨 법률사무소 갑자기 들이닥쳐서 18불의 잔액을 요구했다. 그러자, 링컨은 기다렸다는 듯이 즉시 자기 하숙집에 가서 트렁크 안에 간직한 낡은 양말 짝 하나를 들고 왔다. 그 안에는 동전 한 푼 틀리지 않는 정확한 금액이 들어 있었다. 링컨은 아무리 쪼들려 남에게 돈을 빌려 쓰는 형편에 있었을지라도 나라의 공금(公金)은 일절 손대지 않았다는 것이다. 하나의 작은 일에 불과할지 모르지만, 하나님은 그런 깨끗한 인물을 사용하시기를 원하셨다. 그래서 미국의 대통령까지 되게 하셨던 것이다. 오늘날에는 혼탁한 일들로 연일 신문지면을 장식한다. 이런 때라도 세상 욕망과 정욕을 십자가에 못박아버린 사람이 그리스도인들이다. 그리스도인들에게는 정직하고 깨끗함이 트레드 마크가 되어야 한다. 무엇보다 하나님께서는 어느 시대나 깨끗한 그릇에 능력을 담으시고 그런 깨끗한 그릇을 손에 잡아 사용하시리라.

> "그러므로 누구든지 이런 것에서 자기를 깨끗하게 하면
> 귀히 쓰는 그릇이 되어 거룩하고 주인의 쓰심에 합당하며
> 모든 선한 일에 준비함이 되리라."(딤후2:21)

050
나 같은 죄인 살리신(Amazing Grace)

존 뉴턴 여섯 살 때 어머니를 잃고 열한 살 때부터 뱃사람인 아버지 밑에서 항해를 하게 되었다. 후에는 악명높은 노예선 선장이 되었다. 어느 날 그는 노예무역을 마치고 고향으로 돌아오는 길에 큰 폭풍우를 만나 배가 파선되었다. 그는 죽음의 길에서 "주여 우리에게 자비를 베푸소서"하고 꺼져가는 목소리로 기도했다. 주님께서는 뉴턴의 그런 기도라도 들으셨다. 배가 파선된 지 4주 만에 뉴턴과 선원들은 모두 구조되었다. 뉴턴은 이 사건을 통해 하나님은 어떤 죄인이라도 용납하시는 분임을 알게 되었다. 그는 예수님을 구주로 영접한 후 노예무역을 그만 두고 목사가 되어 버킹검에서 16년간을, 옵니교회에서 27년간을 봉사하였다. 80넘은 고령에 설교하는 그를 우려하는 사람들에게 그는 "나는 멈출 수 없습니다. 아니, 어떻게 옛 아프리카의 신성모독자가, 말을 할 수 있는 데도 입을 다물 수 있다는 말입니까?" 하며 복음전선에 앞장섰다. 이런 그의 열정은 Amazing Grace(나 같은 죄인 살리신)를 지어 찬송하며 복음을 전했다.

"나같은 죄인 살리신 주 은혜 놀라와 잃었던 생명 찾았고 광명을 얻었네" 그는 하나님을 은총에 감격한 뉴턴은 아무리 비천하고 추악한 죄인일지라도 하나님의 풍성한 은혜의 도가니에 녹아내리지 않을 심령이 없으며, 주께 돌아오면 주의 충성스런 일군으로 변화될 수 있다고 확신한 것이다. 열매를 맺는 계절이 성큼 문앞으로 다가왔다. 주님에게 전도열매를 맺어드릴 계절이 된 것이다. 무엇보다 "복음을 들으면 그 누구라도 변화되어진다"는 뉴턴 같은 확신이 필요하다. 전도자에게 낙심은 금물이다. "세상에 낙심할 일이 많으나 하나님의 사전에는 그런 말이 없다. 다른 사람에게는 낙심하게 되는 것들이 신자들에게는 하나님의 길로 들어서는 신호이다"라고 뉴턴은 외치지 않았던가!

"너희가 열매를 많이 맺으면 내 아버지께서 영광을 받으실 것이요,
너희는 내 제자가 되리라."(요15:8)

051
당신은 누구인가?

어느 부인이 차를 타고 가는데 갑자기 큰 화물트럭이 뒤에서 덮치면서 모든 것이 아득해지고 말았다. 그때 부인은 누군가로부터 질문을 받았다. "너는 누구인가?" 부인은 자신의 이름과 주민등록번호 그리고 주소를 댔다. 들려오는 소리가 다시 물었다. "나는 너희 사회에서의 그런 분류 형식을 묻지 않았다. 너는 누구인가?", "네, 저는 사장의 부인입니다. 남들이 저를 가리켜 사모님이라고 부르기도 합니다.", "나는 누구의 부인이냐고 묻지 않았다. 너는 누구인가?", 부인은 다시 대답했다. "네, 저는 1남 1녀의 어머니입니다. 딸아이는 특히 피아노에 천재적인 재능이 있습니다.", "나는 누구의 어머니냐고 묻지 않았다. 너는 누구인가?"라고 물었다. 부인은 침이 마른 채 대답했다. "저는 교회를 다니고 있습니다. 간혹 불우 이웃돕기에도 나갔습니다. 교회 다니는 사람들이 저를 알고 있습니다." 그래도 질문은 그치지 않았다. "나는 너의 종교를 묻지 않았다. 너는 누구인가?라고 물었다." 이 부인은 응급실에서 깨어나면서 중얼거리고 있었다. "내가 누구인지 좀 가르쳐 주세요. 내가 누구인지를…."

위 글은 몇 해 전 지병으로 작고한 한 시인의 유고집에 실린 〈너는 누구인가?〉라는 제목의 글이다. 소크라테스의 잠언인 "너 자신을 알라!"라는 글은 고대 희랍의 아폴로 신전 입구 현판에 새겨진 경구이다. 그것은 애초에 "인간아! 깨달아라, 너는 신(神)이 아니고 사멸할 인간임을 명심하라!"는 뜻이었다. 그렇지만 소크라테스의 제자 플라톤은 "너 자신을 알라"는 충고를 "신과 대면하여 알아볼 수 있는 인간의 능력을 알라는 의미"라고 강조하였다. 이처럼 사람들은 자신의 처지나 형편에 따라 "너는 누구인가?"라는 질문에 대한 답변이 다양하다. 그렇지만 하나님께서 바로 우리를 향하여 "너는 누구냐?"고 물으신다면! 우리 모두는 언제라도 대답할 수 있어야 하리라.

> "그런즉 선줄로 생각하는 자는
> 넘어질까 조심하라."(고전10:12)

052
자리를 지키는 사람이라야!

1950년 한국 전쟁이 터지자 미국 연합군총사령관이었던 맥아더 장군이 한국의 전황을 살피러 한강 인도교까지 도착했다. 그리고 쌍안경을 가지고 인도교 건너편의 형편을 살피기 시작했다. 한강 인도교가 폭파되어 있었고, 건너편에는 이미 인민군들이 다가오고 있었다. 맥아더 장군의 눈은 문뜩 강 이쪽 편에 서있는 부동자세의 군인 한 사람을 발견하게 되었다. 그래서 맥아더 장군은 이상하게 생각하고 지프를 몰아 이 군인에게로 갔다. 그리고 물었다. "왜 끊어진 다리 앞에 서 있느냐?" "이것이 제 임무이기 때문입니다." 맥아더 장군은 다시 물었다. "그러면 언제까지 여기 서있을 작정인가?" 군인은 대답했다. "새로운 명령이 하달될 때까지입니다." 전세가 위급해 지휘관들도 도망하여 지휘계통이 사라진 상황이다. 더욱이 적이 바로 코앞에 와있다. 그럼에도 이 군인은 자기자리를 지키고 있었다. 이 군인의 말을 들은 맥아더 장군은 감탄했다. "이런 군인이 있는 나라는 절대로 망하지 않을 것이다." 맥아더 장군은 그날로 당장 미군 병력의 출동명령을 내리고, UN군이 참전하도록 명령을 내렸다. 이것이 바로 한국의 전투를 뒤집어 놓은 결정적인 계기가 되었다고 맥아더는 자신의 회고록에 기록하고 있다. 전쟁의 승리는 물론, 신앙의 승리는 이런 자리를 지키는 자들이 만들어 낸다.

어린 사무엘은 하나님의 음성을 듣고서도 의연함으로 아침에 일어나 성전 문을 연다(삼상3:15). 그는 자기의 자리를 지킨 것이다. 이렇듯 위대한 사람들은 언제나 자신의 자리를 지키다가 하나님의 부르심에 응답했다. "생긴 나무가 산을 지킨다."는 말이 있다. 비록 못생긴 나무일지라도 그 자리를 지키고 있는 그 나무가 산을 아름답게 만들어내는 것이다. 이처럼 자리를 지켜서 교회를 아름답게 하는 사람들이 있다. 주어진 자신의 자리를 지키며 성도들은 붙들어 세우는 사람, 그래서 하나님의 뜻을 이루는 사람이라야 상을 받을 사람이리라.

"네가 가진 것을 굳게 잡아
아무도 네 면류관을 빼앗지 못하게 하라."(계3:11)

053
성경일주 여행에 동참하자!

성경은 쉽게 접할 수 있어 우리는 소홀히 하기 쉽다. 그러나 이 세상에서 가장 귀한 보물은 성경이다. 극동방송에서 늘 성경을 읽어 주는 프로가 있다. 한번은 담당자에게 북한의 한 명에게서 편지가 왔다. 그 동안에 불러준 성경을 다 베꼈는데 사무엘상 15장부분만 방송 상태가 불량하여 적지 못하였으니 다시 한 번 불러 달라는 것이었다. 담당자는 그렇게 하였다. 일주일 후 다시 편지가 왔다. "이제야 나는 성경 한 권을 갖게 되었습니다. 그런데 내 성경은 한 짐입니다."

성경일주 여행이 시작이 되었다. 1년에 성경을 한 번도 완독하지 못한다면 자신에게나 하나님께 죄송하고 "장로님! 권사님! 집사님!"이라 불러주는 교회성도들에게 부끄러운 일이다. 옛말에 독서 백편 의자현(讀書 百編 意自現)이라고 했다. 아무리 어렵고 난해한 책이라도 백번을 읽으면 그 뜻이 확연해진다는 말이다. 일주일에 한번 설교를 듣는 것으로 하나님의 뜻을 다 헤아릴 수는 없다. 설교를 들으면서 성경을 읽고 읽어 계속적으로 읽어서 내 삶의 일부분으로 삼는다면 비로서 신앙의 깊은 경지에 이를 수 있다. 읽고 읽다 보면, 묵상하고 연구하다보면 누구나가 성경의 진리와 만나게 된다.

그러므로 화이트 헤드는 이렇게 말했다. "성경은 나그네 인간의 안내서요, 순례자의 지팡이요, 조종사의 나침반이요, 십자가 군병의 무기요, 크리스챤 생활의 헌장이다. 성경으로 낙원은 회복되며, 천국은 열리며, 지옥문은 닫혀진다. 성경은 문화의 광산이며, 영광의 파라다이스며, 환희의 강물줄기가 된다. 성경으로 머리가 채워지게 하고, 성경으로 마음을 지배하게 하고, 성경으로 네 행동을 이끌게 하여야 하리라."

> "예언은 언제든지 사람의 뜻으로 낸 것이 아니요
> 오직 성령의 감동하심을 받은 사람들이
> 하나님께 받아 말한 것임이라."(벧후1:21)

054
복음을 전파하라.

    1851년 11월 미국 매릴랜드 주에 사는 한 농부가 미국 재무성에 다음과 같은 청원서를 냈다. 그것은 미국이 만들어 내는 모든 화폐에 "우리는 하나님을 믿는다(In God We Trust)."라는 말을 넣어 달라는 것이었다. 그로부터 13년 후인 1864년 미국 의회에서 정식으로 이를 결정하고 오늘까지 모든 미국 화폐에는 "우리는 하나님을 믿는다"라는 말을 넣고 있다. 미국 돈은 단순한 미국의 돈만이 아니다. 그것은 전 세계의 돈이다. 세계 그 어느 곳에서도 미국 돈은 통용되고 있기 때문이다. 물론 그 원인이 미국의 국력 때문이라고 본다. 그러나 보다 더 깊은 원인을 찾는다면 "우리는 하나님을 믿는다(In God We Trust)"라는 말 때문일 것이다. 사람들 자신들이 알든 모르든, 자신들이 알고 쓰든, 모르고 쓰든 전 세계 사람들은 "우리는 하나님을 믿는다"는 전도지를 서로 주고받고 있는 것이다.

    그러므로 전 세계의 돈으로 사용된다는 사실은 결코 우연으로 놀릴 수는 없다는 말이다. 그러하다. 하나님을 경외하는 개인과, 가정과, 국가가 번영하고 복 받는다는 사실은 성경에서 일관되게 주장하는 내용이다. 참으로 하나님을 높이고, 하나님을 경외하면서 기도하면 응답받는다고 성경은 교훈한다. 그럼에도 이런 사실을 알지 못하고 살아가는 우리나라 사람들이 무려 80%에 이른다. 영원하신 하나님의 존재도 모르고, 영원한 나라를 무시한 채 자신이 주인이 되어 그 인생을 살아간다. 이렇게 살다가 멸망으로 달려간다. 이 수많은 이런 사람들을 어떻게 해야 하는가? 그래서 "603새생명축제일"에 이런 사람들이 구원받는 날로 정했다. 어떻게 시작 해야 하는가? 그 해답의 하나로 다음 주일 이종근장로님을 모시고 2회에 걸쳐 말씀을 듣는다. 이 귀한 시간으로 하나님을 알지 못하는 사람들을 인도해야 하리라.

"또 이르시되 너희는 온 천하에 다니며
만민에게 복음을 전파하라."(막16:15)

055
축복의 첩경-전도

지난주일은 이종근 장로를 초청하여 간증집회를 오전과 오후에 가졌다. 간증은 언제 들어도 마음을 뜨겁게 한다. 그렇지만 이 장로님은 죽을 상황에서 전도가 살렸다는 간증이었다. 부도로 단칸방에 사는 상황에 깊은 병으로 몸이 80kg에서 55kg이 되면서 뼈만 앙상하게 남는 지경에 이르렀을 때 교회에서 섬기는 교회에서 총동원전도주일이 시작되었다. 그는 안수집사로서 두 명은 전도해야 체면이 선다고 생각했으나 그날의 강사는 장로는 100명이상. 안수집사와 권사는 70명이상, 집사는 50명이상 평신도는 30명이상을 할당량으로 정해 주었다. 그러나 그 순간 장로님은 하나님께 내가 살아있음을 보여드리자는 생각과 함께 약한 자를 들어 쓰시는 하나님께서 나를 주의 도구로 쓰실 것이라는 믿음이 생겼다고 한다. 그래서 모두 자신의 할당된 목표를 외치는 그 순간, 자신도 모르게 2,000명하고 외쳤다는 것이다.

그리고 그는 열정적으로 전도하는 동안 병에서 놓임 받는 등 무려 8가지 복을 받았다고 한다. 그는 전도하면서 깨달은 것은 1명을 작정하면 한명도 못하지만, 100명을 작정하면 10명은 전도하더라는 것이다. 장로님은 2,000명을 작정하고 기도하며 1,026명을 인도했고, 그 가운데 326명을 결신했다고 한다. 우리교회에서도 2,000명을 작정한 분이 28명 1,000명을 작정한 분이 22명이나 된다. 기도하고 순종하면 반듯이 그렇게 되리라 믿는다. 언제인가 우리는 약속한 그 수를 능가하는 전도왕들이 되어 있을 것이다.

"네 입을 크게 열라.
내가 채우리라."(시81;10)

056
어린이를 위하여 자세를 바로 하라.

한 사회학자는 "19세기는 여성을 발견한 세기였고, 20세기는 어린이를 발견한 세기였고, 21세기는 노인을 발견하는 세기"라고 했다. 미래의 비전을 가진 사람이라면 누구나 아이들에 대하여 관심을 집중할 필요가 있다.

이런 면에서 미국에 아동교육가인 도로시 로 놀테는 레이첼 헤리스와 함께 지은 "아이들은 생활에서 배운다."라는 저서에서 들려준 교훈은 우리에게 시사하는 바가 크다.

꾸지람 들으며 자란 아이는 비난하는 법을 배운다. 미움 받으며 자란 아이는 싸움을 배운다. 두려워하며 자란 아이는 근심을 배운다. 동정 받으며 자란 아이는 자기 연민을 배운다. 놀림 받으며 자란 아이는 수줍음을 배운다. 질투 받으며 자란 아이는 시기심을 배운다. 부끄러워하며 자란 아이는 죄책감을 배운다. 칭찬받으며 자란 아이는 자신감을 배운다. 너그러움 속에 자란 아이는 인내심을 배운다. 격려받으며 자란 아이는 고마워하는 마음을 배운다. 사랑받으며 자란 아이는 사랑을 배운다. 관심 속에 자란 아이는 자긍심을 배운다. 인정받으며 자란 아이는 목표 세우는 것을 배운다. 함께 나누며 자란 아이는 관용을 배운다. 정직함 속에 자란 아이는 진실을 배운다. 공정한 대우를 받으며 자란 아이는 정의를 배운다. 친절함 속에 자란 아이는 남을 존중하는 법을 배운다. 평안함 속에 자란 아이는 사람에 대한 믿음을 배운다. 다정한 속에 자란 아이는 세상이 살기 좋은 곳임을 배운다. 그래서 시편기자는 "젊은 자의 자식은 장사의 수중의 화살 같다"고 하였다(시127:4). 화살은 누가 쏘느냐도 중요하지만 어떤 자세로 쏘느냐가 그 화살의 가치를 말하듯 부모의 태도야 말로 어린자녀들에게 지대한 영향을 미친다는 말이리라.

"어린아이들이 내게 오는 것을 용납하고 금하지 말라.
천국이 이런 자의 것이니라."(마19:14)

057
선한 영향력을 끼치라.

  빌 게이츠는 부모에게 선한영향력을 가장 많이 받은 사람이었다. 그가 하버드 대학을 중퇴한지 32년만인 2007년 6월 7일 하버드대 명예 졸업장을 받게 되었 다. 그는 졸업식에서 다음과 같은 말로 연설을 시작한다.

  "저는 저의 아버지에게 난 언젠가 학교에 돌아갈 것이고 졸업장을 받을 거라고 항상 말해 왔는데 이 말을 이루기 위해 지난 30년 이상을 기다려 왔습니다." 그리고 그는 이렇게 말을 한다. "이제 저는 대학 졸업장을 받고 동시에 년부터는 저의 직업 을 바꾸게 될 것입니다."이제부터 그가 번 돈으로 자선을 행하는 새 인생을 살겠다는 선언이었다. 그 누구도 예상하지 못하던 이 선언은 모두에게 충격적인 발언 이었다. 그렇지만 그가 이런 결심을 한 배경을 이렇게 말했다. "제가 이 학교에 입 학 결정이 나던 날, 나의 어머니는 단순히 성공한 사람이 아닌 많이 베풀고 사는 자가 되라고 하셨습니다. 제가 결혼식을 올리기 며칠 전 결혼 이벤트를 준비하며 나의 어머니는 암을 앓고 계시면서도 저와 저의 신부에게 큰 소리로 당신의 편지를 읽어주셨습니다. 그 편지의 마지막은 이런 글이었습니다. 많은 것을 받은 사람들에게는 보다 많은 의무가 요구된다고"

  바로 그 어머니의 영향력이 조기 은퇴를 선언하고 자선 사업에 나머지 인생을 바치겠다고 선언하게 한 배경이었던 것이다. 어느 부모나 자녀든지 그 자녀나 부모에게 좋은 면만을 보일 수 없다. 그러나 부모나 자녀에게 선한 영향력을 끼칠 수 있다면 참으로 귀한 일이다. 마지막 결산하는 날에 하나님께서 "네가 나를 기쁘게 한 사람이었느니라"고 칭찬해 주실 때 에 비로서 선한영향력을 끼쳐 준 가족들에게 감사하게 되리라.

> "내가 이새의 아들 다윗을 만나니
> 내 마음에 합한 사람이라."(행13:22)

058
"선생님 때문입니다!"

보스턴에 앤 이라는 눈이 보이지 않는 불행한 작은 소녀가 있었다. 게다가 정신질환으로 정신병동에 입원해 있었으니 그 소녀는 세상에서 버려진 아이처럼 보였다. 부모조차 그 소녀를 찾지 않았다. 그런데 어느 날 나이든 자원봉사자 한 사람이 앤에게 관심을 가지기 시작했다. 그 따뜻한 사랑에 감동이 되었는지 6개월쯤 되었을 때 아이의 마음 문이 열렸다. 그리고 점점 병세가 좋아져서 퇴원했고, 보스턴 파킨스 맹아학교에 들어가 6년 동안 우등생으로 공부를 한다. 그리고 한 신문사의 도움으로 개안수술을 받아 눈을 뜨게 되었다. 어느 날 신문에 "보지 못하고, 듣지 못하고, 말하지 못하는 3중고에 시달리는 아이가 한 명 있는데 이 아이를 돌봐줄 사람이 필요하다"는 광고가 나왔다.

그녀는 눈을 뜬 것도 감사하고, 자원봉사자의 사랑도 고마워서 자신보다 어려운 사람을 돕겠다는 생각을 늘 했었기에 그녀는 흔쾌히 자원했다. 그래서 이 아이 곁에서 함께 믹고 자면서 돌보기를 48년이나 했다. 바로 이 아이가 인류역사에 위대한 업적을 남긴 헬렌 켈러였다. 빅토리아 여왕이 헬렌 켈러 여사에게 영국 최고훈장을 수여하며 "당신처럼 모든 불리한 조건을 가진 사람이 어떻게 이렇게 엄청난 업적을 이룰 수 있었습니까?" 하자 헬렌 켈러는 조금도 주저함 없이 대답했다. "오직 한 가지, 앤 설리반 선생님 때문입니다."

3중고의 고통을 그대로 받아 가르친 앤 설리반 선생님 때문에 헬렌 켈러가 위대한 업적을 남긴 사람이 된 것이다. 오늘은 스승의 주일이다. 주님은 "소자를 영접하는 것이 곧 나를 영접하는 것"이라 하셨다. 소자들을 사랑으로 가르치는 교사들은 참으로 존귀한 자들이다. 이 어린아이들 가운데 먼 훗날, 업적을 치하받는 자리에서 "어떻게 이 일을 할 수 있었습니까?"라고 묻는 기자들의 질문에 내 이름을 부르며 "○○○선생님 때문입니다!"라고 하는 영광이 있을 것이리라.

> "작은 자 중 하나에게 냉수 한 그릇이라도 주는 자는…
> 결단코 상을 잃지 아니하리라."(마10:42)

059
상대방을 변화시키는 부부

조상이 바이킹이요, 해적이었던 유럽이 기독교 사회가 된 것은 결혼을 중시했던 조상들이었기 때문이다. 당시의 그들은 바다의 해적들로 배를 타고 이 나라 저 나라 다니면서 바다를 무대로 강도질을 일삼던 악한 사람들이었다. 그러나 이 사람들은 세계를 여행하고 다니면서 견문이 넓어지고 머리가 트이게 되었다. 그리고 사람들이 방탕아나 창녀들처럼 성적으로 아주 문란하게 살므로 가정들이 엉망인 것을 보았다. 그래서 저들은 결혼에 대해서 아주 신중을 기하게 되었다. 자신이 결혼할 여인은 한평생 깨끗해야 하고, 또 깨끗한 자녀로 키워야 하겠다는 욕심을 가지게 된 것이다. 그래서 이 해적들은 가장 깨끗한 여자가 기독교 여자들임을 보았다. 그들은 기독교 여자들을 강제로 잡아다가 결혼을 했다. 그런데 그 기독교 여인들은 날마다 울면서 세월을 보내고, 가정을 등한히 하는 사람들이 아니었다. 어쩌다 보니 해적의 아내가 되었지만, 여기로 보내신 하나님의 뜻이 있는 줄 알고 온유하고 겸손하게 남편을 잘 섬기고 자녀들을 신앙적으로 잘 양육했다. 그리고 자녀들의 지식을 길러주며 키웠다. 세월이 지나면서 해적들이 변해서 마침내 기독교인들이 되었고, 바로 저들의 개척정신과 신앙이 합하니 청교도, 퓨리탄이 된 것이다. 기독교 여인들을 통해서 남편이 변하고 그 부부로 가정과 사회가 거룩하게 된 것이다.

부부주일을 맞았다. 요즘 사람들은 자기가 좋아서 청혼하여 결혼하고 나서 "성격이 맞지 않는다"고 핑계하면서 책임을 다하지 않다가 헤어지는 사람들이 있다. 그러나 남편이나 아내, 혹은 식구들이 마음에 들지 않는다고 할지라도 하나님이 그 가정에 선교사로 보내신 줄 알고 최선을 다해 복음을 전하고 부부의 책임을 다한다면 머지않아 하나님이 기뻐하시는 가정과 식구들이 되어질 것이리라.

> "그러나 너희도 각각 자기의 아내 사랑하기를 자신 같이 하고
> 아내도 자기남편을 존경하라."(엡6:33)

060
바꿀 수 없는 보화 예수그리스도

할리우드에서는 가끔 배우들과 영화계 사람들이 함께 모여 아침식사를 나누는 모임이 있다고 한다. 이때에 당대의 최고 인기배우나 유명 인사를 초빙하여 연설을 듣는다. 한번은 미국의 최고미인 열 명중 한 사람으로 뽑힐 만큼 아름다운 영화배우가 등단했다. 여자가 마이크 앞에 서자 박수가 우뢰와 같이 쏟아졌다. 그녀는 좌중을 둘러보더니 대뜸 이렇게 말하는 것이었다. "여러분, 나는 지금 사랑에 빠졌습니다." 장내는 더욱 조용해졌다. 그때 누군가가 소리쳤다. "도대체 그 행운을 잡은 사나이가 누굽니까?" 여자는"네, 그분은 예수 그리스도입니다. 나는 그분을 사랑합니다. 그래서 이제는 영화배우의 일도 그만두려고 합니다."

과연 그 여자는 자신의 말처럼 할리우드를 떠나고 말았다. 후에 목사의 아내가 되어 복음을 전하는 일에 전념하게 된 것이다. 오랜 시간이 지난 후에 누군가가 그녀에게 이러한 질문을 던졌다. "당신은 할리우드의 녕예와 부를 물리치고, 예수님을 택하신 일에 전연 후회가 없으십니까?" 그러자 그녀는 "할리우드의 스타나 영국 여왕의 자리도 지금의 저와는 바꿀 수 없습니다. 예수 그리스도는 저에게 이처럼 귀하신 분이십니다"라고 대답했다고 한다.

히트곡 "만남"으로 국민배우가 된 노사연집사가 지난 주일에 우리교회에 다녀갔다. 노 집사도 주님을 만난 후에 그의 영혼이 회복이 되어지고, 심령이 회복되고 가정이 회복이 되고 삶의 의미가 회복되었노라고 했다. 그래서 예수님을 이 세상의 무엇과도 바꿀 수 없다고 고백했다. 참으로 그리스도를 진정으로 만난 사람은 그분이 세상의 부귀. 명예. 행복과 바꿀 수 없는 존귀하신 분이심을 이구동성으로 고백한다. 예수그리스도야 말로 안식과 평안과 생명의 영원한 나라를 기업으로 주셨기 까닭이리라.

> "천국은 마치 밭에 감추인 보화와 같으니 사람이 이를 발견한 후에 숨겨두고 기뻐하여 돌아가서 자기의 소유를 다 팔아 그 밭을 사느니라."(마13:44)

061
희생하는 교사로 세워진다.

하와이를 우리는 지금 지상 낙원이라고 말하고 있지만 본래 하와이 섬은 낙원이 아니라 부족과 부족 사이에 많은 싸움이 있었던 그런 섬이었다고 한다. 결정적으로 하와이의 이런 라이프스타일을 바꾼 것은 복음이었다. 선교사들이 당도하고 평화의 복음을 전하면서 하와이의 섬은 변화된 것이다. 이 변화의 중심에 신화적 전설을 남긴 한 분이 있다. 다미엔 이라는 선교사였다. 본래 하와이 섬 중에 하나인 몰로카이 섬은 나환자들을 수용하던 곳이었다. 그런데 이 다미엔 선교사는 그들에게로 들어갔다. 다미엔은 그들과 함께 살며 그들을 변화시키려 했으나 그들에게 접근하기조차 어려웠다. 그는 그들과 연대하기 위해서 자신이 나환자가 되어야 한다는 사실을 깨닫는다. 그래서 그 자신이 나환자가 되었다. 그때부터 그들은 마음 문을 열고 다미엔을 받아들였다. 다미엔과 같은 많은 선교사의 이런 희생을 통해서 몰로카이 섬은 물론 하와이 지상낙원이라 불리는 섬이 된 것이다. 다미엔은 마지막 자기 일생을 마무리 짓기 이전에 다음과 같은 고백을 했다. "나의 인생은 참으로 행복했습니다." 평생 이웃을 섬기며 희생하다가 일그러진 나환자의 얼굴을 가졌던 다미엔이 마지 막 이런 고백을 한 것이다. 진정한 행복은 희생하는 섬김을 통해서 오는 것이다. 우리 교사들이 여름행사를 위해 다음주간부터 땀을 흘리게 된다. "과연 어린아이 들을 어떻게 변화시킬 수 있는가?" "방황하는 우리 학생들을 어떻게 바르게 세울 수 있는가?" "청년들을 세속의 바람에 흔들리지 않도록 하려면 과연 무엇이 필요 한가?" 교사들은 나름대로 고민할 것이다. 그 답은 다미엔처럼 복음을 전하되 사랑 으로 희생한다면 가능할 것이다. 그러므로 사랑으로 희생할 수 있도록 말씀과 기도로 무장하라. 그리하면 성경이 약속한 놀라운 열매들을 반듯이 맛볼 수가 있으리라.

> "우리 목숨까지 너희에게 주기를 즐겨함은
> 너희가 우리의 사랑하는 자 됨이니라."(살전2:8)

062
우선순위가 바로 되어 있습니까?

한 시간관리 전문가가 투명한 유리 항아리에 큰 돌을 채워 넣고 수강생들에게 질문했다. "지금 이 항아리가 꽉 찼습니까?" 수강생들은 "그렇다"고 대답했다. 그러자 전문가는 다시 그 항아리에 자갈을 넣기 시작했고 같은 질문을 했다. 그러자 수강생들은 대답을 하지 않고 눈치를 보는 것이었다. 그 후 전문가가 그 항아리에 모래를 넣었다. 그리고 동일한 질문을 했다. 그러자 수강생들은 확신 있는 목소리로 "아니요"라고 대답했다. 전문가는 그 항아리에 물을 부어 넣었다. 그리고 그 자신이 보여준 실험이 어떤 교훈을 주기 위한 것인지 질문했다. 그러자 한 수강생이 "아무리 바쁘게 살아도 자신이 마음만 먹으면 짬을 내서 이루고자 하는 것을 이룰 수 있다"고 대답했다. 하지만 전문가는 다음과 같이 말했다. "그렇습니다. 우리는 다 되었다고 말은 하지만 맘만 먹으면 얼마든지 더 해낼 수 있는 것입니다. 그러나 제가 하고픈 이야기는 큰 돌을 먼저 넣지 않는다면 나중에는 그 큰 돌을 넣으려 해도 넣을 수 없다는 것을 가르쳐 드리기 위한 것입니다."

늘 바쁘게 살아가는 현대인들에게 가장 필요한 것은 여유라고들 한다. 하지만 그보다 귀한 것은 우선순위를 정하는 지혜이다. 성과가 없거나 열심히 살면서도, 늘 시간에 쫓기고 살아가고 있다면 한번 자신을 살펴보아야 한다. 하나님 앞에서 우선순위를 바르게 정립하고 살아가고 있는 지를 살펴보라는 것이다. 사실 우리네는 시간이 부족한 것이 아니라 지혜롭게 관리하지 않은 것이다. 나아가 우선순위를 바르게 정하지 못하여, 다른 일들을 할 여유마저 없게 된 것이다. 이제는 아무리 바빠도, 그래서 여유를 잃은 삶을 살고 있다고 자신을 한번 돌아보라. 과연 나의 신앙생활에서는 우선순위가 바로 되어 있는지를 돌아보아야 하리라.

> "그런즉 너희는 먼저 그의 나라와 그의 의를 구하라.
> 그리하면 이 모든 것을 너희에게 더하시리라."(마6:33)

063
감사하는 자가 되라.

    단비가 내린다. 하나님께서는 늦은비를 주셔서 104년 만의 가뭄이라던 저 강원도만이 아니라 전국의 메마른 대지를 흡족히 적셔주신다. 가뭄에 사람이 할 수 있는 일은 겨우 바가지로 수돗물을 받아 화초에 주는 정도였다. 그런데 하나님은 일순간에 전국을 시원하게 해갈해 주셨다. 사람이라면 감사해야 한다. 성경에는 "감사"라는 단어가 들어있는 구절이 약 178개나 된다고 함은 성도는 감사하며 살라고 강조한 말씀이다. 그럼에도 감사하지 못하는 성도가 있다면 그 이유 하나는 생활에 대한 염려 때문이다. 그런데 대부분의 염려들은 아직도 일어나지 않을 미래에 대한 것들이라는 것이다.

    빌리 그래함 목사가 전도집회를 하면 언제나 따라다니며 찬양도 하고 간증도 하는 한국출신 맹인성악가는 이런 말을 했다. "사람들은 앞을 보지 못하는 나를 인도해 줄 때 100m 앞 전방에 뭐가 있다는 말을 하지 않습니다. 다만 눈앞에 물이 있으니 건너뛰라든가, 층계가 있으니 올라가라고만 말합니다. 나는 그 인도자의 말만 듣고 따라가면 안전하게 목적지에 갈 수 있습니다. 하나님께서도 나를 그렇게 인도하십니다. 우리는 10년 앞을 모릅니다. 20년 앞도 모릅니다. 또 알 필요도 없습니다. 다만 하나님만을 믿고 순종하며 살아가면 우리는 목적지에 무사히 도착하게 될 것입니다."

    우리는 내일 일을 모른다. 그러나 염려말고. 하나님의 인도하심을 믿고 따라가기만 하면 된다는 것이다. 단지 하나님의 백성이 된 우리의 할 일은 항상 기뻐하고, 쉬지 말고 기도하고, 범사에 감사하는 것이다. 그리하면 선한 목자이신 하나님은 우리들을 하루하루 인도해 영원한 천국까지 이르게 하실 것이다.

      "네 재물과 네 소산물의 처음 익은 열매로 여호와를 공경하라.
그리하면 네 창고가 가득히 차고
네 즙 틀에 새 포도즙이 넘치리라."(잠3:9,10)

064
자신과의 싸움에서 이기라.

우리네 말 가운데는 "잘되면 제 탓이요, 잘못되면 조상탓이다"라는 말이 있다. 사람들은 일하다가 잘되면 스스로를 자랑하지만, 일으 그르치면 남을 탓하는 버릇이 있다. 그러나 누구나 자기 자신때문에 모든 일이 결정이 된다. 회사에서 일이 힘들고 어렵다고 짜증을 내고 불평을 하다가 떠나는 사람들이 있다. 그러나 사장은 힘들어도 견디면서 극복한다. 사귀는 연인들은 힘들면 헤어진다. 그렇지만 힘든 일이 있어도 부부는 참아내고 살아간다. 이처럼 같은 일이라도 곧 일에 대한 책임감을 가진 사람과 그렇지 못한 사람의 차이인데 그 모든 것을 내가 스스로 결정하는 것이다. 알고보면 내가 좋아하는 사람도 내 자신이 하는 일이고, 내가 싫어하는 사람도 내 자신이 결정하여 하는 일이다. 싫어하는 사람도 내 자신이 그렇게 결정하여 행한다. 곧 나의 상황은 내가 만들어가고 내 인생도 지금 내가 만들어가고 있는 것이다. 내가 사랑하면 내가 사랑받는 사람이 되고 내가 미워하고 원수를 맺으면 웃음이 사라지고 염려가 쌓이는 법이다. 그러므로 나의 모든 상황은 내가 변하지 않고는 아무것도 변하는게 없다. 그런데 문제는 내 자신을 내 마음대로 할 수 없다는 것이다. 악한 일을 멀리 하고저 하는데 선을 행하지 않고 악한 모습이 나타난다.

이것은 우리만의 문제가 아니다. 사도 바울은 "내가 한 법을 깨달았노니 곧 선을 행하기 원하는 나에게 악이 함께 있"다고 했다(롬 7:21). "오호라 나는 곤고한 사람이로다"라고 했다. 바울은 자신 속에 이런 죄성이 있어 자신이 끌려가는 모습에 "오호라"라고 탄식했다. 바울은 자신을 이기고 승리하려면 모든 일에 절제하고 주님을 목표로 하여 자신을 쳐복종하게 했다(고전 9:27). 그러하다. 모든 행복과 불행은 내 자신에게 달려있다. 내가 결정하는 데에 따라 결과가 주어진다. 죄의 법을 따르려는 자신의 소욕을 제어하고 세상을 사랑하는 자신을 쳐서 승리해야 하리라.

"오호라 나는 곤고한 사람이로다
이 사망의 몸에서 누가 나를 건져내랴"(롬7:24)

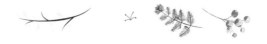

065
성령의 능력으로 사역하라.

웨슬리는 1738년5월24일에"올더스 게이트"기도모임에서 로마서 서문을 읽던 중 구원의 중생체험을 한다. 요한 웨슬리는 그로부터 6개월 후에 페터 레인이란 곳에서 철야기도를 하다가 다시 성령체험을 한다. 그는 1739년 1월 1일자 일기에 이렇게 썼다."미스터 홀, 킨친, 잉함, 횟필드, 허친스, 그리고 나의 동생 찰스가 우리의 형제(모라비안) 60여 명과 함께 페터레인 애찬회에 참석하였다. 끊임없이 기도하기를 새벽 3시까지 계속하였다. 그때 하나님의 능력이 우리에게 강하게 임하였다. 많은 사람들이 놀라운 기쁨으로 소리쳤다. 많은 사람들이 땅에 엎드러졌다. 전능하신 하나님의 현존에 경외와 놀라움으로 사로잡힌 우리는 한 목소리로 소리쳤다. "오 하나님, 우리는 당신을 찬양합니다. 오 당신은 우리의 주님이십니다."

그 이후 요한 웨슬리의 설교에는 능력이 나타나기 시작했다. 수만 명의 사람들이 웨슬리의 설교를 듣기 위하여 몰려들었고, 그 자리에서 수많은 사람들이 회심을 했다. 요한 웨슬리가 복음을 전했던 곳에는 술집과 극장이 문을 닫는 일이 벌어지기 시작했다. 웨슬리는 "세계는 내 교구다"라고 하며 그의 생애 동안 말을 타고 25만 마일을 다녔으며, 하루 평균 4,5회 꼴로 총 42,000회의 설교를 하였다. 웨슬리가 이처럼 열정적으로 복음을 전할 수 있었던 것은 그가 성령에 사로잡힌 사람이었기 때문이다. 웨슬리가 성령을 받기 전에도 그는 물론 구원받은 하나님의 자녀였다. 그러나 성령이 임했을 때서야 비로소 그는 능력 있는 전도자가 될 수 있었다. 우리네 성도들은 구원받았다. 직분도 받았다. 그러나 "과연 능력있는 사람인가?"라는 질문에는 대답할 사람이 얼마나 될까? 교사들이라도 다를 바 없다. 그러므로 성령의 능력을 받아 아이들을 지도하려고 5일 특새를 한다. 이제라도 기도하여 성령의 능력으로 사명을 감당한다면 복된 사역자가 될 것이 틀림없으리라.

> "그 때에 내가 내 영을 내 남종들과 여종들에게 부어 주리니
> 그들이 예언할 것이요"(행2:18)

066
"삶의 유익한 경험"

찰스 스윈돌 목사의 〈탁월성을 키우라〉는 책에는 저자인 스윈돌목사의 경험이 기록되어 있다. 스윈돌 목사가 어느 날 집회를 약속한 한 교회에 도착했다. 그러나 짐이 다른 곳으로 가버려 부랴부랴 부근의 헌 옷 가게에서 정장 몇 벌을 고르게 됐다. 깨끗하게 세탁이 되어 있었으나 시체들에게 입혔던 옷들이었다. 생각할 것 없이 서둘러 옷을 입어 본 다음 한 벌에 25달러를 지불하고 두 벌을 골랐다. 그리고는 자기 방으로 돌아와 저녁집회를 위해서 옷을 입었다. 그런데 옷을 입고 주머니에 손을 넣으려고 하니 놀랍게도 옷에 호주머니가 없다는 것을 발견했다. 그 양복은 양쪽 다 바느질이 되어 있어서 호주머니에 손을 넣을 수가 없었던 것이었다.

그는 놀라기는 했지만 "그럴 수밖에 없지! 사람이 세상을 떠날 때, 가져갈 것은 하나도 없을 테니까!" 호주머니가 있는 것처럼 보였지만 모양에 불과한 것이었다. 그 후로도 목사님은 종종 당시의 양복을 생각하며 이야기를 이렇게 하곤 했다. "한 주간 내내 난 호주머니에 손을 집어넣으려고 번번이 헛수고를 하곤 했습니다. 나는 하는 수 없이 열쇠를 바지의 허리띠에 묶어야 했습니다."

한 주간 내내 스윈돌 목사는 우리의 인생이 참으로 일시적인 것에 불과하다는 것을 기억하며 지냈다고 한다. 아마 그의 이런 일주일의 이 경험이 그의 일생에 더욱 경건하고 영향력있는 설교자로 설 수 있도록 만드는데 일조를 했을 것이다. "자녀들이 출가하여 떠나기 전에 가족과 여행을 다녀와야 하겠다"고 생각하고 휴가를 다녀오신 권사님을 부러운 눈으로 바라보며 아들중심으로 휴가를 잡았다. 그러나 아들이 휴가를 낼 수 없어 아들을 제외한 세 식구가 동해바다를 하루 다녀오는 것으로 했다. 그러나 사라질 육체를 위해 너무 많은 것을 비축하며, 필요 이상의 에너지를 쏟아 붓는 사람들과 보조를 맞추고 살아가려 하지는 않는지? 휴가를 떠나지 못한 분들도 많은데 감사함과 미안함이 파도처럼 밀려왔다.

"그러므로 너희 담대함을 버리지 말라.
이것이 큰 상을 얻게 하느니라."(히10:25)

067
십자가가 보이지 않았습니다.

어떤 마을에 잘 지어진 아름다운 교회가 있었다. 이 교회의 벽에는 선명한 글씨로 다음과 같이 써 있었다. "우리는 십자가에 못 박힌 그리스도를 믿는다." 언제부터인가 건물 벽에 담쟁이 넝쿨이 자라나기 시작했다. 그래서 벽에 쓰인 글을 가리기 시작했다. 벽에 쓰인 글 중에서 "십자가에 못박힌"이란 부분을 담쟁이 넝쿨이 가렸다. 그래서 "우리는 그리스도를 믿는다"라는 말만 보였다. 얼마 후 담쟁이 넝쿨이 더 자라나서 이번에는 "그리스도"를 가리게 되었다. 결국 남은 말은 "우리는 믿는다"는 말뿐이었다. 끝내는 이 담쟁이 넝쿨이 벽을 모두 가려 원래 있던 글을 볼 수 없게 되었다.

단동에서 거슬러 올라가노라면 압록강을 접하게 되고 강 건너 손에 잡힐 듯 북한 땅이 건너 다 보인다. 며칠 동안이나 종일 차량으로 달려야하는 이 광활한 땅을 그 옛날 고구려 광개토대왕이 점령하였었다. 누군가 "삼국이 서로 힘을 합하여 이 땅을 지킬 수 있었다면 우리나라가 벌써 강국이 되었을 것"이라는 말에 일행들은 모두 수긍하며 안타까워들 했다. 저 건너다보이는 북한은 산중턱까지 옥수수가 심겨져 있었고, 압록강변 비탈진 곳까지도 옥수수나 고구마가 심겨져 있었다. 북한에는 70%가 산악지역이라고 한다. 그런데 그 산들에는 나무가 보이지 않았다. 듬성듬성 서있는 마을에는 십자가도 보이지 않았다. 나무가 없기에 산에 농사를 지어보나 여전히 궁핍한 삶을 면할 수 없듯이 십자가 없는 그 땅은 흑암과 좌절뿐이다.

역시 중국 땅에도 4일 동안 버스로 달렸으나 교회십자가는 보이지 않았다. 오로지 한 곳에서 기독교당이란 팻말과 십자가가 있을 뿐이었다. 잘살면 되는 것이라고 말들 하지만, 인생에서 십자가를 빼 버린다면 존재가치마저도 없어질 것이리라.

"그러나 내게는 우리 주 예수그리스도의 십자가 외에
결코 자랑할 것이 없으니"(갈6:14)

068
말씀으로 변화를 경험하라.

내게 힘이 되고 위로가 되는 말씀이 있다. 이사야 41:10 말씀이다. "두려워하지 말라. 내가 너와 함께 함이라. 놀라지 말라. 내가 네 하나님이 됨이라. 내가 너를 굳세게 하리라. 참으로 너를 도와주리라. 나의 의로운 오른손으로 너를 붙들리라." 개인적으로 자주 인용도 하고 군대 가는 청년이나 환난 당한 자들에게 자주 들려주는 말씀이다. 참으로 성경 말씀 한 구절이 한 사람을 변화시키고 위대한 생애를 만든 경우는 얼마든지 있다.

종교개혁자 마틴 루터는 로마서1:17에 "오직 의인은 믿음으로 말미암아 살리라"란 말씀으로 변화를 받았다. 설교가 스펄전은 이사야 45:22의 "땅 끝의 모든 백성아 나를 앙망하라 그리하면 구원을 얻으리라 나는 하나님이라 다른 이가 없음이니라"란 말씀이 그의 일생을 지배했다. 썬다싱은 마태복음 11:28의 "수고하고 무거운 짐진 자들아 다 내게로 오라 내가 너희를 쉬게 하리라"는 믿음을 붙들고 살았다. 전도자 리빙스톤은 마태복음 28:19-20의 "너희는 가서 모든 족속으로 제자를 삼아 아버지와 아들과 성령의 이름으로 세례를 주고 내가 너희에게 분부한 모든 것을 가르쳐 지키게 하라"는 말씀을 붙들고 아프리카를 복음화시켰다. 김활란 박사는 데살로니가전서 5:16-18의 "항상 기뻐하라. 쉬지 말고 기도하라. 범사에 감사하라"라는 말씀으로 살았다. 성경은 능력 있는 책이다. 성경은 하나님의 말씀이기에 사람을 변화시키는 능력이다.

> **"청년이 무엇으로 그 행실을 깨끗게 하리이까**
> **주의 말씀을 지킬따름이니이다."**(시119:9)

069
나눔의 명절이 됩시다.

　미국의 어린이들이 가장 본받고 싶은 사람은 록펠러라고 한다. 록펠러의 집안은 항상 가난했다. 고등학교를 중퇴하고 취직을 하여 16살에 출근하기 시작한 소년이 역대 가장 큰 세계 제1의 부자가 되었다. 록펠러의 장점은 무엇보다 베풀 줄 아는 사람이었다. 물론 그는 부지런하여 첫 직장에서부터 밤늦게까지 충성한 사람이었다. 그는 지혜로운 사람이었다. 현재에 만족하지 않는 사람이었다. 미 43세에 미국 최고 부자가 되었다. 지금 최대 부자 빌게이츠 재산의 3배에 달한 것이다. 매우 검소한 사람이었다. 창조적인 사람이었다. 그렇지만 무엇보다 그는 나누어 주기를 즐겨하는 사람이었다. 그가 53세에 병들었을때 의사는 1년을 넘기지 못할 것이라 했다. 그는 "죽으면 재산을 누군가 가질 것이다. 죽은 후 누구에게 빼앗기지 말고 살았을 때 나누어 주자." 그래서 그는 먼저 병원에서 수술비가 없어 죽어가는 사람의 수술비를 대주었다.

　그가 살아나고 행복하게 웃는 모습을 보면서 그의 가치관은 더욱 새로워졌다. 남에게 나누어주는 자선단체를 만들었다. 그는 나누어 주기를 좋아하게 되었더니 병도 고침을 받았다. 민족의 명절 추석이 돌아왔다. 하지만 명절은 스트레스가 쌓이는 날이라고 방송마 다 주부들의 성토장이 되어있다. 모처럼 만난 가족들이 버겁게만 느껴진다고 아우성이다. 그렇지만 홀로 사는 어른들은 아무도 찾아오지 않아 명절이 너무 외로워 싫다. 이런 명절에 그리스도인들은 나누어주는 자가 되자. 주위의 외로운 분들과 고난을 당한 자들에게 무엇이라도 나누어 주자. 그리고 모처럼 만난 가족들과 친지들에게 시간, 물질, 나의 정성어린 수고를 나누어 준다면 "주는 자가 받는 자보다 복이 있다."고 하신 주님의 뜻을 이루는 자들이 되리라.

> "누구든지 자기 친족 특히 자기 가족을 돌아보지 아니하면
> 믿음을 배반한 자요 불신자보다 더 악한 자니라."(딤전5:8)

070
행복하게 살아가자.

누구나 행복한 삶을 살아가기를 원한다. 그래서 사람들은 많은 것을 소유하려고 한다. 그렇지만 행복한 삶은 소유에 있는 것이 아니라 내가 어떤 사람이 되느냐에 달려 있다. 일본 오사카의 "주 예수 그리스도의 교회"에는 한 거지 부부가 출석했다. 거지 부부는 다리 움막에서 아이들을 키우며 살았다. 부인은 하루종일 동냥하고 돌아오는 남편을 자랑스럽게 생각하고 남편이 밥을 얻어오면 절대로 찬밥을 주지 않고 그 밥을 따뜻하게 데워서 주었다. 그리고 이들은 매주 주일날이면 교회에 정성스런 마음으로 나왔다. 부인은 이빨도 다 빠지고 머리도 수세미를 하고 교회에 나오지만 남편은 부인을 끔찍히 위해주며 손을 꼭 잡고 나오는 것이다. 하루는 한국에서 방문한 어떤 목사님이 그 부인에게 물었다. "이렇게 사는 것이 불행하게 느껴지지 않나요?" 그러자 부인은 "왜 불행해요? 남편이 있는데요" 목사님이 보시에 그 부부가 제일 행복해 보였다고 한다. 그들은 교회에 와서는 둘이 열심히 기도한다. "도대체 무슨 기도를 합니까?" 그러자 그들은 "오사카의 사람들이 다 구원받게 해달라"고 기도한다. 어느날 그 거지 부부는 여러 명의 거지 부대를 끌고 왔다. 어렵게 살면서도 함께 나누고 함께 먹으려 참으로 하나님을 잘 섬기고 서로 사랑하며 살았다.

예수 믿는 사람들은 행복한 사람들이 되어야 한다. 하나님이 책임져 주신다는 믿음을 가졌기 때문이다. 바울은 가지고 있는 것에 만족하면 경건한 사람이고 복된 사람이라고 한다(딤전6:6). 왜 그러한가? 우리는 아무것도 가지고 오지 않았고 아무것도 가지고 가지 못하는 존재이기 때문이다. 아무것도 가지고 오지 않았는데도 지금 먹을 것과 입을 것이 있으니 감사한것이다. 빈손으로 왔으나 하나님이 먹을 것과 입을 것을 주시고 앞으로도 책임져주심을 믿으니 행복한 삶이다. 그러므로 이제는 과거에 집착하지 말라. 사람들에게 침착하기 말라. 돈이나 물질에 집착하지 말고 하나님을 의지하고 현실에 만족하며 살아가야 하리라.

"그러나 자족하는 마음이 있으면 경건은 큰 이익이 되느니라."(딤전6:6)

071
그 자신이 누구인가를 알리라.

현대인들의 특징 중의 하나가 자신을 잃어버리고 사는 것이다. 이러한 현대인들을 고발한 소설이 게오르규(Gheorghiu, 1916~1992)의 〈25시〉이다. 이 소설은 영화화되어 더 유명해 졌다. 영화의 주인공인 순박하고 무식한 농부 요한 모리츠는 2차 대전이란 거센 물결 속에서 까닭 없는 고생을 하 게 된다. 한 때 유대인으로 오해를 받아 여기저기 끌려 다니면서 멸시와 학대를 받는다. 때로는 난데없이 세계 최고의 우수한 인종의 씨라는 평가로 찬양을 받기 도 한다. 여기저기를 흘러 다니다가 마지막에는 연합군에 체포되어 재판을 받게 된다. 재판관이 "너의 신분이 무엇이냐"고 묻자 모리츠는 아무 대답도 못한다.이리 저리 끌려 다니는 중에 자기가 누구인지를 그 자신도 알 수가 없어졌기 때문이다.

우리나라도 최초 우주발사체인 나로호가 26일 세 번째 발사될 예정이었으나 발사 예정시간을 4시간 앞두고 무기한 연기되었다고 한다. 나로호 1단에 헬륨가스를 주입하는 과정에서 고무 실이 손상된 것을 발견해 발사가 취소된 것이다. 그러나 사람이 달나라를 가고 저 우주에서 수개월을 지내고 다시 돌아오는 이런 꿈같은 일이 오늘 우리네 세상에서 일어나고 있는 것이다. 그렇지만 가장 가까운 자기 자신은 알지 못한다는 것이다. 한 칼럼니스트가 유명한 석학에게 물었다. "현대인을 한마디로 표현해 주십시오." 이에 석학이 이렇게 대답했다. "현대인은 우주에 대해서나 세상에 대해서는 아는 것이 너무 많습니다. 그러나 정작 자기 자신에 대해서는 아무것도 모르고 있고, 또 더 모르게 되어 가고 있습니다."

성경은 우리 인생은 죄인이며 오직 예수그리스도만이 구원의 길이라고 무수히 말씀하신다. 그리고 인생들이 인정하든 안하든 이런 사실을 반듯이 알려 주어야 할 사람이 있다고 하신다. 바로 그들이 우리네 그리스도인들이라고...

"이 세상이 자기 지혜로 하나님을 알지 못하는 고로
하나님께서 전도의 미련한 것으로
믿는 자들을 구원하시기를 기뻐하셨도다."(고전1:21)

072
주님이 십자가에 달리심은?

인간은 땅에 발을 붙이고 살아도 하나님형상으로 창조된 이성적 존재이기에 많은 의문점을 가지고 살아간다. 주님이 십자가에 달리심도 의문을 가진다. 그래서 누군가 주님에게 질문을 하였고 주님은 친절하게 대답하셨다고 한다.

인간 : 주님, 무엇 때문에 당신은 십자가에 높이 달리셨나요?
주님 : 너를 나와 더불어 하늘로 데려가기 위함이니라.
인간 : 주님, 왜 당신의 팔은 벌린 채 못 박혔나요?
주님 : 너를 좀 더 애정을 기울여 품기 위함이니라.
인간 : 왜 당신의 옆구리는 창에 찔림으로 벌어지게 되었나요?
주님 : 네가 더 가까이 올 수 있는 길을 주기 위함이니라.
인간 : 주님, 당신은 왜 무덤에 묻히셨나요?
수님 : 심판 날에 너의 죄가 모습을 드러내지 않게 하려 함이니라.

이 인간과 주님과의 대화는 루이스 베일리의 "경건의 연습"이란 책에 나오는 것이다. "천로역정"을 저술한 존 번연도 은혜 받은 말씀이라고 한다. 분명한 것은 예수 그리스도는 결코 스스로를 위해 십자가 지신 것이 아니시다. 죄로 멸망 받을 우리를 구원하시기 위해 십자가의 고난을 당하신 것이다. 실로 주님은 십자가에서 극심한 고난을 다 당하시므로 우리의 죄를 완벽하게 처리해 주셨다. 그러므로 주님은 십자가에서"내가 다 이루었다."고 선언하시고 운명하신다. 이렇게 주님께서 구원을 다 이루어 놓으셨으므로 우리가 해야 할 일이 있다면 십자가에 달리신 주님을 믿는 것이다. 믿기만 하면 구원을 얻는다. 믿는 사람에게는 주님의 십자가의 공로로 얻어진 의가(轉嫁)된다(롬 5:18). 지옥형벌에 떨어질 죄인이 하늘나라에서 영생을 얻는 의로운 사람이 되는 것이다. 우리는 이런 일을 기적이라고 불러야 하리라.

> "하나님이 세상을 이처럼 사랑하사 독생자를 주셨으니
> 이는 그를 믿는 자마다 멸망하지 않고 영생을 얻게 하려하심이라."(요3:16)

073
감사는 훈련이다.

성경주석가로 널리 알려진 메튜 헨리 목사님은 닥터 땡큐(Dr. thank)라는 별명을 가지고 계신 분이다. 그는 학자였을 뿐 아니라 경건한 하나님의 사람이었다. 사람들은 그에게서 단 하루라도 감사하지 않는 날이 있을까 찾아보는 것이 취미였다고 한다. 그러던 어느 날 메튜헨리 목사님 집에 도둑이 들어왔다. 도둑 맞았던 그날 그는 이런 일기를 남겨 놓았다.

지금까지 한 번도 도둑맞지 않고 살게 하신 것 감사드립니다.
많은 것을 잃었지만 아직도 많은 것이 남아 있음을 감사합니다.
물건은 잃어 버렸지만 가장 소중한 생명은 지켜주셔서 감사합니다.
제가 도둑놈이 안 되고 도둑맞은 사람이 된 것을 감사드립니다.
무엇보다도 나로 하여금 이런 정황 이런 상황 속에서도 제게 감사할 수 있는 마음을 주신 것을 감사드립니다.

이런 메튜 헨리 목사님의 감사를 훈련된 감사라고 한다. 최근 대선주자들이 KBS개그콘서트에 등장하여 인기몰이를 하는 브라우니라는 강아지인형을 끌고 나와 주목을 끌었다. 브라우니는 인형이니까 아무반응을 못지지만 개도 댄스를 기막히게 하는 동영상이 유튜브에 올라 인기를 끌고 있다. 동물인 강아지도 훈련에 따라 묘기를 보여주지만 사람은 교육이나 훈련여하에 따라 성숙되어진다. 감사도 훈련해야 한다. 불평은 저절로 되는 것이지만 그러나 감사는 저절로 되는 것이 아니라 배우고 훈련해야 되는 것이다. 다음주일은 추수감사절이다. 오늘부터라도 감사할 일을 찾아보자. 그리고 감사를 연습하자. 그래서 추수감사절에 감사다운 감시를 드린다면 하나님의 역사가 일어나리라.

"한 몸으로 부르심을 받았나니
너희는 또한 감사하는 자가 되라."(골4:15)

074
역경가운데서도 감사하라.

1620년 12월 21일 신앙의 자유를 찾아 프리마우스 항구에 도착한 102명의 청교도들은 항구에 도착하자마자 예배를 드리며 하나님께 감사를 드렸는데 그들은 7가지 감사기도를 드렸다.

1) 그들이 타고 온 180톤의 작은 배를 주신 것을 감사했다.
2) 평균 시속 2마일로 117일간 항해 하게 하신 것을 감사했다.
3) 항해 중 두 사람이 죽었으나 한 아이가 새로 태어났음을 감사했다.
4) 폭풍으로 인해 돛이 부러졌으나 파선되지 않았음을 감사했다.
5) 여자들이 파도 속에 밀려간 일이 있었으나 그들이 구출되었음을 감사했다.
6) 인디안들의 방해로 한 달간을 바다에서 배회 하였으나 호의적인 인디언을 만나 싱륙케 하심을 감사드렸나.
7) 고통스런 3개월의 항해 중 단 한 명도 돌아가자고 한 사람이 없었음을 감사했다.

7가지 감사의 특징은 모두 역경 중에 있었으나 그 가운데서도 감사했다. 그후 청교도들은 농사를 지었다. 그리고 그 해 첫 열매를 하나님께 드린다. 최악의 조건 속에서도 열매를 주신 하나님께 감사예배를 드린 것이다. 이것이 바로 추수감사절이다. 그 후 미국 헌법에도 이런 문귀가 새겨져 있다고 한다. "감사하리로다. 전능하신 하나님, 그는 우리에게 우리 자신의 관헌을 택하는 권한을 주셨도다." 우리의 신앙은 역경가운데서도 감사할 줄 아는 청교도들의 그 믿음을 이어받아 그 정신을 바탕으로 형성된 신앙이다. 그렇다면 2012년 추수감사절에 역경가운데서도 도와 주셨음을 인하여 감사하는 자들이어야 하리라.

"범사에 감사하라.
이는 너희를 향하신 하나님의 뜻이니라."(살전5:18)

075
복이 되는 사람입니까?

　세계적 갑부였던 월마트의 창업자 샘 월튼이 임종을 앞두고 친구라 부를 수 있는 사람이 없어 한탄했다. 그는 자신이 다른 사람에게 친구가 되어주지 않았기 때문이었다. 우리말 가운데 "사랑은 제 등에 짊어진다"는 말이 있다. 흔히 자신의 모든 어려움은 환경 탓으로 돌리며 스스로 위로를 받으려 한다. 그러나 동료들이 좋고 나쁘고는 제 할 탓이다. 환경이 아무리 험할지라도 자신이 잘하면 그 환경이 좋아지고 바뀌게 되는 것이다. 좋은 친구를 얻는 일도 전적으로 자기 자신이 하기에 달렸다. 예로부터 이런 사람은 친구하지 말라 했다. 무정(無情), 무례(無禮), 무식(無識), 무도(無道), 무능(無能)한 사람이다. 논어에서는 유익한 친구 곧 익자삼우(益者三友)가 정직한 사람, 신의가 있는 사람, 견문이 많은 사람이라 했다. 반면 손자삼우(損者三友)는, 아첨하는 사람, 줏대 없는 사람, 겉으로 친한 척하고 성의가 없는 사람이라 했다. 그런데 살아가다 보면 이로운 친구만 있는 것은 아니다. 도리어 내가 먼저 남에게 손해를 끼치는 친구가 아닌 이로운 친구가 되어야 한다. 곧 복이 되는 사람이 되는 것이다. 예수 믿는 사람은 모든 사람을 복되게 하는 사명이 있다. 하나님께서 아브람에게 "너는 복이 되라"고 하셨다. "너를 축복하는 자에게는 내가 복을 내리고 너를 저주하는 자에게는 내가 저주하리니 땅의 모든 족속이 너로 인하여 복을 얻을 것이니라"고 하셨다. 하나님은 아브라함을 통해 모든 민족이 복을 받게 되기를 원하셨다. 사람들 중에는 거미처럼 해롭게 사람, 개미처럼 자기만 위하는 사람도 있다. 그러나 성도들은 꿀벌처럼 남을 유익하게 하는 사람이 되어야 한다. 나 때문에 다른 사람이 복을 받고 나 때문에 더욱 잘되어지고 행복한 사람들이 되어지게 하는 것이다. 아브람은 고향과 친척을 떠나 약속하신 땅으로 갔다. 그래서 복된 자가 되었다. 우리가 복된 자가 되려면 아브라함처럼 옛 것을 떠나야 한다. 마귀적인 행실에서 떠나 주님이 원하는 삶을 살아가야 한다.

> "...너로 큰 민족을 이루고 네 이름을 창대하게 하리니
> 너는 복이 될지라."(창12:2)

076
소망을 주는 마지막 잎새를!

오 헨리라는 작가의 단편 "마지막 잎새"의 여주인공은 폐렴에 걸려 앓으면서 그의 생에 대한 소망을 버린다. 그녀는 건너편 담의 담쟁이의 잎이 하나, 둘 떨어지는데"저 담쟁이의 마지막 잎새가 떨어지면 나는 죽는다"라고 생각한 것이다. 소망마저 잃은 여주인공이었기에 의사마저 손을 쓰지 못하게 되었다. 그날따라 비바람이 몹시 몰아쳤다. 그 밤이 지났을 때 여주인공은 언니에게 커튼을 열어달라고 한다. 마지막 잎새는 지난밤 거친 비바람에 틀림없이 떨어졌 을 것이고 그러면 자기도 죽게 될 것이라고 생각했다. 그런데 이 어찌된 일인가? 비바람이 몰아치는 그 밤을 견뎌내고 그 잎새는 그냥 붙어 있는 것이 아닌가?

아래층에 사는 늙은 화가가 여주인공의 사연을 듣고 비바람이 몹시 치는 그밤에 그 담에 마지막 잎새를 그려 놓은 것이다. 그것을 알 리 없는 여주인공은 마지막 잎새가 떨어지지 않고 있는 것을 보고 소망을 갖는다. 그리고 자리에서 거뜬하게 일어난다. 아래층의 늙은 화가는 그림실력이 별로 없는 사람이었는데 담장에 마지막 잎새의 걸작을 남겨 죽을 사람을 일으킨 것이다. 참으로 소망을 주는 삶이 귀하다. 소망이 이렇게 무서운 힘을 가지고 있기 때문이다.

세월이 지나간다. 마치 늙은 화가가 마지막생애를 보내는 것처럼 올 한 해만을 계산한다면 지금 우리네는 얼마 남지 않는 늙은 시간들을 보내고 있는 것이다. 하지만 이제라도 소망을 잃고 방황하는 영혼들을 일으켜 세울 수는 있도록 늙은 화가와 같이도 한 달여 남은 세월의 담벼락에 "마지막 잎새"같은 걸작을 남겨야 하겠다. 소망을 주려는 우리의 간절한 소망들이 있는 한, 저 시들어가는 영혼들이 일어나는 축복이 있으리라.

"일어나라 빛을 발하라…사방을 보라.
무리가 다 모여 네게로 오느니라."(사60:1,4)

077
오늘이 당신의 마지막이라면?

미래의 새로운 일에 대한 기대감에 부풀어 현재를 소홀히 하는 사람이라면 미래가 현재의 열매라는 것을 알지 못하는 사람이다. 23세의 젊은 나이로 이 세상을 떠난 성자 알로이시오(1568-1591)에 관한 일화가 있다. 알로이시오가 대학에서 공부하고 있던 어느 날 휴식 시간의 일이었다. 모두들 즐겁게 놀다가 잠시 스승과 한자리에 모이게 되었다. 이때 스승이 학생들에게 질문을 했다. "혹시 지금 당장 세상의 종말을 당하게 된다면 자네들은 각자가 어떻게 무슨 일을 하겠는가?"라는 물음이었다. 한 학생은 "빨리 교회에 달려가서 기도를 하겠다"고 대답했다. 다른 학생은 "집에 가서 부모님을 찾아뵙고 함께 종말을 준비하겠다."고 대답했다. 또 다른 학생은 "어제 대화하다가 마음 상한 친구를 찾아가서 화해하겠다"고 대답했다. 알로이시오는 자기 차례가 돌아오자 주저하지 않고 "지금은 휴식시간이니까 이대로 놀겠습니다"라고 대답했다고 한다. 제 때에 할 일을 제 때에 다 했기 때문에 종말이 와도 조금도 두렵지 않다는 성실한 삶의 자세에 대한 교훈이다.

우리의 현재는 우리의 과거의 열매라면 우리의 새로운 미래는 우리의 과거에 이어진 현재의 종말이다. 현재만을 바라보며 달리는 사람이 있다. 나름 의미가 있다. 하지만 우리의 과거가 없이 현재가 없고 현재가 없이 미래도 없다. 새로운 미래를 맞이하려고 하는 사람이라면 현재를 충실하여 언제라도 후회가 없는 기쁜 마침표를 찍을 준비를 할 때가 지금 현재의 삶이다. 특히 이 세상의 종말을 맞는 준비를 하는 사람이라면 훗날로 미루지 말고 매일 매일 마지막처럼 살아가는 것이다. 주님이 마지막 문고리를 여실 때는 밤일는지 낮일는지 아무도 모르기 때문이다.

> "만물의 마지막이 가까이 왔으니,
> 너희는 정신을 차리고 근신하여 기도하라."(벧전4:7)

078
주를 사랑한다면?

일본의 어떤 사람이 집을 수리하기 위해 벽을 뜯게 되었다. 일본의 집들은 "어가베"라 하여 가운데에 나무를 얼기설기 대고 그 양쪽에 흙을 발라 만든 것으로 속이 비어있게 마련이었다. 그런데 벽을 뜯다가 집주인은 벽속에 갇혀있는 도마뱀 한 마리를 발견하게 되었다. 그런데 그 도마뱀은 그냥 벽속에 갇혀있는 것이 아니라 어쩌다가 벽 바깥쪽에서 박은 못에 꼬리가 꽂혀 꼼짝도 못하고 갇혀 있었던 것이다. 그런데 놀라운 것은 그 못은 주인이 10년 전에 집을 지을 때 벽을 만들며 박았던 그 못이었다. 그렇다면 10년 동안 움직일 수 없었는데 어떻게 살아왔단 말인가? 주인은 너무도 놀라워 그 원인을 알아보기 위해 집수리를 멈추고 도마뱀을 관찰하기 시작했다. 그런데 잠시 후였다. 어디서 나타났는지 다른 도마뱀 한 마리가 못이 박혀있는 도마뱀 곁으로 슬금슬금 기어왔다. 놀랍게도 그 입에는 먹이가 한 입 물려있었다. 못에 박혀 꼼짝 못하는 도마뱀은 다른 도마뱀이 날라나 준 먹이를 먹고 10년을 살아왔던 것이다. 주인은 도마뱀의 사랑을 느끼고 감동을 주체할 수 없었다. 지극하고 끈질기고 눈물겨운 사랑이었다. 그 먹이를 날라다 준 도마뱀이 못에 박힌 도마뱀과는 어떤 관계인지 알 수 없지만 그 뭉클한 사랑에 전율하지 않을 수 없었다고 한다.

참으로 사랑은 주는 것이다. 사랑은 베푸는 것이다. 사랑은 희생하는 것이다. "내가 주를 사랑하는 줄을 주께서 아시나이다"라고 고백하는 베드로에게 예수 그리스도는 "내양을 먹이라, 내양을 치라"고 하셨다. 참으로 지상(至上)의 사랑은 주님을 사랑함이요 주님을 사랑함은 교회와 양떼를 사랑하는 일이리라.

"만일 누구든지 주를 사랑하지 아니하는 자는
저주를 받을 지어다."(고전16:22)

079
나라를 바로 세우는 사람은?

한 때 세상을 떠들썩하게 했던 지존파의 대부 김기환은 어려서부터 집이 몹시 가난하여 미술시간에 크레파스조차 준비하지 못했다. 그러자 담임교사가 두 눈을 부릅뜨고 "도대체 이번이 몇 번째냐?"고 고함을 쳤다. 사실 집안 형편을 말할 수 없어서 아무 말도 못하는 그에게 교사는 다시 머리를 세게 쥐어박으며 "다음부터 는 훔쳐서라도 준비물을 가져와"라고 버럭 화를 냈다고 한다. 창피함을 당한 그 는 이때부터 무엇이든지 필요할 때마다 도적질과 강도질을 반복하게 되었고, 그로 부터 17년 후에는 살인 강도죄로 사형을 언도 받게 되었다. 그는 최후진술 에서 "초등학교 때 선생님의 말 한마디가 제 인생을 바꿔놓고 말았다"는 말을 보탰다.

대통령 후보로 나선 사람들마다 나라를 바로 세우겠다고 장담한다. 그러나 진정 나라를 바로 세우는 일은 그리 쉽지만은 않다. 그러기에 역대 대통령은 하나같이 백성들의 실망감을 주고 말았다. 나라를 바로 세우는 일이 어느 한 면만을 말함이 아니기에 100% 만족하게 한다는 일은 누구라도 어렵다. 곧 나라를 세우는 일이 경제의 문제만이 아니라, 사회전반의 질서를 바로 잡는 일이기 때문에 이런 일은 결코 하루아침에 되어지는 일이 아니다. 통치자 주위에 최고의 엘리트들로 포진 되었으나 궁극적으로 저들의 성향, 곧 인격의 변화가 없이는 기대에 부응하기가 힘들다. 그러므로 중단 없는 사람들의 인격의 변화를 이루도록 가르쳐야 하고 그런 변화된 사람들로 인하여 나라가 바로 세워지고 바로 만들어 지는 것이다. 그래서 미국의 지미 카터가 대통령직에서 물러난 후 주일학교 교사로 봉사하며 말하기를, "내가 대통령이 된 것은 하나님의 일을 더 잘하기 위함이었지, 대통령이 되기 위하여 대통령이 된 것이 아니다. 대통령은 나에게 임시직이지만, 교회학교 교사직 은 나의 평생직이라"고 했다.

> "많은 사람을 옳은 데로 돌아오게 한 자는
> 별과 같이 영원토록 빛나리라."(단12:3)

080
의미 있는 크리스마스

캄보디아나 베트남은 아직도 공산주의 국가이다. 그럼에도 특이한 것은 거리에 크리스마스를 축하하는 츄리가 세워져 있고 호텔이나 큰 건물 앞에 Merry Christmas라고 형형색색 반짝이 불로 장식이 되어 있었다. 복음을 마음껏 전할 수 없는 삭막한 환경에 있는 나라들에서도(물론 캄보디아는 선교사의 이름으로 들어갔으나 복음을 자유롭게 전하기는 어렵다고 한다.) 주님의 탄생을 축하하는 것을 본 먼 나라사람의 눈에는 짐짓 놀라지 않을 수 없었다. 그렇지만 그들이 크리스마스의 참 의미나 알고 있을까? 의심해 보았다.

워싱턴대학의 토머스 홈스 교수가 사람들의 마음과 생활에 변화를 가져오는 때를 조사했더니 가장 큰 변화가 오는 것은 배우자가 죽었을 때였다.이 경우를 100으로 하고 그 밖의 다른 경우들을 점수화했는데 이혼의 경우가 73,임신했을 때가 40,집을 옮기거나 고쳤을 때가 25였다. 그런데 놀라운 것은 크리스마스가 무려 12나 된다는 것이있다. 내년 맞이하는 크 리스마스는 마침 연말과 겹쳐 무엇인가 마음의 변화를 가져 오기 쉬운 때이다.

아직도 이 땅에는 예수 없는 크리스마스를 즐기려는 사람들이 너무나 많다. 그러나 만일 크리스마스를 즐거운 파티 기분으로만 넘긴다면 그것은 예수 탄생과는 아무런 관계도 없는 허망한 시간이 되고 말 것이다. 낮은 데로 오신 그리스도의 탄생은 이 땅에 죄인을 구원하러 오신 것이다. 그래서 그 이름을 예수라 하셨다. 우리의 죄를 사하시려 오신 주님의 성탄의 깊고 높은 의미를 헤아려 성도들은 그 사랑을 실천하는 데 힘을 모아야 하리라.

> "아들을 낳으리니 그 이름을 예수라 하라.
> 이는 그가 자기 백성을 그들의 죄에서 구원할 자이심이라 하니라."(눅 1:31)

081
이제는 당신이 웃음전도사!

최근에 의학계에서도 웃음치료에 대한 효과를 인정하고 웃음치료실을 두는 병원이 늘어나고 있다고 한다. 그러나 웃음에 대한 효능을 가장 많이 알린 분이 황수관박사이신데 안타깝게도 급성패혈증세로 지난달 30일에 향년 67세로 소천 하셨다. 평소 존경과 사랑을 보냈던 분이었기에 가슴이 한동안 쓰리고 아팠다.

노만 카슨스(Norman Cousins)는 미국의 유명한 토요 리뷰에 편집인이었다. 러시아에 다녀오다가 희귀한 병에 걸렸다. 강직성척수염이라는 병으로 뼈사이에 염증으로 시멘트처럼 굳어져 죽는 병이다. 그는 서재에서 책 하나를 꺼냈는데 몬트리올대학의 한스 셀리(Hans Selye)라는 박사가 지은 "삶의 스트레스"라는 책이었고 거기에 "마음의 즐거움은 양약"이라는 글귀가 보였다. 성경을 인용 한 글이었다. 그때부터 "즐겁게, 웃으며 살아야지!"라며 다짐하고 웃기 시작했다고 한다. 이상하게 아픈 통증이 가시기 시작했다. 단잠을 자게 되었다. 어느 날 아침에는 손가락이 하나 펴졌다. 그리고 얼마 후에는 완전히 회복되었다. 그는 하던 일을 그만두고 곧장 하버드대학과 스탠포드대학에서 웃음을 연구를 시작했다. 그리고 웃음에 대한 논문을 발표하고 후에 의과대학 교수가 되었다. 후에 질병의 해부라는 책을 썼는데 책에서 "웃음은 방탄조끼다"라고 했다. 웃음은 우리 성도들에게 전매특허와 같은 것이다. 그 까닭은 성도들은 행복한 사람들이기 때문이다(신33:29). 구원받아 하나님의 도움을 받는다.

"마음의 즐거움은 양약이라도
심령의 근심은 뼈로 마르게 하느니라."(잠17:22)

082
포기하지 않는 성도

포기는 배추를 셀 때 하는 말이다. 포기하는 인생을 그 무엇도 이루어 낼 수 없지만 포기하지 않고 꿈을 위하여 계속 노력하면 언젠가는 빛을 보게 된다. 영국에는 많은 스타들을 배출한 유명한 공개 오디션 프로그램이 있다. 〈브린트 갓 탤런트〉가 있다. 어느 날 여기에 37살의 남자가 출연했다. 그는 불룩 나온 배와 비뚤어진 치아, 그리고 별로 훈남스타일이 아닌 외모를 가진 휴대폰을 판매원이었다. 드디어 그의 노래가 울려 퍼지자 관객들은 환호성을 지르며 열광하였다. 심사위원들도 믿기 어렵다는 흥분된 반응을 보였다.

그가 바로 폴 포츠(Paul Potts)이다. 그는 어려서부터 노래를 하는 것이 꿈이었다. 학창시절에는 왕따를 당했다. 교통사고를 당하기도 했고, 중병에 걸리기도 했다. 그래도 그는 꿈을 포기하지 않았다. 비록 음악을 공부하지는 못했지만 노래를 친구삼아 살았다. 그가 경연대회에 나오게 된 것이다. 그는 첫 번째 오디션을 성공적으로 마치고 난 후에 이렇게 말한다. "나는 비로소 폴 포츠임을 알았다." 그는 우승하여 일약 세계적인 스타가 되었고, 전 세계를 돌면서 희망을 전하는 전도사가 됐다. 인생역전의 주인공이 됐다.

이 세상은 낙심하게 일들로 가득 차 있다. 그래서 두려움을 가져다준다. 하나님도 아시는 일이다. 그래서 성경에는 365회나 "두려워하지 말라"고 하셨다. 어떤 경우라도 낙심하거나 절망하지 말고 매일 매일 용기를 가지고 담대하게 살아가라는 말씀일 것이다. 야구의 재미는 바로 9회 말 역전에 있다. 뒤지고 있는 상황에서 9회말 투 스트라이크 쓰리볼 상황에서 극적으로 승부가 역전될 때 경기장은 열광의 도가니로 변한다. 주님을 섬기고 인내하노라면 우리네 인생도 역전의 드라마가 펼쳐지게 될 것이리라.

> "두려워하지 말라. 내가 너와 함께 하느니라. 놀라지 말라.
> 나는 네 하나님이 됨이니라."(사41:10)

083
주님을 만났다면 결단하라.

사람은 누구를 만나느냐로 그의 걸음이 달라진다. 역사의 족적을 남긴 사람들은 그들의 삶의 중요한 시점에서 가치관을 바꿀만한 사람들을 만났다. 그렇지만 그 뿌리는 예수그리스도라는 것이다. 예수 그리스도로 시작된 작은 일들이 파급되고 전파되어 수많은 사람을 바로 세우는 역사를 만들어 내었다.

소련의 공산주의를 종식시키는데 엄청난 역할을 한 옐친 대통령은 기자회견에서 소련민주화를 위하여 투신할 것을 결심하게 되었다. 그 동기는 폴란드의 노동운동가 바렌사의 수기를 읽고 감동을 받은 순간이었다고 했다. 그렇지만 바렌사는 고백하기를 자기가 결정적인 영향을 받은 것은 미국의 흑인의 민권운동을 영도한 마틴 루터킹 목사의 전기를 읽고서라고 하였다. 그런가하면 마틴 루터킹이 흑인 민권운동에 나서게 된 직접적인 동기는 "로자 파스크"라는 흑인 여인이 백인들만 앉도록 규정된 좌석에서 일어나기를 거부하는 용기에 감동을 받았기 때문이라고 한다. 그리고 그의 사상적 근거는 간디의 비폭력 무저항운동이었다. 간디는 또한 예수님의 산상설교를 통해서 비폭력 무저항 운동을 전개했다.

테레사 수녀가 처음에는 20년 동안이나 칼카타의 가장 부유층 자녀가 다니는 사립학교에서 가르치면서 자신의 일과 신앙생활이 부족하지 않다고 생각하였다. 그러던 어느 날, 밤길에서 만난 여인이 받아주는 병원이 없어 자신의 품에서 죽어가는 것을 경험한다. 그는 주님의 "작은 자 하나에게 한 것이 곧 내게 한 것이니라"는 말씀을 기억하고 가난한 자의 친구가 되기로 한다. 참으로 주님은 창조의 근본이시오 믿는 자의 능력이시니 의지하는 자에게 지혜가 되시리라.

> "여호와를 경외하는 것이 지혜의 근본이거늘
> 미련한 자는 지혜와 훈계를 멸시하느니라"(잠1:7)

084
자기 할 나름이다.

서울에 사는 아들의 집을 찾아온 아버지가 아들의 하소연을 듣게 되었다. 자기 집 한 귀퉁이 자투리땅에 동네사람들이 쓰레기를 갖다 버린다는 것이다. 냄새나는 지저분한 환경으로 골머리를 앓다가 경고문도 붙여 놓아보았지만 소용이 없다는 것이다. 그 말을 들은 아버지는 다음날 시장에 나가 호미를 사왔다. 그리고는 집 옆 공터를 정리하기 시작했다. 쓰레기를 치우고 돌을 골라내기를 한 동안 후에야 비로서 제법 텃밭의 형태가 갖춰졌다. 아버지는 그 텃밭에 상추를 심고, 고추를 심었다. 그러자 감히 그 밭에 쓰레기를 버리려는 사람은 없었다. 상추가 어느 정도 자라자 아버지는 아들에게 종이와 붓을 달라고 하여 "상추가 필요하신 분은 마음대로 가져가십시오. 고추가 필요하신 분은 양껏 가져가십시오"라고 크게 써놓았다. 상추가 파릇파릇하게 크기가 무섭게 따들 갔다. 그러나 그 후 길에서 만난 동네 사람들이 이구동성으로 말했다. "당신이 언제나 지희 동네에서 함께 살았으면 좋겠습니다."

흔히 사람들은 자신의 어려운 일들에 대하여 남에게 탓을 돌린다. 그러나 한때 유행한 적이 있는 "남편은 아내 할 탓이다"라는 말처럼 자기 할 나름이라는 말 이다. 옛 어른들은 "사랑은 제등에 짊어진다"고도 했다. "자기가 좋으면 다른 사람도 좋은 법이다"라고도 했다. 세상 사람들은 우리가 생각하는 나쁜 사람들 만 있는 것이 아니라 좋은 사람들이 더 많다. 더욱이 그가 주님을 섬기는 사람이 라면 두 말할 것 없이 귀하고 아름다운 분들이다. 그렇지만 그런 사람들이라도 나의 태도에 따라 나쁜 사람이 되기도 하고, 좋은 사람이 되어지기도 한다. 환경이 나쁘다고 탓하지만 말고 호미를 잡아야 한다. 말씀의 호미를 말이다. 그래서 사랑의 상추를 심고, 정성으로 물을 주어야 한다. 상추가 자라듯 퍼져가는 사랑으로 이웃들이 기쁨으로 뛰게 되리라.

"내가 그리스도를 본받는 자가 된 것 같이
너희는 나를 본 잗는 자가 되라."(고전11:1)

085
하나님의 말씀만 붙들라.

"곤들메기"라는 물고기가 있다. 압록강, 두만강에서 주입하는 모든 지류의 수계(水系)에 분포하며 작은 물고기를 잡아먹는 물고기이다. 그런데 심리학자들이 이 난폭한 곤들메기로 한 가지 실험을 했다. 곤들메기와 작은 물고기를 수족관에 넣고 마음대로 잡아먹으며 살게 했다. 그리고 며칠 후, 곤들메기와 작은 물고기 사이를 얇은 유리로 가로막았다. 곤들메기는 눈앞의 사냥감을 향해 돌진했지만 유리에 부딪혀 번번이 실패했다. 이렇게 며칠이 지난 후에 수족관 안에 가로막고 있던 유리를 치웠다. 그렇지만 곤들메기는 자기 앞에서 유유히 헤엄치는 먹이감을 보고도 전혀 반응하지 않았다. 얼마 전 유리에 계속 부딪쳤던 경험이 움직이지 못하도록 한 것이다. 결국 눈앞에 먹이를 두고도 먹지 못해 2주일 쯤 후에 굶어 죽고 말았다. 얼마 전에 한 그 경험들이 스스로를 죽게 한 것이다.

데이비드 흄이라는 철학자는 〈인성론〉을 집필하여 과학의 접근방식을 체험과 관찰이라 했다. 사람의 지식의 형성은 체험과 관찰에 의하여 되어 진다고 보고, 경험되지 않는 신앙은 진리와 먼 듯이 말했다. 그러나 사람의 경험이라는 것은 매우 주관적이다. 모든 상황은 그 시간과 장소에 따라 천차만별이다. 은평뉴타운에서 은행잎이 누렇게 물들어가고 있으나 연신내의 가로수는 아직도 푸른빛이지 않는가? 언덕하나의 간격의 거리의 틈만 벌어져도 그 상황이 전혀 달라지는 법이다. 이처럼 때와 장소에 따라 다른, 불완전하기 짝이 없는 인간의 경험이나 감성을 추구하기만 하는 신앙이라면 언제나 위험성을 내포하고 있다. 아무리 감각을 중시 하는 비디오시대라 할지라도 객관성이 결여된 경험만으로 모든 것을 조각하는 일 은 삼가야 한다. 뱃사람인 자신의 지식이나 간밤의 그물내린 경험을 넘어서서 주의 말씀만을 붙드는 베드로처럼 말씀의 사람들이라야 온전한 신앙의 사람들이리라.

"...수고하였으되 얻은 것이 없지마는
말씀에 의지하여 그물을 내리리이다."(눅5:5)

086
사랑은 포기하는 것이다.

평생 시각장애인으로 산 남자가 안과를 찾았다. 검사 결과는 놀랍게도 수술만하면 시력을 회복할 수 있었다. 수술 비용은 그리 많지 않았지만 남자는 한참을 망설이다 수술을 포기한다. 안타깝게 여긴 의사는 "시각장애인이라면 누구나 평생소원이 시력을 회복하는 것이 아닙니까? 그런데 시력을 회복할 수 있는데 갑자기 포기하는 이유가 무엇입니까?"라고 물었다. 그러자 "저에게는 스무 살에 만나 결혼한 아내가 있습니다. 아내는 누구보다 심성이 고왔지만 얼굴에 흉한 화상 자국이 있다고 말했습니다. 아내가 나를 택한 것은 내가 자신의 크나큰 약점을 볼 수 없는 사람이라는 것도 결혼의 한 가지 이유이기도 했습니다. 제가 시력을 회복할 수 있다는 소식을 들은 아내가 자기 얼굴을 보고 제 마음이 멀어질까 봐 걱정하는 걸 느꼈습니다. 아내 덕분에 제가 지금껏 이렇게 살 수 있었기에 아내가 어떤 모습이든 저는 사랑할 자신이 있습니다. 다만 제가 아내의 얼굴을 봤다는 사실만으로도 아내는 마음이 불편할 겁니다. 지금까지 시각장애인인 저를 믿고 살아준 아내를 위해 저는 수술을 포기하겠습니다."

사랑하는 사람은 자신의 유익이라도 포기할 수 있다는 이야기는 우리나라에서 실제로 있었던 아름다운 실화이다. 그러하다. 사랑은 내가 쟁취하는 것이 아니라 포기하는 것이다. 바울은 주님을 만난 후 그는 포기해 버렸다고 한다. "무엇이든지 내게 유익하던 것을 내가 그리스도를 위하여 다 해로 여길뿐더러"라고 했다(빌3:7). 바울은 본래 히브리인 중에 히브리인이요 바리새인 중에 바리새인이었다. 율법에 흠이 없는 자였다. 그러나 그리스도를 위하여 모든 것을 다 포기해 버렸다. 우리는 안다. 우리의 믿음은 나라들을 이기고 불의 세력을 멸하는 능력이 있다는 것을. 하지만 어떤 이는 믿음으로 "돌로 침을 당하고 궁핍과 환난과 학대를" 달게 받았다. 사랑으로 포기 한 것이다. 하나님을 사랑하는 믿음으로 안위와 생명까지 포기한 것이리라.

"...내 주 그리스도 예수를 아는 지식이 가장 고상함이라. 내가 그를 위하여
모든 것을 잃어버리고 배설물로 여김은 모든 것을 해로 여기고"(빌3:8)

087
주님의 뜻을 위해 결단하라.

　미국의 40대와 41대 대통령을 지낸 할리우드 영화배우 출신의 레이건 대통령의 어린 시절에 이런 이야기가 있다. 하루는 그의 어머니가 새 구두를 맞추어 주려고 구둣방으로 데리고 갔다. 구둣방 아저씨는 레이건에게 어떤 모양으로 구두를 맞추겠 느냐고 물었다. 앞이 둥근 모양이냐, 아니면 각이 진 모양이냐고 물었으나 어린 레 이건은 구두를 맞추는 것이 처음인지라 결정을 내리지 못하고 사방을 두리번거리며 대답을 하지 못하였다. 구둣방 아저씨는, "그러면, 다음에 와서 결정하라"고 하시면서 친절하게 대해 주었다. 그러나 며칠이 지난 뒤에도 레이건은 결정을 내리지 못 하였다. 구둣방 아저씨는 다시 며칠 뒤에 오라고 하였다. 며칠이 지나서 레이건이 구 둣방에 찾아갔더니 아저씨는 구두를 한 켤레 내놓으면서 "이 구두가 네가 주문한 구두란다" 하시는데 보니까 구두의 한쪽은 앞이 둥글게 만들고 다른 한 쪽의 구두 는 앞이 네모지게 만들어 놓았다. 레이건이 "왜 이렇게 만들었나요?"라고 했더니, "이게 바로 결정할 줄 모르는 사람에게 주는 구두란다"라고 하는 것이었다. 그 후로 레이건은 주저하지 않고 즉각 결정을 하고, 결정을 한 후에는 실천 하려고 최선을 다했다 한다. 그래서 그는 미국의 대통령까지 지내게 된 것이다.

　신앙생활에 가장 중요한 일중에 하나는 믿음의 결단이다. 주님이 하신 명령은 결단이 없이는 이루어지지 않는 일들이기 때문이다. 믿음의 결단은 주님을 따르게 하고 주님의 뜻을 이루도록 만들어 준다. 한 더위가 가는 길목이라지만 아직도 시원한 그늘에 몸을 기대고 싶은 막바지 여 름이다. 몸을 나른하게 하고, 정신마저도 몽롱하게 하는 이 여름, 8월의 카렌다가 넘어가기만을 기다리지만 말고 이제 일어나 시작해야 한다. 고사리 손 아이들도 벌써 책가방을 맸다. 직장에서는 이미 새로운 아이템의 그림을 완성해간다. 성도 들은 이제 믿음의 결단이 필요하다. 그래서 주님의 뜻을 이루도록 시작해야 하리라.

"그러므로 피곤한 손과 연약한 무릎을 일으켜 세우고...
고침을 받게 하라."(히12:12)

088
끝까지 함께 하는 사람이라야!

브라질 상파울루 주(州)에 개와 함께 지내던 노숙인이 큰 상처를 입어 병원에 실려갔다. 병원에 도착한 구급차에서 피투성이 남자가 수술실로 옮겨졌다. 그러나 개는 병원 입구에서 더는 들어가지 못하고 사람들에게 저지당했다. 수술실에서 치료받는 남자는 안타깝게도 숨을 거두고 말았다. 그런데 이 노숙자를 따라온 개는 이 사실을 모른채 병원 입구에서 주인이 나타나기를 기다렸다. 그렇게 두 달이 넘도록 주인이 돌아오기를 기다렸다. 병원 관계자들이 먹을 것과 쉴 곳을 마련해 주다가 동물보호소의 도움으로 새 가족을 찾아 입양해 주었다. 그런데 개는 새 주인의 집을 탈출해서 어느새 다시 병원 입구로 돌아왔다. 그래서 이 개는 병원 앞에서 아직도 죽은 주인이 돌아오기를 기다렸다. 바울이 로마 감옥에서 마지막 생애를 보내며 디모데에게에 "어서 숙히 내게로 오라 네가 올 때에... 가죽종이에 쓴 책을 가져오라 드로아의 가보의 집에 둔 겉옷을 가지고 오라"고 한다(딤후 4:9-13). 로마 감옥에서 바울은 마지막 생애를 보내고 있었다. 안타까운 것은 있어야 할 사람이 떠나가 버린 것이었다. "데마는 이 세상을 사랑하여 나를 버리고 데살로니가로 갔고 그레스게는 갈라디아로 디도는 달마디아로 갔고 누가만 나와 함께 있느니라"고 했다(딤후4:10,11). 처음에는 데마도 복음을 위해 바울과 동행했었다. 그래서 골로새서에 "사랑을 받는 의원 누가와 또 데마가 너희에게 문안하느니라"(4:14), 빌레몬에게도 데마의 이름으로 문안했다(몬24). 그런데 안타깝게도 데마는 세상을 사랑하여 떠나버린 것이다. 때가 되면 이 세상도 다 지나갈 것이다. 견디고 참으라. 예수님이 고난을 말씀하시니 사람들이 떠나갔다. 주님은 제자들을 향하여 "너희도 가느냐?"라고 하시니 베드로는 "영생의 말씀이 여기 계시니 우리가 누구에게로 가리이까?"라고 했다. 예수님은 "너희가 내 이름을 인하여 모든 사람에게 미움을 받을 것이나 나중까지 견디는 자는 구원을 얻으리라"(마10:22)고 말씀하심을 기억해야 하리라.

"그러나 끝까지 견디는 자는 구원을 얻으리라."(마24:13)

089
지혜롭게 하는 성경

이스라엘과 아랍이 싸운 1967년 6일 전쟁을 우리는 지금도 생생히 기억한다. 1억 명의 아랍을 400만의 이스라엘이 대적했다. 25대1의 전쟁에서 이스라엘이 이긴다는 것은 상상하기 어려운 일이었다. 그러나 단 6일 만에 이스라엘에 이겼다. 이스라엘 장군 모세 다얀에게 전법이 어디에서 나왔느냐고 물었다. 그는 서슴치 않고 대답하였다. "성경에서 전법을 배웠고 성경에서 지혜를 얻었습니다." 쫀 홀리(John Fully)박사가 노벨상 수상자 400명들을 15년간 연구하여 낸 책이 〈유대인과 기독교인〉이라는 책이다. 이 책 내용에는 노벨상 수상자가 기독교인이 64%, 유대인이 22%, 천주교가 11%, 불교인이 0.9%, 회교가 0.1%였다. 그 이유를 보니 성경을 읽는 이들이 97%였다는 사실이다. 기독교, 유대교, 천주교는 다 성경을 읽기에 셋을 합한 수이다.

노벨상을 받은 이들의 나라는 모두 23개국이었다. 1등부터 7등까지 보면 스위스, 덴막, 스웨덴, 화란, 영국, 미국, 독일 순이다. 확실히 성경은 지혜를 주는 책임을 알 수 있다. 그래서 단테의 신곡, 밀톤의 실낙원, 괴테의 파우스트, 세익스피어, 워즈워드, 테리슨, 브라우닝 모두 성경으로부터 영감을 받고 작품을 썼다. 음악가 바하의 고난, 헨델의 메시야, 미켈란젤로의 모세상, 라파엘의 성모상, 머릴로의 거룩한 가족, 루벤의 십자가에서 내리심등은 성경에서 나온 명작들이다.

이번 교회여름행사는 단순히 지식이나 놀이문화를 위한 모임이 아니다. 그런 모임이라면 다른 곳에서 얼마든지 찾을 수 있다. 교회 주일학교 행사는 지혜의 저수지인 성경을 가르치는 행사요 모임이다. 성경은 누구나 읽고 배우면 지혜가 샘솟듯 하게 하는 책이다. 이런 성경말씀을 배우는 여름성경학교와 비전캠프가 우리 자녀들을 지혜로운 자녀가 되게 할 것이리라.

**"이는 하나님의 사람으로 온전하게 하며
모든 선한 일을 행할 능력을 갖추게 하려 함이니라."(딤후3:17)**

090
60일 성경일주여행을 함께 출발합시다.

주미 한국대사관에 근무하던 김명배란 이는 교회의 집사였다. 큰형은 의사로서 존경을 받으며 부하게 살았다. 둘째형은 사업가로서 윤택한 생활을 했다. 모친의 장례식이 끝난후 유산을 처리하려고 세형제가 모였다. 큰 형이 입을 열었다. "어머님이 남기신 재산은 막내가 책임지는 것이 어떠냐?"고 했다. 그러자 막내가 "형님 그것은 안 될 말씀입니다. 재산은 당연히 장자인 큰 형님이 맡으시든지 사업가이신 둘째 형님이 맡으셔야지 어찌 막내가 그것을 맡습니까? 제가 원하는 것은 따로 있습니다." 그러자 큰 형이 "네가 원하는 것이 무엇이냐?"라고 물었다. "어머님이 평생 보시던 성경책입니다." "야, 그것은 안된다. 그 성경이야말로 당연히 장자에게 와야지." 그러자 둘째형도 "반드시 장자에게만 가야 하는 것이 아닙니다. 형님이 재산을 맡으시고 성경책은 둘째인 저에게 주십시오"라고 했다. 그때 막내인 그가 다시 입을 열었다.

"두 형님들은 언제나 어머님이 묻혀 계신 고국 땅에 계시지 않습니까? 저는 언제나 해외로 떠도는 몸이니 어머님을 모시고 다니듯 어머님의 성경을 가지고 다니며 읽겠으니 허락해 주십시오"라고 했다. 이처럼 그들은 성경을 서로 가지겠노라고 했다. 성경이 은혜와 축복을 약속한 보화인 것을 알고 있었기 까닭이다. 8월1일부터 우리교회는 "성경일주여행"이 시작된다. 태초에 하나님이 천지를 창조하시는 사건으로 시작해서 주님이 다시 오신다는 말씀까지 일주하려면 하루에 30장은 거뜬히 읽어 달려야 한다. 결코 만만한 일은 아니기에 마음에 각오와 결심이 서야 한다. 성경을 100독, 1000독 하는 분들도 많다는데 1년 다가도록 성경한번 읽지 못한다면 하나님께 죄송하고, 자기 자신에게 부끄러운 일일 것이다. 이제 다 같이 출발하자."60일 성경일주여행"을 한 복된 성도들이 되어야 하리라.

> "이 예언의 말씀을 읽는 자와 듣는 자와
> 그 가운데 있는 기록한 것을 지키는 자가 복이 있나니
> 때가 가까움이라."(계1:3)

091
함께 모임이 중요합니다.

제 2차 세계대전 당시 영국군 1개 소대가 무더운 여름 별관 한가운데서 적에게 포위되어 있었다. 이때 병사들은 무더위와 갈증에 허덕였다. 이들에게 남아 있는 물이라곤 소대장 허리춤에 있는 수통 하나가 전부였다. 소대장은 비장한 마음으로 수통을 열어 자신이 마시지 않고 병사들에게 건네주었다. 그러자 병사들은 수통을 돌려가며 물을 마셨다. 그런데 수통이 다시 소대장에게 돌아왔을 때, 소대장은 깜짝 놀랐다. 그 수통에는 물이 반 이상이나 남아 있었던 것이다. 그들은 자신의 목마름보다는 다음에 마실 전우를 생각하느라 수통이 자기 차례에 왔을 때 겨우 입만 축였던 것이다. 여전히 물이 반 이상 남아있는 그 수통은 병사들 모두에게 새 힘과 용기를 주었다. 결국 그들은 서로를 격려하며 끝까지 견디어 지원군이 왔을 때는 모두 살아남아 있었다고 한다. 일찍이 미국의 16대 대통령 아브라함 링컨은 "조각난 집은 서 있을 수 없다"고 했다. 최근에는 혼밥 혼술이 유행이라지만 우리 인간은 더불어 사는 것이 혼자 사는 것보다 복되다는 것은 성경에서 말씀하신 것이다. 삼손의 가장 큰 약점은 항상 솔로였다는 것이다. 그는 불행하게도 그의 주위에 믿음을 가진 동역자가 한 사람도 없었다. 그러다 보니 역사상 가장 큰 힘을 가진 사람이었던 그가 시험에 빠져서 불행한 상황에 빠져버린 것이다. 그러나 다윗은 사울의 끈질긴 추격에도 견디어 낼 수 있었던 것은 생명을 함께 하는 사람이 있었다. 물론 하나님의 전적인 보호가 있었기에 안전했다. 하지만 하나님은 사람들을 붙여주어 다윗과 함께 하게 하심으로 그에게 큰 위로와 격려가 되게 하신 것이다. 그랬던 다윗이었지만 홀로 옥상에 거닐 때에 시험을 받아 범죄의 나락으로 떨어졌다. 하나님은 고아와 과부를 사랑하신다. 이런 자들을 돌보라고 하셨다. 하나님은 교회를 세우셨다. "서로 격려하라"는 것이다. 이런 일을 교회가 잘 감당하도록 우리들은 모이기를 힘써야 한다. 함께 기도하고, 찬송하고, 봉사하고, 교제함으로 서로에게 격려가 되고 힘이 되야 하리라.

"모이기를 패하는 어떤 사람들의 습관과 같이 하지 말고
오직 권하여 그날이 가까움을 볼수록 그리하자."(히10:25)

092
중단없는 개혁이 필요하다.

내가 처음 교회에 부임했을 때 교회는 오래 되고 비가 올 때는 천장에서는 빗물이 흘러 그릇으로 받쳐야 했다. 그린벨트 안에 있어 자유롭게 개축할 상항은 아니었지만 이미 성도들의 마음은 그린벨트보다 더 심한 상황의 고착상태에 머물러 있는 "좌절의식"의 개혁이 필요했다. 교회는 낡은 형광등이 말해주었고 비가 올 때는 처진 천장에서는 빗물이 흘러 다양한 그릇을 받쳐야만 지날 수 있었다. 물론 그린벨트 안에 있어 자유롭게 건축하거나 개축할 상항은 아니었다(당시에는 그랬다). 그렇지만 이미 성도들의 마음은 아무것도 할 수 없다는 그린벨트보다 더 심한 "좌절의식"이 더 문제 였다. 그러나 하나님의 은혜로 교회 부임 한 달만에 교회를 건축할 수 있게 되었다. 많은 성도들이 나와 벽돌을 나르고 식사를 준비하고 간식을 제공했다. 건축함으로 서로 가졌던 앙금이 씻겨내려 한 마음이 되어 이전보다 더욱 열심히 섬겼다. 그런데 건축하고 나니 이띤 집사님이 기념으로 벽시계를 사나가 걸었나. 그렇시만 얼마 지나지 않아 그 시계는 고장이 났다. 그래서 그 시계를 바꾸게 되었는데 "누가 시계를 치웠느냐?"며 시계를 사다 놓으셨던 분이 항의했다. 교회는 새롭게 바꾸기가 힘든 곳이다. 성도들의 의식이 개혁하기 어렵게 만든다. 낡은 페인트와 진부한 음악, 흐린 조명과 친절하지 않은 안내, 무성한 잡초, 무질서한 주일학교 등등 아예 익숙해져 고치려 하지 않거나 "아직은 불편하지 않은데?"하는 것이다. 혹자는 "교회는 예수님을 믿고 고백하는 사람들의 모임이라 건물은 큰 문제가 되지 않는다"고 말할 수도 있다. 그러나 교회는 "모든 민족을 제자로 삼아서 아버지와 아들과 성령의 이름으로 세례를 주고 내가 너희에게 명령한 모든 것을 그들에게 가르쳐 지키게 하라"는 주님의 명령을 실행하는 곳이다. 예수님의 이름을 둔 교회라면 주님의 신분에 걸맞도록 바꾸어야 한다. 무엇보다도 의식을 바꾸는 것이 진정한 개혁의 시작이리라.

" 이 집은 살아계신 하나님의 교회요
진리의 기둥과 터이니라."(딤전3:15)

093
처서가 지나면 모기 입이 비뚤어진다.

영국의 문인 가디너(Alfred G. Gardiner, 1865-1946)의 수필 〈여행객을 따라서〉는 여름 밤 교외 행 막차 열차 간에서 혼자남아 신문을 펼쳐 든 작가의 손등에 내려앉는 모기 이야기이다. 녀석에게 사형선고를 내렸으나 집행이 되지 않아 고생했다는 이야기다. 실로 모기는 한낱 미물(微物)에 불과하지만 대단한 곤충이다. 사람에게 쉽게 잡히지 않는 것도 그러하지만, 천둥 속에서도 웡~하는 그 소리가 100m떨어진 암컷에게 전달이 된단다. 그래서 응용과학인 생물전자공학에서는 모기를 대상으로 레이다의 원리를 연구했다 한다. 더욱이 모기는 2,500여종이나 된다고 한다. 말라리아나 뇌염 등의 무서운 병을 옮기기 때문에 여름철 공중위생상 요 경계대상 1호다. 유아들에게는 아주 위험한 해충이다.

우리교단 총회에서는 오는 9월2일 주일을 이단경계의 주일로 선포했다. 신천지를 비롯해 수많은 이단들은 여름 모기와도 같이 세를 확장하는 위력을 발휘하고 있어 경계발령을 내린 것이다. 교단마다 이단대책위원회 같은 기관이 가동이 되고 있지만 남의 교회 이야기로만 보는 경향들이 많다. 심각성을 깨닫고 교회마다 신앙의 방충망을 쳐보지만 알지 못하는 사이에 가만히 들어와 연약한(감사보다는 불평하고, 예배드림보다는 세상정욕에 빠른) 성도를 집중적으로 공격한다. 마치 모기가 구석구석으로 숨어들다가 나타나 피부가 연약한 아이나 여성들을 공격하듯 이단은 신앙의 어린아이들을 공격하여 교회마다 긴장상태이다. 그렇지만 처서(處暑)가 지나면 모기의 입은 비뚤어진다. 모기의 그 기세를 찬바람이 해결해 주듯, 이단들의 입도 성령의 강한 바람이 비뚤어지게 만들 것이고 피를 더 이상 빨지 못해 연기처럼 사라지고 말 것이다. 온 세상을 시끄럽게 하던 이단괴수인 문선명이 죽음을 오늘 내일 기다린다고 들었다.

> "이는 가만히 들어온 사람 몇이 있음이라...
> 예수 그리스도를 부인하는 자니라."(유4)

094
복음에 부끄럽지 않는 개혁을 위하여!

어느 해인가 소수의 젊은이들이 선거 하루 전날 밤사이에 메일을 집중적으로 보내 어른들의 생각과 반대되는 사람이 대통령으로 당선이 된 적이 있다. 대부분의 기성세대는 당연한 결과를 기대하며 젊잖은 걸음으로 선거에 임하였다가 전혀 다른 결과를 맛본 것이었다. 어떤 크리스챤 사회학자는 "어느 공동체에든지 20프로의 사람만 건강하면 남은 80프로는 그 혜택을 함께 나누어 가질 수가 있다"고 했다. 이 말은 상당히 설득력이 있는 말이다. 하나님의 교회라는 공동체에 출석하는 사람들의 20퍼센트만이라도 주님께 철저히 헌신한다면 그 공동체가 속한 지역사회는 물론, 민족과 세계 복음화의 중요한 거점이 될 수 있는 것이다.

새에덴 교회 소강석 목사에게 국민훈장이 주어지는 장면이 사진과 함께 보도되었다. 새에덴 교회에서는 아마 수년전부터 6.25 참전용사들을 초청하여 대한민국의 발전상을 보여주었다는데 이 일이 나라를 빛나게 하는 일이었다 하여 외교부 추천으로 훈장을 받게 된 것이다. 이처럼 한 지역교회에서 뜻이 있는 몇 사람의 열정이 나라를 놀라게 한 것이다. 그렇지만 불행하게도 오늘날 교회에 출석하는 사람들의 95프로는 벤치 워머에 불과하다고 한다. 벤치 워머(bench warmer)는 의자를 따뜻하게 하는 사람을 일컫는 말이다. 그가 교회에 기여하는 일은 교회에 나와 한 시간 예배드리면서 고작 자신이 앉아 있는 의자를 따뜻하게 만들었다는 것이다. 그게 벤치 워머가 한 유일한 역할이다. 누구라도 이런 형편에 놓여있다면 주님의 기대에는 미치지 못한 사람이다. 교회를 생명처럼 아끼며 창의성을 가지고 접근하는 사람들, 그래서 바르게 세워져 사명을 감당하라고 주님은 성회를 허락하셨으리라.

"내가 복음을 위하여 모든 것을 행함은
복음에 참여하고자 함이라."(고전9:23)

095
바닥을 차고 올라가라!

　미국 라이딩스, 매기버 대통령 여론조사팀이 미국, 캐나다 등의 미국사 전공 교수와 정치전문가 719명을 동원하여 미국 역대 대통령을 연구 분석한 책을 소개했다. 〈위대한 대통령, 끔찍한 대통령〉이다. 초대 대통령으로부터 42대 클린턴 대통령까지 41명의 대통령을 5가지 항목인 "지도력"과 "업적 및 위기관리 능력" "정치력"과 "인사관리", "성격 및 도덕성"으로 나누어 평가하여 순위를 매겼다.

　각 항목별 순위와 종합 순위를 매겨진 결과 최고의 지도자라고 할 수 있는 종합 1위는 링컨대통령이었다. 2위는 루즈벨트, 3위는 워싱톤, 4위는 제퍼슨, 레이건 26위, 클린턴 23위였다. 클린턴은 높은 점수를 얻을 수 있을 텐데 도덕성에 최하위 점수를 받아 순위가 밀려났다고 한다. 그런데 상위권에 오른 대통령은 나라가 안정되고 평안할 때 재직하던 분들이 아니었다. 높은 점수를 받은 그래서 모든 국민으로부터 가장 존경을 받은 분들은 나라가 위기에 처하거나 큰 전쟁에 휘말려 있을 때 통치하던 대통령들이었다는 것이다. 이분들은 독립전쟁, 남북전쟁, 경제대공황, 세계대전 등 난세에 집권했던 사람들이었다. 국가의 위기를 맞았지만 그 위기를 극복하기만 하면 그 위기가 기회가 되어 영웅을 만들어주는 것이다. 그러나 고비를 극복하지 못한다면 성공도, 축복도, 영광도 없다. 사람은 누구나 좌절케 하는 고비들이 있다. 이런 고비는 누구에게나 위기이다. 그러나 육정의 고비, 이성의 고비, 물욕의 고비를 잘 이겨낸다면 영광스럽게 나타날 수 있게 되어 진다. 더 내려갈 곳이 없도록 내려가 이제 마지막 바닥에 이르렀다면 이제 그 바닥을 차고 올라가는 일만 남은 것이라.

> "우리는 뒤로 물러가 멸망할 자가 아니요...
> 구원하는 믿음을 가진 자니라."(히10:39)

096
신앙의 담장을 고치자.

봄을 알리는 입춘이 하루 앞으로 다가왔다. 옛 농촌에서는 봄이 되면 겨우내 얼었다가 녹으면서 무너져 내린 담장을 고치는 일부터 시작하여 봄을 맞이한다. 그렇지만 우리의 생명의 근간을 이루는 것은 신앙이다. 따스한 경제의 바람이 분다고 정작 신앙의 담장이 무너져 방치상태라면 이제 새롭게 고쳐 세워야 한다. 한목협(한국기독교목회자협의회)은 지난달 30일 5140명을 대상으로 "2012 한국인의 종교생활과 의식조사"라는 설문보고서를 공개했다. 지난해 종교인구 비율은 55.1%로 2004년(57%)에 비해 1.9% 포인트 감소했다고 밝혔다. 불교인구는 26.7%에서 22.1%로 4.6% 포인트 감소했으나 천주교인구는 8.2%에서 10.1%로 증가했다. 개신교인구도 2004년 21.6%에서 지난해 22.5%로 0.9% 포인트 소폭 늘었다. 그러나 종교별신뢰도는 천주교(26.2%) 불교(23.5%) 개신교(18.9%) 순인 것으로 조사됐다.

더군다니. 개신교인들의 신앙의 퇴보는 뚜렷하게 나타났다. 개신교인의 신앙생활이유가 마음의 평안을 위해(38.8%), 구원·영생을 위해(31.6%), 건강·재물·성공 등 축복을 위해(18.5%) 순으로 답했다고 한다. 그리스도를 영접했다고 답한 개신교인의 비율도 77.1%에서 63.2%로 13.9%나 떨어졌다. "하나님만이 유일신"이라고 답한 비율도 78.4%에서 67.2%로 낮아진 반면, 종교다원론을 긍정하는 비율은 30.2%로 높아졌다. 낙태(41.5%) 혼전성관계(51.3%) 외도(15.1%) 뇌물제공(30.2%) 음주(72.5%) 흡연(62.3%) 등 현대사회의 윤리 문제에 대해서도 "상황에 따라 할 수 있거나 해도 무방하다"는 답변이 8년 전에 비해 5~15% 포인트 늘었다. 급격한 사회변화 에서 살아간다고 하지만 이렇게 신앙의 담장이 약해져 있다. 과연 성도들의 담장은 안전한 것인지, 허물어져 있는 부분이 있다면 곧 시급하게 고쳐야만 하리라.

"너희는 믿음 안에 있는가,
너희 자신을 시험하고 너희 자신을 확증하라"(고후13:5)

097
살아계실 때 웃어른을 공경하라.

　민족 최대의 명절 설에는"민족 대이동"이 벌어진다. 설날에는 온 가족이 함께 모여 설빔으로 차려 입고 떡국을 먹으며 세배와 복 많이 받으라는 덕담으로 하루를 보냈다. 이런 설은 우리의 어린 추억이 가장 많이 묻어 있기에 설만 되면 어린추억들이 새록새록 솟아난다. 우리나라와 가장 비슷한 설 명절을 지키는 나라가 중국과 베트남이라 한다. 중국 설은 춘절(春節)이라고 부른다. 춘절이 되면 "복(福)"자를 빨간 종이 위에 커다랗게 써서 대문 위에 글자를 거꾸로 붙인다. "복이 왔다"는 뜻이란다. 그들도 새 옷으로 갈아입고 친지를 방문해 세배를 하는 것도 한국과 똑같고 세뱃돈을 주는 풍습도 같다. 베트남의 설은 뗏(Tet)이라고 하며 베트남에서 가장 큰 명절로 일가친척과 이웃들을 방문해 서로 덕담을 주고받으며 복을 기원한다. 어린이들에게는 덕담이 적혀있는 빨간 봉투에 담긴 세뱃돈이 주어진다. 중국이나 베트남은 우리나라처럼 웃어른을 찾아 세배하는 것으로 시작한다.

　우리네 말 가운데는 "평소 웃어른을 공경하는 사람들치고 악한 사람이 별로 없다"고들 한다. 그렇지만 문제는 한국사회에 이런 웃어른을 공경하는 풍습이 점점 사라지고 있다는 것이다. 더욱 문제는 이에 반하여 극단으로 죽은 조상을 신격화하여 조상숭배에 빠져버린 사람들이 늘어나고 있다는 것이다. 어떤 자녀는 부모생존 시에는 늙으신 부모에게 따스한 밥상한번 제대로 차리지 않았으면서도 제사음식은 상다리가 휘도록 차린다. 망자가 복수라도 할까, 후환이 두렵기 때문이란다. 물론 죽은 조상이 나타날 리도 만무하고 제사음식을 먹을 리도 만무하다. 결국 자신들의 입으로 다 들어가는 제사상으로 조상을 숭배했다고 스스로 위안제 마시는 것이다. 더군다나 한이 맺혀 죽은 조상이 그 제사상으로 복을 주리라고 생각하는 이 엉뚱함들(?)이 지금 한국강산을 흑암의 나락으로 떨어뜨리고 있는 것이리라.

"대저 이방인의 제사하는 것은 귀신에게 하는 것이요
하나님께 제사하는 것이 아니니
나는 너희가 귀신과 교제하는 자 되기를 원치 아니하노라."(고전10:20)

098
전도해야 그들이 구원받는다.

우리나라의 손재주는 세계에서 으뜸이어서 예로부터 뛰어난 기술이 많았다. 특히 고려시대의 금속활자는 구텐베르그의 성경보다 230년가량 앞선 것이다. 미국의 부통령이었던 앨 고어는 "구텐베르그의 금속활자는 고려의 금속활자의 영향을 받았을 가능성이 있다"고 칭찬했다. 그렇지만 그는 "고려 금속 활자기술은 우리가 본받기보다 주의해야할 바람직하지 못한 역사"라고 꼬집었다. 왜인가? 활자 주조법은 알았지만, 금속활자의 효용은 제대로 살리지 못했기 때문이다. 구텐베르그 활자기술은 보급되어 성경과 책자를 찍어내어 종교개혁까지 가능하도록 했다. 그런데 우리나라의 이 좋은 금속활자기술은 소수의 고려 지도층만을 위해서 소량만 찍어냈다. 그래서 고려금속활자는 역사의 뒤안길에 머물고 만 것이다. 아무리 훌륭한 지식이라도 그것이 전파되고 가르쳐서 확산되지 않는다면 머지않아 사장되어 버리는 것이다.

고려 금속활자뿐이겠는가! 우리가 믿는 구원의 도리도 더욱 그러하다. 우리가 복음을 전파하지 않으면 믿는 세대는 머지않아 끊어지고 만다. 이런 일은 현실적으로 당면한 문제들이기도 하다. 우리가운데는 복음을 전하는 일을 중단하므로 다음세대와 연결되지 않는 가정들이 계속 늘어나고 있는 것이다. 이 얼마나 가슴이 아픈 일인가? 어느 때나 하나님께서는 전도의 미련한 방법으로 사람들을 구원하시기를 기뻐하신다. 이제 듣든지 아니 듣든지 복음을 전파하여야 한다. 그래서 이 땅에 구원의 역사가 계속되는 것은 물론이고, 다음세대에 신앙을 물려주고, 하나님의 교회를 물려주고, 하나님의 축복을 물려주어야 하리라.

> "하나님께서 전도의 미련한 것으로
> 믿는 자들을 구원하시기를 기뻐하셨도다."(고전1:21)

099
소망의 눈을 가진 언더우드의 기도

100여년전 지구 반대편의 미개한 땅에 찾아가 복음을 전하라는 하나님의 부르심에 순종한 26살 젊은이가 있었다. 우리나라에 온 장로교 최초의 선교사 언더우드이다. 언더우드가 이 땅에 도착했을 때 우리나라의 상황은 참으로 처참한 환경이었다. 그런 사실이 그의 기도문을 통해서도 잘 나타나고 있다. "오 주여! 지금은 아무 것도 보이지 않습니다. 보이는 것은 고집스럽게 얼룩진 어둠뿐입니다. 어둠과 가난과 인습에 묶여있는 조선사람 뿐입니다. 조선의 마음이 보이지 않습니다. 그리고 저희가 해야 할 일이 보이지 않습니다. 그러나 주님 순종하겠습니다. 겸손하게 순종할 때 주께서 일을 시작하시고, 그 하시는 일을 우리들의 영적인 눈이 다시 볼 수 있는 날이 있을 줄 믿나이다. 지금은 예배드릴 예배당도 없고, 학교도 없고, 저 경계와 의심과 멸시와 천대함이 가득한 곳이지만 이곳이 머지않아 은총의 땅이 되리라는 것을 믿습니다."

언더우드 선교사가 도착한 이 땅은 이렇듯 소망이 보이지 않는 땅이었다. 그럼에도 언더우드 선교사는 변화되리라는 소망을 가지고 순종하였고, 그 순종이 기적을 가져왔다. 세계 역사상 가장 성공적인 선교의 열매가 맺힌 것이다. 당시 가장 가난하고 절망적인 이 땅이 세계가 놀라고 부러워할 만큼 복을 받았다. 지금 동남아 미개한 곳에서, 저 아마존 강변이나 아프리카의 밀림에서 수많은 선교사들이 소망의 눈을 가진 언더우드의 후예가 되어 능동적으로 순종하고 믿는다. 어느 시대 어느 곳에서나 언더우드의 소망의 눈을 가지고 순종하는 곳에는 하나님의 역사가 일어나고, 하나님의 축복이 있을 것이리라.

"예수께서 이르시되 할 수 있거든이 무슨 말이냐?
믿는 자들에게는 능치 못함이 없느니라 하시니"(막9:23)

100
진정한 부흥

1907년 평양 대부흥은 기독교역사가운데 중요한 사건으로 평가된다. 평양 대부흥 운동을 직접 목격하고 증언한 스왈른 선교사는 이런 기록을 남겼다. "교회에서 부흥을 체험한 성도들은 단순한 통회로만 끝내지 않았다. 다음날 사람들이 거리에서 마을에서 교회에서 죄를 고백하는 모습을 볼 수 있었다. 도둑맞은 물건들이 되돌아 왔다. 잃어버린 지갑도 돌아왔고, 오래 동안 갚지 않았던 빚도 청산되었으며, 부정한 방법들도 시정되었다." 이런 1907년 대부흥의 원인이 되었던 1904년 영국 웨일즈의 영적부흥, 또한 그러했다. 1904년 영국 웨일즈에는 각 교회에 큰 부흥이 임했다는 소문이 요란했다. 보석가게를 경영하던 한 상인은 부흥은 교인들만의 "요란한 감정의 잔치"라고 생각하고 있었다. 그런데 며칠 후 한 젊은이가 "이 가게에서 보석을 훔친 일이 있다"고 보석을 내놓으며 용서를 구하는 것이었다. "어떻게 된 것이냐?"고 물었더니 "나의 마음에 성령이 임하셔서 회개하게 되었다"고 고백했다.

요엘 선지자는 "너희는 옷을 찢지 말고 마음을 찢고 너희 하나님 여호와께로 돌아올지어다"라고 했다(2:16). 진정한 부흥은 마음의 변화로부터 시작된다. 마음은 나무의 뿌리와 같아서 마음이 새로워지면 그 열매가 뚜렷이 맺히게 된다. 그래서 이러한 부흥이 교회만의 잔치가 아니라 사회전반에 감동과 감화를 끼치는 것이다. 이제 우리는 부흥성회를 앞두고 있다. 말씀을 통하여 성도의 마음이 부흥되고 삶이 부흥되는 은총을 입게 될 것이다. 시간마다 모이고 시간마다 은혜 받아 힐링되고 부흥되어지는 은혜로움이 있게 될 것이리라.

"누구든지 여호와의 이름을 부르는 자는 구원을 얻으리니
이는 나 여호와의 말대로 시온산과 예루살렘에서
피할 자가 있을 것임이요"(욜2:32)

101
준비된 그릇에 담긴 은혜

우리 인생은 예측할 수 없는 미래를 담는 그릇이기도 하다. 우리의 마음에 어떤 것을 담을 수 있도록 준비하느냐에 따라 우리의 미래가 달라질 수 있는 것이다. 가난한 행상의 아들이 있었다. 소년은 아버지를 따라 미국의 이곳 저곳으로 떠돌아 다녀야 했다. 가장 불편한 것은 잠자리였다. 이때부터 이 소년은 "믿음은 바라는 것들의 실상"이란 성경 말씀을 굳게 믿고 꿈을 키워갔다. 그리고 소년은 그 꿈을 담을 수 있는 그릇을 준비하였다. 드디어 가난한 행상의 아들이었던 이 사람이 1924년 달라스에 큰 호텔을 세웠고, 그 호텔은 세계로 뻗어 나갔다. 그 소년이 바로 유명한 힐튼 호텔의 창업자인 [콘드라 힐튼]이었다. 어떤 면에서 인생은 그릇과 같다. 얼마나 준비된 그릇이냐에 따라서 귀한 것이 담겨질 수도 있고 천한 것이 담겨질 수도 있다. 하나님께서는 그릇을 준비한 자들에게 채워주시는 하나님이시다. 하나님께서는 "가난한 자를 못 본체 하는 자에게는 저주가 많으리라"(잠28:27). "가난한 자를 공수로 보내지 말라"하셨다(신15:13). 가난한 자의 부르짖는 자들을 하나님은 외면하시지 않으신다. 그래서 시편 81:10은 "네 입을 넓게 열라 내가 채우리라"고 하셨다.

금번 성회에는 준비한 그릇대로 채워 주셨다. 아예 그릇을 준비하지 않은 사람 들은 아무것도 받을 수 없었음에 안타깝다. 그러나 미국의 오럴 로버트 목사는 말한 대로 "당신이 준비한 복의 그릇을 가지고 주님을 만나면 주님은 당신의 모든 요구를 채워주실 것이다"라고 한 것처럼 하나님께서는 그릇을 준비한 사람들에게 가득 채워주셨다. 영혼그릇, 심령그릇 ,신앙그릇, 우리네 인생의 그릇에 담아 주신 은혜를 선포하며 누리며 살아간다면 그 삶에 알알이 축복의 열매가 맺혀지리라.

"내게 주신 모든 은혜를 내가 여호와께 무엇으로 보답할까?"(시116:12)

102
심는 자에게 주신 하나님의 가감승제

우리는 수효를 세는 일을 셈이라 한다. 셈에는 더하기, 빼기, 곱하기, 나누기가 있다. 하나님이 인간에게 주신 복에도 셈이 있는데 이는 하나님의 가감승제(加減乘除)이다.

하나님의 더하는 복이 있다. "너희는 먼저 그의 나라와 의를 구하라 그리하면 이 모든 것을 더하시리라"(마6:33)는 말씀처럼 하나님은 먼저 그의 나라와 의를 구하는 자에게 온갖 좋은 것을 더 주신다. 하나님의 더하기 복이다.

하나님의 빼기의 복이 있다. 우리가 불의와 죄악을 버린 만큼 은혜로 채워주시는 복이다. 구습의 옛사람을 벗어버리면 하나님은 새사람으로 입혀주신다. 하나님의 곱하기의 복이 있다. 좋은 마음으로 말씀을 받아 믿음과 인내로 행하는 자들에게는 최소한 30배요 그 다음은 60배이며 그 다음은 100배의 복을 주신다. 하나님의 나눔의 복이 있다. 기쁨은 나눌수록 커진다. 남에게 은혜와 사랑을 베푸는 자는 끊임 없이 복을 받게 된다. 하나님으로부터 받은 은혜와 복을 이웃에게 나누었던 요셉, 그는 영원한 축복을 소유한 사람이었다. 그런데 이런 하나님의 가감승제의 대 전제가 있다. 심어야 한다는 것이다. 물론 심지 않고 거두는 일도 가능하다. 그러나 그는 불의한 사람이요 하나님을 만홀히 여기는 자이다. 하나님의 가감승제를 보기 원한다면 때를 얻든지 못 얻든지 심어야 한다. 봄이 성큼 다가섰다. 한 알의 밀알처럼 죽으시므로 수많은 구원의 열매를 맺으신 주님을 본받아 자신을 던짐으로 의를 심어 구원열매를 맺는 자들이 되어야 하리라.

"한 알의 밀알이 떨어져...죽으면 많은 열매를 맺느니라."(요12:24)

103
이해하기 어려운 이상한 죽음

살 사람은 죽고 죽을 사람이 살아난 친구들의 아픈 이야기가 있다. 2010년 9월 광주광역시 남구 이장동에서 농장에서 일하던 김씨는 친구 이씨로부터 다급한 전화가 왔다. 지게차로 작업중에 논에 빠지기 일보직전이니 도와달란다. 김씨는 급히 콤바인을 몰고 30m쯤 떨어진 사고 현장으로 갔다. 친구는 반쯤 논에 처박힌 지게차 위에 위태롭게 앉아 있었다. 밧줄을 연결해서 지게차를 끌어내는데 아뿔사 끌려오던 지게차가 박히면서 친구의 목과 가슴을 눌러 더 힘들게 했다. 친구를 구하려다 죽게 한 것 같아 김씨는 정신없이 뛰어 힘이 강한 트랙터를 몰고 와 이 씨를 누르고 있던 지게차를 간신히 끌어내 친구를 구했다. 50여분의 사투를 벌여 목숨을 구했다. 문제는 김씨였다. 당뇨병을 앓고 있어서 혼신의 힘을 다할 때 김씨는 힘이 기진맥진해 정신을 놓고 말았다. 살아난 친구가 의식을 차려 자신을 껴안고 있던 김씨를 흔들었으나 의식이 없었다. 친구는 또다시 급한 도움의 전화를 돌렸다. 이번에는 자신이 아닌 친구를 살리기 위해 119를 불러 급히 병원으로 후송되었으나 이미 숨을 거두고 말았다. 위험에 처한 친구를 구하기 위해 마지막 사력을 다하고 자신은 숨을 거두고 만 것이다. 안타까운 죽음이지만 최고의 사랑을 나타낸 죽음이었다. 요한복음 15장에서 "친구를 위하여 자신의 목숨을 버리면 이보다 더 큰 사랑이 없나니"라고 했다. 김씨는 자신의 생애 중에 최고의 절정을 친구를 위해 달려버린 사람이었다. 그런데 이런 이상한 죽음도 있다. 친구도 아니고 유익도 주지 않았던 사람을 위하여 죽은 사람이 있다. 사형 받을 죄인이요, 원수로 행한 사람들을 위해 죽은 것이다. 이해할 수 없는 참으로 이상한 죽음이다.

바로 그리스도께서는 우리가 연약하고 죄인 되고 원수 되었을 때 우리를 위해 죽으신 것이다(롬5:6,8,10). 그러므로 이제 그리스도 예수 안에서는 우리를 비록한 그 누구라도 결코 정죄함이 없는 것이리라(롬8:1).

> "예수는 우리가 범죄한 것 때문에 내 줌이 되고
> 또한 우리를 의롭다 하시기 위하여 살아나셨느니라."(롬4:25)

104
부활의 능력이 성도들에게도!

미국의 정치가인 윌리엄 제닝스 브라이언이 수박씨에 대하여 이런 글을 남겼다. "나는 수박씨의 힘을 관찰해 본 적이 있다. 수박씨에는 흙을 밀어젖히고 나오는 힘이 있다. 그것은 자기보다 20만 배나 더 무거운 것을 뚫고 나온다. 수박씨가 어떻게 이런 힘을 내는지 알 수 없다. 도저히 모방할 수 없는 색을 껍질 바깥으로 우러나오게 하고, 그 안쪽에 하얀 껍질, 그 안쪽에 다시 검은 씨가 촘촘히 박힌 붉은 속을 어떻게 만들어 낼 수 있는지 나는 알 수 없다. 그 하나하나의 씨는 또다시 차례차례 자기무게의 20만 배를 뚫고 나올 것이다. 이 수박씨의 신비를 설명할 수 있다면, 나도 신의 신비를 설명해 주겠다."

하나님이 창조하신 이 우주만물은 사람의 머리로 이해할 수 없는 현상은 헤아리 기조차 힘들다. 더욱이 수박씨의 능력과는 비교할 수도 없는 능력을 우리 믿음의 사람들은 날마다 체험하고 살아간다. 그 능력이 말씀의 씨앗 속에 담겨 있다. 이 말씀을 받으면 구원을 얻고 마귀의 유혹을 이긴다. 이 말씀을 받으면 세상이 감당할 수 없는 용기를 얻는다. 까닭은 예수그리스도께서 말씀이 되시기 때문이다. 실로 그리스도께서는 죽으셨으나 무덤권세를 깨뜨리시고 다시 살아나셨다. 그리스도는 생명의 근원이신 하나님의 아들이시기에 죽음이 가둘 수 없었던 것 이다. 마치 수박씨의 생명이 20만 배나 더 무거운 덩어리를 뚫고 나오는 것처럼 주님의 생명은 모든 사망권세와 사탄의 권세를 깨뜨리시는 능력이 있는 것이다. 그런데 이 죽음을 이기는 능력이 우리들에게도 있다. 수박씨로 만들어진 또 다른 수박씨가 똑같은 생명력을 가지고 흙덩이를 뚫고 마는 것처럼, 그리스도를 믿는 성도들은 그리스도와 똑같은 생명을 가지고 있다. 그러므로 우리 성도들이 그 생명의 힘으로 사망권세를 이기고 부활하게 되는 것은 너무나 당연한 일이리라.

"그리스도께서 죽은 자 가운데서 다시 살아 나사
잠자는 자들의 첫 열매가 되셨도다."(고전15:20)

105
선으로 악을 이기라.

중국 위나라의 자그마한 고을에 송취라는 사람이 군수로 부임했다. 그때 위나라와 초나라 두 나라의 집경지대에 사는 농민들은 모두 수박과 참외를 길렀다. 그런데 두 나라 농민들은 차이가 있었다. 위나라 농민들은 열심히 물을 주고 거름을 주며 농사를 지었기 때문에 그곳에서 나는 수박과 참외는 달고 맛이 있었다. 그러나 초나라 농민들은 게을러서 농사에 신경을 별로 쓰지 않다 보니 초나라 사람들이 기르는 수박과 참외는 맛이 없었다. 초나라 농민들은 위나라 농민들을 시기하여 몰래 국경을 넘어가 위나라 사람들의 수박과 참외밭을 엉망으로 휘저어놓고 도망을 쳤다. 그들은 고을 군수인 송취를 찾아가 말했다. "이는 분명히 초나라 사람들의 짓입니다. 저들이 했던 대로 우리도 초나라로 넘어가 그들의 밭을 모조리 짓밟고 오겠습니다." 주민들의 하소연을 들은 송취는 "원한으로 복수하는 것은 결국 화를 부를 뿐이라"고 하면서 한 가지 해결책을 알려주었다. 그들은 그날 밤 송취가 일러준 대로 몰래 국경을 넘어가서 초나라 사람들의 밭에 물과 거름을 듬뿍 주고 돌아왔다. 그 일은 한 동안 계속되었다. 초나라 사람들이 밭에 나왔다가, 누군가가 몰래 자기들 밭에 와서 물과 거름을 주었다는 것을 알게 되었다. 시간이 지나 초나라 밭에서 나는 수박과 참외도 달고 맛이 있었다. 이 소식은 초나라 왕에게까지 전해 졌다. 초나라의 왕은 위나라에 금은보화를 보내어 고마운 마음을 표시하였고, 그 뒤로 두 나라는 사이좋은 이웃이 되었다는 것이다. 예수 그리스도께서는 "너희는 세상의 소금이니 소금이 만일 그 맛을 잃으면 무엇으로 짜게 하리요 다만 밖에 버려져 사람들에게 밟힐 뿐이니라"고 하시고(마5:13) "너희는 세상의 빛이라"고 하셨다. "너희 빛을 사람 앞에 비치게 하여 그들로 너희 착한 행실을 보고 하늘에 계신 너희 아버지께 영광을 돌리게 하라"고 하신다(마5:16). 그리스도인들은 세상의 미움에 도리어 사랑으로 대하고, 세상의 쟁투를 화평으로, 세상의 무례에 온유함으로, 세상의 욕망에 인내로, 세상의 오만함에 겸손함으로 대하는 자들이 되어야 하리라.

"악에게 지지 말고 선으로 악을 이기라."(롬12:21)

106
생명의 주님을 알려주어야!

이태리 어느 동네에 개를 기념하여 세운 동상이 있는데 개의 이름을 따서 "피도"라고 부른다고 한다. 그 동상의 주인공인 그 개는 물에 빠졌다가 죽음일보 직전에 어떤 신사의 도움으로 구출되었는데 그 신사는 그 개를 데려다가 키웠다고 한다. 짐승에 불과한 개였지만, 그 개는 주인이 직장을 갈 때는 매일 버스 정류장까지 따라와서 주인을 전송하고, 주인이 직장에서 돌아올 때는 먼저 가서 정류장에 나와서 주인을 기다렸다. 이렇게 주인을 생명처럼 섬겼다. 그런데 2차 대전이 터졌을 때, 주인이 버스를 타고 집으로 돌아오다가 그만 버스가 포탄에 맞아 목숨을 잃고 말았다. 그러나 그 사실을 모르는 그 개는 그날도 어김없이 정류장에 와서 주인을 기다렸다. 그런데 주인이 오지 않는다. 그래도 그 개는 낮이고 밤이고 그 자리를 떠나지 않았다. 장장 13년 동안 그 정류장을 떠나지 않았다. 그래서 결국 사람들이 음식을 가져다가 그 개에게 먹여주기도 했다. 그러나 그 개는 결국 죽고 말았다. 무려 13년 동안을 정류장에서 주인을 계속 기다리다가 그 정류장에서 죽은 것이다. 그러므로 사람들은 그 자리에 동상을 세운 것이다. 짐승이라도 자기 생명을 구출해 준 주인을 알고 그 은혜를 잊지 않고 보답하려 한 것이다. 우리네 사람들은 분명히 개와 비교할 수 없는 만물의 영장이다. 그렇지만 불행하게도 사람들은 주님의 은혜를 알지 못한다. 죄로 말미암아 죽을 수밖에 없는 자리에서 영생의 복락을 누리도록 구원의 길을 열어 놓으신 예수 그리스도의 은혜를 잘 알지 못한다. 아는 사람이 바로 우리 그리스도인들이다. 그렇다면 알지 못해 저주의 길로 달려가는 저 많은 사람들에게 생명의 주님을 알려주어야 할 사람들은 바로 우리들이다.

"너희는 온 천하에 다니며 만민에게 복음을 전파하라."(막16:15)

107
시선을 고정하라.

한 목수 아버지가 어느 날 못질을 하고 있는데, 옆에 있던 아들이 그것을 신기한 듯이 바라보고 있었다. 큰 망치로 작은 못을 "탕! 탕! 탕!"박는 것이 재미있어 보였다. 아버지가 자리를 비운사이 아들은 망치를 들고 못을 내리쳤다. 그러자 망치가 미끄러지듯 손가락을 스치며 옆으로 비켜갔다. 다행히 손가락은 크게 다치지는 않았으나 잡았던 못은 튕겨져 날아갔다. 마침 아버지가 이 광경을 보고서 아들에게 못질하는 법을 가르쳐 주었다. "얘야, 못질을 잘하려면 네 시선을 고정해야 한단다. 못만 쳐다봐라. 그러면 처음에는 못이 작아 보이지만, 나중에는 점점 크게 보인단다. 그렇게 해서 못대가리만 때리면 되는 거야. 그런데 만약 네가 시선을 고정하지 않고, 한눈을 팔면 손가락을 찧고 말거다."

그리스도인들은 시선을 예수님께만 고정해야 할 이유가 분명하다. 조금이라도 방심하여 순간적으로 눈동자가 돌아가면 우리의 본성이 욕망 때문에 빗나갈 수 있기 때문이다. 그러므로 히브리서 기자는 "예수를 깊이 생각하라"고 했다(3:1). 예수님을 깊이 생각하고 예수님께만 시선이 고정되어있을 때에야 하늘나라가 보이고 그리스도의 은총이 보이기 때문이다. 다른 이들이 보지 못하는 진실을 보게 되기 때문이다. 믿음의 선진들처럼 주님이 주시는 면류관을 쓰기 원한다면 예수 그리스도에게만 시선을 고정해야 하리라.

"믿음의 주요 온전케 하신 이인 예수를 바라보자."(히12:1)

108
주를 위하여 최선을!

기독교교육학자인 하워드 헨드릭스 목사가 어느 날 탑승한 비행기는 사람들로 붐볐고, 그래서 사람들은 모두 신경이 곤두 서 있었다. 탑승자들과 동승한 아기들도 분위기도 어수선했으며, 때때로 비행기가 돌발적인 난기류를 만나 승무원들이 기내식을 제공하기도 어려운 상황이었다. 그러나 이런 형편에도 불구하고 잠시도 멈추지 않고 계속하여 서비스를 제공하는 한 승무원이 있었다. 간혹 무례한 승객이 버릇없이 굴더라도 그녀는 변함없이 친절을 잊지 않았다. 승객들이 덜컹덜컹 흔들리는 비행에 대해 불만을 터뜨려도 그녀는 최선을 다해서 상냥하게 안내를 했다. 심지어 신경질을 부리는 아기들을 웃기려고 여러가지 새로운 장난감을 들고 나타나기도 했다. 그 승무원은 탑승 내내 환하고 명랑한 미소를 잃지 않았다. 비행기가 목적지에 다다를 즈음, 하워드는 그 승무원과 이야기를 나눌 기회를 잡았다. "당신과 같은 사람이 일하고 있어서 이 항공사는 무척 운이 좋은 것 같군요!" 그러자 그녀는 하워드에게 이렇게 대답했다. "저는 항공사를 위해 일하지 않습니다." "그러면 혹시 독립 승무원 연맹에서 일하시나요?" "아닙니다. 선생님!" 그녀가 가볍게 미소를 지으며 또 대답했다. "그렇다면 도대체 누구를 위해 일한단 말입니까?" 하워드가 의아하다는 듯이 질문했다. 그녀는 웃으며 단호하게 말했다. "저는 예수님을 위해 일한답니다. 이 항공사는 단지 제게 월급을 줄 뿐이죠."

그러하다. 이 세상은 하나님의 소유이다. 하나님이 창조하셨기에 그러하다. 단지 사람들에게 주어 관리를 하고 있을 뿐이다. 성도는 관리자를 보는 것이 아니라 주인이 되신 하나님을 바라보고일하는 자들이다. 그러므로 어느 장소에서나 주께 하듯 일해야 한다. 그러므로 바울은 "그런즉 너희가 먹든지 마시든지 무엇을 하든지 다 하나님의 영광을 위하여 하라"(고전10:31).

> "무슨 일을 하든지 마음을 다하여 주께 하듯하고
> 사람에게 하듯하지 말라."(골3:23)

109
잉카제국이 무너진 까닭은?

잉카 제국의 공용어인 케추아어로 "네 개의 땅이 합쳐진 땅"이라는 뜻이다. 잉카라는 말도 최고군주라는 뜻이라 한다. 이 화려한 잉카문명을 자랑하던 이 거대한 제국이 무너진 것은 스페인의 프란치스코 피사로가 침공하여 카하마르 카에서 아타우 알파대왕을 사로잡으면서 잉카제국 멸망의 도화선이 되었다. 잉카인들이 평화롭게 앉아 있다가 당한 것은 아니었다. 오히려 아타우 알파는 라이벌 우아스카르와의 승리로 잉카황제지위를 차지하면서 저 멀리 배타고 온 피사로 일행을 그저 변방 도적떼 수준으로 밖에 보지 않았기 때문이다. 그렇지만 그 강한 잉카제국이 흔적도 없이 지상에서 사라진 까닭은 칼과 창도 아니고 화력도 아니며 군대의 힘도 아니었다. 스페인 사람 7명이 남미의 잉카제국으로 들어왔는데, 그들 속에 잠복해서 함께 들어온 천연두 균이 잉카제국의 인디언 수백만 명을 죽게 만든 것이다. 스페인 사람들은 이미 천연두에 면역이 되어 있어서 천연두 균이 들어와도 괜찮았지만, 잉카인들은 면역이 없었기 때문에 남녀노소 할 것 없이 다 넘어진 것이다.

그러하다. 죄는 천연두보다 더 무서운 것으로 인류 최대의 적이다. 마귀는 옛 습관들 세상유행, 세상자랑, 세상영광을 가지고 성도들을 유혹하여 넘어뜨리려 한다. 그러므로 핍박이나, 죄의 유혹이나, 육신의 정욕으로 넘어져서는 안 된다. 고공줄타기 하는 사람이 손에 기다란 막대 봉을 잡고 몸의 중심을 잡아 나가듯 위태한 세상길에 선 그리스도인들은 십자가로 중심을 잡고 나가야 하리라.

"그러므로 내 사랑하는 형제들아 견고하며 흔들리지 말며
항상 주의 일에 더욱 힘쓰는 자들이 되라.
이는 너희 수고가 주 안에서 헛되지 않은 줄을 앎이니라."(고전15:58)

110
말씀에 투자하게 하라.

대구의 실업가로서 체신부장관을 지낸 이태선 씨는 대구의 섬유산업의 왕으로 불린다고 한다. 당시에 그가 투자해서 구입한 물건들은 엄청난 이윤을 남겼다. 그래서 주일학교 부장시절 어떤 학생이 그에게 질문을 던졌다. "선생님께서 지금까지 투자한 것 중에서 가장 성공적인 것은 무엇입니까?" 그는 분명한 어조로 말했다. "내가 열두 살 때 최고의 투자를 한 적이 있지. 그때 나는 2,500원을 주고 성경 한 권을 샀단다. 이것이 가장 위대한 투자였지. 왜냐하면 이 성경이 오늘의 나를 만들었기 때문이란다." 그는 가난한 소년시절에 산 성경말씀을 읽고 꿈을 키워 성공하는 사업각 된 것이다. 그가 교회학교 부장으로 일할 때였다. 한 어린이가 그에게 물었다. "선생님, 하늘나라의 전화번호가 몇 번이에요?" 어린이의 갑작스런 질문에 당황했으나 그는 이렇게 대답했다고 한다. "얘야, 하늘나라의 전화번호는 66-3927번이란다." 어린이가 그 이유를 묻자 "성경은 모두 66권이다. 구약성경이 39권이고 신약성경이 27권이지. 그 속에 하늘나라의 진리가 모두 담겨 있단다. 그러니 이것이야말로 영원히 변하지 않는 하늘나라의 전화번호란다." 이 대답은 성경을 통해 지혜를 얻은 그의 신앙고백이기도 했다.

어린이 주일이다. 요즘 아이들은 무척 영특해졌다. 정보가 넘치는 사회에서 자라는 오늘의 아이들은 어른들 시대의 아이들보다는 10년 정도나 지식이나 정보가 앞서있다. 그러나 영특하게 보이지만 진정 인생의 참의미를 알지 못하는 이런 어린이들을 어떻게 인도할 것인가? 하나님의 말씀인 성경에 투자하도록 하는 것이다. 우리가 어린이들을 바른 길로 인도해 줄 수만 있다면 미래 나라와 민족만이 아니라 인류를 위해 헌신하는 사람이 될 것이다. 말씀에 투자하게 하는 일은 어린이들에게 최고의 투자가 될 것이리라.

> "또 어려서부터 성경을 알았나니 성경은 능히 너로 하여금
> 그리스도 예수 안에 있는 믿음으로
> 구원에 이르는 지혜가 있게 하느니라."(딤후3:15)

111
효가 효를, 불효가 불효를 거둔다.

중국 초나라 때의 일이다. 초나라에 "원곡"이라는 사람이 있었다. 하루는 그의 아버지가 원곡에게 늙고 병든 할아버지를 수레에 태워다가 깊은 산중에 버리고 오도록 했다. 원곡은 아버지가 시키는 대로 할아버지를 버리고 그 빈 수레를 끌고 집으로 돌아왔다. 아버지가 그 수레를 보고 "할아버지와 함께 버리지 않고 무엇에 쓰려고 끌고 왔느냐?"고 야단을 쳤다.

그때 원곡은 "아버지가 늙으면 그때 다시 쓰기 위해 끌고 왔습니다"고 했다. 이 말을 들은 원곡의 아버지는 크게 뉘우친다. 그리고 산중으로 달려갔다. 그리고 버려두었던 아버지를 모시고 와서 아침저녁으로 극진히 봉양하는 효자가 되었다고 한다. 사람들은 자신이 늙는다는 사실을 잊어버린다. 그렇지만 우리는 다 늙는다. 지금은 팔팔하지만, 언젠가는 우리는 늙어 힘이 빠질 때가 온다. 그러므로 늙기 전에 효를 행해야 한다. 부모가 돌아가시기 전에 효를 행해야 한다. 젊을 때 부모에게 효를 행하면 우리도 효를 받지만, 불효하면 나중에 늙었을 때 우리 자녀들로부터 똑같이 불효를 받게 되는 법이다. 하나님께서 심는 대로 거두게 하시기 때문이다(갈6:7). 지혜로운 농부가 봄에 씨를 뿌리듯 인생의 봄, 젊었을 때 효로 심는 자는 인생의 가을에 거두게 되고 인생의 겨울철, 늙어 효도를 받게 되는 것이다. "울며 씨를 뿌리는 나가는 자는 기쁨으로 그 곡식 단을 가지고 돌아"오는 법이다(시126:6). 젊어 부모공경으로 심으라. 그리하면 이 땅에서 잘되고 장수하게 되고 자녀로부터 더 큰 효도를 거두게 되어 지리라.

"네 부모를 공경하라. 네가 땅에서 잘 되고 장수하리라."

112
진리를 파수하라.

이탈리아의 천문학자, 물리학자인 갈릴레이(1564~1642)는 이탈리아의 피사 에서 태어나 베네치아 공화국의 파도바 대학에서 기하학과 천문학을 강의하는 교수였다. 그 당시에는 천동설을 믿고 있던 때였는데 그것은 바로 태양과 달과 별들이 지구를 중심으로 돌고 있다는 원리이다. 그런데 어느 날 그 당시 갓 발명 된 망원경으로 천체를 관찰하다가 갈릴레이는 마침내 천동설이 잘못된 것임을 발견하게 된다. 그는 천동설을 반박하는 글을 발표했다. 그의 이론은 태양을 중심으로 지구를 위시해서 각종 행성들이 돌고 있는 지동설이다.

천하 만민이 천동설을 굳게 믿고 있었고 로마 카톨릭에서도 교리적으로 천동설을 주장하고 있었으니까 그 당시 상황이 어떠했겠는가? 로마 카톨릭의 핍박이 시작되었다. 그러나 갈릴레이는 그것이 분명 확실한 진리임을 눈으로 확인했기 때문에 그들의 반발과 위협 앞에서도 굴할 수가 없었던 것이다. 히지만 갈렐레이는 로마 키톨릭의 이단심문소의 집요한 고문과 핍박으로 지신의 주장을 철회한다. 그렇지만 그는 "그래도 지구는 돌고 있다"고 혼잣말로 중얼거렸다고 한다.

핍박이 두려워 진리를 포기하는 사람처럼 어리석은 자는 없다. 찰라의 쾌락이나 일시적인 안위를 위해 신앙을 던지는 것은 팥죽 한 그릇에 장자의 명분을 판에서 와 같은 망령된 자이다. 예수 그리스도께서는 진리를 포기하지 않으셨다. 물론 자신의 진리주장 까닭에 생존당시에는 심한 멸시와 천대와 조롱을 받고 결국 사람 들에 의해 죽임까지 당하셨다. 그러나 진리를 포기하지 않으셨기에 구세주가 되신 것이다. 진리를 포기하지 않을 때에 비로서 주님이 승리자로 손을 들어 주시리라.

"주께서 심지가 견고한 자를 평강하고 평강하도록 지키시리니
이는 그가 주를 신뢰함이니이다."(사26:3)

113
신앙의 목표는 그리스도이다.

우리 신앙의 길은 단거리가 아니기에 마라톤 코스와 같다고들 한다. 그래서 히브리서기자는 12장에서 무거운 것과 얽매이기 쉬운 죄를 벗어버리고, 인내로써 경주해야 한다고 교훈한다. 그러나 더 중요한 것은 목표를 분명히 하라고 했다. 믿음의 주요 온전케 하신 예수를 바라보자는 것이다(히12:2). 아무리 잘 달리는 선수라도 목표를 잃는다면 돌이킬 수 없는 실패의 사람이 되고 마는 것이다. 실제로 최근에 영국에서 이런 일이 벌어졌다. 영국 동북부에서 열린 한 마라톤 에서 2, 3위를 달리는 선수를 따라 5000여 명의 참가자들이 경로에 잘못 들어서 면서 선두를 달리던 한 명만 완주한 사건이 일어났다.

영국 데일리 메일에 따르면 지난달 28일 영국 북부에서 열린 한 마라톤 경기에서 경로를 이탈해 2, 3위를 달 리던 선수를 포함해 5000여 명이 실격 처리됐다. 물론 경로 표시를 제대로 하지 않은 주최 측의 실수가 크지만 그들은 전체 42.195㎞에서 불과 264m를 덜 달려 탈락하고 만 것이다. 줄곧 선두를 달리고 유일하게 정확한 경로를 따라 간 마크 후드가 우승하였다. 아니 그만이 마라톤 코스의 유일한 완주자였다는 것이다. 때로는 어떤 사람들이 신앙에서 탈락한다. 백번 양보하여 그들은 탈락이 아니 라는 주장을 수긍한다고 할지라도 교회를 이탈하여 발걸음을 옮기므로 목회자와 성도들에게 상처를 안기는 것은 그의 신앙인생의 큰 오점을 남기는 일이다. 그 신 앙생활의 흔적은 이 세상을 떠날 때까지 고스란히 남게 되고, 그 흔적을 가지고 심판대 앞에 설 것이다. 물론 이탈하게 된 무수한 이유들을 열거할 수 있다. 주최 측의 코스표시 미스나 안내자의 깃발을 탓할 수도 있다. 다른 선수들 까닭이라고 변명할 수도 있다. 그렇지만 궁극적으로 자신이 바라볼 목표인 그리스도를 바라보지 않았기 때문이다 이 잘못은 어떤 이유로라도 변명할 길이 없으리라.

"믿음의 주요 톤 온전하게 하시는 이인
예수를 바라보자."(히12:2)

114
지각 있는 어른이 되라.

오늘날은 지각이 없이 행동을 하는 사람이 많아졌다. 영국령 버진 아일랜드에 조세 도피처 페퍼컴퍼니를 만들어 놓은 사람들의 명단이 3차에 발표되었다. 업계는 물론, 교육계 문화계 정치계 금융계 인사들이 조세를 도피하려고 유령회싸 페이퍼 컴퍼니를 차려 돈을 빼 돌렸다는 것이다. 세상 사람들만의 이야기가 아니다. 신앙 생활하는 사람들의 공동체에도 이런 지각이 부족한 사람을 종종 만나게 된다. 기도원에서 있었던 일이다. 모 기도원에 가서 대학생들과 식사하는데 표를 받는 할머니가 마치 못된 사람들을 지켜보듯이 학생들을 노려보며 표를 받았다. 아마 그 분은 기도원에 올라온 학생들이 귀찮아서 그러지는 않았을 것이라 생각해 보지만, 철저하게 자기 일을 해야 한다는 생각이 지나치셨든지 그 분의 엄한 모습은 참으로 보기가 안 좋았다. 아니나 다를까 곧 문제가 발생한 것이다. "표를 넣었다"느니 "안 넣었다"느니 그 기도원의 식당에서 시비가 붙은 것이다. 젊은 그 학생은 넣었다고 하였으나 막무가내 학생을 몰아세우는 것이었다. 잠시 표를 받는 일도 중단되어졌다. 그러자 안에서 그 주방의 책임자 되시는 듯한 권사님 같은 분이 이 할머니를 나무라셨다. "왜 그러세요? 이 안으로 들어오세요!"하고는 그분을 주방으로 데리고 들어가심으로 일이 수습이 되었다. 그러나 저는 그 학생이 걱정되었다. 모처럼 기도해야 한다는 설득을 받아 기도원에 함께 올라온 그 젊은 대학생은 일생 잊지 못할 큰 상처로 남아 있지 않을까 염려가 되었다. 신앙의 어른과 아이의 차이는 지각을 사용하는가? 지각을 사용하지 못 하는가?로 차이가 난다. 기도원에서 표를 받던 그 분이 신앙적으로 지각을 사용하여 성숙한 어른이었다면 그 2,500원의 식권 때문에 많은 사람들 앞에서 그렇게 큰 소리를 치지는 않았을 것이리라.

"단단한 음식은 장성한 자의 것이니
그들은 지각을 사용하므로 연단을 받아
선악을 분별하는 자들이니라."(히5:14)

115
슬럼프를 벗어나라.

얼마 전 슬럼프에 빠진 프로야구 투수가 대량실점을 하자 화가 난 관중들은 "몸값도 제대로 못하려면 돌아가라."고 야유를 퍼부었다는 기사를 보았다. 슬럼프는 우리 신앙생활에도 있다. 이것을 영적침체라고 부른다. 이런 영적슬럼프, 영적침체에 빠지게 되면 만사가 귀찮다. 교회생활의 활력도 잃고 믿음이 제대로 자라지 못한다. 영적침체의 원인을 영국의 로이드 존스목사는 그의 〈영적 침체〉라는 책에서 다섯 가지 이유로 설명한다.

1. 우울증적인 기질상의 원인이다. 우울증적 심리, 정서적 기질이 있는 분들이 영적침체에 빠지기 쉽다. 2. 신체적 질병이나 피곤 상태이다. 질병이나 때로는 과도한 스트레스로 인해 누적된 피로가 영적침체의 원인이다. 3. 놀라운 영적체험 후 일시적으로 일어나는 반작용이다. 하나님의 역사를 체험한 뒤에 그 은혜를 제대로 관리하지 못한데서 오는 영적침체이다. 4. 마귀의 공격이다. 사탄이 성도들을 넘어뜨리기 위해 공격해 올 때 제대로 방어하지 못하면 영적침체를 겪게 된다. 5.불신앙이다. 하나님의 말씀이 믿어지지 않고 하나님의 존재 자체에 대한 믿음이 흔들리면서 영적침체가 온다.

이런 영적침체를 벗어나기 위한 처방은 무엇인가? 로이드 존스 목사의 말씀을 통해 지금 내게 영적 침체가 왜, 어디서 왔는지를 잘 알아야 하고, 하나님은 어떤 분이며, 어떤 일을 행하고 계신지를 잘 알아야 한다고 했다. 참으로 성도들은 구름같이 둘러싼 허다한 증인들 앞에서 신앙의 경주를 한다. 그런데 슬럼프에 빠져 허우적거리고만 있다면 증인 된 선진들이나 성도들이 무엇이라 하겠는가? 기대와 사랑으로 바라보시는 그리스도께서는 무엇이라 하시겠는가? "사랑하는 자여! 슬럼프, 영적침체에서 일어나 달려가라"고 외치시리라.

"우리는 뒤로 물러가 멸망할 자가 아니요
오직 영혼을 구원함에 이르는 믿음을 가진 자니라."(히10:39)

116
차고 넘쳐 흐르게 하라.

그릇에 물이 차면 넘치는 것은 물이고, 그릇에 기름을 담아 넘치면 기름이 흘러넘치는 것처럼 사람은 무엇을 담고 사는가로 그에게서 나오는 것이 다르다. 오늘의 코카콜라는 로버트 우드우프라는 사람 속에는 코카콜라(Coca Cola)가 흘러 넘쳤기 때문이라 한다. 코카콜라는 어린 아이들까지도 즐겨 마시는 세계적인 음료수이다. 1초에 약 4만 병이 팔리고 하루에 만 34억 병이 팔려 나가고 있다고 한다. 코카콜라는 종교와 이념을 뛰어넘어 전 세계의 거의 모든 나라에서 팔리고 있다. 현재 세계 200개국에 1,200개 이상의 코카콜라 병 공장을 확보하고 있는데 코카콜라는 브랜드 값만 해도 1440억 달러나 된다. 우리 돈으로 환산하면 114조원이 넘는 액수이다. 세계에서 가장 이름값이 비싼 회사가 된 것이다. 코카콜라가 이렇게 크게 성장하게 된 데에는 이 회사 사장 "로버트 우드러프"의 헌신적인 열정이 있었기 때문이다. 그는 코카콜라를 판매하기 위해서 완전히 목숨을 건 사람이고 자신의 모든 정열과 모든 노력을 코카콜라 판매를 위해 쏟아 부었다. 그가 얼마나 코카콜라 판매에만 전념했던지 누구를 만나든 무슨 일을 하든 항상 코카콜라만 생각하고 코카콜라만 말하고 다녔다. 심지어 그는 기자들에게 이렇게 고백한 적도 있다. "내 혈관 속에는 피가 흐르는 것이 아니라 코카콜라가 흐르고 있습니다." 그는 완전히 콜라에 미친 사람이었다. 그토록 무서운 집념이 있었기에 오늘날 코카콜라가 전 세계를 누빌 수 있게 된 것이다. 그리스도인들의 속에는 누구나를 막론하고 복음이 담겨있다. 복음이 담겨 있지 아니하면 그는 그리스도인이 아니다. 복음을 가지고 있다면 복음을 흘러넘치게 해야 한다. 복음도 아닌 음료수를 위해서도 이렇게 열정적으로 선전하는데, 생명을 살리는 복음을 가지고 있다면 코카콜라 사장처럼 복음을 흘러넘치도록 해야 하리라.

> "그러므로 나는 할 수 있는대로
> 로마에 있는 너희에게도 복음 전하기를 원하노라."(롬1:15)

117
예수 믿는 자로 준비되라!

북한의 6.25남침으로 수많은 사람이 피를 흘렸다. 서울이 여지없이 함락당하고 국군은 낙동강까지 밀렸다. 우리는 당시에 준비되지 않는 가운데 있었기 까닭이다. 어거스틴이 어느 날 꿈을 꾸었다고 한다. 그가 천국 문에 이르렀는데 문지기가 "당신은 누구요?"라고 물었다. 어거스틴은 "저는 예수 믿는 사람입니다"라고 대답했다. 그러자 문지기가 말하기를 "내가 보니 당신은 예수 믿는 사람이 아니오 .당신 머리 속에는 예수님의 말씀은 별로 없고 온통 철학적 지식으로 가득 차 있소! 당신은 철학자일지는 모르지만 예수 믿는 사람은 아니오" 라고 했다. 깜짝 놀라 꿈에서 깬 어거스틴은 그 이후로 자신의 신앙을 바로 세우기로 굳게 결심했다고 한다. "그렇다. 나는 예수 믿는 사람이다. 이제는 예수 믿는 사람답게 그리스도와 그의 말씀만 생각하리라." 그런 얼마 후 어거스틴은 주님을 사모하는 마음으로 기도하다가 잠이 들었고 그는 그 꿈결에서 사랑하는 주님을 만났다. 주님께서 어거스틴에게 말씀하셨다. "나의 아들아 너는 나에게 무엇을 원하느냐?" 이때 어거스틴은 지체 없이 대답했다. "아무 것도 원하지 않습니다. 오직 주님만을 원합니다."

아브라함을 부르신 하나님은 그를 가나안으로 인도하셨다. 그러나 그에게는 발붙일 땅도 허락지 아니하시고 그 후손들에게 약속하셨다(행7:5). 그리고 애굽의 객이 되어 400년을 지나게 하셨다. 아브라함에게 가나안을 바로 주지 않으신 까닭은 그 땅의 민족의 죄가 멸망을 당할 만큼 관영하지 않았기 때문이다. 그렇지만 무엇보다 그들 자신들이 이 땅에 정착할 실력이 없었다. 가나안을 경작할 힘이 부족하고 그 땅의 맹수들을 대적하기에 역부족이었다. 하나님의 약속된 복을 받을 그릇이 아직 만들어지지 않았다는 것이다. 어느 때라도 하나님의 복을 받으려면 받을 수 있는 그릇을 준비해야 하리라.

> "너희도 길이 참고 마음을 굳건하게 하라.
> 주의 강림이 가까우니라."(갈5:8)

118
먼저 하나님의 나라를 위하여!

신앙생활에 가장 중요한 하나는 우선순위 문제이다. 하나님께 우선순위를 두는 사람과 그렇지 않는 사람은 그의 믿음만이 아니라 모든 삶이 현격한 차이가 난다. 총신대학교가 지금은 종합대학교로 신학교 가운데 가장 앞서가는 대학이 되었으나 그렇게 성장하도록 큰 역할을 한 분이 이미 고인이 된 백남조 장로님이셨다. 백 장로님은 6.25직후 폐결핵으로 죽음직전까지 가게 되었으나 하나님의 은혜로 소생하게된 것에 감사하며 평생 하나님을 우선적으로 경외하고 부모를 공경함으로 가정적으로 사업적으로 교계적으로 하나님의 큰 축복을 많이 받은 분이셨다. 남산캠퍼스에 있던 총신대학교가 학교부지가 없어 큰 어려움에 봉착했을 때 백 장로님은 지금의 사당동에 있는 총신대학교 부지를 기증하셨다. 그러나 부지를 기증받았음에도 신학교건물을 세울 엄두들을 내지 못하고 있었다. 총신이사회가 모여 건축비 마련에 고심하며 회의를 거듭했으나 별 진전을 보지 못하고 있었다. 그때 백장로님은 신학교건축을 위하여 앞장서서 물질을 쏟아 바치셨다. 이사회 도중에 백남조 장로님은 이사장을 밖으로 조용히 불러내어 "노령의 어머니를 초라한 집에서 돌아가시게 할 수가 없어서 새 집을 지어 드리려고 얼마간 준비해 둔 돈이 있는데 우리 집보다 신학교 건축이 급하니 그것을 바치겠습니다"라고 하셨다. 이 말을 들은 이사들은 모두 눈물로 감격했다. 지금도 그 때를 회상하는 분들은 목이 메인다 고들 한다. 백남조 장로님은 고향에도 교회와 학교를 세웠고 수입이 생길 때마다 불우한 고아와 양로원의 어른들을 먼저 돌아보았으며 누구든지 찾아와 어려움을 호소하면 빈손으로 돌려보낸 적이 없었다고 한다. 이제 천국에 계신 백장로님은 하나님 제일주의로 살면서 하나님이 주신 복을 아름답고 멋지게 사용하여 전국교회에 이름을 날린 참으로 행복한 분으로 천국에 상급이 있으리라.

"먼저 그의 나라와 의를 구하라.
그리하면 이 모든 것을 너희에게 더하시리라."(마6:33)

119
성도의 감사조건

언제나 그랬듯이 맥추감사절에도 감사할 조건은 구원을 주신 그리스도에게 있다. 한 사람이 죽어서 천국 문 앞에 이르렀다. 그런데 안으로 들어가려는 그를 한 천사가 멈추게 했다. "아 잠깐만 기다리시오. 당신이 이곳에 들어가려면 일생 동안 살아온 것을 점수로 환산하여 1000점이 되어야만 합니다. 자, 그럼 당신이 세상에서 살 동안 행한 일중에서 점수에 보탬이 될 만한 일을 한 것이 있으면 얘기를 해보세요." "전, 30년 동안 한 교회에서 봉사하며 교회를 위해 많은 일들을 했습니다." "정말 대단하군요. 1점입니다." "저는 충실한 가장이었습니다. 40년을 같이 살며 아이들도 훌륭하게 키웠죠. 내 아이들은 지금 목사, 교수 등 교계와 사회에서 존경받는 위치에 있습니다." "매우 훌륭하오. 요즘에는 당신같은 사람이 매우 드문데 2점 가산입니다." 조바심이 난 그는 계속 말을 이어갔다. "저는 지난 60년 동안 한 번도 교회에 빠지지 않았습니다. 매일 새벽기도회에 참석했어요." "당신은 정말 모든 면에서 훌륭한 사람이오. 또 1점 가산입니다." 천사의 말에 그는 정신을 잃을 것 같았다. "이제 겨우 4점이군요. 그런데 난 어떡하죠? 더 이상은 점수에 보탬이 될 만한 얘기가 없는데...난 어떡하나요? 예수님! 제발 이 죄인을 용서해 주세요! 예수님 밖에 없습니다. 내게 구원을 주실 이는 오직 주님이십니다. 나를 도와주소서"라고 울부짖었다. 그 모습을 보고 있던 천사가 "자, 이제야 당신은 1000점을 얻었습니다. 이젠 들어가도 좋소"라고 했다고 한다.

우리가 온 세상을 주고도 바꿀 수 없는 것이 구원이다. 이런 구원을 선물로 받아 천국에 들어가게 된 것이다. 이보다 더 귀한 감사의 가치는 세상에 없다. 그러므로 영원한 생명을 주신 주님을 인하여 우리는 시시로 찬양하며 범사에 감사해야 하리라.

"범사에 감사하라.
이는 너희를 향하신 하나님의 뜻이니라."(살전5:18)

120
말씀으로 꿈을, 믿음으로 기도를!

미국의 자동차왕 헨리 포드(Henry Ford)는 대기업을 일구어 성공하였다. 그 후 그는 고향에 조그마한 집 한 채를 지었다. 아주 작고 평범한 집이었다. 집을 본 동네 사람들이 "너무 초라합니다. 호화롭지는 않더라도 생활에 불편하지는 않아야지요!"라며 걱정을 하였다. 그러나 이 말을 들은 포드는 얼굴 가득히 미소를 띠며 이렇게 대답하였다. "가정은 건물이 아닙니다. 비록 작고 초라하지만 예수님의 사랑이 넘친다면 그곳이야말로 가장 위대한 집입니다." 지금도 디트로이트에 있는 헨리 포드 기념관에 가면 이런 글이 있다. "헨리는 꿈을 꾸는 사람이었고 그의 아내는 기도하는 사람이었다."

헨리 포드의 성공의 비결은 꿈꾸는 사람과 기도하는 사람이 함께 했기 때문이다. 참으로 하나님의 형상을 닮은 사람의 특징은 약속을 말씀을 믿고 그 약속으로 꿈을 꿀 수 있다는 것이다. 나아가 말씀을 믿음으로 꾼 꿈이 이루어지도록 끊임없이 기도하는 것이다. 말씀으로 꿈을 꾸는 자는 볼 수 없는 것들을 보는 자들이다. 또한 믿음으로 기도하는 일은 나타나지 않는 것을 나타나는 것처럼 기도하는 것이다. 하나님께서는 이런 말씀의 꿈을 꾸는 자와 믿음의 기도하는 자들을 사랑하신다. 그래서 그가 꾼 꿈이 이루어지도록 역사하시고 응답해 주신다. 말씀으로 꾸어진 꿈과 믿음의 기도는 불가능을 가능하게 만든다. 말씀을 따라 꿈을 꾸며 믿음으로 기도하는 그곳에 하나님의 능력을 끌어내리게 된다. 사람은 한 없이 약한 사람이라지만 말씀으로 꿈을 꾸고, 믿음으로 꿈을 위해 기도하는 사람은 강한 자이리라.

"부르짖으라. 내가 네게 응답하겠고 네가 알지 못하는
크고 비밀한 일을 네게 보이리라."(렘33:3)

121
생명책에 성도의 이름이!

스펄젼 목사님께서 좋은 지팡이 하나를 선물로 받았는데 지팡이 손잡이 부분에는 금으로 입히고 보석 장식도 멋지게 한 흑단목으로 만들어진 단단한 지팡이였다. 스펄젼 목사님은 그 선물을 소중히 여기고 있었는데, 어느 날 도둑이 들어 그것을 가져가 버렸다. 도둑들은 지팡이를 부러뜨리고 금을 씌워진 망치로 두드려 금을 분리하였다. 그리고 그 금 덩어리를 전당포에 가져갔다. 그런데 전당포 주인은 그 도둑들을 신고 하여 붙잡혔다. 그 금덩어리에는 "스펄젼"이라는 이름이 새겨져 있었기 때문이다. 우리네 행복은 그 이름이 어디에 기록 되었느냐로 결정되어 진다고 해야 할 것이다. 축구선수가 국가대표 명단에 자신의 이름이 기록되어 있다면 자부심을 가질만하다. 그러나 어떤 사람들은 성상납을 받았다는 부끄러운 곳에 이름이 기록되기도 한다.

최근 전직 대통령이 벌금 1672억을 납부하지 않아 압류를 당하고 그 자녀들은 압수수색을 당하는 수모를 겪고 있다. 그는 29만1,000원 밖에 없다고 했으나 그것을 믿는 사람은 아무도 없을 것이다. 벌써 그의 집과 자녀, 회사 등에서는 억대의 그림으로부터 150여점이나 되는 그림들이 나왔다. 그 자녀들의 재산은 어림잡아 수천억 원이나 된다. 최근 거의 매일 전두환 그 이름, 석자가 신문지면에나 TV화면에 큰 활자로 부끄럽게 기록되어 있다. 이런 모습은 국제적으로 나라망신이다. 우리 성도들은 이름이 하나님의 나라의 생명책에 기록되었다. 이것이 성도들의 행복이요 성도들의 자존심이다. 누구든지 생명책에 기록되지 못한 자는 불 못에 던져지지만(계20:15), 생명책에 기록된 자는 영광의 나라에서 안식을 누리게 되리라.

> "이기는 자는 이와 같이 흰 옷을 입을 것이요,
> 내가 그 이름을 생명책에서 반드시 흐리지 아니하고,
> 그 이름을 내 아버지 앞과 그 천사들 앞에서 시인하리라."(계3:5)

122
당신의 신앙의 진수를 발휘하라.

아프리카에 가면 비서새가 있다고 한다. 평상시에는 하늘을 곧잘 날고 친구들과 놀기도 하고 벌레를 잡기도 하고 또 노래를 잘도 한다. 그러나 갑작스런 위기를 만나게 되면 날개가 꽁꽁 얼어붙고, 온몸이 마비가 되어버려 다른 짐승들의 밥이 되어 버린다. 믿음 생활하는데 꼭 비서새와 같은 사람들이 있다. 평상시에는 감사도 하고 찬양도 하고 곧잘 예배도 한다. 그러나 생의 위기를 만나게 되면 신앙생활을 잃어버리는 어리석은 사람들이 있다.

신앙생활을 하다보면 내 신앙을 지키기가 어려운 때를 만나곤 한다. 우선 삶이 너무 평안할 때, 우리는 영적인 무관심과 영성 마비의 때를 만날 수 있다. 반면 삶이 너무 고통스러울 때도 믿음을 지키기가 어려울 수 있다. 그러나 노련한 등반가의 진가는 야산을 오를 때 나타나는 것이 아니라 험산 계곡을 지날 때에 비로소 발휘될 수 있는 것이다. 뱃사공이 능숙한 사공이냐 아니냐 하는 것은 고요한 바다에서는 알 수가 없다. 바다에 풍랑이 일어나 흉흉할 때 비로소 알 수가 있는 것이다. 참 신앙도 마찬가지이다. 평탄할 때는 그 신앙의 진위를 알 수가 없다. 극심한 환란과 시련 그리고 도전에 부딪혀 봐야 그 진가를 알 수 있게 되는 것이다. 진정한 신앙의 진위는 헌신해야 할 때 헌신함으로 나타난다. 개인적인 유익보다는 공동체의 유익을 먼저 생각하는 것이다. 공동체인 교회의 이익을 위해 자신의 이익을 과감하게 포기하는 것이다. 이런 모습을 통하여 그의 신앙의 진수가 보여지는 것이리라.

> "혹이 가로되 너는 믿음이 있고 나는 행함이 있으니
> 행함이 없는 네 믿음을 내게 보이라
> 나는 행함으로 내 믿음을 네게 보이리라."(약2:18)

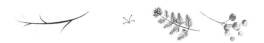

123
고아를 붙들어 사용하신다.

제네바의 피에르 렌치니크 박사는 "고아가 세계를 주도한다"는 글에서 인류 역사에 가장 큰 기여를 한 300여 명을 분석했는데, 이 가운데는 고아가 많았다고 발표했다. 알렉산더대왕, 시저, 루이 14세, 조지 워싱턴, 나폴레옹, 사르트르, 루소, 데카르트, 파스칼, 공자 등이 다 고아였다는 것이다. 이스라엘 최초의 여성 총리이자 이스라엘 건국의 어머니로 불리는 골다 메이어도 고아였다. 또한 성경의 인물 가운데서 크게 쓰임 받았던 모세와 사무엘도 친부모 슬하에서 자라지 못하고 고아처럼 성장했다. 그런데 피에르 박사는 이런 고아들이 세계를 주도했다고 말하면서, 이는 역경이 인물을 만들어 내는 것으로, 사람은 역경을 돌파해 가면서 누구도 얻지 못하는 놀라운 힘을 얻게 된다고 말했었다. 역경이 없을 때는 인간의 한계에 머물지만, 역경이 다가오고 갈 길이 없을 때는 기도하며 하나님 편에서 생각하므로 새로운 인생의 돌파구가 생겨나는 것이다. 이런 자들에게 기회가 낳은 것은 아무도 의지하지 못하는 상황에서 전능자이신 하나님을 의지하므로 하나님의 도움이 임하기 때문이다.

스위스의 정신의학자인 폴 투르니에는 슬픔이 크면 클수록 그 슬픔이 만들어내는 창조적 에너지는 더 크다고 했다. 그러하다. 슬픔이 크면 그 슬픔을 이겨낼 수 있는 창조적 에너지가 마음에서 생겨나는 법이다. 사람은 도전 당하면 거기에 대해서 응전을 하게 되는 법이다. 그렇지만 무엇보다 하나님을 믿고 의지하는 우리를 고아와 같이 버려두시지 않으신다. 그래서 "너희는 마음에 근심하지 말라. 하나님을 믿으니 또 나를 믿으라"고 하셨으리라(요14:1).

**"너희를 너희를 고아와 같이 버려두지 아니하고
너희에게 오리라."(요14:18)**

124
당신이 할 수 있는 최선

예전에 어느 직물 공장에서 있었던 일이다. 공장에서는 여공들이 실을 풀거나 감다가 얽히게 되면 무조건 공장장에게 보고하도록 되어 있었다. 어느 날이었다. 한 여공이 작업을 하는 도중에 그만 실이 얽혀버렸다. 보기에 대수롭지 않게 여겨졌다. 그래서 여공은 즉시 공장장에게 보고를 하지 않고 자기가 해결하려고 생각했다. 그런데 막상 해보니까 쉽지 않았다. 이렇게도 해보고 또 저렇게도 해보았다. 그러나 결국 실이 더 복잡하게 얽혀버렸다. 그제야 여공은 자기 힘으로 어쩔 수 없다는 판단을 내리게 되었다. 하는 수 없어 공장장에게 가서 실이 얽힌 것을 보고했다. 그러자 공장장은 복잡하게 얽힌 실을 보고 노발대발하며 물었다.

"실이 얽힌 즉시 와서 보고를 해야지 어쩌다 이 지경까지 이르렀어요?" 여공은 겁먹은 표정으로 대답했다. "공장장님, 저는 사실 최선을 다했습니다. 그런데 그만 이렇게 실이 얽혀버리고 말았습니다." 공장장은 그 소리를 듣고 기가 막힌다는 듯이 이렇게 말했다. "이런 상황 속에서 당신이 할 수 있는 최선의 일은 바로 공장장인 내게 보고하는 것이오. 두 번 다시 이런 일이 없게 하시오!" 그러면서 단단히 주의를 주었다.

믿음으로 살더라도 뜻하지 않게 삶이 얽힐 때가 있고, 이런저런 문제가 생겨날 때가 있다. 이럴 때 최선의 길은 하나님께 맡기는 것이다. 내 힘으로 하려는 것은 결코 최선이 아니다. 풀어지려는 듯 보이지만 시간이 지남에 따라 오히려 문제가 더 복잡해지고 만다. 하나님께 보고해야 한다. 그러면 하나님께서 해결해 주신다. 기도로 하나님께 맡기는 것이 당신이 할 수 있는 최선이다.

"오직 우리가 어디까지 이르렀든지
그대로 행할 것이라."(빌3:16)

125
결코 잊지 말아야!

런던에서 발간되는 택시 신문이 발표한 조사 결과에 따르면 2001년 상반기 6개월 동안 런던 시민들이 택시에 두고 내린 휴대전화는 무려 6만 2000개에 달한 것으로 나타났다. 이 외에도 노트북 2900대, 휴대용 개인정보 단말기 1300개 등이 택시 뒷좌석에서 발견됐다. 분실물 중에는 다이아몬드와 현금이 가득 든 가방, 금붕어가 든 어항도 있었다. 더욱 놀라운 것은 어린 딸까지 그냥 두고 내린 승객이 있었다는 것이다. 저는 이글을 읽으면서 몇 달 전에 있었던 일이 생각이 나 혼자 웃음을 지어 보았다.

서현교회에서 부부모임을 마치고 주차장에 나왔는데 김목사님 사모님이 어이없는(?) 모습으로 서 계셨다. 김목사님과 함께 가신 것을 보았는데 김목사님도 차량도 보이지 않았다. 바라보니 "트렁크에 책가방을 싣고 문을 닫았는데 그냥 출발해 버리셨다"고 하셨다. 곧 출발하여 그 사모님을 태우고 좇아가 신호대기 중인 목사님의 차량에 태워 드렸다. 그 사모님은 어느 때는 목사님이 그냥 출발하여 그 때마다 홀로 택시를 타야 했었다고 하셨다. 물론 목사님이 급한 일로 바쁘게 서둘러야 할 일이 많았기에 그럴 수 있다고 치부해 버릴수 있다. 그러나 다른 사람이라면 그랬을까? 분명 가까운, 허물이 없는 아내이기 무심히 지나쳐버렸을 것이다.

우리는 너무 가깝기에 잊고 살아가는 것은 아닌지? 아내나 자녀 그리고 성도들이 언제나 가까이 그 자리에 있을 것이라만 생각하고 잊고 살아가는 것은 아닌지? 더욱이 주님이 가까이 계신다는 이유로 무심하게 살아가서 주님을 잃어버리고는 있지는 않은지? 실로 가족은 물론 성도들을 잊지 말아야 한다. 더욱이 주님을 기억하며 늘 동행하는 삶을 살아가야 하리라.

"너희는 너희가 하나님의 성전인 것과
하나님의 성령이 너희 안에 계시는 것을 알지 못하느냐"(고전3:16)

126
교회생활의 승리비결은?

김구 선생은 원래 상놈의 집에서 태어났다. 그래서 어릴 때 그는 과거에 합격하면 출세하리란 생각을 하고는 열심히 공부를 하였다. 그러나 그 당시에는 부정이 판치는 때라 김구 선생은 번번히 과거에 낙방하고 말았다. 실망한 그에게 아버지가 풍수쟁이나 관상쟁이가 되어보라고 하였다. 그래서 관상쟁이가 되려고 관상에 관한 책을 열심히 보았다. 얼마 후 자신의 관상을 보았는데, 가난과 살인, 풍파, 감옥살이, 비명횡사 등 천하에 흉측한 상이었다. 그는 관상 책을 집어 던지고는 "내 관상이 이 모양인데 누구 관상을 보아준단 말인가?"하며 한탄을 하였다. 그런데 다시 집어든 관상책의 맨 마지막에 이런 글귀가 있었다. "얼굴 잘 생긴 관상은 몸이 튼튼한 신(身)상만 못하고 몸이 좋은 것은 마음씨 좋은 심(心)상만 못하다, 심상이 좋으면 관상이나 신상이 좋은 것보다 더 낫다." 그는 이 말에 용기를 얻었다. 그리고 이 나라에 태어났으니 나라를 위하여 충성을 다하고자 결심하였다고 한다. 교회에서의 신성한 신앙가는 어떤 자인가? 그것은 그리스도의 마음을 품는 성도이다. 그리스도의 마음을 품고 살아야 사람들을 바로 권면할 수가 있기 때문이다. 사랑으로 위로하고 교제도 하고 긍휼과 자비도 베풀수 있기 때문이다. 특히 하나님의 교회에서 하나가 되어 주의 일에 매진하고 남을 나보다 낫게 여기며 다른 사람을 돌아보는 것은 바로 겸손한 그리스도의 마음으로 가능하다. 그러므로 그리스도의 마음을 품는 것은 교회생활의 성공의 비결이요 주님의 명을 이루는 비결이며 하나님을 축복을 누리는 비결이리라.

"너희 안에 이 마음을 품으라
곧 그리스도의 마음이니"(빌2:5)

127
주의 말씀에 따라 참으라!

소록도의 중앙공원으로 가려면 소록도병원 건물사이로 난 길을 따라 올라 간다. 길을 걷노라면 휘어진 창문의 쇠창살이 세월을 말하고 있었다. 그 건물은 "감금실"이라고 안내표지에 친절하게(?) 써있었고 안으로 들어가니 벽에 김정균씨가 기록한"감금실"이란 제목의 글이 있었다.

"아무 죄가 없어도 불문곡직하고 가두어 놓고 왜 말까지 못하게 하고 어째서 밥을 안주느냐? 억울한 호소는 들을 자가 없으니 무릎 꿇고 주께 호소하기를 주의 말씀에 따라 내가 참아야 될 줄을 아옵니다. 내가 불신자였다면 이 생명 가치 없을 바에는 분노를 기어코 폭발시킬 것이오나 주로 인하여 내가 참아야 될 줄 아옵니다. 이 속에서 신경통으로 무지한 고통을 당할 때 하도 괴로워서 이불껍질을 뜯어 목매달아 죽으려고 했지만 내 주의 위로하시는 은혜로 참고 살아온 것을 주께 감사하나이다. 저희들은 반성문을 쓰라고 날마다 요구받아도 양심을 속이는 반성문은 쓸 수가 없노라."

일제는 소록도 섬 전체를 한센병 수용소로 만들어 1935년 적당한 법적 절차도 없이 강제로 환자들을 소록도에 송치하였다. 소록도 원장에게는 "조선총독부와 요양소환자 징계검속규정"에 따라 막강한 권한이 부여되었다. 견책도 하고 근신도 30일 시킨다. 가장 무서운 벌은 30일간 감금시키는 것인데 상황에 따라 60일까지도 연장시켰다. 환자들은 재판받을 권리까지 박탈당한 채 저항도 못하였다. 김정균이란 환자는 험한 감금실에서도 살아남을 수 있었던 것은 믿음으로 주의 말씀을 따라 참았기 때문이라고 한다. 말세에 불법이 성하고 사랑이 식어지며 시험을 당하여 곤욕을 당할지라도 성도들은 주의 말씀을 따라 참아야 하리라.

"그러나 끝까지 견디는 자는 구원을 얻으리라."(마24:13)

128
주인의식과 꿈을 가진다면!

　미국의 강철왕 카네기가 연로하자 이 거대한 강철회사의 후계자가 누가 될 것인가? 모든 사람들이 궁금해 했다. 아마 하버드대학 출신이나 프리스턴대학 출신의 자녀가운데 발탁될 것이라고 예견들 했다. 그러나 카네기는 비서인 찰스 스웹을 후계자로 지명하므로은 온 세계를 깜짝 놀라게 했다. 챨스 스웹 자신도 매우 당황해 했으나 카네기 사장은 늘 학력과 지식이 높은 사람이 회사를 잘 이끌 수 있는 것이 아니라. 회사에 대한 사랑과 주인의식. 그리고 꿈을 가진 사람만이 회사를 잘 운영할 수 있다고 했다. 찰스 스웹(Charles Swab)은 초등학교 밖에 못나온 사람으로 이 회사의 잡역부로 취직을 했다. 그러나 그는 무엇이든 맡은 일에 최선을 다하고자 하는 성실함과 밝은 꿈을 항상 지니고 있었다. 작은 일에 최선을 다하는 자신도. 이 회사의 주인이라는 생각을 갖고 성공적인 미래의 모습을 바라보며 그는 매일 매일 공장의 구석 구석을 자기 집처럼 깨끗이 징리하고 징돈했다. 그런 모습에 사람들은 비웃었으나 찰스는 다른 사람의 비난과 조롱에도 아랑곳하지 아니하였다. 그의 이런 행동과 태도는 결국 사람들에게 감동을 주었고 인정받게 되어 정식사원으로 발탁되었다. 그리고 얼마 후에는 카네기 사장의 비서로까지 채용되었다. 카네기 사장의 비서가 된 그는 마치 사장님 입의 혀와 같이 충성을 다했다. 언제나 주인의식을 가지고 "오리를 가라면 십리를 가고 속옷을 달라하면 겉옷까지도 내어 주는 심정으로 일을 해야 한다"고 마음먹었다(마5:40,41). 후계자를 고심하던 때에 카네기는 우연히 회사 앞을 지나다가 늦은 시간까지 비서 실에 불 켜놓고 일하는 챨스 웹스를 발견하곤 그를 후계자로서 결심을 굳힌 것이다. 어느 때든지 주인의식과 꿈을 가지고 일하는 사람으로 세계는 발전한다. 주인의식을 가진 사람이 몸담고 있는 공동체는 힘차게 도약하는 법이다. 카네기는 이런 주인의식과 꿈은 그 어떤 값으로도 계산 할 수 없는 것임을 알았던 분이리라.

"네가 적은 일에 충성하였으매
내가 많은 것을 네게 맡기리니"(마25:21)

129
명절에 기회를 잡으라!

서양속담에는 "기회는 앞에는 머리카락이 있으나 뒤쪽에는 머리카락이 없다"고 했다. "사람에게는 일생 세 차례의 기회가 오는데 이런 기회를 잡는 자만이 성공한다"고도 했다. 기회는 지나가기 전에 잡아야 한다는 말이다. 과학기술처 장관과 호서대학교총장을 지내고 현재 한전의 고문으로 있는 정근모 장로에게는 아주 후회스러운 일이 한 가지 있었다 한다. 그것은 고등학교 동창이자 절친한 친구인 김재익 박사에게 복음을 전할 기회를 놓쳐버린 것이다. 당시에 김재익 박사는 대통령 경제수석 비서관으로 근무하고 있었다. 사랑하는 친구에게 꼭 예수님을 소개하고 싶었던 정근모 장로는 몇 번씩 자리를 만들었지만 그때마다 복음을 전할 기회를 놓치곤 했다. 김재익 박사가 대통령을 수행해서 동남아로 떠나기 전에 그들은 또 한 번의 만남을 가졌지만 망설이다가 결국 복음을 전하지 못하고 다음기회로 미룬채 헤어졌다. 그리고 정근모 장로는 중국으로 회의차 출국했다. 중국에 있던 정장로에게 "아웅산 폭발사건"의 소식이 들려왔다. 정장로는 가장 절친했던 한 친구의 죽음과 예수그리스도를 전하지 못했다는 자책감에 중국의 한 호텔 방에서 가슴을 치며 통곡해야만 했다고 한다. 3일후면 민족의 명절 추석이다. 모처럼 흩어져 있던 온가족이 함께 모이는 즐거운 시간이다. 바로 이때가 성도에게는 전도의 기회이다. 사랑하는 자들이 언제까지나 기다려 주지 않을 뿐 아니라 세상으로 인하여 더욱 강퍅해지게 되기도 한다. 최선책은 뒤로 미루지만 말고 전해야 한다. 형식적인 인사가 아닌 따뜻한 음성과 행복한 얼굴표정으로, 손발의 부지런한 섬김과 재빠른 몸놀림으로, 그분의 경험진술에 애정어린 공감을 표시함으로 그리고 풍성한 선물들로 주님을 전해야 한다. 때가 되면 주님이 보상해 주실 것이다. 머지않아 가족들이 주님께로 돌아오는 감격스런 기쁨을 맛보게 될 것이리라.

"너는 말씀을 전파하라.
때를 얻든지 못 얻든지 항상 힘쓰라."(딤후4:2)

130
긍정적인 마인드

어느 한 교회에서 40년을 은혜롭게 목회하신 목사님에게는 하나의 비결이 있었다고 한다. 이 목사님은 언제나 성경과 찬송 외에 검정 색 표지로 된 노트 한 권을 가지고 다녔다. 그 노트는 〈교인 불평록〉이었다. 교인 중 누가 목사님을 찾아와서 교회나 교인의 과오에 대하여 불평을 말하면 목사님은 슬그머니 그 노트 펼쳤다. 그리고 "자~지금부터 말씀하는 불평의 내용을 다 적겠습니다. 끝에다 자신의 이름과 사인을 남겨주십시오." 그러면 불평하러 왔던 대부분의 사람들이 당황하며 "목사님! 사실은 그게 아니고~ 뭐 기록까지 남기고 사인할 필요가 있겠습니까? 별것 아닙니다"하고 대부분 돌아간다는 것이다.

사실 조금만 이해한다면 별것들이 아니다. 그런데도 그런 문제로 불평하고 원망한다. 왜일까? 삶을 부정적으로 보려는 마음을 가졌기 때문이다. 물이 절반쯤 들어있는 컵을 보고서 긍정적인 사람은 "물이 절반이나 남아있다"고 하는반면 부성적인 사람은 "불이 절반밖에 없다"고 불평한다. 매사에 교회나 성도들을 바라볼 때에 부정적인 사람은 장점보다 단점만을 바라보고 흠을 잡아 화를 내는 것이다. 이런 교인을 일명 "원불교 교인"이라 부를 수 있을 것이다. 즉 "원망하고 불평하고 교만한 교인"이란 말이다. 부정적인 마인드를 가지면 원망과 불평과 교만이 떠나지 아니한다.

불평불만으로 오는 화는 하나님의 의를 이루지도 못하는 대신(약1:20) 도리어 살인에 이르게 하는 것이다. 바로 그런 마음이 남을 해하기도 하지만, 자신의 생명을 해하게 되는 것이다. 출애굽한 이스라엘 백성을 보라. 그들은 광야에서 수없이 원망하고 불평했다. 결국 가나안에 들어가지 못하고 광야에서 죽고 말았다. 오직 긍정적인 마음을 가진 여호수아와 갈렙만이 들어갔다. 성도들이 생명을 보존하기 위해 불평과 원망, 교만을 버려야 한다. 그러려면 먼저 긍정적인 사람이 되어야 한다. 긍정의 마음과 마인드를 가질 수만 있다면 성공적인 인생을 살게 될 것이다.

"모든 일을 원망과 시비가 없이 하라."(빌2:14)

131
내가 필요~하니까~!

미국 시카고의 빌 하이벨스 목사님이 목회하시는 윌로우크릭 교회에서 설교목사로 새신자를 양육하며 협력목회하시다가, 2003년에 샌프란시스코의 멜노파크 장로교회에서 목회하신 분이 있다. 존 오토버그 목사이다. 그는 유머러스하고, 해학적인 재담꾼이요, 쉽고 재미있게 영성을 말하는 분으로 알려졌다. 이 분은 "누더기 하나님"이란 책을 비롯해 몇 권의 책을 저술했는데 그 가운데 하나는 "물위를 걸으려면 단순하게 믿으라"는 책을 쓰셨다. 이 목사님이 쓰신 "단순하게 믿으라"는 이 책에서 "왜 하나님은 예배를 요구하시는가?"라는 부분이 있다. 왜 하나님은 계속하여 우리의 예배를 요구하시는 것인가?

그 이유는 우리 사람들이 하나님의 위대하심을 경험하게 되면 그 분을 찬양하지 않을 수 없게 되기 때문이다. 또한 우리 피조물들은 하나님을 예배하게 되어 있기 때문이다. 그리고 예배가 없이는 우리가 하나님을 온전히 경험할 수 없기 때문이기도 하다. 그런데 존 오트버그 목사는 이런 말을 한다. "우리가 하나님을 예배하는 것은 하나님이 그것을 필요로 하셔서가 아니라, 우리에게 필요하기 때문이다"라고 했다.

최근에 한 TV 프로에서 "느낌~아니까!~"라는 말이 유행이 되었다. 이 말을 유행시킨 주인공은 영화의 주인공역을 맡아 대역을 써야 할 상황에서라도 "느낌~아니까~!"하고 역할을 감독에게 자청하고 나서는 것이다. 우리가 예배를 드려야 할 가장 큰 이유가 있다. 예배의 "느낌~아니까~!" 예배는 그 누구를 위함이 아니다. "내가 필요~하니까~!" 그러하다. 신앙생활은 "내가 필요~하니까~!"라고 한다. "필요~하니까~!" 기도하고, "필요~하니까~!" 헌신하고, "필요~하니까~!" 교제하고, "필요~하니까~!" 예배도 드린다. "내가 느낌~아니까~!", "내가 필요~하니까~!"

"아벨은 가인보다 더 나은 제사를 드림으로
의로운 자라 하는 증거를 얻었으니"(히11:4)

132
우선순위를 정한 존 와나메이커!

지난 19세기 존 워너메이커는 필라델피아에서 백화점을 열었다. 그리고 수년 내에 나라에서 가장 성공한 사업가가 되었다. 그렇지만 워너메이커는 단지 백화점 운영만을 책임지고 있는 것은 아니었다. 그는 또한 미합중국의 우체국장으로 재직하였다. 그리고 당시 세계에서 가장 큰 베다니장로교회 주일학교장으로 봉사하였다. 어떤 사람이 워너메이커에게 "어떻게 그러한 직책들을 한꺼번에 다 맡을 수 있는 지요?"라고 묻자 그는 "나는 어렸을 때 '너희는 먼저 그의 나라와 그의 의를 구하라. 그리하면 이 모든 것을 너희에게 더하시리라'는 성경말씀을 읽었습니다. 그래서 주일학교는 나의 사업이고, 나머지 모두는 도구에 지나지 않습니다"라고 했다. 주의 일을 그의 인생에 있어서 가장 최우선순위로 지키려했던 워너메이커는 물론 이런 일을 잘 해내기 위해 자신의 백화점에 방음시설 된 방을 만들어 놓고 매일 30분 기도하고 하나님의 말씀을 묵상하는 시간을 보냈다고 한다.

현대인들은 너무나 바쁘게들 살아간다. 더욱이 우선순위를 바로 정하지 않고 일하는 사람이라면 안타깝다. 이런 사람은 금방 힘에 부쳐서 다른 사람을 원망하게 되고. 그러다가 결국 탈진(burn out)상태에 이르게 되기 때문이다. 참으로 지혜로운 그리스도인들은 우선순위부터 바로 세운다. 그리고 그 일들을 위해 기도한다. 누구라도 존 와나메이커와 같이 "먼저 그의 나라와 의를" 구한다면 지금 자신이 해야만 하는 일들이 선명하게 드러나게 된다. 주 은혜로 일대일 5기를 개강하게 되었다. 이번에도 우선순위를 주님께 두어 헌신하는 양육자들로 5기 일대일도 알차게 진행될 것이다. 이들에게 존 와나메이커가 받은 은혜와 축복을 주님께 기원해 보리라.

> "그런즉 너희는 먼저 그의 나라와 의를 구하라.
> 그리하면 이 모든 것을 너희에게 더하시리라."(마6:33)

133
성경은 축복의 보고이다.

어느 날 두 여대생이 절에 올라와 법당 앞의 탑을 돌면서 "친구의 권유로 교회에 가게 되었는데, 설교하는 목사가 불교의 허구성을 폭로하고 비판하면서 불교는 고행 및 수양이나 하고 도를 닦는 일종의 철학사상에 불과하여 구원도, 내세도 없을 뿐만 아니라 종교도 아니래"라는 말을 주고 받았다. 14년 동안 절에 있으면서 총무일도 보며, 절에 오는 신도들을 대상으로 불교교리를 가르치던 한 법사가 그 말을 들었다. 그는 젊음과 생명을 바쳐 유일무이한 진리로 믿고 있던 불제자로서 이를 도저히 속수무책으로 듣고만 있을 수 없었다. 그래서 자기가 기독교를 공격하여 불교를 지키겠다는 결심으로 주지의 재가를 얻어 절에서 성경을 읽기 시작했다. 수염도 깎지 않고 세면도 잊은 채 하루 서너 시간만 잠을 자고 열심히 성경을 탐독했다. 그는 어느 덧 70번을 성경을 꼬박 읽게 되었다. 그러자 그는 자신도 모르는 사이에 예수님을 구주로 영접하게 되었고, 마침내는 절에서 내려와 신학교에 입학했다고 한다.

성경은 사람을 변화시킨다. 환경과 사건과 미래를 바라보는 눈을 변화시킨다. 참으로 성경은 축복의 보고이다. 이 보화를 캐내어 사는 자가 복된 자들이다. 우리교회는 10월 27일에 있는 사사기서 성경퀴즈대회를 개최한다. 이미 80세를 훨씬 넘기신 이원규집사님께서는 최근에 성경을 두 번이나 필사하여 그중 한편을 교회의 독서실에 비치하셨으니 젊은 우리네도 분발하지 못할 이유가 없으리라.

> "하나님의 말씀은 살아있고 활력이 있어
> 좌우에 날 선 어떤 검보다도 예리하여
> 혼과 영과 관절과 골수를 찔러 쪼개기까지 하며
> 또 마음의 생각과 뜻을 감찰하나니"(히4:12)

134
태국에 진관사랑의 교회를 세우다.

우리교회에서 태국 치앙롸이 후어이끼렉 라후마을에 교회를 기공하고 돌아
왔다. 중국과 미얀마, 리오스 등지에서 살던 소수민족인 산지 라후 부족들이
공산주의 국가인 중국과 사회주의 국가인 라오스로부터의 박해를 피하기 위
해 인접 국가인 태국에 무작정 넘어와 태국에서 가장 높고, 깊은 산악 지대에
서 문화, 문명과는 동 떨어진 생활을 해 왔다. 매수와이 군 지역의 산악 지대
에서 흩어져 살던 라후 부족들은 문화문명의 대 충돌을 겪게 되면서 평균수
명이 짧고 태국언어 소통이 되지 않아 어쩔 수 없이 산악지대에서 원시적인
생활을 할 수 밖에 없었다.

태국의 김성곤 선교사에 의해 시작된 산지 부족 선교 전략은, 1991년도부
터 시작 되어 라오스 국경 지대의 난 도의 몽 부족을 위한 선교와 치앙롸이 도
에 산재해 있는 아카 부족과 라후 부족을 위한 선교 사역이 시작 되었다. 특
히 후어이끼렉 마을은 2002년도에 무작정 태국 지역으로 넘어온 라후 부족
들의 100여 세대의 피난처가 되었다. 김성곤 선교사는 현지인 사역자들과 태
국 개혁신학 교 대학부 학생들과 함께 특별 전도팀을 만들어 매년 3-5월에
는 현장을 방문하여 숙식을 같이하면서 이들에게 복음을 전하며 새로운 기독
교 문화를 접목 시키는 사역을 펼쳐왔다. 드디어 2011년 3월 후어이끼렉 마
을에 사역자를 파송하고 상주시키면서 전도처를 세워 성경말씀을 가르치게
되었다. 현재 100여 세대 중 20 세대의 장년 40여명과 아이들 60여명이 매
주일 예배를 드리고 있으며 조그마한 대나무로 만든 예배 실에서 주일아침
과 저녁, 수요일, 금요일에 하나님께 예배를 드리고 있다. 이 믿음의 사람들
을 위해서 모친 고정인자집사의 이름으로 박려민,박혜숙집사가 봉헌 해주셔
서 2013년 10월 14일에 현지 라후부족 마을을 방문하여 교인들과 함께 기공
예배를 드리는 복된 감격의 시간을 갖게 되었다. "진관 사랑의 교회"를 정식
으로 설립하게 된 것이리라.

> "이 집은 살아계신 하나님의 교회요
> 진리의 기둥과 터이니라."(딤전3:15)

135
성경퀴즈대회는 배움의 기회이다!

　22일 애플은 1년 만에 신형아이패드 에어와 아이패드 미니2를 발표하였다. 잡스가 세상을 떠난 후 애플은 세계 도처에서 하물며 미국에서마저 삼성에 뒤지고 있었으나 새로운 제품을 내놓으므로 도약을 시도한다. 나아가 자사의 사무용 프로그램인 "아이워크"를 신제품구매자에게 무료로 배포하므로 세계 최대 소프트회사인 MS(마이크로 소프트사)와 일전을 선포한 것이다. 기업을 경영하면서 계속해서 새로운 지식을 배우지 아니하면 그 기업은 도태된다. 우리 그리스도인이 직분을 받고서도 배움을 멀리하기만 하여 그 자리에 안주하기만 한다면 하나님이 쓰시기에 준비되지 않음은 물론, 스스로 좌괴감에 빠지기 쉽다. 흔히 공부하지 않으려는 사람들의 핑계는 "위대한 사람들도 초등학문밖에 공부하지 않았다"며 위안을 삼으려 한다. 그러나 그런 사람은 극히 소수이다. 실제로 그들도 다른 자기만의 방법으로 많은 지식을 터득한 사람들이다. 미국의 아브라함 링컨은 학교는 몇 달밖에 다니지 못했지만 자습으로 공부하여 마지막에는 대통령이 되었다. 미국의 윌리엄 케리 같은 사람은 양화직공으로 있었지만 라틴어 를 배우고 헬라어와 철학을 배우고 신학을 배워서 결국 유명한 선교사가 되었다. 천하에 힘쓰지 않고 되는 일은 없다. 힘쓰고 노력하기만하면 연령 같은 것은 별로 문제될 게 없다. 소크라테스는 노령에 악기를 배웠다고 하고, 문예부흥시대의 "푸주타"같은 사람은 70살에 라틴어를 처음 배웠다고 한다. 참으로 나이는 배움에서 숫자에 불과하다. 그리스도인은 무식한 교인이 되어서는 안 된다. 바울이 그 많은 환란 가운데서도 자족하고 모든 것을 할 수 있었던 것은 그리스도 에게 일체의 비결을 배웠기 때문이었다(빌4:12). 그리고 빌립보교회 성도들이 바울에게 배우고 받고 듣고 보았기에 빌립보교회가 세워졌다. 성도들이 성경퀴즈 대회를 기회로 말씀을 연구하고 배운다면 우리교회가 든든히 서가게 되어 지리라.

"이 모든 일에 전심전력하여
너의 성숙함을 모든 사람에게 나타내라."(딤전4:15)

136
일을 즐거움으로 감당하라.

어떤 교육학자는 자신의 세 아들에게서 각기 다른 세 가지 모습을 보았다. 아이들이 기어 다닐 무렵, 앞에 장애물이 있을 때 큰 아이는 멈추어 주저앉아 버렸다. 둘째 아이는 장애물을 피해서 다른 데로 기어갔다. 셋째 아이는 장애물을 밀어 젖히고 전진했다. 여기 서로 다른 태도에 흥미를 느낀 교육학자는 기어 다니는 또래의 아이들도 실험했는데 역시 세 종류의 태도를 나타냈다고 한다. 첫째 유형은 체념형으로 가장 소극적이며 비생산적이다. 어른이라면 비관론자 운명론자 염세주의자 자학과 자기연민에 사로잡힌 인생관을 가지고 사는 사람이라 고 말할 수 있다. 둘째는 도피형인데 역시 어른이라면 냉소주의자 방관주의자 책임 회피자 그리고 동정과 인정을 받으려는 삶의 자세라 할 수 있다. 셋째 아이가 가장 적극적인데 이 아이는 장애물을 젖히고 나아갔다. 어른이라면 낙관주의자 쾌락주의자 책임주의자이다. 이 셋째아이 행동의 동기를 분석해보았더니 두 가지로 나타났다. 하나는 가로막고 있으니 기분 나쁘다는 감정을 가지고 투쟁하는 마음이고, 다른 하나는 그 장애물을 장난감삼아 놀면서 밀어젖히고 나가는 마음이다.

그리스도인들이라면 장애물을 젖히고 나가야 한다. 쉽게 포기하거나 도피하지 말고, 맡겨진 일에 적극적이고 긍정적이며 낙관적인 자세를 취해야 한다. 더욱 중요한 것은 그 일을 기뻐하고 그 일을 즐기는 자세이다. 일을 한다는 것은 참으로 행복한 일이다. 더욱이 주님의 일을 하는 것은 놀라운 행운이다. 그러므로 기뻐하고 즐거움으로 해야 한다. 하나님 앞에 결과도 중요하지만 과정도 중요하기 때문이다. 그러므로 사도 바울은 에베소서 6장 6,7절에서 "그리스도의 종들처럼...기쁜 마음으로 섬기기를 주께 하듯 하고 사람들에게 하듯 하지 말라"고 했다.

"기쁨으로 여호와를 섬기며 노래하면서
그의 앞에 나아갈지어다."(시100:2)

137
한 영혼을 구한 것은 우주를 구하는 것이다.

"한 영혼을 구한 것은 우주를 구하는 것이다." 이 말은 쉰들러 리스트라는 영화의 마지막 대사이다. 주인공 오스카 쉰들러(Schindler)는 히틀러의 만행 앞에서 유대인을 구출할 계획을 세운다. 그는 쉰들러 리스트 곧 자신이 건져내야 할 유대인들의 목록을 만들어 모든 재산을 바쳐서 생명을 건진다. 그의 마지막 돈을 다 털어 유대인들을 기차에 태워 안전한 지대로 보낸 후, 그는 선로에 앉아 하염없이 하늘을 쳐다본다. 그는 무심코 자기의 손가락에 끼어진 금반지를 보게 된다. 그리고 그는 소리친다. "내가 이것을 왜 끼고 있지? 이 금반지를 팔았더라면 한 사람의 생명을 더 구할 수 있었을 텐데! 이것을 내가 왜 끼고 있지?"라며 통곡한다. 잊을 수 없는 것은 그 마지막 장면이다. 그는 자신이 구해내지 못한 유태인들이 끌려가는 모습을 보면서 눈물을 흘린다. 영화의 마지막에 메시지는 "한 영혼을 구한 것은 우주를 구한 것이다"라는 것이었다. 주 예수 그리스도께서는 한 생명이 천하보다 귀하다고 하셨다. 한 영혼을 구원하는 것은 우주를 건진 것과 같다는 말씀이다. 참으로 사람이 무엇을 주고 자신의 생명과 바꿀 수 있겠는가?

천국과 지옥이 있다는 것을 믿고 사는 사람들이 성도들이다. 그런데 세상에서 방황하다 죽어 지옥 가는 영혼들을 위해 과연 어떤 노력들을 하고 있는가? 쉰들러는 유태인과 아무런 이해관계가 없었다. 그럼에도 유태인들을 살리고자 재물을 다 털었다면, 성도들은 가족과 친지들을 구원하기 위하여 시간과 정성, 그리고 물질 등, 그 어떤 대가를 치르더라도 사랑하는 가족이나 친지들이나 이웃들 만은 지옥 가도록 방치해서는 안 될 것이다. 우리 중 그 누구도 오스카 쉰들러를 본적이 없지만 지금은 참으로 쉰들러의 사랑의 섬김과 눈물이 필요한 시대이리라.

> "하나님께서 전도의 미련한 것으로 믿는 자들을
> 구원하시기를 기뻐하셨도다."(고전1:21)

138
할렐루야(Hallelujah) 감사하라.

할렐루야(Hallelujah)와 알렐루야(Alleluia)는 철자는 다르지만 그 뜻은 모두 "여호와를 찬양하라"라는 의미이다. 차이가 있다면 할렐루야(Hallelujah)는 히브리어이고 알렐루야(Alleluia)는 라틴어이다. 라틴어는 원래 "h"자를 쓰지 아니하고 발음도하지 않는 것을 원칙으로 하고 있다. 그 때문에 개신교가 할렐루야(Hallelujah)를 주로 사용하는 대신에 천주교회에서는 알렐루야(Alleluia)를 사용한다. 천주교는 라틴어 성경과 라틴어 예배를 근세까지 고집할 정도로 라틴어 문화에 익숙해 있다. 그래서 천주교의 전례음악에는 항상 알렐루야를 부르며 모차르트가 작곡한 〈환희의 찬가〉 가운데 마지막 악장도 "Alleluia"이다. 그런데 영국과 다른 몇 나라에서는 히브리어 철자법을 그대로 받아서 영어 등으로 옮겼기 때문에 헨델이 작곡한 "메시야"가운데 할렐루야 합창곡의 제목은 "알렐루야"가 아니라 "할렐루야"이다.

참으로 여호와를 찬양하므로 감사하는 일은 우리 그리스노인들이 영원토록 할 일이다. 하나님이 어떤 분이시며 우리를 얼마나 사랑하셨고, 우리를 때마다 인도하고 계시며, 앞으로도 여원토록 우리를 떠나지 아니하시고, 인도해 주실 것을 안다면 감사하지 않을 수 없고, 그 성호를 찬양하지 않을 수가 없다. 그러므로 시편기자들은 시편11편-113편, 106편, 117편, 135편, 146편-150편은 "할렐루야"로 시작하고, 104편-106편, 113편, 115편-117편, 146편-150편은 "할렐루야!"로 끝마친다. 하나님이 주신 한해의 결실을 감사하는 감사절이다. 할렐루야로 시작하게 하신 하나님께 이처럼 결실을 주셨으니 우리 모두 "할렐루야 !"로 감사해야 하리라.

> "호흡이 있는 자마다 여호와를 찬양할 찌어다.
> 할렐루야(Hallelujya)"(시150:6)

139
이제는 감사해야 한다.

잭 캘리라는 한 신문기자가 소말리아의 비극을 취재하다가 겪은 체험담이 있다. 기자일행이 수도 모가디슈에 있을 때의 일이다. 기자가 한 마을에 들어갔을 때, 마을 사람들은 모두 죽어 있었다. 그 기자는 한 작은 소년을 발견했다. 소년은 온 몸 이 벌레에 물려 있었고, 영양실조에 걸려 배가 불룩했다. 마치 그 피부는 백살이나 된 것처럼 되어 있었다. 마침 일행 중의 한 사진기자가 과일 하나가 있어 그것을 소년에게 주었다. 그러나 소년은 너무 허약해서 그것을 들고 있을 힘마저 없었다. 기자는 사과를 반으로 쪼개 주자 그것을 겨우 받아 들었다. 사과 반쪽을 받은 소년은 고맙다는 눈짓을 하더니 마을을 향해 걸어갔다. 기자 일행이 소년의 뒤를 따라갔다. 소년은 기자들이 뒤따르는 사실을 의식하지 못한 채 마을로 들어갔다. 소년이 마을에 들어섰을 때, 이미 죽은 것처럼 보이는 한 작은 아이가 눈을 감은 채 땅바닥에 누워 있었다. 이 작은 아이는 소년의 동생이었다. 소년은 동생 곁에 무릎을 꿇더니 손에 쥐고 있던 과일을 한 입 베어서는 그것을 씹었다. 그리고는 그 동생의 입을 벌리고는 그것을 입 안에 넣어 주고 동생의 턱을 잡고 입을 벌렸다 오므렸다 하면서 동생이 씹도록 도와줬다. 기자 일행은 그 소년이 자기 동생을 위해 보름 동안이나 그렇게 해온 것을 나중에야 알게 되었다. 며칠 뒤 결국 소년은 영양실조로 죽고 말았다. 이 사실은 김혜자 씨가 쓴 "꽃으로도 때리지 말라" 는 책에 있는 내용이다. 이 지구상에는 천만 명이상이 굶주림에 허덕이고 있으며 3초에 한 명씩 굶주림으로 죽어간다고 보고된다. 그런 중에도 우리들은 전혀 딴 세상처럼 넘치는 것들로 인해 부족함을 모르고 살아간다. 이제는!!! 불평의 입을 막고 하나님께 감사하며 살아야 하리라.

> "그 안에 뿌리를 박으며 세움을 받아
> 교훈을 받은 대로 감사함을 넘치게 하라."(골2:7)

140
끝까지! 끝까지! 인내하라.

　1897년10월14일 미국 북장로교 선교사 헌트(W.B. Hunt)가 내한했다. 그는 얼마간 평양에서 생활하며 한국어를 익힌 후 이듬해 황해도 재령으로 파송되어 정년 때까지 그곳을 중심으로 황해도 복음화에 크게 기여하였다. 헌트 선교사가 신사참배 반대운동을 하다 1941년 10월 감옥에 갇혔을 때의 일이었다. 어느 날 검사의 심문을 받으러 검찰국에 나갔다. 가던 중 여러 죄수들을 만났는데 그 중에는 헌트 선교사가 알고 지내던 신자들도 있었다. 그들은 죄수번호 말고도 "22"라는 번호표를 달고 있었는데 그것은 신사참배를 거부하다 끌려 온 자들에게 붙여진 번호였다. 헌트 선교사가 검사의 조사를 받고 다시 형무소로 가기 위해 사람들이 서 있는 곳으로 걸어갔다. 어떤 키가 크고 말쑥하게 생긴 약 20세 안팎의 젊은 한국인이 사람들 앞에 서 있었다. 그도 "22"라는 번호표를 달고 있었다. 간수가 그와 함께 수갑을 헌트 선교사의 손목에 채웠다. 그 젊은 한국인은 선교사와 함께 묶인 것을 기뻐하고 헌트 선교사도 신앙을 지키려 싸우는 젊은 한국인과 같이 묶이게 된 것을 기쁘게 생각했다. 그들은 호송차 쪽으로 나갔다. 살을 에는 추운 겨울바람 속에 흰옷을 입은 부인들과 어린아이들이 길가에 죽 늘어서 구경하고 있었다. 말이 금지되어 있었으므로 미소만 지었고 간수들은 죄수들을 빨리 차에 타도록 재촉했다. 헌트선교사와 같이 걸어가던 청년이 선교사를 쿡 찌르며 말했다. "저기 선 사람이 나의 아내입니다." 그 때 구경하던 무리 속에서 누군가가 "끝까지!"라고 소리쳤다. 끌려간 사람들에게 끝까지 견디라는 격려였다. 헌트 선교사와 함께 수갑을 찬 청년의 아내도 다른 이들과 함께 소리쳤다. "끝까지!" 이 소리를 들은 청년은 행복에 겨운 모습으로 헌트 선교사를 바라보는 것이었다. 지혜로운 농부는 추수하기까지 견디며, 지혜로운 학생은 시험을 치루고 결과를 기다리듯 성도는 사명을 마치기까지 "끝까지!" "끝까지!" 견디는 것이리라.

"네가 죽도록 충성하라.
그리하면 내가 생명의 면류관을 네게 주리라."(계2:10)

141
관용의 사람, 축복의 사람!

옛날 영국 런던에 아주 유명한 목사님 세 분이 계셨다. 한 분은 그리스도 교회의 목사인 F.B 마이어라는 분이며, 또 한 분은 유명한 설교가 스펄젼 목사요, 한분은 웨스트민스터 교회의 캠벨 몰간 목사이다. 그런데 스펄젼 목사가 시무하는 교회와 미국에서 사역하다가 영국으로 돌아온 몰간 목사가 담임하는 웨스트민스터 교회는 크게 부흥되었으나 마이어 목사가 섬기는 교회만 부흥이 되지 않았다. 그 때 마이어 목사는 시기와 질투심이 일어났다. 그래서 몰간 목사가 미국에 있을 때는 그를 위해 기도하기 좋았는데, 같은 도시에서 일하게 되니깐 그를 위해서 기 도하지 않는 자신을 발견하고 놀란다. 그래서 마이어 목사는 "하나님, 제 마음속에 서 이 시기와 질투심을 없애 주옵소서!" 아무리 기도해도 그 시기는 끝나지 않았다. 그때 하나님께서 마이어 목사님께 이런 음성을 들려 주셨다.

"네 기도를 바꾸어라. 질투를 없애달라고 기도하지 말고 그들의 축복을 위해서 기도하라"는 음성이셨다. 그래서 기도하기 시작했다. "하나님, 스펄젼 목사님과 캠벨 몰간 목사님과 그 교회들을 축복해 주시옵소서!" 그리고 나니깐 마음속에 평안과 기쁨과 자유가 생기기 시작했다. 어느 날 머아어 목사는 섬기는 교회의 공개기도 석상에서 이런 기도를 했다. "하나님, 스펄젼 목사님이 섬기는 교회와 몰간 목사님이 섬기는 교회를 축복해 주셔서, 사람들이 가득 메워지도록 해주시고, 더 이상 들어갈 자리가 없거든 우리 교회로 보내 주시옵소서." 그래서 이 세분은 아름답게 주를 위해서 사역할 수 있었으며, 이 세 교회는 다함께 성장했다고 한다. 다윗은 자기를 괴롭히고 죽이려는 사울왕에게 복수하지 않을 뿐 아니라 도리어 관용하고 축복했다. 복 받을 큰 그릇은 바로 이런 넓은 마음, 곧 상대방을 축복하는 마음이리라.

> "너희 관용을 모든 사람에게 알게 하라.
> 주께서 가까우시니라."(빌4:5)

142
부강의 비결은 예배이다.

최근에는 중국의 급성장으로 위협을 받고 있는 미국의 쇠퇴이유는 예배의 쇠퇴에 있다고 지적하는 학자가 많다. 예배가 쇠퇴하니 교회는 세속화 되어가고 나라가 점점 약해지고 있다. 하지만 미국은 19세기부터 세계를 이끌어가는 부강한 나라였다."역사가 짧은 신생국 미국이 어찌 세계를 이끌어 가는 부강한 나라가 되었는가? 그 비밀이 무엇인가?" 많은 나라들이 이문을 가지는 중에 특별히 프랑스 정부는 알렉시스티 토코필이라는 학자를 미국에 파견하여 그 비결이 무엇인가를 알아보게 했다. 알렉시스티 토코필은 미국에 도착하여 연구실마다, 사업체마다, 공장마다 다 돌아보았지만 그 해답을 찾지 못했다. 미국의 들판은 결코 프랑스보다 나은 것이 없었다. 캘리포니아는 전 세계에 공급할 수 있을 만큼 과일의 생산량이 풍부하지만, 400-500킬로미터나 떨어져 있는 강물을 끌어와 농사를 지어야 한다. 그러나 프랑스는 비가 적절히게 내려서 온 땅이 비옥하다.

그는 어디를 가보아도 해답을 찾지 못해 고민하던 중 교회에 들어가 보았다. 뜨거운 찬양과 예배의 열기에 그는 충격을 받았다. 그리고 설교 말씀을 들으며 "아, 하나님께서 교회를 통해 미국을 축복하시는구나"하고 깨닫게 되었다. 그래서 그는 "미국이 이렇게 크게 부흥하게 된 비결은 교회다. 교회를 통해, 말씀을 통해 하나님께서 미국을 축복하셨기 때문이다"라고 보고했다고 한다. 그러므로 미국에서의 교회가 열기로 가득하면 미국은 부강한 나라가 되어지지만 교회가 쇠퇴하니 나라도 점점 약해져 간다. 그러나 하나님께 뜨겁게 바치고 뜨겁게 예배할 때 나라가 부강해지는 것이다. 성도들에게 예배가 살아나야 한다. 찬양예배가 살아나고 삼일 예배가 살아나야 한다. 우리가 시간마다 하나님께 뜨거운 예배를 올려드리며 헌신할 때 가정, 사회 나라가 힘있게 살아나리라.

> "하나님은 영이시니 예배하는 자가
> 영과 진리로 예배할지니라."(요4:24)

143
감사함으로 충성하라.

마키아벨리는 그의 군주론에서 "이 세상에서 가장 무서운 것은 가난이나, 걱정이나, 병이나, 비애가 아니라 생의 권태"라고 했다. 사람이 생의 권태를 느낄 때 매사에 의욕을 상실하게 된다. 모든 일에 흥미를 잃고 무관심속에 방황하게 된다. 그럴 것이 눈동자는 풀려있고, 온몸은 천근같고, 만사가 귀찮게 여겨진다. 그래서 매사 얼렁뚱땅 건성으로 하게 되어진다. 그러나 마음에 감사와 감격이 넘치는 자는 삶의 의욕이 충만하다. 매사에 적극 적이며, 눈동자는 빛나고, 몸가짐은 날렵하고 가볍다. 그러므로 생의 감격과 감사가 있느냐? 없느냐? 가 곧 그 삶의 행복과 불행을 가름하는 시금석이기도 한다.

바울은 그의 마음속에 거룩한 성지에 대한 말할 수 없는 감사와 감격이 있었다. 그는 자신을 충성되게 여겨 직분을 주신 그 은혜를 늘 감사했다(딤전 1:12). 비방자요 박해자요 폭행자이었던 그에게 긍휼을 베풀어 주신 주님의 은혜에 늘 감격하는 삶을 살았던 것이다. 그러므로 그는 사역함이 남 달랐다. 언제나 하나님을 두려워하며, 진실함과 그리스도의 사랑으로 화목하게 하는 직책을 감당 했다(고후5:18). 하나님과 함께 일하는 자로 은혜를 받아 일하고, 아무 사람에게 도 거리낌이 없이 사역하고, 하나님의 종으로서 자천하여 모든 일을 행하였던 것이다(고후6:5). 사람을 기쁘게 하기 위함이 아니라 하나님 을 기쁘시게 하는 삶을 살고 그래서 자기를 날마다 쳐 복종하는 사람이었다(고전9:27).

금번 임직자로 선출되신 분들은 이런 바울의 감격과 감사함으로 사명에 충성해야 한다. 선출되지 못하셨을지라도 바울처럼 자신을 새롭게 하여 감사함으로 충성한다면 주님께 더욱 더 존귀하게 쓰여질 것이리라.

"우리 주께 내가 감사함은
나를 충성되이 여겨 직분을 맡기심이니"(딤전1:12)

144
크리스마스 정신의 조덕삼장로

108년 역사와 ㄱ자 교회로 알려진 금산교회 예배당에는 조덕삼장로와 이자익목사의 사진이 있다. 특히 조덕삼장로는 양반과 상놈이라는 봉건적 유교문화 사회에서 참 그리스도인의 감동적인 이야기를 만들어 냈다. 조덕삼은 지역의 유지였다. 그는 1904년 테이트선교사를 통해 복음을 받아들인 후 그의 사랑채에서부터 금산교회는 시작됐다. 이자익은 남해에서 태어나 조실부모했고 17세에 허기진 배를 채우기 위해 고향을 떠나왔다가 조덕삼을 만나 마부로 일하던 머슴이었다. 조덕삼은 이자익을 마부로 일하는 동안 학업과 신앙생활을 하도록 선처했다. 세월이 흘러 금산교회는 장로 장립투표를 하게 되었고 두 사람이 후보에 올랐다. 신분의 양극화가 뚜렷했던 시대에 주인과 머슴의 반상이 경쟁한다는 것은 상상할 수 없는 일이었다. 그런데 투표결과는 마부 이자익이 장로로 선출되었고 조덕삼은 떨어졌다. 자연히 일이 어떻게 될 것인가 이 난치한 상황에 대해 교인들은 수근데기 시작했다. 그러니 술렁이는 성도들을 향해 조덕삼이 말했다.

"금산교회 성도들은 참으로 훌륭한 일을 했습니다. 저희 집에서 일하는 이자익 청년은 저보다 신앙의 열정이 대단합니다. 그를 뽑아주셔서 감사합니다." 그리고 조덕삼은 자신의 머슴을 장로로 섬겼을 뿐만 아니라, 그가 평양에서 신학을 공부할 수 있도록 지원해 주었고, 목사안수를 받은 그를 금산교회 담임목사로 청빙 하였다. 후에 이자익 목사는 총회장을 세 번이나 할 만큼 한국교회에 존경받는 목사가 되었다. 바로 이자익 목사가 된 것은 조덕삼장로의 섬김이 있었기에 가능했다. 구주 예수 그리스도께서 탄생하신 성탄절이 사흘 앞으로 다가왔다. 예수님이 왜 사람으로 탄생하셨을까? 섬기려고 오셨다. 주님은 십자가에 죽기까지 섬기러 오신 것이다(마20:28). 이제 2014년 성탄절을 맞는 성도들도 주님의 섬김을 본받았던 조덕삼 장로처럼 섬기는 자로 성탄절을 맞이하여야 하리라.

"너희 중에 큰 자는 너희를 섬기는 자가 되어야 하리라"(마 23:11)

145
최고의 가치를 위하여!

어느날 서유럽제도를 여행하는 큰 여객선에서 한 아이가 애완용 강아지와 공놀이를 하며 놀았다. 아이가 공을 던지면 강아지가 쫓아가서 그 공을 다시 아이에게 물어다 주곤 했다. 그런데 아이가 공을 너무 세게 던지는 바람에 공이 바닥을 튕겨나가 바다에 빠지고 말았다. 그러자 강아지가 공을 가지러 가기 위해 바다로 뛰어들었다.

"선장님, 배를 세우세요. 내 강아지, 내 강아지!"아이가 울며 부르짖었지만 배는 계속해서 가고 있었다. 강아지 한 마리를 구하기 위해 그 큰 배를 세울 수가 없었기 때문이다. 그러자 아이가 강아지를 구하기 위해 바다로 뛰어들었다. 아이가 바다에 빠지자 선장은 할 수 없이 배를 세울 수밖에 없었다. 강아지는 버려두고 갈 수 있어도 아이는 버려둔 채 갈 수 없었기 때문이다. 예수님은 험한 바다와 같은 이 세상에 뛰어드셨다. 그래서 강아지처럼 가치가 없는 우리가운데 성령을 보내셔서 믿게 하심으로 하나님의 자녀가 되는 놀라운 일이 벌어졌다. 하나님은 사랑하셔서 마치 커다란 배를 세워아이를 건져내듯 우리를 사망에서 생명으로 옮기시고 심판을 받지 아니하는 하나님의 사람으로 살도록 우리 안에 성령을 보내셔서 함께 계신다. 이제는 우리 안에 성령님께서 계시니 하나님께서는 우리를 24시간 주목하시고 우리를 때마다 일마다 도우시고 인도해 주신다. 최고의 가치가되는 분이 우리를 가치있는 인생으로 바꾸어 주신 것이리라.

"그런즉 누구든지 그리스도 안에 있으면 새로운 피조물이라.
이전 것은 지나갔으니 보라. 새것이 되었도다."(고후5:17)

146
아름다운 이름을 가졌다면?

가장 큰 부흥의 길을 가는 교회를 꼽으라면 마산에 있는 세계로 교회를 꼽을 것이다. 사방 8킬로 안에 집들이 200호도 안 되는 시골교회이기 때문이다. 그러나 수천 명이 모인다고 한다. 담임목사는 손현보 목사님이신데 전도사로 부임하여 교회에서 첫 번째 한 일은 전도회들을 없애는 것이었다. 부임후 주일예배를 드리고 남전도회를 참여하셨다. 총무가 사업보고 하는데 "아무개 집사님 집에서 강아지가 제법 잘 크고 있다"고 했다. 남전도회가 1년 동안 하는 사업이 강아지 한 마리를 사 길러서 여름에 그걸 잡아먹는 것이었다. 그 다음주일이 되어 이번에는 여전도회 월례회에 참여하니 미역사업을 보고했다. 미역을 팔아 돈이 얼마 입금되었다고 보고했다. 그리고 "아무개 집사님은 가져가셨는데 입금이 되지 않았다." "안 팔려 그냥 가지고 있다"고 하니 "왜 못 팔았느냐?"라고 추궁하여 결국 싸움이 되어버렸다. 여전도회 1년 사업이 김이나 미역다발을 배달받아 나누어 파는 것이 1년 사업이었다는 것이다. 그것을 보고서 그 목사님은 전도회를 없애버렸다고 한다. 물론 야유회를 가거나 함께 음식을 먹기 위해 모이는 일이 나쁜 것은 아니다. 문제는 정작 해야 할 사업은 하지 않기 때문이다.

최근에는 전도회를 없애는 교회가 많아졌다. 처음에는 전도회가 전도하는 목적으로 세워졌는데 월마다 모여서 이런 사업이야기나 하며 얼굴을 붉히는 것을 보니 회원도 잘 모이지도 않을 뿐 아니라. 존재의 필요성이 사라졌기 때문이라는 것이다. 아무리 좋은 이름이나 직분을 가졌다고 할지라도 그 존재목적을 잃었다면 존재할 이유가 없다는 것이 보편적 진리이리라.

"여호와의 이름에 합당한 영광을 그에게 돌릴찌어다."(시96:8)

147
나 하나라도! & 나 하나쯤이야!

가로등이 없던 시대에 벤저민 프랭클린은 필라델피아 사람들에게 가로등 하나가 얼마나 도움이 되는지 설득하려고 아름다운 등을 하나 샀다. 그리고는 유리를 잘 닦아 자기 집에서 길가로 길게 연결한 등 받침대를 설치하고 그 위에 등을 올려놓았다. 해가 지고 어두움이 거리를 덮자 그 등에 불을 붙였다. 그러자 동네 사람들이 프랭클린 집 앞에서 길을 비추고 있는 따뜻한 등불을 보았다. 그 집에서 좀 멀리 사는 사람들도 그 불빛에 호감을 갖게 되었다. 그 집 앞을 지나다니는 사람들은 길바닥에 솟아오른 돌멩이들에 걸려 넘어지지 않고 피해갈 수 있다는 것을 알게 되었다. 머지않아 다른 사람들도 등을 자기 집 앞에 내놓기 시작했고 그래서 필라델피아는 길거리를 가로등으로 환하게 만든 미국의 첫 번째 도시가 되었다고 한다.

벤자민 프랭클린처럼 "나 하나라도!" 불을 밝히겠다고 한다면 세상은 머잖아 달라 질 것이다. 그러나 "나 하나쯤이야!"하고 누군가가 불을 꺼버린다면 세상이 그 만큼 더 어두워지게 된다. 그래서 너나 할 것 없이 여기저기서 불을 끄려든다.

이 세상 사람들을 욕할 수만은 없다. 사람들은 어두우니 사물이나 사람을 분별하지 못하는 것이다. 이렇게 어둡도록 방치하고 불을 밝히지 못한 책임이 다른 사람이 아닌 바로 우리 그리스도인들에게 있다. 교회가 많고 성도가 넘쳐나도 여전히 이 세상이 이렇게 어두운 까닭은 "나 하나쯤이야!"하고 불을 켜서 말 아래 두는 크리스찬들이 많기 때문이리라.

> "일어나라, 빛을 발하라. 이는 네 빛이 이르렀고
> 여호와의 영광이 네 위에 임하였음이라."(사60:1)

148
약속의 말씀을 붙잡으라.

　건국 대학교 부총장을 지낸 유태영 박사는 가난한 머슴의 8남매 중 여섯째 아들이었다. 너무 가난하여 형제들 가운데 초등학교에 다닌 사람이 하나도 없었다. 그만 겨우 초등학교를 들어갔다. 5학년 때 마을에 교회가 들어왔다. 그때부터 교회에 다니며 새벽기도를 하루도 안 빠지고 13년을 다녔다고 한다. 새벽에 나가 하나님이 주신 약속의 말씀을 붙들고 기도하였다. 초등학교를 졸업하고 소꼴을 먹이고 토끼를 기르면서 혼자 계속 공부를 하였다. 서울에 올라와서는 구두닦이를 하는데 잘 곳이 없어 아무데나 자다가 새벽 종소리가 울리면 새벽기도를 나갔다고 한다. 그렇지만 그는 약속의 말씀을 놓치지 않았다. 그는 하나님의 약속의 말씀을 붙들고 기도하는 가운데 하루는 하나님께서 감동을 주었다.

　한국 농촌을 위해 일하려면 지상에서 농촌이 제일 잘 되어 있는 덴마크에 가서 공부를 해야 하겠다는 마음으로 덴마크 국왕에게 편지를 썼다. 덴마크의 국왕이 감동을 받아서 국비장학생으로 공부할 수 있도록 비행기 값을 보내 주었다.

　그는 박사학위를 받아 다시 이스라엘에서 공부를 하여 학위를 받고 동양인 최초로 이스라엘 대학의 교수가 되었다. 그리고 귀국한 후에 새마을 운동을 전개하고 농촌을 살리는데 쓰임받았다. 확실한 약속의 말씀이 우리에게 주어졌다. "대저 의인은 일곱 번 넘어질지라도 다시 일어나려니와 악인은 재앙으로 인하여 엎드러지느니라(잠 24:16)"

"너희 속에 착한 일을 시작하신 이가 그리스도 예수의 날까지
이루실 줄을 우리가 확신하노라"(빌 1:6)

149
아름다운 사랑의 보상

　미국 택사스에 한 할머니는 마을에서 가장 잘 사는 부자의 집에서 파출부 생활하면서 나이가 많아졌다. 이 부자는 아주 큰 사업을 하고 있었으나 집을 나가서 소식이 끊긴 외아들을 사랑하다가 아들의 얼굴도 보지 못하고 죽었다. 그런데 이 부자는 유서 한 장도 남기지 않았고 재산을 기부하지도 않았다. 당국에서는 이 죽은 부자의 집에 있던 가구들을 경매에 붙이게 되었다. 이 부자가 책상 위에 놓고 보던 아들의 사진이 들어있는 사진틀도 5불에 경매에 내놓았으나 사가는 이가 없었다. 그런데 이 집에서 일하였던 할머니가 5불에 사겠다고 나섰다. 이 노파는 어려서부터 엄마도 없이 자라던 부자의 아들을 사랑하면서 보살폈었다. 그래서 그 아들을 사랑 하여 그 얼굴이라도 두고 보려고 사들였다. 그런데 전혀 발견되지 않은 죽은 부자의 유서가 아들의 사진 뒤에 기록되어 있는게 아닌가! "내가 생명처럼 사랑하던 제 아들 의 사진을 가지는 사람에게 전 재산을 인계한다" 고 서명날인까지 되었다. 부자는 할머니가 진정으로 아들을 사랑하였다고 한다면 사진을 가져갈 것이라고 예측하였는 지도 모른다. 참으로 사랑은 열매가 있다. 할머니는 사랑의 보상을 받은 것이다.

　설 명절이 다가온다. 누구에게인가 보상을 바란다면 사랑하는 사람이 되어야 한다. 허다한 허물을 덮는 것이 사랑이다(벧전4:8). 사랑은 오래 참아주는 것이다. 온유하고 투기하지 않는 것이 사랑이다(고전4:7). 살면서 가족에게 섭섭한 일이 있더라도 참아내고 서운 일은 잊어버리라. 세월이 지나면 이해되어질 상황들이 너무나 많다. 가족들에게 오해 살만한 일은 사과하라. 즐거운 명절이 되도록 평화의 도구가 되라. 언제나 겸손함과 진실함으로 사랑을 나타낸다면 아름다운 보상으로 나타날 것이리라.

> "허물을 덮어 주는 자는 사랑을 구하는 자요,
> 그것을 거듭 말하는 자는 친한 벗을 이간하는 자니라."(잠17:9)

150
방향이 그를 말해준다.

명절에 가족이 모이면 서로의 삶을 나누다가 급기야 어느 한 형제가 자녀는 어느 대학에 들어가고, 직장은 어떤 곳에 들어가고, 사업이 얼마나 확장되었다고 자랑하면 이에 질세라 너도나도 자식자랑, 손주자랑에 침들이 마른다. 그러나 진정 주님께서도 자랑할 만한 자녀들인가가 중요할 것이다.

조선왕조 말기 우리네 대부분이 깊은 역사의 잠을 자고 있을 때 유달리 일찍 세상을 향하여 눈을 뜬 사람이 있었다. 그는 과거에 합격하기 전에 벌써 영어를 배웠던 사람으로서 미국이 우리와 가까이 지낼 때는 친미파의 주동인물이 되었고, 세상이 변하여 러시아의 발언권이 강해지자 어느새 러시아어를 구사하며 친러파의 중심인물이 되더니, 러일전쟁으로 일본이 승리하자 이번엔 유창한 일어를 앞세워 친일파의 거두가 되었고, 이어서 국무총리까지 역임한 사람이다. 그 후 우리나라가 일본의 손으로 넘어갈 때였다. 그는 서슴없이 일본인이 되어 그 나라 귀족으로 둔갑했고 마침내 후작이라는 작위까지 받았다. 바로 이완용(1858-1926)이라는 사람의 얘기이다. 그런데 이렇게 똑똑한 이완용을 어느 누구도 생의 승리자라고 말하지 않는다. 그는 삶의 방향이 잘못되었기 때문이다.

우리 중 누구라도 방향을 바로 잡지 못하여 주님을 등진 삶이라면 그 생을 결산할 때 승리의 팡파르를 울릴 수 없는 인생이다. 그러나 사막의 모래바람처럼 그의 앞길이 어둡게만 보일지라도 그 방향을 주님을 향하여 바로 잡아가는 사람은 승리하는 사람이다. 방향을 잘 잡고 가다보면 언제인가는 목적지에 도달하게 되고, 소망하던 면류관이 그에게 주어질 것이기 분명하기 때문이리라.

"믿음의 주요 온전케 하신 이인 예수를 바라보자."(히12:2)

151
사랑으로 격려하면!

1995년 미국 위클린 뉴스에는 한 기적의 사건이 보도되었었다. "트레시 보너"라고 하는 여성과 "마크 보닝"이라고 하는 남성은 서로 매우 사랑하는 사이였다. 그런데 보닝이라는 남성이 그만 자동차를 타고 가다가 교통사고를 당하였다. 이 사고로 보닝은 뇌사상태가 되어 병원에 입원하게 되었고, 몇 개월 동안이나 소생하지 못하고 있었다. 이제는 의학적으로도 더 이상의 길이 없다고 의사들도 거의 손을 놓고 있는 상태가 되었다. 그런데 그 날 밤, 아무도 없는 틈을 타서 그의 애인인 "트레시 보너"가 병실에 모 르게 들어갔다. 그리고는 속삭였어요. "나는 네가 없어도 너를 사랑해.", "나는 너를 지금까지 사랑하고 있었어"라고 하며 "빨리 일어나라"라고 하며 볼에 키스를 해 주었다. 그리고 내가 얼마 전에 함께 갔던 그 장소도 다녀왔다는 얘기도 해주었다.

그러자 식물인간으로 미동조차 없던 남자친구 마크 보닝이 꿈틀하더니 눈을 뜨는 것이었다. 그리고 이어서 말을 하기 시작했다. 기적이 일어난 것이다. 그래서 건강하게 회복되어 두 사람이 결혼하여 잘 살고 있다는 것이다.

신년 춘계축복 대심방 기간 중이다. 이번 대심방은 주님의 사랑의 속삭임이 있는 기적의 심방이 되었으면 한다. 어둠의 세력이 물러가고, 막힌 문들이 열리며, 미동도 못하던 병든 육체가 치료받고, 잠자는 영혼들이 깨어나는 심방, 그래서 일어나 빛을 발하는 성도들이 되어지는 심방, 이런 심방을 소망한다는 것이다. 참으로 신년축복 대심방이 그 명칭대로 되어 지므로 성도들 모두가 대심방의 은혜를 또 다시 깊이 깨닫는 기회가 되어질 것을 확신한다.

"서로 돌아보아 사랑과 선행을 격려하며
모이기를 폐하는 어떤 사람들의 습관과 같이 하지 말고
오직 권하여 그 날이 가까움을 볼수록 더욱 그리하자."(히10:24,25)

152
기도의 능력을 믿으라.

기도의 능력을 믿는 것이 이 세상을 성공적으로 살게 하는 지름길이다. 미스바에 모인 이스라엘은 불레셋의 침공을 받고 모이도록 한 사무엘을 원망하지 않았다. 그들은 선지자에게 기도를 부탁하였다 기도의 능력을 믿었기 때문이다(삼상7:8). 미국 장로교회의 유명한 목사요 부흥사였던 윌버 채프먼(J. Wilber Chapman) 목사가 목회 초창기인 젊은 시절에 필라델피아에 있는 한 교회로 부임을 했다.

첫 번째 설교를 마친 주일 예배 후에 어떤 나이 많은 신사 한 사람이 다가오더니 말을 걸었다. "목사님, 이 교회의 목사로서는 대단히 젊은 분입니다. 그런데 목사님은 복음적인 설교를 하시는군요. 제가 목사님을 도와 드리지요." 그래서 채프먼 목사는 속으로, "아마 까다로운 괴짜 영감님인가 보다"라고 생각하고 있는데 그 노인이 계속 말을 했다. "나는 목사님이 성령의 능력을 받으시도록 기도할 것입니다. 나와 또 두 사람이 함께 기도할 것입니다."

채프먼 목사는 그 노인이 기도해 준다는 말에 기분이 나쁘지 않았다. 그런데 곧 그 노인이 함께 기도하는 사람들이 세 명에서 열 명으로 늘어났다. 그리고 곧 그 숫자는 20명이 되었다. 그리고 얼마 지나지 않아 50명이 되더니 2백 명이 되었다. 매 주일 예배시간 전에 2백 명이 모여서 성령의 능력이 목사님 위에 임하시도록 기도를 했다. 그래서 채프먼 목사는 강단에 설 때마다, 그들의 기도의 응답을 믿으면서 성령이 충만함을 느끼게 되었다. 그리고 그 기도의 결과가 눈에 보이게 나타나기 시작했다. 수백 명의 사람들이 매년 믿기로 예수님을 믿기로 작정하고 교회에 들어오게 되었다는 것이다. 참으로 기도는 반듯이 응답이 있다. 응답은 구하는 자에게 주시는 성령의 열매이기도 함을 기억해야 하리라.

> "당신은 우리를 위하여 우리 하나님께 쉬지 말고 부르짖어
> 우리를 불레셋 사람들의 손에서 구원하시게 하소서."(삼상7:8)

153
순간의 선택이 평생을 좌우하기도 한다.

"순간의 선택이 십년을 좌우한다." 이 글귀는 1980년대 어느 전자회사의 광고이다. 그렇지만 우리는 순간의 선택이 평생을 좌우할 수도 있다. 미국 할리우드에 유명한 두 배우가 있었는데, 한 사람은 콜리 타우센드였고, 한 사람은 그 유명한 마릴린 몬로였다. 그런데 타우센드는 몇 년 후에 신앙생활을 선택한다. 예수님을 믿고 선교하는 목사님과 결혼한 후, 세상의 욕망을 따라 사는 삶을 포기했다. 지금까지 그의 삶의 보화는 화려한 인기와 부귀영화였다. 그러나 예수님을 영접한 후부터는 그의 중심의 보화는 예수님이 되었고, 예수님의 가신 길을 따라 오직 하나님과 이웃을 위해 헌신적인 삶을 살았다. 그러나 마릴린 몬로는 오직 세상의 부귀공명을 좇아서 전력을 다해 살았다. 어느 날 몬로가 타우센드를 만나 안타까이 말하기를 "나는 세상의 인기와 재물을 획득했으나 지금의 나는 이 세상에서 가장 비참하고 불행한 사람이야"라고 고백했다. 그런 일이 있은 후 몬로는 어느 날 밤 자살한 시체로 발견되었던 것이다. 반면에 타우센드는 화려한 생활을 청산하고 사명의 십자가를 지는 삶을 살아갔다. 물론 육신적으로 지치고 피곤할 때가 많았으나 가면 갈수록 차오르는 기쁨과 행복감이 충만해졌다고 한다.

롯은 욕망을 따라 동편들을 택하여 갔더니 거기에 소돔과 고모라가 있었으나 아브라함은 하나님만을 좇아갔더니 복을 받았다. 롯의 처는 욕망을 좇아가다가 소금기둥이 되었으나 에스더는 하나님이 주신 사명을 택하여 민족을 살리는 자가 되었다. 회복케 하는 부흥성회가 오늘 밤부터 열린다. 세상의 욕망을 뿌리치고 성회에 참석하기로 선택할 수만 있다면, 은혜를 충만히 받을 것이고 영육이 회복되는 능력을 맛보게 될 것이라. 그래서 "평생을 좌우하는 선택"이었노라고 고백할 것이리라.

"저가 사모하는 영혼을 만족케 하시며,
주린 영혼에게 좋은 것으로 채워 주심이로다."(시107:9)

154
긍정적인 눈이라야!

펜실베니아 대학교의 심리학 교수 마크 길슨 박사가 아래와 같은 실험을 했다. 구멍 두 개에 두 눈을 대고 상자 속을 보게 했다. 어떤 이는 "슬픈 얼굴이 보인다"라고 대답하고 어떤 이는 "기쁜 낯이 보인다"라고 답하였다. 상자 속에는 웃는 얼굴과 슬픈 얼굴을 한 두 장의 사진이 나란히 있는데 일반적으로 오른쪽 그림은 오른 눈으로, 왼쪽 그림은 왼쪽 눈으로 보게 되어 있다. 그런데 사람에 따라 웃는 사진은 안 보이고 슬픈 얼굴의 사진만이 보였던 것이다. 길슨 박사는 이것을 "인식의 차단"이라고 부른다. 그의 연구에 의하면 자기 자신과 이 세상을 보는 태도가(마음가짐이) 어느 쪽 사진이 눈에 들어오는지를 결정짓는다는 것이다. 즉 자신을 비관적으로 보고 세상을 부정적으로 보는 사람에게는 슬픈 낯의 사진만이 들어온다고 한다. 반대로 자기와 세상을 긍정적으로 보는 사람의 눈에는 웃는 낯의 사진이 들어오는 것이다.

우리네는 사람들에 따라 사건이나 사물을 볼 때 긍정적으로 보는 사람이 있는가 하면 부정적으로 보는 사람도 있다. 긍정적으로 보는 사람은 "좋은 점이 무엇인가?", "내가 배울 것이 무엇인가?"를 생각하며 바라본다. 그러나 부정적인 사람은 안 좋은 점이 무엇이고, 못된 것이 무엇인가? 를 생각한다. 최근에 부흥성회를 부정적으로 보는 사람들이 늘어났다. 그래서 한국교회의 부흥회무용론까지 주장하는 이들도 적지 않아졌다. 하지만 이것은 부흥회를 지나치게 부정적으로만 바라보기 때문일 것이다. 그래서인지 이번 부흥성회에 불참한 자가 이외로 많았다. 목사는 그들이 처해진 형편 때문에 부득이 참석하지 못한 성도들일 것이라고 생각하면서도 마음이 무거운 것은 이 또한 지도자 된 사람의 어쩔 수 없는 마음이리라.

> "대저 그 마음의 생각이 어떠하면
> 그 위인도 그러한즉..."(잠23:7)

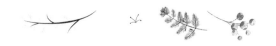

155
주님만을 자랑하는 자라야!

현대를 광고시대라고 한다. 현대인은 눈을 뜨면 광고를 보고, 듣고 그 속에 묻혀 살아가고 있다. 방송매체마다 광고로 가득 차 있고, 거리마다 공항마다 광고로 현란하다. 광고는 현대인의 삶의 일부분이 아니라 삶의 전부 같이 느껴진다. 현대인들은 광고를 통하여 정보를 얻고 살아가고 있으며 나라마다 광고에 엄청난 돈을 투자하고 있으며, 기업마다 광고전쟁을 하고 있다. 이런 광고 전쟁은 상품에만 국한되지 않는다. 개인도 마찬가지이다. 어떻게 든 자기를 나타내고 자기를 자랑하려고 수단 방법을 가리지 않는다. 명함에다 빽빽하게 자기 직책과 경력을 써서 만나는 사람마다 명함 돌리기에 바쁘다. 그래서 심리학자들이 사람의 심리상태를 점검하는 방법 가운데 측정대상자가 일정한 시간의 연설이나 대화, 또는 일정한 길이의 문장에서 "나"라는 단어를 얼마나 자주 쓰는 가를 조사하는 방법이 있다.

미국의 한 언어학자가 조사한 바에 의하면 히틀러는 "나"라는 단어를 53단어에 한 번씩 썼고, 무솔리니는 83단어에 한 번씩 썼다고 한다. 누가복음 12장에 나오는 어리석은 부자의 비유 속에서 "나"라는 말이 여섯 번이나 나온다. 현대인들은 문신하는 사람이 피를 흘려가며 살에다 그림을 그리듯이 자기네 모양을 그려 넣기에 바쁘다는 것이다. 그러다 보니 현대인에게 "자기 자랑"은 너무나 자연스럽고 당연한 것이 되었다.

무엇이 문제인가? 영어의 "sin(죄)"이라는 단어를 보면 "i(나)"가 가운데 들어가 있다. 하나님 중심이 아닌 나 중심이 문제(죄)이다. 우상중에 제일 무서운 우상중에 하나는 바로 나라는 우상이리라.

> "내가 부득불 자랑할진대
> 나의 약한 것을 자랑하리라."(고후11:30)

156
한심한 일, 황당한 사람들

승객과 승무원 239명을 태우고 실종된 말레이시아항공 여객기의 위치를 찾기 위해서는 말레이시아 총리실에서는 "우리는 어떤 도움도 환영한다"며 주술사를 초청했다는 소식이 전해지자 전세계 여론의 뭇매를 맞았다." 중국은 10대의 인공위성을 동원해 수색을 하고 있는데 말레이시아는 주술사를 투입했다"고 비꼬기도 했다. 50년 경력의 주술사 라자보모(주술사를 뜻함)는 12일 조수들과 말레이시아 쿠알라룸푸르 공항을 찾아 코코넛 열매 두 개를 양손에 들고서 낚시 통발을 이용해 각종의식을 진행했다. 그리고 주술사의 결론은 "비행기가 지금도 날고 있거나 추락했을 이다"라고 황당한 예언을 했다. 이런 일로 국제적인 망신을 사고 말레이시아 사람들 중에는 말레이시아 사람인 것이 부끄럽다고 했다고 전한다.

과거 우리나라 삼풍백화점 무너질 때도 초능력자라는 사람들을 데려와서 실종자를 찾는다고 푸덕거리를 했다는데 그래서 우리나라에 점쟁이가 백만 명 가까이 있다고 한다. 지금 우리나라는 불확실한 미래를 위해 미신에 빠져 허우적거리고 있다. 얼마 전 구속된 재벌 총수는 회사공금 수백억 원을 점쟁이에게 갖다 바쳤다고 했다. 흔히 웃고 있는 돼지 입에 돈을 꽂아놓고서 고위관리들과 사업가들이 엎드려 도와달라고 귀신에게 절하는 일을 도처에서 비일비재하게 지금도 일어나고 있으니 저 말레이시아 총리를 비웃을 자격이 없다. 그래서인지 작년에는 관상이란 영화가 흥행하자 또 점쟁이라는 영화가 개봉되어 흥행을 기대한다고 들떠있다고 하니 참으로 한심하고 황당하기만 한것은 나만의 생각이 아니리라.

> "하나님은 우리의 피난처시오 힘이시니
> 환난 날에 만날 큰 도움이시라."(시36:1)

157
항상 기뻐해야 할 성도들

현대에는 암의 세포만을 표적하여 공격하는 항암 약들이 속속 개발되어 생존율이 높아졌다고 한다. 그럼에도 아직까지 우리나라는 사망률 1위는 여전히 암이다. 미국 정신과 의사 퀴블로 로스는 〈인간과 죽음〉이라는 책에서 임종환자 심리를 5단계로 구분하고 있다. 1단계는 부정의 시기이다. 의사 진단이 잘못됐을 것이라 생각하며 이 병원 저 병원을 찾아 헤멘다. 2단계는 분노의 시기이다. "왜 하필 나에게 이런 병이 생겼느냐"는 식으로 생각하며 분노한다. 3단계는 타협의 시기로 "내 자식이 결혼할 때까지만 살게 해준다면"식으로 타협하려 한다. 4단계는 우울의 시기이다. 깊은 침묵에 빠져 아무하고도 얘기하지 않는 우울의 시기이다. 마지막 5단계는 죽음을 받아들이는 "수용의 시기"이다. 그렇지만 서울대병원의 한 연구원은 "단계가 순서대로 진행되는 것은 아니며, 여러가지 단계가 한꺼번에 나타나기도 한다"고 한다. "어떤 분은 죽을 때까지 죽음을 수용하지 않고 침묵으로 저항하다 죽는 사람도 많다"고 말한다.

미국 캘리포니아 주립대 패티슨 교수가 주장한대로 사람들은 죽음이 누구도 가보지 못한 미지의 세계라는 두려움, 가족이나 친지 동료들로부터 사회적으로 고립되는 두려움, 가족을 비롯해 사랑하는 사람과 영원히 헤어진다는 두려움만이 아니라, 주체성 상실, 죽음직전에 병으로 어린애처럼 될지 모른다는 두려움, 병으로 오는 고통에 대한 두려움 등 아직 이르지 않는 일까지 두려워하며 살아간다. 그러나 성도들은 예수 그리스도를 믿음으로 여러 환난을 이기게 하실 뿐만 아니라, 모든 사망권세를 이기고 영원한 생명에 들어가게 되었으니 참으로 항상 기뻐하고 범사에 감사하며 살아가야 마땅하리라.

> "하나님이 우리에게 주신 것은 두려워하는 마음이 아니요
> 오직 능력과 사랑과 절제하는 마음이니"(딤후1:7)

158
환난 중에서라도!

평년보다 빨리 봄기운이 성큼 다가와 며칠 사이에 남쪽의 꽃소식이 전해졌다. 겨울의 앙상한 나무들이 따스한 봄기운에 꽃망울이 맺힌 것이다. 성도들이 소진하 는 까닭하나는 극심한 환난을 만날 때이다. 그래서 볼품없는 모습으로 앙상해진다. 그렇지만 성령께서 봄바람 같은 따스함으로 환난에서 건져 소성케 하신다. 프레드릭 놀란은 북아프리카에서 사역하는 선교사였다. 그는 북아프리카에서 일어난 기독교 탄압을 받고 원수들을 피해 도망치게 되었다. 언덕을 지나 계곡으로 쫓기는데 마땅히 몸을 숨길 곳이 없었다. 마침 길옆에 작은 굴이 보여 그는 들어 갔다. 하지만 굴속에 있었으나 두려움이 몰려왔다. 자포자기하는 마음으로 죽음을 기다리다가 그는 하나님께 매달렸다. "주님, 제가 이렇게 죽는 건가요? 제 사명이 이것으로 끝인가요?" 그는 하나님께 부르짖으며 절박한 심정으로 기도했다. 그런데 어딘가에서 거미가 나오더니 굴 입구에 거미줄을 치기 시작했나. 거미는 순식간에 굴 입구 전부를 가로질러 거미줄을 쳤다. 그를 쫓아오던 자들이 굴 앞에 멈춰서서 굴을 살폈는데 입구에 거미줄이 쳐 있고 줄을 건드린 흔적이 없는 것을 보고는 그냥 지나갔다. 그들이 떠난 후 굴에서 빠져나온 놀란은 "하나님이 계신 곳은 거미줄도 벽과 같고, 하나님이 계시지 않은 곳은 벽도 거미줄 같다"고 했다.

환난이 극심할 때에 하나님께서 천사 미가엘을 보내셔서 그 택한 백성을 건지시되 때로는 사람이나 주위환경을 통하여 건지시고 보호해 주신다. 그래서 다윗은"여호와께서 환난 날에 나를 그의 초막 속에 비밀히 지키시고 그의 장막 은밀한 곳에 나를 숨기시며 높은 바위위에 두시리로다"고 했다(시27:5).

> "내가 사망의 음침한 골짜기로 다닐지라도
> 해를 두려워하지 않을 것은 주께서 나와 함께 하심이라.
> 그의 지팡이와 막대기가 나를 안위하시나이다."(시23:4)

159
마음의 생각을 살리라!

철의 재상 독일의 비스마르크가 사냥을 좋아했다. 어느 날 친구와 함께 사냥하던 중 앞서 가던 친구가 그만 늪에 빠져버렸다. 더구나 친구가 빠진 곳이 늪의 한가운데였다. 친구를 구할 방법이 없었다. 친구는 자꾸만 허우적거리며 늪 속으로 빠져 들어갔다. 갑자기 비스마르크가 실탄을 장전하며 말했다. "친구, 자네가 그렇게 괴롭게 죽어가는 것을 차마 볼 수가 없네. 내가 자네를 쏘아 한 방에 죽여줄 테니, 이것을 내 우정으로 생각하게." 그리고는 친구를 겨냥하며 방아쇠를 잡아당기려 하는 순간, 친구가 "잠깐만 기다려!"하며 막 발버둥을 쳤다. 발버둥치는 힘에 의해 친구가 차츰차츰 늪 가장자리로 다가왔다. 그때 비스마르크가 급히 가서 총대를 내밀었다. 친구가 그것을 잡고 나왔다. 극적으로 구조된 것이다. 그러나 친구는 밖으로 나오자 말자 비스마르크에게 화를 냈다. "자네가 내 친구야, 원수야? 어떻게 내 머리에 총을 겨눌 수 있어?" 그러자 비스마르크는 "이 사람아, 내가 자네를 겨눈 것은 자네 머리가 아니라 자네 생각이었네. 자네가 포기하고 그대로 있으면 죽을 수밖에 없기에 자네를 움직이도록 하려고 총을 겨눈 걸세!" "늪에 빠지면 죽게 된다"는 그 생각이 친구를 점점 늪 속으로 빨려 들게 했다. 바로 그 친구의 이런 잘못된 생각에 비스마르크는 총을 겨눈 것이었다.

사람은 "그 마음의 생각이 어떠하냐?"로 그 행동이 나타나고 그 결과가 주어진다(잠23:7). 그러기에 아무리 희망이 없어 보이는 거기에서도 마음의 생각은 살아 있어야 하고, 그래서 무언가 최선을 다해야만 하는 것이다. 실로 마음이 죽으면 몸도 죽는다. 마음이 살아야 몸도 살아나고 전체 상황마저도 살아나게 되는 것이리라.

> "겸손한 자는 먹고 배부를 것이며,
> 여호와를 찾는 자는 그를 찬송 할 것이라.
> 너희 마음은 영원히 살지어다."(시22:26)

160
아름다운 유산

"호사피, 인사명(虎死皮, 人死名)"이라 했다. "호랑이는 죽어서 가죽을 남기고 사람은 이름을 남긴다"는 말인데 과연 우리 성도들은 무엇을 남겨야 하는가? 그리스도인으로서 누구나 한번 쯤 고민하고 질문해 보았을 것이다. 과연 그리스도인으로서 우리는 이 땅에 무엇을 남길 것인가?

독일의 함부르크 대학의 바이올린 교수였던 골드스타인(Goldstein)은 소련 으로부터 망명한 음악가였다. 그는 위암으로 두 번 수술을 받았는데 마취를 거절한 채 수술을 받았다고 한다. 마취를 하게 되면 암기해 둔 악보가 망각될 것 같다는 이유였다. 그가 장기간 투병 끝에 결국 세상을 떠나게 되었다. 그런데 골드스타인은 그 자신이 죽는다면 찾아 올 많은 사람을 생각하며 손수 부고장을 만들었다. 그가 만든 부고내용은 다음과 같다.

첫째, 조화를 가져오지 마시오.

둘째, 조화대신 조의금으로 해 주시오.

셋째, 조의금은 현금으로 해 주시오.

넷째, 장례식에 참석하지 못한 분은 은행구좌로 송금해 주시길 바랍니다. 다섯째, 모아진 돈은 전액 장애인시설을 위해 써 주십시오. 수많은 사람들은 크게 감동을 받았다. 사람들은 "그가 생전에 연주했던 음악보다 더 멋지고 아름다운 모습으로 인생을 마무리 했다"고 칭송을 아끼지 않은 것이다. 당신이라면 어떤 유산을 남기시려는가? 어려운 이웃을 위해 남기는 것은 세상을 밝히는 촛불이다. 이런 촛불이 꺼지지 아니하는 것은 하나님이 인정하셔서 천국의 빛으로 갚아주시기 때문이다. 꺼지지 않는 촛불이 되어 세상을 밝힐 수만 있다면 참으로 아름다운 유산이 되어질 것이리라.

"믿음으로 아벨은 가인보다 나은 제사를 하나님께 드림으로...
하나님이 그 예물에 대하여 증거 하심이라.
저가 죽었으나 그 믿음으로써 오히려 말하느니라"(히11:4)

161
주님을 따르라!

　네덜란드의 브라더 앤드류(Brother Andrew)는 성경을 공산세계로 밀수 하는 일을 하였던 분이다. 그는 〈하나님의 밀수꾼(God's Smuggler)〉이라는 책에서 그가 젊은 시절 군인으로 인도네시아에 주둔 할 때의 한 에피소드를 소개했다. 그는 인도네시아에서 원숭이 한 마리를 길렀고 한다. 그 이름을 "기본"이라 붙여주고 한 공간에서 지내며 아껴 주었다. 그런데 언제부터인가 그 기본이는 목 근처에 손을 대기만 하면 기겁을 하고 도망을 치곤하는 것이었다. 살펴보니 새끼였을 때 목을 묶었던 철사가 그 목에 남아 살 속을 파고들고 있었던 것이다. 새끼 때 묶여진 철사는 기본이의 몸이 커지면서 살 속으로 들어가 목을 조이고 있었던 것이다. 가까이 있는 친구들의 도움을 받아 브라더 앤드류는 원숭이의 목에 걸려있는 철사를 간신히 제거했다. 그러자 원숭이는 한동안 피를 흘리며 고생을 했지만 고통이 없어진 후부터는 이리 뛰고 저리 뛰며 기뻐하는 것이었다. 그 후 앤드류는 이 "기본"이와 더욱 친밀한 관계가 되었다. 그는 "아픔에서 풀어준 이 사건은 기본이와 나를 묶는 사랑의 끈이 되었다."고 고백했다. 그리고 그는 "사람들이 가질 만큼 가지고도 참 자유를 누리지 못하는 까닭은 바로 죄악의 줄에 걸려있기 때문이다"라고 지적도 했다.
　인생들이 아무리 발버둥을 쳐도 여전히 고통 속에 살아가는 이유가 무엇인가? 영혼을 옭아매고 있는 마귀의 사슬 때문이다. 이 죄악의 줄을 제거해주시려 예수 그리스도는 십자가에 달려 죽으셨다. 그래서 우리를 자유하게 하셨다. 목에 철사가 제거된 기본이는 앤드류를 철저하게 따른 것은 물론이다. 우리네도 죄악의 사슬을 풀어 자유를 주신 예수 그리스도만을 따르는 자들이 되어야 할 것이리라.

> "사람이 나를 섬기려면 나를 따르라.
> 나 있는 곳에 나를 섬기는 자도 거기 있으리니,
> 사람이 나를 섬기면 내 아버지께서 저를 귀히 여기시리라."(요12:26)

162
다시 사는 인생이라면!

1849년 12월 어느 날 도스토예프스키는 농민반란 선동혐의로 얼어붙은 상트페테르부르크 광장에 세워졌다. 고작 몇 달 간의 유배를 예상했던 그에게 돌연 총살형이 내려지고 두건이 얼굴에 씌워졌다. 병사가 소총을 들어 그의 심장을 겨누었다. 죽음 앞에 선 그는 지금까지 인생을 낭비한 것을 후회하며 가능성은 없지만(실제로 사형장에서 풀려나는 일은 없어 거의 가능성은 없었지만) 만에 하나라도 여기서 살아나갈 수 있다면 "남은 인생의 단 1초도 허비하지 않겠다"고 하나님과 그 스스로에게 맹세했다. 그때 마차 한 대가 질주하며 광장에 들어섰다. 황제의 사자였다. 그는 "사형 대신 유배를 보내라"는 황제의 전갈을 전달했다. 그래서 시베리아로 유배를 떠났는데 거기서 보낸 4년은 그의 인생에서 가장 값진 시간들이었다. 살을 에는 혹한 속에서 무려 5킬로그램에 가까운 쇠고랑을 팔과 다리에 매단 채 그는 창작 생활에 몰두했다. 물론 글쓰기가 허락되지 않았다. 그러므로 그는 머릿속으로 소설을 쓴 후 모조리 외워두었다. 그리고 그가 유배를 마친 후에 글을 쓰기 시작했다. 그는 1881년 죽는 날까지 온갖 열정을 다해 〈죄와 벌〉, 〈악령〉, 〈카라마조프의 형제들〉 등 대작을 잇달아 내놓았다. 그는 다시 얻은 삶의 한 순간도 헛되이 보내지 않으려고 이처럼 노력했다. 그 누구라도 죽음에서 벗어나 새 삶을 산다면 지금껏 산 것처럼 살지는 않을 것이다. 죽었다가 깨어나 다시 사는 사람이라면 반드시 의미 있게 살려할 것이다. 그런데 성경은 그리스도인들은 중생한 사람이라 한다. 예수를 믿으므로 연합하여 예수님의 십자가와 함께 못 박혀 죽고, 예수님의 부활과 함께 부활한 것이다(엡2:5). 그래서 성도들은 당연히 예수 안에서 새로운 삶을 사는 자들이어야만 하리라.

> "...이제 내가 육체 가운데 사는 것은 나를 사랑하사
> 나를 위하여 자기 몸을 버리신 하나님의 아들을 믿는 믿음 안에서
> 사는 것이라."(갈2:20)

163
없을지라도 감사

사람은 누구나 있음으로 감사한다. 살아있음에 감사하고, 일이 이루어짐에 감사하고, 소유가 많아짐에 감사한다. 그렇지만 진정 감사하는 자의 모습은 없을지라도 감사하는 자의 모습이다. 없을지라도 감사하는 것은 조건이 없는 감사인데 이런 감사는 그 어느 것과도 비교할 수 없는 절대적인 감사이다.

하박국 선지자는 아무것도 없음에도 감사하고 있다. "비록 무화과나무가 무성치 못하며 우리에 양이 없으며 외양간에 소가 없을지라도 나는 여호와를 인하여 즐거워하며 나의 구원의 하나님으로 인하여 기뻐하리로다"(합3:17.18).

하박국 선지자가 말하는 이런 것들은 당시 하박국 시대 이스라엘 사람들이 살아가는데 꼭 있어야 할 것들이었다. 무화과는 먹을 양식의 일종이다. 포도는 음료수의 주종이었다. 감람나무열매는 기름을 짜는 원료이다. 밭의 식물은 하루 세끼 먹어야 할 식량이다. 양의 털로는 입을 옷을 만든다. 소는 밭을 갈고 일하는 중요한 수단이다. 이런 것들은 사치품이 아니라 생필품 같은 것들이다. 선지자는 이 세상을 살아가는데 있어서 최소한 필요한 그런 생필품들조차 없음에도 불구하고 감사하고 있다. 그러하다. 이런 감사가 성숙한 감사요 진정한 감사의 모습이다. 하나님께서 기뻐 받으시는 진정한 감사는 비록 아무 것도 없다하여도 하나님만으로 만족하는 감사이다. 하나님이 나의 하나님이 되시고, 에게 구원의 은총을 주시었으니 하나님만으로 감사하는 것이다. 사실 여호와 하나님만이 우리의 구원과 능력과 만족과 기쁨이 되시는 것이다. 이 사실을 인정하고 믿음으로 감사를 드릴 수 있다면 참으로 성숙된 감사, 온전한 감사이리라.

"여호와께 감사하라 저는 선하시며
그 인자하심이 영원함이로다."(시118:1)

164
굿나잇 키스 & 굿바이 키스

미국의 어떤 병원에서 있었던 일이다. 평생 독실한 신앙인으로 살던 한 어머니가 임종하는 순간을 그 어머니의 네 아들들이 지켜보고 있었다. 그런데 그 어머니는 마지막으로 사랑하는 아들들에게 작별의 키스를 해달라고 요청하는 것이다. 첫째 아들에게 "아들아 나에게 굿나잇 키스를 해다오." 둘째, 셋째 아들에게도 차례로 "얘, 엄마에게 굿나잇 키스를 해다오!"라고 했다. 그런데 막내아들에게는 "얘, 엄마에게 굿바이 키스를 해다오"라고 말하는 것이었다.

이상하게 여긴 막내아들이 어머니에게 물었다. "어머니, 왜 형들에게는 굿나잇 키스를 해달라고 하시고, 저에게는 굿바이 키스를 해달라고 하시는 거죠?" 그때 어머니는 가슴 속 깊이 묻어두었던 말을 했다. "막네야, 너희 형들은 머지않아 언제인가는 저 천국에서 다시 만나게 될 것이다. 그러나 너는 나와 영원한 이별을 하는게 아니냐? 이 엄마는 너에게 예수님을 여러 번 간곡히 전했지만 너는 끝내 거절하지 않았니? 그러니까 너는 천국에서 만날 수 없기에 영원히 이별하는 굿바이 키스를 하는 거란다." 어머니의 이 말에 막내아들의 가슴은 찢어지는 듯 했다. 결국 그는 회개하고 예수님을 영접하게 됐다고 한다. 그러하다. 세상에서 가장 귀한 존재가 자녀라고 서슴없이 말하는 사람들이 대부분이다. 병든 자식을 살리기 위해 어떤 어머니는 자신의 허벅지 살까지 칼로 베어먹였다는 일화도 있다. 그만큼 자식은 부모에게는 생명과 같은 존재들이다. 그렇지만 우리가 세상을 떠날 때 다시는 만날 수 없는 굿바이 키스를 할 자녀가 있다면 어떻게 되겠는가? 천국에서 다시 보지 못하는 자녀를 두고서 눈을 제대로 감을 수는 있겠는가? 만약에 그런 자녀들을 두고 편안한 침대에서 굿바이 키스를 하고 삶을 마치는 부모는 자식을 참으로 사랑하는 부모는 아닐 것이다. 사랑하는 자식이라면 "굿바이 키스"가 아니라 "굿나잇 키스"를 해야만 하리라.

"그를 믿는 자는 심판을 받지 아니하는 것이요,
믿지 아니하는 자는 하나님의 독생자의 이름을 믿지 아니하므로
벌써 심판을 받는 것이니라."(요3:18)

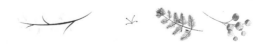

165
교회를 오해하지 맙시다.

한 남자가 약국에 들어가서 약사에게 딸꾹질에 잘 듣는 약을 달라고 하였다. 약사는 잠시 생각하더니 약을 찾는 척하다가 갑자기 남자의 뺨을 때렸다. 화가 난 남자가 소리쳤다. "뭐하는 겁니까?" "딸꾹질 정도에 약을 먹는 것은 몸에 좋지 않아요. 보세요 딸꾹질이 그쳤잖아요? 그렇죠?" "제가 아니구요~! 내 마누라가 차 안에서 딸꾹질을 하고 있어요." 일반적으로 교회에 대해 몇 가지로 큰 오해가 있다. 〈교회의 오해〉라는 책에서 에밀 브루너가번 지적하고 있듯이,

첫째, 교회를 학교라고 생각하는 것은 오해이다. 교회에서는 그룹별로 여러 가지 성경 공부를 가르치고 배우기도 하지만 그것 자체를 교회라고 생각해서는 안 된다. 성경 공부와 교회는 별개이다. 진리를 가르치고 배운다고 해서 교회를 학교라고 생각하는 것은 잘못된 헬라식의 판단이다.

둘째, 교회를 친교하는 곳이라고 하는 것은 오해이다. 성도들이 모여서 차를 마시며 친교하는 것이 교회라는 것은 망상이다. 물론 성도의 교제가 있지만, 이것이 결코 교회의 본질은 아닌 것이다.

셋째, 교회를 자선사업 단체로 아는 것은 오해이다. 그러하기에 어려운 일이 있을 때마다 교회를 향하여 "도대체 교회가 무엇하고 있느냐?"고, 교회가 돈을 쓰지 않는다고 야단한다. 자신들은 한 푼도 내지 않으면서 교회가 돈을 쓰지 않고 무엇하느냐고 원망하는 것이다. 물론 교회는 구제한다. 그렇다고 교회게 구제를 위한 기관은 아니다.

넷째, 불의에 항거하는 어떤 저항단체로 착각하는 경우도 오해이다. 불의에 대하여 지적하지만 그렇다고 무력으로 항거하는 곳이 교회가 아니다. 교회에 대한 오해만 벗어나도 어떤 이들은 불평,원망의 숲에서 탈출할 수 있으리라.

"예수께서...이르시되 '이 사람아 누가 나를 너희의 재판장이나
물건 나누는 자로 세웠느냐?' 하시고"(눅12:14)

166
너 늙어 봤냐? 나 젊어 봤다.

역사는 하루아침에 만들어지는 것이 아니다. 사람이란 현재만을 즐기는 부나비가 아니라 과거라는 바탕에서 미래를 바라보며 오늘을 사는 역사적인 존재이다. 그러므로 늙은이를 부정하는 것은 과거를 부정하는 것이 되고, 과거를 부정하면 오늘을 바로 설 지혜를 얻을 수 없고 미래가 없다. 그럼에도 노인들은 점점 설자리를 잃어가고 있다. 그래서 노인들의 노래가운데 자조 섞인 이런 가사가 들어있다. "너 늙어 봤냐? 나 젊어 봤단다." 우리교회에 연세가 많으신 노인들이 많다고 하는 것은 하나님의 축복이다. 성경은 노인들의 역할이 매우 중요하다고 말씀하고 있기 때문이다. 노인이 없는 것은 저주이다. 범죄 한 엘리에게 하나님은 삼상 2:31.32절에 "보라 내가 네 팔과 네 조상의 집 팔을 끊어 네 집에 노인이 하나도 없게 하는 날이 이를지라...네 집에 영영토록 노인이 없을 것이며"라 하여 저주를 선언했다. 노인의 지혜를 무시하면 실패한다. 솔로몬 아들 르호보암의 실패는 노인들의 지혜를 버렸었다. 르호보암은 젊은이들 말만을 들었다(왕상12:8). 그래서 그는 제 아버지가 최정상에 올려놓은 나라를 분단시키고 말았다. 성경에서 노인은 지혜의 대명사로 통한다. 시편 119:100절에 "주의 법도를 지키므로 나의 명철함이 노인보다 승하니이다"라고 했고, 애가 5:14절에 "노인은 다시 성문에 앉지 못하며, 소년은 다시 노래하지 못하나이다"라고 슬퍼했다. 성문은 주민들의 송사를 재판하는 지혜 있는 노인들이 앉는 자리였기 때문이다. 무너진 사회는 노인을 무시하고 학대하는 사회이다. 이사야 3:5절에 "아이가 노인에게, 비천한 자가 존귀한 자에게 교만할 것이며"라 했다. 느브갓네살은 노인을 긍휼히 여기지 않는 왕이었기에 성경은 그를 무자비한 자라고 했다(대하36:7). 그러므로 젊은이들은 노인을 귀하게 여기고, 노인들은 젊은이를 향해 지혜를 발휘하는 열린 자세라면 세대 간의 장벽을 허무는 복 받는 교회를 만들어 가리라.

"백발은 영화의 면류관이 의로운 길에서 얻으리라."(잠16:31)

167
기쁘다 구주 오셨네!

기독교 영화 중 불후의 대작인 〈왕중왕(The King of King)〉이 있다. 이 영화의 감독인 드밀(Cecol Demille)은 예수를 십자가에 못 박는 골고다 장면 촬영을 위하여 LA에 사는 가난하고 피곤한 사람들을 엑스트라로 삼았다. 힘들고 화난 얼굴들을 잡아야 했기 때문이었다. 그러던 어느 날 촬영준비가 늦어져서 골고다 장면 촬영을 성탄을 하루 앞둔 날 강행하게 되었다. 수백 명이 분장을 하고 세워진 세 개의 십자가 앞에 늘어섰다. 드밀 감독은 십자가 앞으로 나아가 모두에게 외쳤다. "2분간 묵상하고 시작합시다." 전체가 죽은 듯이 고요해졌다. 그렇지만 화가 나서 소리소리 지르는 군상들을 찍어야 하는데 조용하게 만들어서는 안 되는 것이었다. 그래서 그들을 재촉하려 하였지만 그러나 이미 때는 늦었다. 이때 한쪽에서 "기쁘다 구주 오셨네" 캐럴이 시작되었기 때문이다. 곧 수백 명의 엑스트라들이 합창에 참가하였다. 그 다음에는 "고요한 밤 거룩한 밤"을 합창하였다. 또 이어서는 "참 반가운 신도여"가 계속되어졌다. 그래서 캐럴은 이어졌고 거칠고 피곤한 그들의 얼굴에서 눈물이 흐르고 있었다. 우리를 해 십자가에 돌아가시기 위해서 이 땅에 탄생하신 성탄의 의미가 가슴 속에 깊이 닿았기 때문이었다.

내일이 성탄절이다. 성탄절이 되면 어릴 때 고향의 시골교회, 밤마다 모여 성탄 축하행사를 준비하던 형, 누나들이며 친구들이 그림처럼 떠오른다. 목이 터져라 "탄일종이 땡땡땡" 부르다가 각자 자기 맡은 행사를 위해 흩어져서 연습을 했다. 그 때는 선생님에게 지목당해 순서하나 맡는 것은 어린 나에게 횡재하는 것이었다. 처음으로 성극의 한 역할을 맡았던 기억은 지금도 잊을 수 없는 추억이다. 그렇지만 성탄절이 기쁘고 즐거운 것은 구주예수님이 탄생하신 날이기 때문이리라.

"...보라 내가 온 백성에게 미칠 큰 기쁨의 좋은 소식을
너희에게 전하노라."(눅2:10)

168
어떤 목사이야기

연말연시면 우리나라 사람들이 많이 찾아가는 곳이 있다. 무당집이나 점집이다. 그래서 용하다는 소문이 있는 점집은 문전성시를 이루어 한국의 무당이 공식적으로 70만 명이나 되고 비공식적으로는 100만 명이 넘을 것이라는 보도를 보았다. 오래 전에 한 시골 총각이 서울에 올라왔다. 그런데 어느 날 한 사람이 하숙집을 찾아와 다짜고짜로 "나를 따라오라"고 했다. 그는 그의 위압에 눌려서 따라나섰다. 그리고 그 사람의 지시대로 아차산 공동묘지에서 50일 동안 물만 마시고 지내다가 하산하였다고 한다. 그 날 천씨라는 사람이 찾아왔고. 귀신의 지시대로 "박씨는 죽고, 전씨가 대통령이 되고 너는 장관이 된다"고 하였더니 믿지 않았으나 얼마 후 박정희가 총에 맞아 죽고 전두환이 대통령이 되고 그 찾아 온 천씨가 장관이 되었다고 한다. 이렇게 되자 소문이 퍼져 이 시골 사람이 유명한 사람이 되었고 단군교의 교주가 되고 무당대장이 되어 3000명의 무당들을 만들어 냈다고 한다. 그런데 1992년 어느 날 하나님이 그에게 찾아 오셔서 "나를 따르라"고 하셨다. 그래서 단군교 교주가 사단의 왕관을 벗어버리고 기독교로 개종하여 기독교의 목사가 되었는데 그가 바로 김해경목사이다. 그런데 그가 신내림을 받고 당시에 유명해지니 김영삼, 김대중, 정주영, 김대중부인 이희호, 김영삼부인 손명순, 정주영씨 부인 변중석, 김복동, 유호문, 건설부 국장, 영화배우 김보애, 탈렌트 박주채, 이영림 박사, 소설가 이관용 등등 수많은 사람들이 점을 치러 왔다고들 하는데 기독교장로 권사들이 수두룩했다는 것이다. 모 방송에서 자신이 신자라고 하는 연예인이 "장난삼아 점을 보는 것"이라 하고 점집에 찾아서 막상 점을 볼 때는 아주 심각한(?) 모습을 하는 것을 보았다. 세상의 출세를 위해서는 하나님이 가장 싫어하는 이런 일들도 서슴지 않는 세태가 참으로 한심하기 그지없다. 이런 일은 참으로 하나님으로 분노하게 만드는 일이리라.

"과연 그들의 모든 행사는 공허하며 허무하며
그들의 부어 만든 우상은 바람이요 허탄한 것뿐이니라."(사41:29)

169
히키코모리 족

오늘날 "히키코모리 족"이 많아졌다고 한다. 히키모리란 "구석방 폐인"을 가르키는 일 본어이다. 이들은 자신의 일에 크게 실망하여 방에서 3개월 이상 나서기를 거부하고, 좁은 방에서 낮에는 자고 밤에는 인터넷으로 세월을 보내는 사람들인데 정신 병리학 적으로 회피성 성격장애라고 하고 우리말로 "은둔형 외톨이" "은둔형 폐인"이라 한다. 그런데 이런 히키코모리족으로 전락하는 자들은 명문학교를 거친 자들이 많다는 것이다. 외고에 다니다 전교에서 100등 밖으로 밀려나자 학교를 거부하고 구석방에 서 2년 가까이 이런 생활을 하다가 결국 정신 병원에 입원하게 된 조모군이 있었다.

시법고시에 3번 낙방한 김모씨는 이런 은둔형 폐인으로 지내다 그 역시 정신이상으로 병원을 찾았다고 하는데 그도 서울대 출신이었다. 이런 "히키코모리족"들은 대개 자신에 대한 절망감이나 자책감에 휩싸여 부모에게 고함을 지르고, 심할 경우 폭행하는가 하면 사회의 범죄자의 증세까지 보인다고 한다. 그런데 몇 년 전 일본에는 인구의 1%인 120만 명이나 된다고 보고되었으니 지금의 우리나라에도 상당수가 될 것이라고들 한다. 이들은 방안에서 나오지 않는 이유가운데 하나는 새로운 길에 대한 두려움 때문이라는 것이다. 그러하다. 새로운 길은 한 번도 걸어보지 않는 미지의 세계이기에 두려움을 주기에 충분하다. 한 번도 경험해보지 않는 세계에 대한 두려움이 누구에게나 있다. 새로운 길은 현재 소유한 그것마저도 송두리째 앗아갈 수 있다는 두려움도 있다. 그래서 자신에게 실망한 사람들은 두려워하는 것이다. 이런 두려움은 과거 이스라엘만이 아니라 지도자인 여호수아에게도 있는 두려움이었고 어쩌면 지금 2018년 새해를 시작하는 우리의 두려움이기도 하다. 하나님은 이스라엘과 여호수아를 향하여 "오늘 시작하라" 하신 것처럼 우리에게도 말씀하시니 도우시는 하나님을 의지하고 오늘부터 다시 시작해야 하리라.

"여호수아에게 이르시되 내가 오늘부터 시작하여
너를 온 이스라엘의 목전에서 크게하여 내가 모세와 함께 있던 것같이
너와 함께 있는 것을 그들로 알게 하리라"(수3:7)

170
고향에 도착할 때까지!

중국선교를 하다가 무서운 병으로 돌아가신 모리슨(H.C.Morrison) 선교사가 체험한 일화이다. 모리슨 선교사는 평생을 중국선교에 헌신하였지만 언젠가 아프리카를 방문하고 뉴욕으로 돌아오는 길에 우연히 루스벨트 대통령과 함께 배를 타게 되었다고 한다. 루스벨트 대통령은 휴가를 맞아 아프리카에서 사냥을 하고 돌아오는 길이었다. 그 배가 목적지인 뉴욕에 도착하자 수많은 인파가 부두에 몰려나와 대통령을 환영하였고 군악대의 연주가 힘차게 울려 퍼졌다. 드디어 대통령이 자기가 잡은 짐승을 높이 쳐들고 의기양양하게 나오자 사람들의 환호성은 하늘을 찌를 듯했다. 사람들은 루스벨트의 이름을 연호하였고, 그는 마치 큰 전쟁에 나가 승리라도 하고 돌아오는 개선장군과 같았다고 한다. 그만큼 루스벨트는 국민들에게 아주 사랑 받는 대통령이었던 것이다. 이 광경을 보며 대통령의 뒤를 따라 내리던 모리슨의 마음속에 갑자기 쓸쓸한 생각이 들었다. 대통령에게는 많은 인파가 환영하는데 자기는 아무도 환영해 주는 사람이 없었다. 그러나 그때 주님의 음성이 마음을 스치고 지나갔다. "너는 20년간이나 내 십자가를 지지 않았느냐? 내가 그것을 알고 있다. 그러나 너는 아직도 고향에는 도착하지 않았다." 그때 모리슨 선교사는 십자가를 지고 가는 길이야 말로 가장 값진 삶이라는 것을 다시 한 번 더 확신할 수 있었다고 한다.

아브라함 이삭 야곱 등, 믿음의 조상들은 더 나은 본향을 찾는 사람들이었기에 이 땅에 정을 두지 않았다(히11:16). 바울은 십자가 지고 복음을 전하는 길은 너무 힘들었다. 그럼에도 그는 "나의 나 된 것은 하나님의 은혜로라"고 하며(고전15:10) 언제나 십자가만을 자랑하겠다고 한다. 자신의 자랑이 있다면 자신의 약함밖에 없다고 했다(고후12:9). 진정 바울은 영원한 고향을 알고 있었던 것이리라.

> "...또 땅에서는 외국인과 나그네로라 증거하였으니...
> 이같이 말하는 자들은 본향 찾는 것을 나타냄이라"(히11:13,14)

171
찬송을 기뻐하시는 하나님

미국 뉴저지주의 프린스턴 신학대학에 신약학 교수가 계셨다. 그런데 그 분은 채플 시간에 전혀 찬송을 부르지 않은 것으로 유명하다. 이유인즉 본인이 음치라는 사실을 알고 있기 때문이다. 학생들은 교수의 별명을 "음치"라고 붙여주었다. 그러던 어느 날 그 교수가 어찌된 일인지 채플시간에 찬송을 힘차게 부르고 있는 것이 아닌가! 음정도 틀리고 박자도 희한하게 틀렸지만 목소리만은 힘차게 찬송하는 모습에 학생들은 놀라기도 하고 의아심도 생겼다. 강의시간이 되자 한 학생이 교수에게 물었다. "교수님 무슨 일이십니까? 찬송을 다 부르시고" 그랬더니 겸연쩍은 표정으로 고백하기를 "전날 밤 꿈을 꾸었다는 거다. 천국에 이르러 노크를 했더니 베드로가 누구냐고 묻더란다. 그래서 자신을 어릴 적부터 신자요 지금은 신학대학교 교수라고 소개를 했더니, 베드로가 장부 같은 것을 뒤지며 말하기를 "공부는 많이 해서 아는 건 많은데, 찬미의 제사를 올린 기록이 없군요. 천국은 지식이 많은 신학박사를 원하는 것이 아니라 찬양을 하나님께 올려드린 자를 원합니다. 다시 가서 찬송을 많이 부르다가 오시오!" 하더니 천국 문이 쾅하고 닫혀서 깜짝 놀라 깨어보니 꿈이었다는 것이다. 그래서 비록 음치일지언정 부끄러움을 무릅 쓰고 찬송을 하는 것이라고 하였다.

바울은 빌립보 감옥에 갇혔을 때 찬송하니 옥문이 열리는 능력이 나타났다. 찬송에는 능력이 있다. 찬송에 기쁨과 기적이 있다. 바울은 찬송은 제사라고도 한다(엡5:19). 찬송은 곡조 있는 기도이며, 영혼 깊은 곳에서 울려나오는 하나님을 향한 신앙고백이기 때문이다. 이런 찬송의 능력이나 효능을 지식적으로 많이 아는 것이 중요한 것이 아니라 입술의 고백으로 찬양을 드려야 한다. 우리가 찬송할 때 주님은 언제나 우리의 필요와 상황에 따라 응답하시리라.

"이스라엘의 찬송 중에 거하시는 주여
주는 거룩하시니이다"(시22:3)

172
겸손이 힘이다.

옛날 어느 선비가 일행들과 함께 주막집에 들어가서 요기를 한 후에 자리에 누웠다. 먼길을 걸어오느라 지친 이들은 깊은 잠에 빠졌다. 그런데 새벽에 "충청 수사 출두요!"하는 소리와 함께 주막집이 시끌벅적한 소리로 가득했다. "충청 수사"이면 오늘날로 하자면 지방관리 쯤 되는 직위이다. 주막 주인은 "이걸 어쩌지요? 방이 없는데 어떻게 합니까?"하고 말한다. 그랬더니 "충청 수사께서 오셨는데 방이 없다니! 썩 방을 내놓지 못할까?"라는 거다. 하도 야단을 해서 주인은 선비들이 자는 방에 와서 부탁을 한다. "죄송하지만 충청 수사께서 오셔서 그러니 방을 좀 비워 주셔야 되겠습니다"라고 말한다. 그러자 선비는 "예, 그러시지요." 그러면서 방밖으로 나와서 그의 일행들과 함께 마루에서 새벽잠을 청했다. 그런데 그 선비가 바로 이조판서 우암 송시열이었다. 이조판서는 당시에는 지방의 충청 수사와는 비교도 안되는 사람이었나. 아침에 일어나서 사실을 알게 된 충청 수사가 어떻게 되었겠는가? "이 놈이 죽을 큰 죄를 지었습니다!" 손이 발이 되도록 빌었을 것이다.

참으로 하나님이 가장 사랑하고 존귀히 여기는 사람은 겸손한 사람이다. 그래서 바울은 자랑한다면 자신의 약함을 자랑한다고 했다(고후12:9). 바로 약할 때 하나님이 강함이 되시고(고후13:9) 역사해 주셔서 온전하게 해 주심을 알았기 때문이다(고후12:9). 하나님은 교만한 자를 물리치시고 겸손한 자에게 은혜를 주신다(벧전5:5). 그러므로 하나님께 힘을 얻어 살아가기를 원하는 성도라면 당연히 자신의 연약함을 고백하므로 겸손해야 하리라.

"교만은 패망의 선봉이요
거만한 마음은 넘어짐의 앞잡이니라"(잠16:18)

173
참된 가치에 집중하라.

식민지개척시대에 영국인 출신으로 아프리카를 개척한 두 명의 탐험가가 있었다. 세실 로오드(Cecil Rhodes)라는 사람과 데이비드 리빙스턴(David Livingstone)이다. 이 두 사람은 다 같이 영국의 탐험가로서 아프리카에서 전혀 상반된 길을 걸었다. 세실 로오드는 남아프리카에서 소위 황금전쟁(Boar War)을 일으켰던 사람이었다. 그는 아프리카의 원주민을 수십 만 명이나 학살하고, 황금과 다이아몬드 등 각종 좋은 것들을 영국에 빼돌림으로써 국가적인 영웅이요 애국자로 찬사를 받았다. 그러나 리빙스턴은 아프리카에 가서 영국의 침략정책을 반대하고, 노예제도와 원주민 압제를 비판하고 투쟁하여 권력자들에게 조국을 버린 배빈자로 몰리게 되었다.하지만 이들 두 탐험가에 대한 오늘날의 평가는 당시와 아주 반대가 되어버렸다. 로오드라는 사람의 이름은 잊혀지고 그의 무덤조차 찾을 길이 없는 반면, 리빙스턴은 영국인들뿐만 아니라 전 세계인의 사랑과 존경을 받게 되었고, 그의 시신은 영국이 배출한 위대한 역사적 인물들만이 묻히는 웨스트민스터교회 지하에 안치되어 지금도 관광객들의 참배가 끊이지를 않고 있다. 이 두 사람은 같은 시대를 같은 장소에서 살았지만 후대 사람들로부터 전혀 다른 평가를 받게 된 것이다. 무엇 때문일까? 그것은 가치관을 땅에 두고 산 사람과 하늘에 가치관을 둔 사람의 차이이다.

성도는 하늘에 가치를 둔 사람들이다. 물론 하늘에 가치관을 두고 사는 사람도 흔들릴 때가 있다. 인간인지라 보이는 땅의 염려에 사로잡히는 것이다. 그러므로 히브리서기자는 "돈을 사랑치 말고 있는 바를 족한 줄로 알라 그가 친히 말씀하시기를 내가 과연 너희를 버리지 아니하고 과연 너희를 떠나지 아니하리라 하셨느니라"고 했다(히13:5). 참으로 버리지 않으시고 도우시는 하나님을 믿는다면 언제나 진정한 가치에 마음을 두고 흔들리지 말아야 하리라.

> "이기기를 다투는 자마다 모든 일에 절제하나니
> 저희는 썩을 면류관을 얻고자 하되
> 우리는 썩지 아니할 것을 얻고자 하노라"(고전9:25)

174
끝까지 잘 달려야만!

지금 평창 동계올림픽이 개막되어 선수들의 눈위의 열기가 가득하다. 그렇지만 어떤 경기를 막론하고 끝까지 긴장을 늦추지 말고 최선을 다해야 승리하는 법이다. 이런 일이 지난 목요일 밤에 우리나라와 중국의 컬링 혼성시합에서도 나타났다. 세계 11위라는 우리나라는 세계 순위 3위라는 중국에 6:1까지 밀려 패색이 짙은 가 운데도 분발하여 7:7을 만들어냈다. 세계 3위 중국팀이 실수하기도 했지만 우리 선수 들이 최선을 다해 동점까지 가고 마지막 연장전에 들어간 것이다. 그리고 마지막 경 기에서 마지막으로 한 개 남은 컬링을 우리 선수가 가운데로 붙이기만 하면 승리하는 상황인데 그만야 살짝 벗어나 중국에게 패하고 말았다. 참으로 아쉬운 순간이었다.

어느 보고를 보니 장거리 운전을 하는 중에 가장 사고가 많이 날 때는 목적지에 도착하기 5분 전이라고 한다. 목적지에 거의 도달하게 되면 마음이 해이해져서 사고가 많이 난나는 섯이다. 나쁠레옹이 군관학교를 다닐 때에 교관이 물었다. "같은 병력과 같은 무기와 같은 전력을 가지고 있는 두 군대가 전투한다면 어떤 군대가 이기겠는가?" 그때 나폴레옹은 "최후의 5분을 잘 싸운 군대가 이길 것입니다"라고 대답했다고 한다. 과거 이스라엘은 가데스 바네아에서 목적지인 가나안을 눈앞에 두고 들어가지 못하고 광야로 되돌아갔다. 경기나 전쟁은 물론이고 신앙경기에서 목적지를 향하여 끝까지 잘 달려야만 승리 한다. 불행하게도 가데스바네아의 이스라엘처럼 축복의 문 앞에서 되돌아가는 사람이 우리네 가운데 이외로 많은 것에 놀란다. 그러나 끝까지 우리의 목적지인 하늘나라를 향해 꾸준히 나가야 한다. 예수님이 십자가를 향해 끝까지 가셔서 다 이루었다 고 하신 것처럼 바울이 상을 향하여 달려가 사명을 마친 것처럼 눈앞에 있는 목적지 를 향해 끝까지 잘 달려다보면 하나님의 목적을 이루고 주시는 상을 받게 되리라.

"내가 이미 얻었다 함도 아니요 온전히 이루었다 함도 아니라,
오직 내가 그리스도 예수께 잡힌바 된 그것을 잡으려고 좇아가노라."(빌3:12)

175
의심하면 두려워진다.

평양신학교 교수로 재직하시던 채필근 목사님이 고향에 쓸 일이 35원(당시 쌀 두 섬 값)을 가지고 여행을 떠났다. 어두워져 어느 주막집에서 하룻밤을 자게 되었다. 그런데 한 밤중에 다른 손님이 들어서 같은 방을 쓰게 되었다. 미처 인사할 시간도 없는 채 잠을 자는데 자꾸 그 손님이 수상하다는 의심이 들기 시작하는 것이었다. 그래서 벽에 걸었던 양복을 벗겨서 배위를 덮고 시계는 풀어 돈을 넣은 주머니와 함께 내복 속에 감추었다. 그래도 안심이 안 되어 저쪽이 부스럭 거리면 이쪽도 안자 고 있다는 표시로 캠하고 헛기침하고, 저쪽도 이쪽이 의심이 되는지. 헛기침하더란다. 그런 식으로 서로 의심하다 보니 두려움으로 그날 밤 한 잠을 제대로 못 잤다. 새벽이 되어서 문창이 환하게 밝아 오기 때문에 목침에 엎디어 아침 기도를 올렸다. 기도를 마치고 일어나는데 그 손님은 엿보고 있다가 "손님, 예수를 믿으시는가요?"라고 묻더란다. 그래서 "예"라고 했더니 "나도 예수님을 믿어요"라고 하더란다. 알고 보았더니 그 분은 어느 교회 영수님으로 요즈음 안수집사 직책을 가진 분이었다. 그 분도 장으 로 소를 사러 가노라고 500원을 가지고 있었기에 잠을 전혀 잘 수가 없었다고 한다. 하나님의 백성으로 한쪽은 목사요, 한쪽은 영수이면서도 서로 의심하다가 상대가 두 려워 날밤을 새웠다고 하니, 목사님은 믿음없이 상대를 의심한 것을 회개했다고 한다.

평창 올림픽에서 우리 선수들이 연거푸 탈락하거나 부진을 면치 못하는 것을 보기민망하다. 우리선수 만이 아니다. 그 어떤 선수라도 자신의 실력이나 경기장에 대한 의심은 두려움을 가져오고 그래서 경기를 망치기 십상이다. 관중때문이거나 개인적인 컨디션 때문이거나 무엇이든지 흔들리는 마음에는 평안이 없다. 의심에 사로잡혀 있는 한 성공확률이 낮을 수밖에 없다. 성도들도 그러하다. 야고보는 의심하지 말고 구하라고 했다(약1:6). 믿음이 응답과 능력을 가져오리라.

> "의심하는 자는 마치 바람에 밀려 요동하는 바다 물결 같으니,
> 이런 사람은 무엇이든지 주께 얻기를 생각하지 말라."(약1:6.7)

176
천국에서 만날 사람이라야!

필립 브룩스 목사가 중한 병에 들어 병원에 입원을 했는데, 교회의 성도들이 문안을 가도 방문을 사절하였다고 한다. 병문안을 받지 않은 것이다. 그런데 도시의 유명한 법률가 잉거솔이 병원을 찾아갔다. 성도들이 말하기를 "잉거솔도 면회를 못하고 돌아올 것"이라고 했다. 그런데 브룩스 목사는 잉거솔의 방문을 받아들였다. 잉거솔은 우쭐해졌다. "내가 유명인사가 되니까 브룩스 목사가 방문을 허락하고 만나려는 것"이라고 생각했다. 잉거솔이 병실에 들어서자마자 "저 같은 사람을 만나주시니 영광입니다. 기회를 주시다니 감사합니다"라고 인사를 했다. 그런데 브룩스 목사가 그의 말을 가로막으며 말하기를 "다른 사람들은 천국에 가서 만나겠지만, 왠지 당신과는 만날 기회가 없을 것 같아서 만난 것입니다"라고 했다. 브룩스 목사는 구원받지 못한 사람이기에 세상에서 한 번 보고 가야 한다면서, 말한 것이다. 그래서 그를 깨우쳐 예수 그리스도를 믿게 한 것이었다.

지금은 너나 할 것 없이 같은 얼굴로 살아간다. 그러나 이 세상이 끝나고 저 세상에는 두 얼굴로 나뉠 것이다. 평안한 천사의 얼굴과 고통스런 어둠의 얼굴이다. 하나님의 나라에 들어가는 사람은 평안한 천사의 얼굴이 되지만 지옥은 말로 형용할 수 없는 흉악한 고통의 얼굴이 된다. 다행스럽게도 우리는 예수 그리스도를 믿고 그의 십자가에 흘리신 피로 구원받았기에 찬송하며 하나님께 영광 돌리는 것이다. 그렇지만 주님을 부인하므로 십자가의 은혜를 얻지 못하는 가족들이 있다면 그들에게는 상상하기조차 싫은 일이 일어나고 마는 것이다. 그래서 주님은 "사람이 만일 온 천하를 얻고도 제 목숨을 잃으면 무엇이 유익하리요, 사람이 무엇을 주고 제 목숨을 바꾸겠느냐?"라고 하셨다 (마16:26). 천하를 가지고 살아도 지옥에 던져진다면 소용없다는 것이다. 실로 내 가족가운데 하나라도 천국에서 만나지 못하는 사람이 되지 않도록 하기 위해서 우리는 기회가 있는 대로 온갖 에너지를 다 쏟아야만 할 것이리라.

"가로되 주 예수를 믿으라.
그리하면 너와 네 집이 구원을 얻으리라 하고"(행16:31)

177
변장된 주님의 모습

중세시대에 가장 유명한 성자는 말틴(Martin)이라는 사람이다. 콘스탄틴 황제가 온 유럽을 지배하고 있던 시절에 말틴은 헝거리에서 태어났다. 말틴은 어려서부터 예수님을 영접하였다. 말틴은 수도승이 되어 경건한 삶을 살기를 소원하며 자라났다. 그러나 말틴의 아버지는 그렇지 않았다. 아버지는 자기가 소속된 황제를 위한 군대에 입대하여 함께하길 원하고 있었다. 그래서 말틴은 자기의 소원과는 달리 아버지의 권유로 프랑스에서 근무하는 기병대에 입대하여 일하게 되었다. 그러던 어느 추운 겨울날이었다. 말틴은 아미엔스(Amiens) 정문 밖에서 일하고 있었다. 이 때 옷도 입지 못 하고 벌벌 떨면서 불쌍한 모습으로 지나가는 거지를 보았다. 말틴은 이 거지를 보자 말자 허리에 차고 있던 칼을 뽑아들었다. 그리고 자기의 옷자락을 반 발라냈다. 그리고 그 옷자락을 거지에게 입혔다.

그 날 밤이었다. 말틴은 이상한 꿈을 꾸었다. 예수님께서 자기가 거지에게 준 옷자락을 입고 말틴에게 나타나셨다. 그러더니 슬그머니 사라지는 것이었다. 그러나 이 꿈은 말틴의 생애를 변화시켰다. 그는 군대에서 나와 버렸다. 그리고 자신의 꿈이었던 수도승이 되었다. 그리고 하나님께 온전히 헌신하는 삶을 살게 되었다. 성경을 사람들에게 가르치며 살기 시작하였다. 수많은 신비한 기적이 말틴을 따랐다. 그러던 어느 날 그에게 교회 중직들이 찾아 왔다. 그리고 튤스(Tours)에서 감독이 되어 달라고 요청하였다. 말틴은 감독 자리를 원하지 않았기에 사람들을 피해 은둔생활을 시작하여 묵묵히 수도승의 길만을 걸었다. 그러자 주님이 그와 함께 하시면서 기사와 이적으로 동행해 주신 것이다. 가난한 자들을 위해 희생하는 그를 하나님은 방치하실 수 없으셨으리라.

> "가난한 자를 불쌍히 여기는 것은 여호와께 꾸이는 것이니
> 그 선행을 갚아 주시리라"(잠19:17)

178
가난한 자들을 위해 뿌리라!

여수 앞바다가 내려다보이는 명당에 영광 김씨 고택인 봉소당(鳳巢堂)이 자리 잡고 있다. 대지 5,000평에 한옥으로 된 사랑채·행랑채·본채가 위풍을 드러내고 있다. 이 집은 몇 년 전에 "가문의 영광"이라는 영화에도 등장했다. 이 저택이 건립된 시기는 구한말이다. 현재 12대 후손 김재호의 증조부인 김한영이 구한말에 장사를 해서 모은 돈으로 지은 집이다. 당시 김한영은 1만 2,000석 부자로 유명 했다고 한다. 김한영은 장사로 돈을 벌었지만, 평소 소작인들에게 후대했다고 한다.평소에 쌓아둔 이런 긍휼이 난리가 났을 때 그 효력을 발휘했다. 여순반란사건이 일어났을 때 여수에서 가장 부잣집인 봉소당 주인이 제일 먼저 좌익들에게 잡혀갔다. 어느 이층에서 취조를 받는데 위원장이 보초서는 두 사람을 아래층으로 내려 보냈다. 그리고 위원장은 얼굴을 가리고 신문만 보는 것이다. 한참 신문을 보더니이제는 아예 뒤돌아 앉아 신문을 보는 것이었다. 그때까지 김한영은 "왜 심문을 하지 않을까?" 의아하게 생각했는데 뒤돌아 앉아 신문만 보자 "아, 날더러 도망치라고 기회를 주는구나" 생각하고 창문을 열고 도망쳤다. 그 위원장이 바로 평소 이 집의 도움을 받았던 바로 그 소작인의 아들이었다. 좌익을 하지만, 평소에 긍휼로 사랑을 베풀어 주었던 "봉소당"의 주인을 죽일 수는 없었다. 결국 봉소당 주인이 몰래 탈출할 수 있도록 눈감아 줌으로써 보답한 것이었다. 이렇게 해서 이 집은 난리 통에도 사람이 죽거나 집이 불타지 않고 유지될 수 있었던 것이다. 이 집은 현재도 여전히 여수의 부자라고 한다. 솔로몬은 "가난한 자를 불쌍히 여기는 것은 여호와께 꾸이는 것이니 그 선행을 갚아 주시리라"라고 했다(잠 19:17). 가난한자를 불쌍히 여기면 하나님이 기억하셨다가 갚아주신다. 그래서 잠언 21:13절에서는 "귀를 막아 가난한 자의 부르짖는 소리를 듣지 아니하면 자기의 부르짖을 때에도 들을 자가 없으리라"고 하셨을 것이리라.

"가난한 자를 조롱하는 자는 이를 지으신 주를 멸시하는 자요,
사람의 재앙을 기뻐하는 자는 형벌을 면치 못할 자니라."(잠17:5)

179
십자가로 나타난 진정한 헌신

18세기 독일에 진젠도르프 백작은 많은 재산과 토지를 가진 사람이었다. 어느 날 미술관에 그림을 보러 가서는 이런 저런 그림을 보다가 한 그림에 눈이 멈춰졌다. 예수 그리스도께서 십자가에 달려서 죽으신 그림이었다. 머리에는 가시 면류관이 쓰여 있고. 양손에는 대못이 박혀 있으며 허리는 창에 찔린 채 피가 흘러 내리는 그림이었다. 그런데 그 피가 백작의 눈에는 진짜 흐르는 것처럼 보였다. 진젠도르프는 십자가에 죽으신 예수의 그 모습을 보는 순간 큰 충격을 받았다. 그는 큰 감동으로 그 앞에 무릎을 꿇었다. 그리고 회개의 기도를 드렸다. "예수께서 나의 죄 때문에 피를 흘리고 죽으셨는데, 나는 예수를 위해 아무것도 한 것이 없습니다. 저의 죄를 용서해 주십시오."

그 충격적 사건이 진젠도르프 백작의 삶을 바꾸어 놓았다. 자기만을 위해 살던 진젠도르프는 하나님을 위해 살고 이웃을 위해 사는 사람으로 변화되어졌다. 그는 많은 토지를 떼어 필요한 사람들에게 나누어주었다. 마침 그 때 모라비안 교도들이 신앙의 박해를 피해 진젠도르프의 영지 가까이 피신을 왔을 때 그들에게 많은 땅을 내어주었다. 모라비안 교도들은 그곳에 마을을 형성하여 신앙의 공동체를 만들어 경건 운동을 펼치게 되는데 바로 그곳이 헤른포트 신앙공동체인 것이다. 이제 수난주간이 다가온다. 주님이 고통의 십자가에 달리신 그 주간이 한 주 앞으로 다가왔다. 참으로 그리스도인이라면 누구라도 진젠도르프의 눈에 보였던 예수의 붉은 피가 십자가에 흐르고 있음을 보아야 하고 그 십자가가 동기가 되어 헌신이 일어나야 한다. 오늘의 그리스도인들의 가장 심각한 문제는 그리스도의 십자가를 보아도 아무 감각이 없다는 것이다. 예수의 십자가가 보지 않는 헌신은 진정한 헌신은 아니다. 십자의 붉은 피를 볼 수 있다면 그래서 뜨거워 진 마음으로 헌신하는 것이 진정한 헌신이 될 것이리라.

"어리석도다. 갈라디아 사람들아! 예수 그리스도께서 십자가에 못 박히신 것이 너희 눈앞에 밝히 보이거늘 누가 너희를 꾀더냐?"(갈3:1)

180
천국을 보게 하는 십자가

불신자들은 죽을 때 지옥을 본다고 한다. 구 소련의 독재자 스탈린의 딸이 뉴스 위크지에 기고한 글에 그 아버지 스탈린이 운명할 때 눈을 크게 뜨고 두려운 눈빛을 하더니 왼손을 들고 무엇을 가리키며 죽었다고 증언 하였다. 영국 무신론자 협회의 거두인 프란시스 뉴포트(F. Newport)는 임종시에 주위에 사람들에게 이렇게 말했다. "나에게 하나님이 없다고 말하지 말라. 나는 그 분이 계시고 그 분 앞에서 있다는 것을 느끼고 있으니까, 지옥이 없다고도 하지 말라. 벌써 내 영혼이 그 불길 속으로 들어가는 것을 느끼고 있으니까, 가엾은 사람들아 나에게 희망이 남아 있다고 말하는 것을 그만두어라. 나는 영원히 가망이 없다는 것을 알고 있으니까"하고 두려움 속에 숨을 거두었다. 불교의 성철은 "내가 80년 동안 포교한 것은 헛것 이로다. 우리는 구원이 없다. 죄 값을 해결할 자가 없기 때문이다. 필희야 내가 잘못 했다. 내 인생을 잘못 신뢰했다. 나는 지옥에 간다"라고 싱철은 딸에게 유언했다고 한다. 그러나 주님을 믿는 자들은 천사와 천국을 보는 죽음이니 아름다운 것이다. 찰스 웨슬리는 운명전에 "하나님이 기뻐하시니 나도 기쁩니다. 아, 만족하다. 만족하다"라고 하며 죽었다. 무디는 죽기직전 "땅이 사라지면서 천국이 내 앞에 열린다 이것이 죽음이라면 너무 달콤하다. 여기에는 계곡이 없다. 하나님이 부르고 있 다. 나는 가야만 한다. 나의 승리다. 나의 대관식 날이다"라고 웃으며 죽었다. 고난주간이다. 주님이 천국을 보이시고 들어가게 하시려고 고난의 십자가를 지셨다. 우리는 주님 때문에 지옥의 불을 보지 않고 영원한 천국을 보는 자, 들어가는 소망이 있으니 얼마나 감사한가? 천국을 보여주며 천국의 소망을 주시려고 십자가를 지신 주님은 "다 이루었다"고 외치셨다. 주님은 십자가로 승리가를 부르신 것이다. 고난주간을 맞아 천국을 보여주신 주 예수님께 날마다 감사하며 찬송해야 하리라.

"이제 내가 육체 가운데 사는 것은 나를 사랑하사 나를 위하여
자기 몸을 버리신 하나님의 아들을 믿는 믿음 안에서 사는 것이라."(갈2:20)

181
예수 다시 사셨네!

1. 무덤에 머물러 예수 내 구주 새벽 기다렸네. 예수 내 주
2. 헛되이 지키네. 예수 내 구주 헛되이 봉하네 예수 내주.
3. 거기 못가두네. 예수 내 구주 우리를 살리네. 예수 내주.
   후렴: 원수를 다 이기고 무덤에서 살아 나셨네.
   어두움을 이기시고 성도함께 길이 다스리시네.
   사셨네. 사셨네. 예수 다시 사셨네.

찬송 160장은 로버트 로리 목사님이 지은 찬송이다. 미국의 남북전쟁 때 남군과 북군이 치열하게 전투를 벌이는 바람에, 수많은 생명이 죽어가고 곳곳에서 억울한 일들이 생겨났다. 국민들은 불안과 염려 속에 수도 없이 죽어가는 시체 앞에 분노했다. 그때 로버트 로리라는 목사님이 전쟁터에서 종군하며 전쟁의 비극을 눈으로 직접 목격하게 되었다. 여기저기에서 피가 튀기고 수많은 시체들이 쌓였다. 그는 시체를 치우면서 "하나님, 당신은 어디에 계십니까?"라고 부르짖으며 그 일을 계속 했는데, 어느 날 너무 힘이 들어 시체들 속에 쓰러져 버렸다. 며칠이 지났는지 모르지만 환상이 보이면서 하늘에서 음성이 들렸다. "로리 목사야, 너 거기 있었니? 내가 살아 있느니라. 내가 어둠을 이기고 살아났느니라. 내가 지금 네 속에 살아 있느니라."

의식이 들어 눈을 떠보니 그가 시체 가운데 묻혀 있었다. 그는 용수철 같이 튀어 올라 "주님이 사셨다! 주님이 사셨다"라고 외치며 기뻐하였다. 그리고 한 시를 지었는데, 그 시가 바로 160장 〈무덤에 머물러〉라는 찬송이다. 예수님은 지금 살아계셔서 인간의 생사화복과 국가의 흥망성쇠를 주관하고 계신다. 눈에 보이지 않는다고 하여 무심히 살아가는 자들과 달리 성도들은 언제나 살아계시는 주님을 의식하며 살아가야 하리라.

"그가 여기 계시지 않고 그의 말씀하시던 대로 살아나셨느니라.
와서 그의 누우셨던 곳을 보라."(마28:6)

182
그리스도를 믿는다면!

창신교회에서 오랫동안 사역하셨던 고 신세원목사께서는 어린 시절 집은 과수원이었다고 한다. 1955년에 남산에 있는 총신을 입학한 후에 한 학기를 마치고 집에 내려가게 되었다. 그 때 과수원 일을 하시던 신목사님의 부친은 반가워 하시면서 "공부 잘했냐"라고 물으셨다. "예" "신학교 가서 공부해 보니까 정말 하나님이 계시더냐?" "예" "예수 안 믿으면 지옥가느냐?" "예"라고 대답을 했다. 하나님이 계시다, 천국이 있다, 지옥이 있다고 했으니까 대답을 잘 한 것이다. 그런데 대화를 하시던 부친께서 신세원에게 "너는 아주 나쁜 놈이야. 비양심가라야"라고 하시는 것이다. 이해가 가지 않았다. 더욱이 부친께서는 신앙생활을 잘 하신 어른이셨다. 그의 부친께서는 다시 물으셨다. "내가 하는 말을 알겠느냐?" "모릅니다." "말할게 이놈아! 하나님이 계심을 네가 확신하고, 천당이 있음을 확신하고, 지옥이 있음을 확신한다면 왜 우리 친척 가운데 불신자가 있는데 붙들고 울지 않느냐? 이 과수원에 사과 사러 오는 많은 손님이 있는데 뻔히 지옥에 갈 거 아는데 왜? 붙들고 울지 않느냐? 네 말대로라면 지옥 가는 게 분명하지 않냐? 왜 붙들고 울지 않느냐? 울지 않는 걸 보면 네가 신학생이니까 직업적으로 형식적으로 말로만 믿는 게 아니냐?"라고 하시는 것이다. 그 때의 이런 부친의 말씀은 신 목사님에게 평생 마음에 큰 부담이 되었다고 고백한다. 누구든지 믿음의 사람이라면 믿음에 확신에 거해야 한다. 그렇지 않다면 뜬 구름같은 존재일 수 있기 때문이다. 그래서 우리는 순간순간 자신이 믿음이 있는가를 확인하고 살아가는 것이다. 그렇지만 확신을 가지고 있다는 사람들로서 우리는 너무 딴 모습으로 살아가고 있다. 천국이 있고 지옥이 있다고 믿는다 하면서도 지옥 갈 형제 자녀 가족을 우리는 모르쇠로 일관하고 살아간다. 너무나 방치해 버리고 있다. 정말 천국과 지옥이 있음을 믿는다면, 그리고 천국에 들어갈 유일한 방법이 예수뿐임을 믿는다면, 전하지 않고는 견딜 수 없어야 하리라.

"내가 복음을 전할지라도 자랑할 것이 없음은 내가 부득불 할 일임이라. 만일 복음을 전하지 아니하면 내게 화가 있을 것임이로라."(고전9:16)

183
예수 다시 사셨네!

어느 신학교에 공부는 전혀 하지않고 시험에서 좋은 점수를 받게 해달라고 기도만 하는 학생이 있었다. 교수가 아무리 공부하라고 타일러도 그는 "구하는 이마다 받을 것이요 두드리는 이에게 열릴 것이니라"(눅11:10)는 말씀을 외우며 기도실을 떠나지 않았다. 드디어 시험시간이 되었다. 문제의 답을 전혀 알 수 없었던 그는"하나님은 다 아십니다"라는 단 한 문장만 써놓고 유유히 교실을 빠져 나갔다. 담당 교수는 채점 란에 이렇게 썼다. "하나님은 다 아시니 100점, 학생은 다 모르니 0(빵)점."

세상에는 믿음으로 산다는 명분아래 자기 편리한 대로 살아가는 사람이 많다. 게을러서 노력하지 않는 것을 자신이 세상에 초연하기 때문이거나, 믿음으로 살기 때문이라고 착각하는 것이다. 하지만 하나님은 다 아신다. 내 손에 있는 시간이나 물질이 아깝지 않는 자가 누가 있겠는가? 그러나 하나님은 그런 인색함을 다 아신다. 귀찮고 피곤한 일을 슬쩍 뒤로 미뤄두는 것도, 최선을 다하지 않는 것도, 육신을 핑계로 게으름 피우고 있는 것도, 아까워 움켜쥐는 것도 하나님은 다 아신다. 그러나 우리가 주님의 말씀에 순종하기만 하면 주님을 체험하게 된다. "너는 마음을 다하여 여호와를 의뢰하고 네 명철을 의지하지 말라. 너는 범사에 그를 인정하라. 그리하면 그가 네 길을 지도하시리라"(잠 3:6,7). 우리의 오늘의 문제를 해결하는 길은 오직 범사에 하나님을 인정하고 순종하고 헌신하는 길뿐이다. 그때 주님은 우리나라의 길을 지도하여 많은 고기를 잡게 해주실 것이리라.

> "...주여 그러하외다 내가 주를 사랑하는 줄 주께서 아시나이다.
> 이르시되 "내 어린 양을 먹이라."하시고"(요21:15)

184
길 진리 생명

조선시대 유명한 문필가이자 해학가인 정수동이란 분이 있었다. 그는 어릴 때 글방에다니며 훈장에게 공부했다. 그는 어느 날 공부 중에 졸다 훈장에게 종아리를 모질게 맞았다. 그런데 며칠 후, 훈장님이 졸았다. 정수동이 그것을 보았다. "훈장님은 왜 조십니까" 훈장이 미안하여 둘러댔다. "이놈아, 네 눈에는 내가 조는 것같이 보이느냐? 내가 나이가 들어서 자꾸 잊어버리는 것이 많아 잠시 하늘나라에 가서 공자 선생님께 여쭈어 보고 왔느니라."

훈장님이 거짓말하는 것을 정수동이 모를 리가 없다. 며칠 후에 정수동이 일부러 졸았다. "이놈, 정수동! 또 졸다니. 종아리 맞을래" "훈장님 눈에는 제가 조는 것같이 보이십니까? 공자 선생님께 여쭈어 볼 것이 있어서 잠시 하늘나라에 갔다 왔습니다." "뭐라고? 그래, 무엇을 여쭈어 보았느냐" "며칠 전에 우리 훈장님이 오셨습니까 하고 여쭈었습니다." "그래! 공자님이 무엇이라고 하시더냐" "오지 않으셨다고 하셨습니다." 훈장님이 파안대소하면서 얼굴이 붉어졌다고 한다. 이런 어처구니없는 일들이 도처에 일어나고 있다. 나랏돈으로 남극까지 탐험한다는 탐험대는 영하의 그 벌판에서 공수해 온 돼지머리를 놓고 고사지내는 것이 방영되었다. 청와대에 불상을 세워 그 위에 거금을 들여 제각을 만들어놓고 문화재로 지시하게 하는 이 나라의 지도자들은 분명 여로보암과는 친척은 아닐 것인데. 사람은 누구나 죽으면 하나님의 심판대 앞에 선다(히9:27). 천국도 가고 지옥도 간다. 그러므로 "좋은 곳으로 가셨다"고 막무가내로 말해서도 안 된다. 참으로 예수님만이 천국 가는 길이요 영원한 삶을 보장하는 진리가 되시고 영원한 생명이 되신다. 우리의 길과 진리와 생명은 예수님뿐이시다.

> "나는 길이요 진리요 생명이니 나로 말미암지 않고는
> 아버지께로 올 수 없느니라."(요14:6)

185
전도헌신이 만들어 낸 천국의 섬

전남 신안군 증도를 배경으로 〈천국의 섬〉이라는 책을 쓴 저자가 섬 할머니를 붙들고 물었다. "할머니, 이 작은 섬에 왜 이렇게 교회가 많지요?" 할머니는 주저 없이 대답한다. "다 문준경 전도사님 덕분이제", 1891년 신안군 암태도에서 태어난 문준경은 나이 17세에 시집을 가게 되었다. 그러나 신랑 얼굴 한번 못보고 혼례를 치른 첫날밤부터 소박을 맞았다. 이후 20년간 남편에게 버림받은 생과부가 되어 모진 시집살이를 하던 그녀는 우연히 집을 찾아온 전도부인에게 전도를 받고 예수를 믿게 되었다. 그 후에 유명한 이성봉 목사님부흥회에서 은혜를 받고 하나님 나라에 헌신한다. 그녀는 경성 성서학원에 입학하여 진도부인이 된 후 다시 고향 신안에 내려와 섬 들을 나룻베를 타고 다니며 복음을 전하기 시작했다. 주민들의 부탁으로 짐꾼, 우체부, 약사, 의사 노릇을 하며 1년에 아홉 켤레나 고무신을 바꾸어 신고 이 섬 저 섬의 돌짝밭 길을 다니며 만나는 사람마다 찬양을 불러주고 기도를 해주며 복음을 전했다. 얼마 후에 섬마다 교회들이 세워지고, 여기서 자란 청소년들 가운데 김준곤 목사, 이만신목사, 정태기목사, 신복윤목사, 이봉성목사등 30여명 의 걸출한 목회자들이 생겨났다. 그녀의 나이 59세 되던해 6.25전쟁 중 공산당원이 그녀를 "새끼를 많이 깐 씨암탉아, 죽어라"고 소리치며 몽둥이를 내리쳤다. 문준경은 "아버지여 내 영혼을 받으소서"라고 외치며 기도하고 숨을 거두었다. 그녀는 씨암탉처럼 수많은 영혼의 생명을 낳은 거룩한 신앙의 어머니로 주께 부름을 받았다. 그녀의 장례식에는 당시 김구 선생의 장례보다 더 많은 인파가 모였다고 하는데 그녀에게 전도 받은 사람들, 그녀에게 성경을 배운 사람들, 기도 받은 사람들, 사랑 받은 사람들, 도움받은 사람들, 그녀의 손으로 눈물을 씻김 받은 사람들이었다. 그 결과 오늘의 이 섬은 90%이상이 예수를 믿는 천국의 섬이 된 것이다. 오늘에도 문준경 전도사같은 헌신하는 전도자들만 일어날 수 있다면, 사도행전의 부흥은 다시 일어날것이리라.

> "그들이 날마다...예수는 그리스도라 가르치기와
> 전도하기를 쉬지 아니하니라."(행5:42)

186
어린이에게는 격려가 능력이다.

어릴 때부터 체구가 작고 그의 아버지가 누구인지도 모르고 항상 동네에서 따돌림을 받으며 비웃음과 멸시를 받으며 어렵게 어린시절을 보낸 벤 후퍼란 소년이 있었다. 그런데 그가 12살이 되었을 때 그 마을의 교회에 한 젊은 목사님이 새로 부임해 왔다. 소문에 그 목사님은 어느 누구든지 사람을 그대로 받아주며 비난하지 않는다는 것이다. 벤 후퍼는 그 때까지교회에 가본일이 없었다. 그러나 새로 오셨다는 그 목사님의 소문을 듣고는 교회에 가보고 싶은 생각이 들었다. 그래서 한날 예배시간에 갔다. 가긴 했지만 일부러 늦게 가서 살며시 뒷자리에 앉았다가 축도를 할 때에는 아무도 모르게 살짝 빠져 나와 집으로 갔다. 이렇게 몇 주 동안을 교회에 다녔다. 그러던 어느 날 목사님의 설교에 벤 후퍼는 너무나 감명을 받았다. 그래서 넋을 잃고 있다가 보니 축도까지 끝나버린 것이다. 나오려고 하니 벌써 사람들이 통로에 죽 늘어서 있었다. 그래서 어린 벤 후퍼는 사람들을 따라 나오면서 목사님과 악수를 하게 되었다. 그때 목사님은 벤후퍼를 보고 "네가 누구 아들이더라?"고 하셨고 주변은 갑자기 조용해졌다. 이때 목사님의 얼굴에 다시 미소가 번지더니 얼굴이 환해졌다. 그리고는 말을 이었다. "그래! 나는 네가 누구의 아들인지 알겠다. 네가 아버지를 닮았기 때문에 쉽게 알 수 있지!" 주변의 사람들은 더욱 표정이 굳어지는데 목사님의 다음 말 "너는 하나님의 아들이야! 네 모습을 보면 알 수 있거든!" 후퍼가 당황하며 빠져 나가는데 목사님은 다시 그의 등을 향해 말했다. "이제부터는 하나님의 아들답게 훌륭하게 살아야 한다!" 여러 해가 지났다. 벤 후퍼는 테네시 주의 주지사가 되었다. 그리고 그는 그 직무를 너무나 잘 수행했으므로 재선까지 되었다. 주지사 벤 후퍼는 훗날에 다음과 같이 말했다. "그날 젊은 목사님을 만나서 내가 '하나님의 아들'이라는 말을 듣던 바로 그 날이 테네시주의 주지사가 태어난 날이었습니다." 젊은 목사님의 격려가 어린 그에게 삶을 헤쳐나갈 용기를 주는 능력이었으리라.

"예수께서 가라사대 어린 아이들을 용납하고 내게 오는 것을 금하지 말라.
천국이 이런 자의 것이니라 하시고"(마19:14)

187
더 늦기 전에 효도하라!

어버이 주일이다. 어버이를 생각하면 평소에 잘해드리지 못한 아쉬움이 있다. 이제라도 할 수 있는 사람은 행복한 사람들이다. 어떻게 하는 것이 옳은가? 어떤 분이 말하는 25가지를 적어본다.

1. 부모님의 말씀(반복되는 말일지라도)을 경청한다. 2. 생신이나 기념일을 기억하고 정성껏 챙겨드린다. 3.부모님을 인도하여 신앙의 동역자로 살아간다. 4. 정기적인 건강검진 등을 통하여 부모님의 건강상태를 체크한다. 5.안마를 해드리는 등 스킨십을 통하여 사랑을 전한다. 6.부모님의 고향을 같이 방문한다. 7. 부모님의 친구들에게도 인정받는 자녀가 되자 8. 부모님과 취미나 운동을 같이 하자. 9. 부모님께서 필요로 히는 것을 "깜짝 선물"로 안겨드려 즐거움을 드린다. 10. 친구들과의 사소한 갈등이라도 부모님과 대화하자. 11. 정기적으로 안부전화를 드리거나 찾아뵙자. 12. 오해나 갈등이 생겼을 때에는 내가 먼저 손을 내밀고 화해를 요청한다. 13. 부모님과 즐거운 시간을 보내자. 14. 함께 TV나 영화를 보자. 15. 다른 사람들 앞에서 부모님을 인정하고 자랑하고 있다. 16. 진로나 교육에 관하여 의논한다. 17. 가족행사에 동참하게 한다. 18. 부모앞에서 언쟁을 하거나 극단적인 말과 행동을 하지 않는다. 19. 부모님에게 경험과 연륜을 통한 조언과 충고를 구함. 20.부모를 위해 끊임없이 기도하자. 21. 부모와의 약속을 잘 지킨다. 22. 부모에 대해 감사 표현을 자주 한다. 23.가족 추억 만들기에 노력하자. 24. "모르셔도 되요", "저희가 다 알아서 할게요"라고 하지 않는다. 25.부모님에게 싸우는 모습이나 불화하는 모습을 보여주지 않도록 하자. 참으로 어버이 날이나 어버이 주일에는 어버이들에 대한 관심과 사랑을 가지지 않는 자녀들이 몇이나 될까? 그러나 자신의 일정 때문에 효도를 나중으로 미루는 것처럼 어리석은 일은 없다. 어버이들이 기다려 주지 않기 때문이다. 미루지 말고 바로 효를 실행하는 자가 지혜로운 자이리라.

"네 아버지와 어머니를 공경하라 이것이 약속 있는 첫계명이니
이는 네가 잘 되고 땅에서 장수하리라."(엡6:2.3)

188
어거스틴을 변화시킨 스승

어거스틴을 변화시킨 사람은 어머니 모니카와 암브로스 목사였다. 어머니는 아들을 데리고 밀란의 감독 암브로스를 찾아가서 눈물로 호소하며 아들을 위한 기도를 요청했다. 그때 암브로스의 설교가 어거스틴의 마음을 움직이기 시작했다. 설교 말씀은 어거스틴에게 있어서 마치 하나님의 음성처럼 들렸다. 어거스틴이 32세가 되던 주후 386년 8월 어느날 어거스틴은 하나님의 품으로 돌아왔다. 그는 그 당시의 상황을 〈참회록〉에 다음과 같이 기록했다.

"나는 벌떡 일어나서 우리가 숙박하고 있는 집의 조그만 정원으로 나왔습니다. 나는 내 가슴을 찢어대는 고뇌에 밀려 이 정원까지 피해 나오고 말았습니다. 나는 머리칼을 쥐어뜯고 주먹으로 이마를 쳤습니다. 그때 내 속에서는 커다란 폭풍이 일어났습니다. 내 눈에서는 홍수 같은 눈물이 쏟아져 내렸습니다. 나는 무화과나무 아래 몸을 던지고 눈에서 강처럼 흐르는 눈물을 하염없이 흐르도록 내버려 두었습니다. 그러다가 난데없이 나는 근처에서 들려오는 어린아이의 노래 소리를 들었습니다. '집어 들고 읽어라. 집어 들고 읽어라'는 후렴이 계속해서 들려 왔습니다. 나는 눈물을 그치고 일어났습니다. 나는 성경책을 움켜쥐고 폈습니다. 나는 조용히 처음으로 내 눈이 닿는 곳을 읽었습니다. '방탕과 술 취하지 말며 음란과 호색하지 말며 쟁투와 시기하지 말고 오직 주 예수 그리스도로 옷 입고 정욕을 위하여 육신의 일을 도모하지 말라'(롬13:11-14), 나는 더 읽고 싶지 않았습니다. 그럴 필요도 없었습니다. 내가 그 구절을 읽는 순간 확신의 빛이 밀물처럼 내 마음속으로 밀려들어 오고, 모든 의심의 어두움이 사라진 것 같았습니다." 어거스틴은 33세가 되던 387년 4월24일 부활주일을 앞둔 토요일 밤에, 암부로스 목사님에게 세례를 받고 위대한 하나님의 종으로 태어난다. 어거스틴이 수많은 사람들을 하나님의 품으로 돌아오게 하는 "하나님의 음성"이 된 것은 그를 지도해 주어 영향을 끼친 스승 암브로스가 있었기 때문이리라.

"그러나 너는 배우고 확신한 일에 거하라
네가 뉘게서 배운 것을 알며"(딤후3:14)"

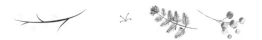

189
이 땅에 오신 예수님처럼!

사람들은 저마다 마음에 분노를 품고 살아가는 것 같다. 폭력이 난무하고 범죄가 흉악해지며 나라마저 양분되어 싸우고 있습니다. 이런 때는 약한 자들은 더욱 소외감 가운데 있다. 이런 때일수록 우리 기독교인들은 스스로 낮아져서 인간의 몸으로 이 땅에 내려오신 예수님처럼 소외된 이들을 찾아 십자가 사랑으로 섬겨야 한다. 마틴 루터 킹 목사는 그의 마지막 설교에서 외쳤다. "만일, 여러분이 나의 마지막 날에 나와 같이 계시게 된다면 부디 장례식을 길게 하지 마십시오. 내가 노벨상을 탔다는 말 따위도 조사(弔辭)에서 하지 마십시오. 그것은 중요하지 않습니다. 다만 누구이든지 루터 킹 목사가 남에게 봉사하는 일에 생명을 주려고 애썼다고 하면 됩니다. 그 날 여러분이 '저 분은 굶주린 자에게 먹을 것을 주려고 했고, 헐벗은 자에게 입을 것을 주려고 했습니다. 또한 저 분이 감옥에 갇힌 자를 돌보았고, 전 인류에게 봉사하려고 했습니다' 라고 말할 수 있게 된다면 저로서는 그 이상 바랄 것이 없겠습니다"라고 했다.

중국의 장개석 총통은 청년시절 초급 장교로서 일본 사관학교에서 군사교육을 받은 때가 있었다. 그 때 일본인들이 중국인들이 너무 더럽다고 하면서 가장 지적하는 것이 변소였습니다. 중국인의 전용 변소는 항상 더러웠다. 그런데 어느 날부터 중국인 전용 변소가 일본인의 것보다 더 청결해지기 시작했다. 모두 "누가 이렇게 청소를 하는가?" 궁금하게 여겼다. 사관학교 교장도 궁금하여 어느 날은 밤을 새워가며 몰래 지켜봤다. 그랬더니 새벽 2시경 장개석이 청소 도구를 들고 와서 변소를 닦는 것이다. 교장은 이튿날 교수회의에서 "중국은 저 장개석에 의해 세계에 기여하는 나라가 될 것이라"고 극찬했다. 올해도 성탄절을 맞는 성도들은 하나님의 본체이시나 종처럼 낮추어 사람으로 탄생하셔서 죽어(빌2:6.7) 생명까지 주신 예수님처럼 섬기는 삶을 살아간다면 하나님께 영광이요, 모든 자에게는 평화를 주는 자들이 될 것이리라.

"너희 안에 이 마음을 품으라.
곧 그리스도 예수의 마음이니"(빌2:5)

190
당신은 예수님을 믿어야 합니다!

기독교는 철학이나 규범이나 또 다른 하나의 종교가 아닌 관계이다. 인간은 본래 "관계"를 가지고 살도록 창조되었다. 하나님을 사랑하고 사람을 사랑하는 관계이다. 이 관계가 망가져서 공허함을 메꾸려고 사람들은 돈을 모으거나 지위를 얻거나 친구로 달래려 한다. 어떤 이는 일에 빠지기도 하고 스포츠나 성공에 관심을 쏟는 것이다. 물론 이런 삶은 나름의 가치가 있다. 그렇지만 이런 것들이 인간의 공허함을 궁극적으로 해결하지 못한다. 인간이 공허함의 원인이 하나님에게 등을 돌렸기 때문이다. 하나님과 관계가 끊어지므로 이후에 사람과의 관계도 깨어지고 모든 자연이나 우주의 법칙과의 관계도 깨져버렸다. 우리 인생들이 하나님을 떠난 것은 죄이고 죄가 사람을 불행하게 한다. 죄를 짓는 자마다 사탄의 종이며 죄 값은 사망이다(롬5:12).

그러나 주님은 십자가로 죄를 제거하셨다(엡2:16). 공자는 "사람이 죽은 후에 어떻게 되겠습니까?"라고 묻는 세사를 향해 "내가 살아서 될 일도 알지 못하는데 죽어서 될 일을 어찌 알겠느냐?"라고 했다. 그러나 예수님은 선언하셨다. "나는 길이요 진리요 생명이니 나로 말미암지 않고는 아버지께로 올 자가 없느니라"(요14:6). 안타까운 것은 그럼에도 사람들은 많은 핑계를 가지고 있다. 예수 때문에 많은 것을 포기할 수가 없다고 한다. 믿음으로 구원을 받는것이 너무 쉽고 수월하여 무슨 함정이나 있지 않을까 걱정한다. 혹은 "나는 구원받을 자격이 없다"고 한다. "나중에 믿겠다"고도 한다. 그러나 좋은 선물은 빨리 받아 누리는 사람이 지혜로운 자이다. 예수님은 자신을 믿어서 구원을 받고 복된 새 생명 가운데서 행하라 하셨다(롬6:4).

> "하나님이 세상을 이처럼 사랑하사 독생자를 주셨으니,
> 이는 저를 믿는 자마다 멸망치 않고
> 영생을 얻게 하려 하심이니라."(요3:16)

191
때가 있으니 낙심 말라.

영국의 한 부자는 날마다 큰돈을 벌 생각만 했다. 하루는 아프리카에 금광이 숨겨져 있다고 소문을 듣고는 광물학자를 초빙해서 탐사를 시작했다. 그리고 금이 있을 법한 광산 한 곳을 찾아내고 즉시 채취하러 갔다. 두 달을 팠지만 아무 것도 얻지 못했다. 낙담 끝에 그는 의욕이 떨어져 귀국하는 배표를 사고는 광산을 한 청년에게 팔았다. 광산을 헐값에 산 청년은 부자가 파다 만 광산을 계속해서 파 나갔다. 그러나 1미터를 다 파기도 전에 대량의 금맥을 발견하고 청년은 큰 부자가 되었다. 2년 후 청년은 영국에 돌아와 그 부자를 만나서 1미터를 더 판 덕에 대량의 금광을 발견했다고 말했다. 부자는 비통해하며 가슴을 치고 원망하다 얼마 후 화병으로 죽고 말았다.

인류의 역사는 낙심하여 중단하는 사람이 성공한 예가 없다. 쉽게 낙심하는 사람은 세상에서도 성공하기 어렵지만 신앙생활에는 더욱 그러하다. 금맥을 1미터 앞에 두고 낙심했던 부자와 같이 기도응답 1미터 앞에서 주저앉고 하나님의 도움의 손길을 1미터 앞두고 뒤돌아서는 사람이라면 역시 신앙의 승리자가 될리 만무하다. 우리의 구원의 완성도, 기도응답을 받는 것도, 축복을 받는 것도, 목적이 달성되고 성취되는 것도, 모두 끝까지 참고 쉽게 낙심하지 않는 자에게 주어지는 것이다. 세상만사는 때가 있다. 심을 때가 있고 거둘 때도 있다. 일어설 때가 있고 앉을 때도 있다(전3:1). 때를 아는 사람은 그 때마다 자신이 취할 태도를 알아 행동하는 사람이다. 그렇지만 가장 귀한 태도는 낙심하지 않는 것이다. 곧 때가 있음을 알기에 낙심하지 않고 그 때를 기다리는 것이다. "농부가 열매를 바라고 이른 비와 늦은 비를 기다리듯이"(약5:7), "욥이 인내함으로 아름다운 결말을 이루는 복된 자가 되었듯이"(약5:11) 성도는 기다려야 하리라.

"너희도 길이 참고 마음을 굳게 하라
주의 강림이 가까우니라."(약5:8)

192
공의가 세워지도록 하라!

어느 법이나 법이 만들어지면 그 법을 지켜야 하고 지키지 않는 사람은 그 법에 의하여 제재를 받게 된다. 설령 그 법이 악환 의도를 가진 악법이라고 할지라도 그러하다. 그래서 법을 제정할 때는 온갖 상황을 다 살핀 후에 제정이 되어져야 한다. 그러기 위해 성도들은 공의로운 법들이 만들어지도록 기도해야 한다. 그런데 우리나라에서는 어떤 세력들에 의해 만들어지는 법들이 너무 편향적이고 반 기독교적이다. 그 한 예로 서울학생 인권조례법은 미니 차별금지법이라고 불리 울만큼 기독교를 탄압하며 종교의 자유를 억압하고 있다. 어떤 분이 조카에게 교회에 가자고 말했다는 이유로 조카의 신고로 5시간이 불려가서 조사를 받아야 하는 등 그 폐해가 심각하다. 그런데 우리나라에는 전도는 물론 이단이나 비이성적인 행동마저 비판하지도 못하게 하는 차별금지법을 만들자고 몇몇 국회의원들이 법안을 제출해 놓은 상태에 있다. 그러나 이린 익법은 통과되지 잃도록 막아내도록 믿는 정치인들은 일어나야 하고 성도들은 기도로 밀어야 한다. 미국은 헌법을 만들 때 의견이 좁혀지지 않고 공전을 거듭할때 79세의 노의원 프랭크린(Benjamin Fraklin)이 긴급동의를 하였다. "여러분 잠간만 기다리십시요. 이 나라는 하나님을 믿는 신앙 가운데서 탄생한 국가입니다. 그러므로 우리들은 모두 기도의 응답을 해주실 줄 믿습니다. 우리 다 같이 마지막으로 하나님께 기도드리고 하나님께서 우리들의 이 어려운 궁지와 문제의 해답을 내려 주시기를 기다립시다" 그래서 모든 의원들이 기도를 하였다. 그래서 공화국헌법, 공화정치, 삼권분립(입법,사법,행정)을 하는 법을 만들었다. 1789년 4월 16일 대통령선거를 하였고 워싱턴(G.Washington)이 초대 대통령으로 당선되었다. 이 땅에 살아가는 나라와 민족을 사랑하는 성도들은 다음세대까지도 하나님을 잘 섬기는 복된 나라가 되도록 법 하나도 잘 살피고, 기도로 만들어가야 하리라.

"오직 정의를 물 같이 공의를
마르지 않는 강 같이 흐르게 할지어다."(암5:24)

193
자신을 돌아보라!

서로 다른 인생을 산 두 여인이 현인에게 가르침을 받고자 해서 찾아왔다. 한 여인은 자신이 젊었을 때 남편을 한 번 바꾼 것에 대해 크게 괴로워하며 용서받을 수 있는 방법을 구하려고 왔고, 또 다른 여인은 그다지 큰 죄를 짓지 않아 나름대로 인생을 잘 살았다고 자부하고 있었다. 현인은 괴로워하는 여인에게. "부인은 지금 밖으로 나가서 아주 큰 돌 한 개만 주워 오시오." 그리고 또 다른 여인에게 "부인은 작은 돌 열 개만 주워 오시오." 두 여인은 현인이 시키는 대로 각각 돌을 주워서는 방으로 들어왔다. 그러자 현인은 말했다. "지금 가지고 온 돌을 제각기 처음 있었던 제자리에 갖다 놓고 오도록 하시오." 큰 돌 한 개를 주워 온 여인은 돌을 들고 오기는 어려웠으나 돌이 있던 곳을 쉽게 기억해 내고 제자리에 놓고 돌아왔다. 그러나 작은 여러 개의 돌을 가지고 온 여인은 돌이 있던 자리를 기억해 내지 못해서 제자리에 갖다 놓을 수가 없었다. 현인은 "죄라는 것도 마찬가지라오 큰 돌을 가져온 부인은 자신이 지은 죄를 기억하고 겸허한 마음으로 지냈을 것이오. 그러나 작은 돌을 가지고 온 부인은 비록 하찮은 것 같아도 자신이 지은 죄를 모두 잊고 살아온 것이오. 그리고는 뉘우침이 없는 생활에 익숙해 진 것이오. 다른 사람의 죄는 이것저것 들추어내면서 자신의 잘못에 깊이 빠져 있는 것을 모르는 것 그것이 바로 오늘의 인생들의 잘못 이라오"

"너 자신을 알라!" 하는 말은 소크라테스가 말했다 하여 더 유명해진 말이다. 그러나 바울사도는 "자신을 돌아보아..시험을 받을까 두려워하라"고 한다(갈6:1). 주님께서는 "어찌하여 형제의 눈 속에 있는 티는 보고 네 눈 속에 있는 들보는 깨닫지 못하느냐"라고 하신다(눅6:41). 주님을 섬기는 성도들이라면 언제나 다른 사람의 눈에 티를 보기 전에 자신의 눈에 있는 들보를 먼저 빼어야 할 것이리라(마7:3).

"비판치 말라. 그리하면 너희가 비판을 받지 않을 것이요. 정죄하지 말라.
그리하면 너희 가 정죄를 받지 않을 것이요. 용서하라.
그리하면 너희가 용서를 받을것이요."(눅6:37)

194
주신 이에게 감사하자.

어떤 곳에 맏아들에게 시집을 와서 신혼재미는 고사하고 첫날부터 시집살이에 허리가 휘어지는 부인이 있었다. 매일 아침 시동생 여섯 명의 도시락을 싸고, 하루 종일 빨래하고, 청소를 해도 끝이 없다. 초등학교 교사인 남편의 봉급으로는 항상 쪼들린다. 결혼 10년차가 되었을 때 그는 원망과 푸념으로 나날을 보내었다. "내 신세야! 나도 남이 해주는 밥을 먹고 살았으면 소원이 없겠다"고 했다. 그런데 어느 날 갑자기 팔과 어깨에 마비가 왔다. 상체가 완전히 마비됐다. 드디어 자기가 말했던 그대로 병원침대에 누워, 남이 해주는 밥을 먹게 되었다. 병문안 온 이웃사람이 "낙심하고 누워있지만 말고 걸을 수는 있으니 교회에 갑시다." 그래서 교회에 따라가니 자기도 모르는 사이에 한없이 눈물이 쏟아진다. 자신도 모르게 기도를 했다. "하나님 용서해 주세요. 건강을 감사하지 않고 남이 해주는 밥만 먹어보면 소원이 없겠다 고 원망한 것을 회개합니다. 깨닫게 해주셔서 감사합니다." 눈물로 회개하고 깨닫게 해주심에 감사했다. 그랬더니 얼마 후에 팔이 올라가고, 상체의 마비가 풀렸다고 한다. 일할 수 있는 것은 하나님이 생명을 주시고 일할 힘을 주셨기 때문이다. 우리는 직장이나 사업이나 가정이나 하나님이 다 복을 주셨으나 헤아리지 못하고 살아가 버린다. 그래서 감사하지 못하고 불평하고 원망만 하는 삶을 살아버린다. 그러나 영국의 트렌취는 "하나님께서 우리에게 내려 주신 모든 은혜를 감사하고 나면, 우리에게 중얼거리거나 원망할 시간이 어디 있느냐?"고 했다. 성도라면 이제라도 감사해야 한다. 그래서 은혜로우신 하나님께서 지난해에도 감사할 수 있는 맥추감사절을 맞게 하신 것이다. 이 기회를 놓치지 말고 삶을 헤아려 정성을 다해 즐거움으로 감사절을 지켜야 하리라.

> **"모든 육체에게 식물을 주신 이에게 감사하라.**
> **그 인자하심이 영원함이로다."**(시136:25)

195
당신은 어떤 교인입니까?

어떤 분이 교인들의 스타일을 다음과 같이 분류해 놓았다. 달구지 같은 교인, 누군가가 항상 끌어주어야 움직이고, 끌어주지 않으면 꼼짝도 하지 않는 교인이다. 하늘을 나는 연 같은 교인, 항상 높이 올라가려고만 하는 잘 난 척하는 교인이다. 실상은 실에 매여 더 높이 오르지도 못하면서 줄이 끊어질까 위태로운 신앙생활을 하고 있는 교인이다. 고양이 같은 교인, 고양이는 늘 머리를 쓰다듬어줘야 좋아한다. 이처럼 칭찬 받기만을 좋아하고 누가 건드리면 금방 할퀴려고 덤벼드는 교인이다. 럭비공 같은 교인, 타원형으로 뾰쪽하게 된 럭비공이 어디로 튈지 모르고, 한 번 튀면 종잡을 수가 없는 것처럼, 이리저리 튀는 교인이다. 크리스마스트리 불같은 교인, 불이 들어왔다 꺼졌다 하는 것처럼 교회에 들쑥날쑥 하는 교인이다. 이런 사람은 믿음이 있다 없다, 기도를 하다 말다, 교회 나오다말다, 봉사하다 말다, 크리스마스 츄리 등처럼 껌벅껌벅하는 교인이다. 반석같은 교인, 비가 오나 눈이 오나 변함없는 마음으로 주님의 부르시는 일에 "예"로 바른 응답을 하며 신앙으로 교인이다.

참으로 재미있는 분류이다. 그러나 우리가 그저 웃어넘기기에는 씁쓸하다. 우리네 인생이 연습이라면 이런 저런 모습으로 교회생활을 할 수도 있겠지만 우리는 한번 뿐인 인생을 사는 것이다. 이제 워밍업을 할 여유가 없다. 이미 우리 모두는 경주장에 들어서서 달리는 선수들이다. 과연 우리는 어떤 교인이 되어야 하는 것인가? 우리의 대답은 분명하다. 어떤 경우라도 흔들리지 않은 반석 같은 교인이 되어야 하리라.

> "만일 너희가 믿음에 거하고 터 위에 굳게 서서 너희 들은바
> 복음의 소망에서 흔들리지 아니하면 그리하리라...
> 나 바울은 이 복음의 일군이 되었노라."(골1:23)

196
이도살삼사(二桃殺三)

중국고사에 "이도살삼사(二桃殺三士)"라는 말이 있다. 두 개의 복숭아로 세 사람이 죽는다는 뜻으로 이 이야기는 중국 제나라 때 만들어진 말이다. 제나라의 황제 경공에게는 세 명의 호위무사가 있었다. 이 세 사람은 뛰어난 무술로 많은 백성이 존경하고 왕의 신임이 두터워 점점 명망이 높아졌다. 그런데 어느 순간부터 이들은 자신의 세를 과시하는 데에만 혈안이 되어 왕의 명령도 무시한 채 횡포를 일삼았다. 당시 백성들에게 선정을 베풀고 있었던 제나라 왕, 경공과도 맞설만한 세 명의 무사의 세력이 커져 있었던 것이다. 그래서 왕이 고민을 하고 있었는데, 공자도 인정했던 지혜를 가지고 있었던 안영이란 신하가 "자신이 그 일을 맡겠노라"며 왕을 안심시켰다. 다음날 안영은 세 명의 무사를 궁으로 불러 복숭아 두 개를 주며 말했다. "황제만 먹을 수 있는 궁 후원에서 수확한 복숭아네, 수가 모자라 특별히 두 개만 하사할 테니 자네들이 공을 따셔 알아서 나누게나." 세 무사는 서로 자기가 복숭아를 가져야 한다고 말다툼을 벌이다. 급기야 칼을 뽑아 들었고, 서로에게 치명상을 입혀 모두 죽고 말았다. 그리고 이 사건 때문에 복숭아 두 개로 세 사람을 죽인다는 "이도살삼사(二桃殺三士)"라는 말이 생겨 지금까지 내려오고 있는 것이다. 탐욕에 눈이 멀 때 작은 복숭아 하나로도 생명을 잃게 된다는 것이다.

하나님을 섬기면서도 욕심에 사로잡히는 사람은 믿음을 가진 사람인가를 의심하게 만든다. 그래서 바울은 "탐심은 우상숭배"고 했다(골3:5). "사람이 아무 것도 가져 오지 못하였으니 우리가 아무 것도 가지고 가지 못하는 것이다." 성도들은 하나님이 책임져 주시기에 먹을 것과 입을 것이 있은즉 족한 줄로 알아야만 하리라(딤전6:8).

> "욕심이 잉태한즉 죄를 낳고
> 죄가 장성한즉 사망을 낳느니라."(약1:15)

197
무엇을 위해 달려야 하는가?

지난 2005년에 페루의 탄스항공사 소속 보잉 737기가 100여명의 승객과 승무원을 싣고 가다 폭풍우로 인해 고속도로에 비상착륙을 시도하다 페루북 동부 정글지대에 추락하여 48명이 숨지고 52명이 다친 사건이 일어났다. 지금으로부터 10여년도 훨씬 지난 일이었으나 이 사고가 잊지 못할 사건인 것은 이 비행기가 추락한 지점은 우리교회가 지원했던 이항렬선교사 활동하는 마을이었기 때문이다. 여객기추락하자 그 추락현장에는 인근 마을주민 수백 명이 몰려들었다. 그들은 비행기 잔해에서 고물과 탑승객의 유품을 가져가는 사람이 태반이었다. 물론 현장에는 공군병사 수십 명이 배치돼 있었지만 주민들은 잔해 사이를 헤집고 다니며 승객소지품 등 돈이 될 물건을 마음대로 주워 담고 있었다. 비행기타이어와 전자기기부품을 가져가는 것은 물론, 기체배선에 사용된 전선까지 뽑아 빨랫줄로 사용하는 사람이 있을 정도였다.

이항렬 선교사에 의하면 비행기가 정글에 추락하자 이 선교사처럼 그들을 구조하기 위하여 달려가거나 안전을 위해 달려간 안전요원이나 군인들도 있었다. 그러나 많은 사람들이 그 사고현장에서 잔해를 얻기 위해 달려갔다고 한다. 우리네는 모두 다 열심히 살아가고 있다. 그러나 그 달려가는 목적이 다를 수가 있다는 것이다. 타인의 도움이나 공공의 이익을 위해 달리는 사람도 있겠지만, 자신의 개인적인 명예와 욕망을 위하여 달리고 자신의 개인적 이익을 위해 달리는 사람들이 많을 것이다. 성도들이라면 목적을 향해 달려야 한다. 하나님은 성도들에게 달리는 목적을 이미 주셨다. 성도들이라면 하나님의 영광을 위하여 달리는 사람이 되어야만 하리라.

"그런즉 너희가 먹든지 마시든지 무엇을 하든지
다 하나님의 영광을 위하여 하라"(고전10:31)

198
주님은 우리에게 말씀하신다.

주님은 우리에게 다음과 같이 말씀 하신다.

너희 날 주님이라 하면서도 따르지 않고
너희 날 빛이라 하면서도 우러르지 않고
너희 날 길이라 하면서도 걷지 않고
너희 날 삶이라 하면서도 의지하지 않고
너희 날 슬기라 하면서도 배우지 않고
너희 날 깨끗하다 하면서도 사랑하지 않고
너희 날 부하다 하면서도 구하지 않고
너희 날 영원이라 하면서도 찾지 않고
너희 날 어질다 하면서도 오지 않고
너희 날 존귀하다 하면서도 섬기지 않고
너희 날 강하다 하면서도 존경하지 않고
너희 날 의롭다 하면서도 두려워 않느니
그런즉 너희들 너희를 꾸짖어도 나를 탓하지 말라.

이 시는 독일 어느 교회 돌 판에 새겨져 있는 시(詩)다. 교회 마당에 새겨 놓은 것은 교회 다니는 사람들이 보라고 하는 것이다. 니체는 목사의 아들로서 교인들이 말씀대로 살지 않는 것을 보고 그들의 마음에 신이 죽었다고 선언 했다지만 성경은 그런 사람들에 대하여 이렇게 말한다. 야고보는 "영혼이 없는 몸이 죽은 것 같이 행함이 없는 믿음은 죽은 것이라"고 했다(약2:26). 주님은 "나더러 주여 주여하는 자마다 천국에 다 들어갈 것이 아니요 다만 하늘에 계신 내 아버지의 뜻대로 행하는 자라야 들어가리라"고 하셨다(마7:21). 그래서 "순종이 제사보다 낫고 듣는 것이 수양의 기름보다 나으니"했으리라 (삼상15:22).

"이와 같이 행함이 없는 믿음은 그 자체가 죽은 것이라"(약2:17)

199
감사하고 삽시다!

　스페인에 알폰소 12세라 불리워지는 선한 왕이 있었다. 어느 날 왕은 궁전의 시동 들이 하나님께 식사 기도를 하지 않은 채 음식을 먹는다는 소식을 듣고 그들을 책망 할 것을 결심하였다. 왕은 시동 모두를 향연에 초대하였다. 식탁은 모든 산해진미로 가득 차 있었으며 소년들은 매우 맛있게 음식을 먹었다. 그러나 그들 어느 누구도 식사기도를 하지 않았다. 향연 중에 더럽고 누추한 옷을 입은 거지하나가 들어 왔다. 그는 왕의 식탁에 앉아 맘껏 음식을 먹고 마셨다. 처음에 시동들은 경악했으며 왕이 곧 그를 벌할 것을 기대하였다. 그러나 알폰소 왕은 한 마디도 하지 않았다. 식사를 끝낸 거지는 감사의 말 한 마디도 없이 나가버렸다. 그러자 소년들은 더 이싱 침묵을 지킬 수 없었다. "얼마나 야비하고 천한 사람인가 왕에게 감사의 인사도 않고 가다니". 그들은 저마다 한 마디씩 하는 것이었다. 그러자 왕은 그들을 조용히 하도록 명하며, 뚜렷하고 조용한 음성으로 말하였다. "소년들이여! 너희들은 거지보다 더 뻔뻔스럽고 대담한 사람들이다. 매일 너희들은 하늘에 계신 아버지가 주신 음식을 먹으면서 그에게 은총을 바라거나 감사를 표현하는 말 한 마디도 하지 않았기 때문이다."

　"병아리도 물을 먹을 때마다 하나님께 감사하다고 하늘을 향하여 머리를 들고 머리를 까딱거린다. 그런데 만물의 영장인 사람들이 하나님께 감사하지 않는 것은 병아리보다 못한 것이다." 어릴때 부흥회에서 들었던 부흥강사로 오신 목사님의 소리는 언제나 내 귀에 쟁쟁한 것 같았다. 그래서 누군가에게 "어른들을 찾아뵐 때 빈손이어서는 안 된다"고도 말했다가 핀잔도 듣기도 했다. 그러나 하나님께 감사하는 일은 구원받은 성도의 기본이다. 다른 사람이 감사하는 생활을 하지 않는다고 비판만하지 말고 내 자신이 하나님께 감사하고 있는지를 점검해 보는 시간을 가져야 하리라.

　　"항상 기뻐하라. 쉬지 말고 기도하라. 범사에 감사하라.
이는 그리스도 예수 안에서 너희를 향하신 하나님의 뜻이니라"(살전5:16~18)

200
하나님을 향해 입을 열라.

오늘은 종려주일이마 이번 주간은 주님이 십자가의 길을 가신 고난주간이다. 주님이 골고다의 십자가의 길을 가시려고 먼저 겟세마네 동산을 찾아 큰 소리로 통곡하시며 땀방울이 피 방울 되도록 기도하셨다. 그러나 종교지도자들의 심문이나 빌라도의 심문에는 침묵하셨으나 하나님을 향해서는 큰 소리로 부르짖은 것이다. 성도는 세상을 향해서는 침묵하고 하나님께 큰 소리로 기도해야 한다. 기도야 말로 험한 여리고 같은 큰 문제라도 무너뜨리게 한다.여리고성 같은 커다란 문제 앞에 서게 되면 보통 네 종류의 사람으로 분류된다고 한다. 1. 자기 목소리를 크게 내지만 기도소리는 없는 사람이 있다. 2. 자기 목소리를 크게 내면서 기도소리도 크게 내는 사람이 있다. 3. 자기 목소리도 없지만 기도소리도 없는 사람도 있다. 4.자기 목소리는 죽이고 기도소리만 크게 내는 사람이 있다.

문제를 더욱 문제되게 만드는 사람은 1번 2번이다. 그런 문제를 회피하려는 사람이 3번이다. 그런 문제를 해결하려는 사람은 4번일 것이다. 이스라엘은 악한세상의 상징인 여리고를 향하여 "침묵"한 사람들이었다. 이스라엘은 하나님의 말씀을 좇아 하나님만 의지하고 사람에게는 소리는 내지 않은 것이다. 겟세마네 동산에서 큰 소리로 기도하시던 주님은 대제사장의 심문에서도 침묵하셨고, 빌라도의 법정에서 침묵하셨다. 사람들이 멸시하는 십자가를 지시는 오랜 시간을 침묵하셨다. 그러나 그 십자가위에서 하나님을 향하여는 "아버지여 저들의 죄를 용서하여 주옵소서! 저들이 하는 일을 알지 못하나이다" 하시고 "엘리 엘리 라마 사박다니 나의 하나님 나의 하나님 어찌하여 나를 버리셨나이까?"라고 입을 열어 기도하셨다. 그리고 사랑하는 제자와 어머니를 향해 입을 여셨다. "보소서 아들이니이다." "보라 네 어머니라." 우리 성도들도 환난과 핍박으로 고난당할 때 세상을 향하여는 침묵하고(시39:1) 하나님을 향하여 입을 열어야 하리라.

"하나님은 우리의 피난처시오,
환난 중에 만날 큰 도움이시라."(시46:1)

201
기도할 뿐이다.

    고난주간 세월호 침몰사건의 비보를 접한 사람들은 참담한 심정을 금할 길이 없을 것이다. 왜 선장은 항로를 벗어났는지? 왜 안개 속을 그렇게 가속 했는지? 침수 후 두 시간 이상 여유가 있었는데도 탈출을 하게하지 않았는지? 구조헬기가 40분지나 도착하고 배들이 한 시간이상지나 도착했지만 마치 배가 침몰하기를 기다리기라도 하는 것처럼 몇몇 구조하는 보트 외에는 주위에 서성이고 있었는지? 선장이 가장 먼저 구명보트를 탔다고 하는데 왜 그런 사람이 선장이 될 수 있었는지? 왜 25승 짜리 구명벌(둥근형태의 구명보트)이 46개 장착돼 있었다지만 한 개만 펴졌는지? 과연 공기층이 남아있다고는 하지만 그곳까지 얼마나 갈수 있을 런지 미스테리이다. 세월호는 8시 55분 침수가 시작됐고, 승객들은 오전 9시부터 구명조끼를 입었다고 한다. 선실을 나와 바다로 뛰어들 수 있는 여유가 최소 한 시간 이상 있었던 셈이다. 그러나 "객실에서 움직이지 말라"는 안내방송이 10여 차례나 계속되었고 그 안내방송 때문에 사람들은 객실에서 대기하다가 기회를 허비한 것으로 보인다. 방송을 믿지 아니하고 구명조끼를 착용하고 선실 밖으로 나온 사람들만 구조된 것이다.

    땅이나 바다에서나 모든 사고가 나면 흔히 하늘을 원망한다. 그러나 모든 사고나 재난의 원인은 탐욕에 젖어있는 우리 인간들에게 있다. 이번 사고도 어른들의 실수로 꽃다운 어린학생들이 대부분인 280여명이 실종이 되었다. 이제 그들이 에어포켓으로 인해 살아있어 속히 구조되기를 부활하신 주님께 기도할 뿐이다. 그래서 이사야는 "주는 포학자의 기세가 성벽을 충돌하는 폭풍과 같을 때에 빈궁한자의 보장이시며 환난당한 빈핍한 자의 보장이시며 폭풍 중에 피난처시며 폭양을 피하는 그늘이 되셨사오니"(사25:4)라고 증거하였다.

"내가 환난 중에 여호와께 부르짖었더니
내게 응 답하셨도다."(시120:1)

202
부활신앙으로 극복하자.

아프리카 우간다에 한 때 이디 아민이라는 악명 높은 지도자가 통치할 때, 케파 샘팡기 목사님은 정부의 불의한 일을 책망하는 설교를 종종했다. 부활절 주일 예배를 마치고 사무실로 들어서는 5명의 비밀경찰이 기다리고 있다가 반국가 사범을 처단하기 위해 왔다며 총을 겨누었다. 이때 목사님은 "오늘은 부활절 아침입니다. 나는 부활을 믿는 사람으로 죽는 것이 전혀 두렵지 않습니다. 나에게 2분의 시간을 주십시오. 잠시 주님께 기도를 드리고 생을 마감하고 싶습니다." 2분이라는 짧은 시간을 허락받은 목사님은 무릎을 꿇고 간절히 기도했다. "하나님 아버지, 우간다의 통치자 이디 아민을 용서하여 주시옵소서. 그의 명령을 원하지도 않으면서 받아들여야 하는 불행한 이 5명의 형제들을 용서하여 주시옵소서. 그리고 우간다 국민들에게 자유를 주옵소서. 내 사랑하는 조국이 사랑과 의의 땅이 되도록 도와주옵소서. 나의 죽음으로 다시는 이러한 비극이 이 땅에 되풀이되지 않도록 긍휼을 베풀어주옵소서." 기도를 마쳤을 때 목사님의 눈에 눈물이 흘렀고 경찰들의 눈에도 뜨거운 눈물이 흘렀다. 그때 경찰의 통솔자인 한 사람이 무릎을 꿇고 "목사님 죄송합니다. 우리가 큰 실수를 저지를 뻔했습니다. 목사님은 피신하여 교회에 계시지 않은 것으로 보고하겠습니다. 빨리 이 자리를 떠나주십시오"라고 말했다. 케파 샘팡기 목사님이 죽음 앞에서도 담대할 수 있었던 것처럼 세월호 침몰로 슬픔에 젖은 유족들은 물론, 구조 활동에 참여하는 자들과 국민들에게 부활하신 주님의 능력이 임하여 위로받고 희망의 끈을 끝까지 놓치지 않았으면 한다. 오늘을 살아가는 우리네들도 환난과 역경을 이기는 것은 물론, 죽음까지도 두려워하지 않고 더욱더 주의 일에 힘쓸 수 있다면 그것은 부활신앙이리라.

"그러므로 내 사랑하는 형제들아 견실하며 흔들리지 말고
항상 주의 일에 더욱 힘쓰는 자가 되라.
이는 너희 수고가 헛되지 않은 줄을 앎이니라."(고전15:58)

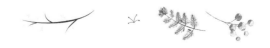

203
성령의 사람과 귀신의 사람

세월호 사건으로 우리나라는 큰 비통에 젖어 있는 이 시간에도 온통 우상숭배자들로 매스컴이 장식되고 있다. 물론 이단인 구원파 때문에 사람들이 기독교를 오해하거나 참된 기독교가 아닌 이단인 것을 알면서도 안티 크리스찬들은 이때다 싶어 기독교를 싸잡아 비난하고 있다. 언론사들은 귀신을 섬기는 자들을 앞세워 푸닥거리를 하거나 목탁을 두드리게 하는 사람들만 연일 보도하고 있다. 그러나 분명한 것은 귀신은 점쟁이나 우상섬기는 자들을 하나님을 대적하는 일에 그럴듯하게 이용하고 난 후에는 마지막에 망하게 한다. 지옥으로 끌어간다는 말이다. 점쟁이 자녀가 잘 되는 일이 없다. 가롯 유다가 마귀 일을 하고는 자살했다. 사울이 죽은 것은 그가 하나님께 묻지 않고 신접한 여인에게 물었기 때문이라 하였다(대상13:12). 그래서 많은 경우 자살하는 사람은 우상을 섬기는 사람들이라 한다. 예수님을 진실로 믿는 사람은 자살하지 않는다. 사울왕에게 그랬듯이 귀신은 실컷 부리고서는 망하게 만드니 진정 불쌍한 사람들은 우상숭배자이다. 늘 점을 보러 다니며 살던 한 사장 부인이 예수님을 믿고 세례를 받았다. 그런데도 예전의 습관대로 신년 벽두에 점을 보러 갔다. 점쟁이가 그 부인을 보더니 "사모님 앞으로는 오지 마세요. 나를 속이려 하지 마세요. 예수를 믿으시네요. 이제 오지 마세요"라고 했다 한다. 그래서 그 부인이 "귀신 같이 안다"하고 그 곳에서 나왔다는 것이다. 성도들에게 성령께서 계신다. 귀신은 우리가 예수님을 믿는 것을 안다. 예수 믿는 자가 점쟁이에게 점을 보러 갔는데 점괘가 나왔다면 둘 중 하나는 가짜이다. 성령이 없는 사람이거나 점쟁이가 가짜이다. 성도에게는 하나님의 성령께서 오셔서 계신다. 그래서 귀신이 해롭게 하지 못한다. 성령이 성도 안에 계신다는 일이야말로 일평생 하나님을 찬양해도 다 찬양할 수 없는 좋은 일이다. 우리 성도들과 불신자들의 차이는 극명하다. 성령의 사람으로 하나님을 섬기는가? 귀신의 사람으로 사탄을 섬기는가이다.

> "나의 영혼이 잠잠히 하나님만 바람이여
> 나의 구원이 그에게서 나오는도다."(62:1)

204
당신이 구조대원입니다.

산장 같은데서 머물면서 등산객들을 도와주고 조난당한 사람들을 구조해 주는 사람들이 있다. 그 구조대원들이 눈을 헤치고 길을 터놓는 것을 "러셀"이라고 한다. 지금 진도 앞바다에서 잠수하며 이미 싸늘한 시신을 찾아내는 잠수부들에게 국민 들의 시선이 쏠려있다. 그들은 사랑하는 자녀의 시신이라도 수습하려는 유족들의 애절한 소망을 안고서 오늘도 험한 물살을 헤치고 깊은 바다로 잠수하는 것이다. 그래서 시신이라도 찾아내면 유족들은 우르르 시신을 확인하려고 몰려가곤 한다. 이런 때 만약에 산 사람을 찾았다면 얼마나 놀랍겠는가? 생명을 구하는 구조대원 들은 참으로 귀하다. 구명조끼를 입었으나 망망대해에 떠있는 사람을 발견하는 것도 쉽지는 않지만 발견한다면 그 사람을 즉시 구조선에 끌어올린다. 물속의 사람은 이미 탈진해 스스로는 구조선에 오를 기력은 없기에 구조원들은 밧줄을 내려뜨려 밧줄을 몸에 걸게 하고서 힘껏 잡아 구조선에 올리는 것이다. 아무리 망망대해라도 끌어올리기만 하면 안전한 구조선에서 생명의 땅으로 옮겨지는 것이다.

마치 구조선은 예수님과 같다. 구조대원들은 성도들과 같다. 성도들은 구조대원과 같은 열정으로 언제 생명이 끊어질지 모르는 저 바다와 같은 세상에 떠내려가는 사람들을 찾아내어야 한다. 그리고 구조선되시는 주님께 끌어올려야 한다. "거기 아무도 없소?" 파선된 타이타닉호의 승객 중에 살아있는 사람을 구조대원 들이 호르라기를 불며 애타게 소리쳐 찾았다. 기어들어가는 소리를 하며 온 힘을 다해 손을 들어 도움을 청한 한 사람을 발견하여 타이타닉이란 영화의 주인공의 스토리가 있게 했다. 그렇다. 우리가 끌어올려 살리는 바로 그 사람들이 하나님의 나라의 주인공이 되어 하나님의 영광을 위해 쓰이는 사람들이 되어질 것이리라.

> "하나님의 지혜에 있어서는 이 세상이 자기 지혜로
> 하나님을 알지 못하므로 하나님께서 전도의 미련한 것으로
> 믿는 자들을 구원하시기를 기뻐하셨도다."(고전1:21)

205
당신은 누구이십니까?

어떤 병원에 혼수상태로 누워있던 부인이 숨을 거두었다. 이 부인은 곧 바로 하늘로 인도되어 심판대 앞에 서게 되었는데 그때, "너는 누구냐?"라고 묻는 하늘의 소리가 들렸다. 이 부인은 "저는 쿠퍼의 시장의 부인입니다."라 했다. "누구의 아내냐고 묻는 것이 아니라 너는 누구냐고 묻고 있다."그러자 부인은 다시 대답하기를 "저는 네 자녀의 어머니입니다."라 했다. "누가 어머니냐고 물었느냐? 너는 누구냐고 묻고 있지 않느냐?"다시 부인은 "저는 교사입니다." "너의 직업을 묻고 있는 것이 아니다. 너는 누구냐?"부인은 "저는 기독교인입니다."라 했다. 그러자 "너의 종교를 묻고 있는 것이 아니다. 너는 누구냐?"이 부인은 당황해하면서 이렇게 다시 대답했다. "저는 매일 교회에 나가고 항상 가난한 사람과 약한 자를 돕고 있습니다." 하늘에서 크게 소리가 들렸다. "무엇을 했느냐를 묻고 있는 것이 아니다. 너는 누구냐?" 결국 이 부인은 하늘 심판대에서 행하여진 시험에 낙방을 하여 지상으로 되돌려 보내졌고 그리고는 이 일로 병에서 치유된 그는 자신이 누구인가를 믿음으로 정립하고 살아갔다 한다.

미국의 청소년들이 제일 많이 쓰는 말을 조사해보니 "알게 뭐야!(Who cares?)"와 "몰라(I don't know)"라는 말이다. 현대를 살아가는 자들의 무관심을 단적으로 보여주는 조사 결과이다. 그러나 자신이 누구인가를 알아야 한다. 우리는 구원받아 하나님의 자녀가 되었고, 예수님을 따르는 자, 곧 예수님의 제자가 된 사람들이다. 그런데 구원받은 하나님의 자녀답게, 예수님의 가르침대로 살아가는가? 제자라면 선생님을 본받아 사람들을 구원하고 선생님처럼 섬기며 살아야 마땅하리라. 오늘은 스승의 주일이다.

"너희는 가서 모든 족속으로 제자를 삼아 아버지와 아들과 성령의 이름으로 세례를 주고, 내가 분부한 모든 것을 가르쳐 지키게 하라."(마28:19)

206
부부는 하나입니다.

5월은 가정의 달이며 5월 21일은 부부의 날이었다. 이날이 부부의 날이 된 것은 1995년 한 목사 부부에 의해 시작되었기 때문이다. 그래서 올해 20주년을 맞이한 것이다. 그 후에 2003년 12월 18일 "부부의 날 위원회"라는 민간단체가 국회에 기념일 제정 청원을 하였고 2007년 법정기념일로 제정된 것이다. 21일이 기념일로 지정된 이유도 성경적이다. 가정의 달, 5월에 둘이 하나가 된다는 의미이다. 아담과 하와를 짝지어주신 하나님께서는 "이러므로 남자가 부모를 떠나 그의 아내와 합하여 둘이 한 몸을 이룰지로다"하신 것이다(창2:24). 그래서 "부부의 날"이 되면 부부십계명은 물론 남편의 십계명, 아내의 십계명도 만들어져 주목을 받고 있다. 다음은 "부부의 날"을 기념하는"부부생활 십계명"이다.

1. 두 사람이 동시에 화내시 마세요. 2. 집에 불이 났을 때 이외에는 고함을 지르지 마세요. 3. 눈이 있어도 흠을 보지 말며 입이 있어도 실수를 말하지 마세요. 4. 아내나 남편을 다른 사람과 비교하지 마세요. 5. 아픈 곳을 긁지 마세요. 6. 분을 품고 침상에 들지 마세요. 7. 처음 사랑을 잊지 마세요. 8. 결코 단념하지 마세요. 9. 숨기지 마세요. 10. 서로의 잘못을 감싸주고 사랑으로 부족함을 채워주도록 노력하세요.

어느 때라도 서로 부부십계명이라도 잘 지키면 싸울 일이 없을 것이다. 그러나 성도는 부부싸움을 하지 않는 선에서 그치는 것이 아니다. 한층 차원 높은 신앙은 주님께 영광을 돌리고 이웃을 복되게 하는 삶을 사는 것이다. 그러하기에 부부는 하나가 되어 함께 신앙의 보조를 맞추어 함께 경배하며, 함께 교회생활하며 주님의 명령을 실행하여 축복을 누리며 살아가야 하리라.

"그런즉 너희가 먹든지 마시든지 무엇을 하든지
다 하나님의 영광을 위하여 하라"(고전10:31)

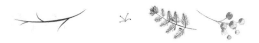

207
하나님의 손길

고 한경직 목사님처럼 훌륭한 목회를 하신 분도 때때로 상처를 받고 아픈 일을 당하셨다. 하루는 너무 힘이 들어 심방을 마치자마자 돌아와 그대로 쓰러지셨다고 한다. 아픈 일로 쓰린 가슴을 안고 쓰러져 있는데 비몽사몽간에 환상인지 꿈인지 모르나 지친 몸으로 흐느적거리며 힘들고 어려운 길을 걸어가는 자신의 모습이 보였다. 너무 힘들었으나 가야만 할 길이라 걸어갔다. 그렇지만 지친 몸이 곧 앞으로 쓰러졌다. 바로 그때 사람의 손보다 몇 배 큰 손이 나타나 목사님을 받쳐서 세워주었다. 그래서 일어나 다시 걸어가는데 얼마 가지 못해 또 좌측으로 비틀했다. 넘어지려 하자 몸이 땅에 닿기 직전에 또 그 큰 손이 나타나 받쳐 세워주었다. 우로나 좌로 넘어지려 할 때면 어김없이 그 큰 손이 나타나 도와주곤 했다. 그래서 그 길을 끝까지 다 갈 수 있었다고 한다. 깨어난 목사님은 "아, 그 큰 손은 하나님의 손이구나. 내가 이렇게 힘들고 어렵게 목회를 하지만 나 혼자 하는 것이 아니라 하나님의 손이 언제나 나를 도와주시는 구나"라고 깨닫고 힘을 얻어 오랜 세월동안 목회에 승리할 수 있었다고 한다. 그러므로 바울은 "나의 나 된 것은 하나님의 은혜로라"고 하지 않았는가?(고전15:10)

성도들이 흔들리지 않고 여기에 이른 것은 하나님께서 때마다 그 손으로 세워주셨기 때문인 줄로 믿는다. 언제나 마귀는 흔들고 쓰러뜨리려 할 것이지만 하나님께서 세워주시면 안심할 수 있다. 우리 교역자들과 장로님들, 그리고 성도님들도 때때로 유혹을 받고 흔들릴 때가 있겠지만, 하나님께서 세워주셨기에 오늘의 우리가 있는 것이다. 항상 우리를 세우시고 가정과 자녀들을 세우시고, 기업과 직장의 삶을 세우시는 좋으신 하나님께서 최근에 계속되는 사건사고로 혼란한 우리 대한민국을 바로 세워주실 것이리라.

"거기서도 주의 손이 나를 인도하시며,
주의 오른손이 나를 붙드시리이다."(시139:10)

208
포기하지 말라.

이전의 세계 7대 불가사의는 이집트 피라미드, 바빌론의 공중정원, 올림피아의 제우스, 아르테미스 신전, 아우솔레움, 로도스섬의 거상, 파로스의 등대였으나 다시 전 세계 투표를 신 세계 7대 불가사의로 선정된 것이 중국의 만리장성, 페루의 맞추픽추, 브라질의 예수상, 요르단고대도시 페트라, 이태리의 콜로세움, 멕시코의 체친이트사, 인도의 타지마할이 선정되었다고 한다. 우리는 세상을 사노라면 가끔 불가사의한 일들을 보게 되고, 세상에는 이해하기 어려운 일들도 만나게 된다. 1995년에 삼풍백화점의 붕괴로 많은 인명 피해를 냈다. 그러나 9일만에 이명석이 구출되었고, 11일 만에 유지환이, 그리고 박승현이란 16일이나 버텼다. 이들은 모두 20대청년이었는데 구조된 후에 피자가 먹고 싶다고 젊은이다운 말을 했다. 누구라도 홀로 깊은 골방이나 무너진 건물잔해 아래 갇혀있다면 그 두려움은 말로 다할 수 없을 것이다. 그러나 이들이 버틸 수 있었던 한 가지는 포기하지 않았기 때문이다. 2004년 이란의 지진으로 한 도시가 황폐하게 되고 수만 명이 세상을 떠났다. 그때 땅에 매몰되었지만 찌그러진 가구 밑에 엎드려 있다가 구조된 할머니 한 분이 계신다. 개가 흙을 자꾸 파는 것을 본 구조대원들이 혹시나 하고 3시간 동안 흙을 팠더니 거기에 97세 된 할머니가 살아 계셨다. 그런데 그 할머니가 구조되자마자 따뜻한 차 한 잔을 달라고 하셔서 드렸더니 차가 너무 뜨겁다고 불평을 하셨단다. 그 땅 속에 물이 있었던 것도 아니고 양식이 있었던 것도 아닌데 어떻게 살아 있었는지 불가사의한 일이었다. 97세 된 할머니는 이렇게 말했다. "나는 포기하지 않았습니다. 비록 내가 땅 속에 묻혀 있었지만 나는 포기하지 않았습니다." 성공과 실패사이는 포기라는 것이 있다고 한다. 성도라면 97세가 되어서 땅에 매몰되었어도 포기하지 않고 살아난 그 할머니처럼, 97세가 되고 100세가 되어도 천성을 바라고 끊임 없이 달려가야 할 것이리라.

"우리가 선을 행하되 낙심하지 말지니
포기하지 아니하면 때가 이르매 거두리라."(갈6:9)

209
칭찬과 자랑이 되는 직분자는?

이번 주 토요일은 우리교회의 일꾼을 세우는 임직예배가 있다. 이 날이 당사자는 물론 우리 교회의 축제의 날이다. 하지만. 임직자들이 하나님께 기쁨이 되고, 목회자의 자랑이 되며 성도들의 귀감이 되어 진다면 언제나 감사와 기쁨이 넘치는 축제하는 교회가 되어질 것이다. 그렇지만 이런 일은 결코 만만하지 않은 것 같다. 그래서 항간에는 하나님마음을 아프게 하고, 목회자의 부끄러움이 되며 성도들의 비난이나 받는 자들이 없지 않은 것이다. 이제 새롭게 임직하는 분들이 어떻게 성공적으로 직분을 감당할 수 있을까? 그 대답은 성경이다. 성경을 가까이 두고 항상 읽으면서 그 말씀을 묵상하며 그대로 실행한다면 아무리 힘든 직분이라도 거뜬히 감당하게 되어 진다.

윌리엄 4세가 죽는 날 밤에 간택 받은 처녀가 영국의 왕이 되었는데 바로 빅토리아 여왕이다. 그녀는 64년 재위동안 번영하여 영국국기아래 해가 지지 않을 정도였다. 일찍이 인류의 역사상 빅토리아 여왕만큼 위대한 왕도 드물 것이다. 어느 때인가 인도의 왕자 한 사람이 여왕께 "그렇게 정치를 잘하는 비결이 무엇입니까?" 라고 묻자 성경을 펴 들고 "바로 이것입니다. "라고 말했다고도 한다. 그녀는 간택 받은 직 후 왕이 되었다는 소식을 듣자마자 즉시로 무릎을 꿇고 성경을 폈다고 한다. 잠시도 자신의 품에서 떠나지 않았던 성 경을 놓고 "주여, 내가 여왕이 되면 하나님의 말씀대로 정치를 하게 해주십시오"라고 기도를 했다. 그리고 모든 것을 하나님의 말씀 속에서 해결했고 기도로 정치를 했던 것이다. 이제 임직하게 되는 분들이 의지하고 바라볼 분은 바로 주님이시다. 그리고 붙들 것은 바로 성경이다. 성경을 가까이 하여 말씀대로 행하기만 한다면 하나님께는 물론, 목회자와 성도들의 칭찬과 자랑과 기쁨이 되어지리라.

"이는...온전하게 하며 모든 선한 일을 행할 능력을
갖추게 하기 위함이라."(딤후3:17)

210
언제나 같아야 참 사랑이다!

    유명한 스펄젼 목사님이 농촌을 방문하는 중에 어떤 농장 건물 꼭대기에 세워 놓은 바람개비를 보았다. 그런데 그 뱅뱅 돌아가는 바람개비의 꼬리에다" 하나님은 사랑이시다."라는 말을 써 붙여 놓은 것이다. 그것을 보니 이 목사님이 좀 못마땅한 생각이 들어서 거기 있는 한 농부를 보고는 "형제여, 아니 하나님의 사랑이 이 바람개비처럼 변덕이 많다는 말이오? 어찌하여 바람에 따라 뱅뱅도는 바람개비에다 저렇게 붙여 놓았소?"라며 물어 보았다고 한다. 그랬더니 그 농부가 하는 말이 "그게 아닙니다. 목사님! 바람은 어느 방향에서 불어오든지 다 하나님의 사랑이다 라는 뜻입니다"라고 대답을 하더라는 것이다. 사실, 바람개비가 바람을 향하기만 하면 돌아가는 것이니 바람이 어느 방향에서 부느냐는 상관이 없다. 그저 바람 부는 방향으로 내 자세만 바로하면 된다. 그래서 농부는 "하나님은 모든 것이 사랑이시다"라고 써 붙여놓은 것이다. 이 세상에 가장 가치가 있으면서도 가장 자주 쓰는 말이 사랑이라는 말일 것이다. 그렇지만 사랑때문에 눈물을 쏟는 자가 많은 것은 그 사랑이 변질되었기 때문이다. 세상의 사랑이라는 것이 다 조건적이기에 변하는 것이고 그래서 그런 사랑을 기대했다가 도리어 상처를 입은 자가 많아지는 법이다. 세상에 변하지 않는 사랑이 있다면 하나님의 사랑뿐이다. 하나님은 독생자를 화목제물로 주시기까지 하신 사랑이니 어떠한 경우라도 그 사랑이 변할 리가 없다. 성도야말로 이런 하나님의 사랑을 입은 자들이다. 이제 우리가 어떤 형편을 당하더라도 하나님과 나 사이에 얼굴과 얼굴을 대하는 방향으로 내 자세만 바로하면 하나님은 언제나 사랑의 하나님이시다. 바람이 어디서 불어오든지 바람개비는 그 바람을 향하듯이 어느 경우라도 임직자는 물론, 우리 모두는 주님을 향하여야 하리라.

"자기 아들을 아끼지 아니하시고 우리 모든 사람을 위하여 내어 주신이가 어찌 그아들과 함께 모든 것을 주시지 아니하겠느냐?"(롬8:32)

211
감사하는 성도가 되라!

지금껏 진정한 발명왕으로 불려 진 사람은 미국의 토마스 에디슨이다. 그는 젊은 시절 실수로 고막을 다쳤다. 나이가 들면서부터 귀가 들리지 않았다. 그는 의사를 찾아갔다. 의사는 진찰해 보더니 그에게 수술을 하면 나을 수 있을 것이라고 권장했다. 그래서 날짜를 잡아놓고 수술을 하기로 했다. 약속한 날이 되었다. 의사는 수술준비를 다 끝내놓고 나서 에디슨이 오기만을 기다리고 있었다. 그런데 시간이 다 되어도 그가 나타나지 않았다. 기다리다 못해서 의사는 에디슨을 찾아갔다. 그랬더니 에디슨이 자기 연구실에 앉아서 연구에 몰두를 하고 있는 것이었다. 의사는 깜짝 놀라서 에디슨에게 물었다. "선생님, 수술 안 받으실 것입니까? 지금 수술을 안 하시면 영영 귀가 먹이비릴 수도 있습니다!" 그랬더니 에디슨은 이렇게 대답하는 것이었다.

"시끄러운 소리, 세상의 잡소리는 안 듣는 것이 더 났겠네요. 차라리 귀머거리로 지내는 것이 내가 연구하는데 더 도움이 될 것 같습니다." 그는 수술을 받지 않았다. 남은여생을 귀머거리로 지냈다. 그러면서도 도리어 하나님께 자기가 귀머거리가 된 것을 감사했다. 이는 그가 평소에 범사에 늘 감사하는 마음으로 살아왔으니까 가능한 것이었다. 사도 바울은 하나님을 사랑하고 그 뜻대로 부르심을 받은 성도는 모든 일이 합력하여 선을 이룰 줄 아는 분이었다(롬8:28). 그래서 그는 범사에 감사하며 이렇게 고백했다. "다만 이뿐 아니라. 우리가 환난 중에도 즐거워하나니 환난은 인내를 인내는 연단을 연단은 소망을 이루는 줄 앎이로다"(롬5:3,4).

"범사에 감사하라.
이는 너희를 향하신 하나님의 뜻이니라."(살전5:18)

212
깊이 생각해보라. 그리고 감사하라.

사건사고로 얼룩져 있는 세상이다. 가장 많은 광고가 보험회사의 광고이다. 건강식품광고, 운동기구에 대한 광고, 유기농 식품에 대한 광고가 넘쳐난다. 별다른 운동기구나 없고 건강식품 하나 사용하지 않았으나 올해도 건강하게 절반을 보냈다. 이는 하나님의 은혜이다. 그래서 맥추감사절이다. "농사도 하지않는 사람이 무슨 맥추감사절이냐?"라고 하지 말아야 한다. 우리는 자녀농사. 직장농사, 사업농사, 공부농사 등 나름대로 다 일정한 수확을 거두는 농사꾼들이다. 그러기에 우리는 당연히 거두게 하신 하나님의 은혜를 깊이 생각하고 감사해야 한다. 구약성경에 감사라는 말은 동사 "야다"(감사드리다)와 명사 "토데"(감사)로 표현되고 있는데, 이것은 "마음의 샘 줄기"라는 뜻도 있다. 신약성경에서는 "유카리스테오스"(감사한 마음을 가지다. 감사를 드리다)와, "카리스"(감사)라는 말인데, 이 말은 "생각한다"는 뜻이다. 하나님을 깊이 생각할 때 저절로 나오는 행동이 감사라는 것이다. 영국의 신학지요, 유명한 성서주석가인 매튜 헨리목사가 그랬다. 그는 어느날 길을 가다 강도에게 돌로 머리를 맞아 기절하고 말았다. 깨어나고 보니 강도는 그의 지갑을 훔쳐가 버렸다. 그렇지만 매튜 헨리 목사는 무릎을 꿇고 하나님께 네 가지를 감사드렸다고 한다.

"이제껏 살 동안에 전에는 도둑맞은 일이 없었기 때문에 감사합니다. 도둑이 내 생명은 빼앗아가지 않았으니 감사합니다. 지갑을 도둑맞았지만, 내 전 재산은 도둑맞지 않음을 감사합니다. 무엇보다 내가 도둑이 아닌 것을 감사합니다"라고 했다. 우리도 조금만 더 깊이 생각해보면 감사할 수밖에 없다. 그래서 시인은 "또 주의 모든 일을 묵상하며 주의 행사를 깊이 생각 하리이다"라고 하지 않았는가?(시77:12) 하나님을 깊이 생각하라. 그리하면 감사하는 성도들이 되어지리라.

> "형제들아 우리의 믿는 도리의 사도시며
> 대제사장이신 예수를 깊이 생각하라."(히3:1)

213
후회하지 않는 삶을 살아야!

옛날 수전노처럼 돈만 모으다가 갑자기 임종을 맞는 사람이 있었다. 이 사람은 임종이 다가오자 자식들을 모두 불러 모으고 유언했다. "내가 죽으면 상여의 맨 앞에 큰 글씨로 '걸'자(字)를 써서 붙이고 양옆과 뒤에도 '걸' 자를 붙여라. 그리고 상여 위에는 '이 사람은 아주 열심히 일을 해 수전노라는 말을 들을 정도로 아끼고 재산을 모았습니다'라는 글을 써 붙여라." 자식들이 아버지에게 물었다. "아버지, 왜 상여의 앞과 양 옆면과 뒷면에 '걸'자를 붙이라는 것입니까?" 수심찬 얼굴을 한 아버지가 말했다. "내가 이렇게 허무하게 죽을 줄 알았더라면 선한 일을 하며 살걸! 그 때 치료비가 없어 병으로 죽어간 자들을 도와 줄 걸! 그 때 굶고 있는 사람들을 도와줄 걸! 하고 후회하기 때문이다."

어떤 사람이 가장 지혜로운 삶을 사는 것일까? 아마 후회가 없는 삶을 사는 사람이 아닐까! 선한 일에 기회를 놓치지 아니하므로 후회 없는 삶을 사는 이가 가장 지혜로운 사람일 것이다. 그럼에도 많은 사람들이 이런 사실을 잊어버리거나 알면서도 그대로 실천하지 못하고 인생을 낭비하고 있다는 것이다. 지난 화요일 새벽2시, 일어나던 중에 갑자기 현기증이 일어났다. 순간 중심을 잡지 못하여 넘어지며 벽을 짚는다는 것이 그만야 헛짚어 그대로 옆으로 나자빠지고 말았다. 며칠 전부터 계속된 감기기운이 떨어지지 않아 먹은 감기 약기운이 몸을 더욱 어지럽게 했는지 모른다. 옆으로 자빠진 후 한동안 숨을 몰아쉬다가 아침이 되서야 병원 응급실로 가서 엑스레이를 찍고 검사하였다. 갈비뼈 두어 개만 상하였을 뿐 우려했던 장기에는 이상이 없다고 하여 한숨을 몰아쉬며 나오다가 "얼마나 나왔느냐?"고 물으니 23만원이 넘게 나왔단다. 잠자리에 들 때마다 감사봉투에 얼마라도 넣으며 감사하자고 광고하고서도 정작 내 자신은 아직 실천을 미루었음을 돌아오는 차안에서 내내 회개하였다. 옆구리를 두 손으로 감싸 안으며…

<blockquote>
"나를 붙드소서! 내가 구원을 얻고
주의 율례들에 항상 주의하리이다."(시119:117)
</blockquote>

214
인내하며 가르치라.

미국 대통령직에서 물러난 후 주일학교 교사로 봉사하는 지미 카터는 "내가 대통령이 된 것은 하나님의 일을 더 잘하기 위함이었지, 대통령이 되기 위하여 대통령이 된 것이 아니다. 대통령은 나에게 임시직이지만, 교회학교 교사직은 나의 평생직이다"라고 했다. 일생에 우리가 하는 것 가운데 가장 보람된 것 하나가 있다면 그것은 주일학교 교사가 된 것이다. 백지장같은 어린 아이들의 마음에 예수 그리스도를 그려주고 하늘나라의 비전을 그려주는 것은 참으로 아름다운 일이기 때문이다. 무엇보다 이런 아이들을 그리스도의 사람으로 만들어 내는 일이 어렵게 때문이다. 그러므로 주일학교 교사에게는 무엇보다 인내하는 자질이 필요하다.

스코틀랜드의 한 교회에 말썽꾸러기 소년이 있었다. 그는 고아로 자라서인지 성격이 난폭했다. 어느 날 주일학교 교사가 그를 불쌍히 여기고 옷 한 벌을 선물했다. 며칠 후 이 소년은 옷을 갈기갈기 찢어 쓰레기통에 던져버렸다. 그러나 이 교사는 그후에 도 두 차례나 옷을 다시 사주었다. 그렇지만 그 옷들도 역시 쓰레기통으로 들어가고 말았다. 사람들은 주일학교 교사에게 "저 아이는 구제불능입니다. 더 이상 사랑을 쏟을 필요가 없다."라고 말했다. 그러나 주일학교 교사는 이 소년에게 "네가 옷을 버리는 것은 용서한다. 그러나 교회 출석은 계속한다고 약속해다오"라며 변함 없는 사랑 과 관심을 표시했다고 한다. 마침내 이 말썽꾸러기 소년이 예수를 영접하 고 새사람이 되었다. 바로 그가 그 유명한 로버트 모리슨 목사님이다. 모리슨 목사는 중국 선교사로 헌신했으며 후에 〈영중(英中)사전〉을 집필한 역사적인 큰 인물이 되었다. 우리교회는 여름 성경학교와 여름캠프와 여름수련회를 앞두고 있다. 어린아이들과 학생들, 청년들이 저마다 여름행사를 통하여 집중적으로 기도로 준비하여 영적훈련을 받게 될 것이다. 성도들은 교사들이나 학생들이 인내하며 하이팅하여 큰 은혜를 받도록 큰 관심을 가지고 기도와 사랑을 베풀어야 하리라.

"인내가 필요함은 너희가 하나님의 뜻을 행한 후에
약속을 받기 위함이라."(히10:36)

215
상기하자 6.25

1950년 6월 25일 새벽, 북한의 남침은 순식간에 서울을 함락시키고 강원도 일대, 인천, 대전, 전주를 거치고 대구, 구미에 이르고, 진주시는 완전히 불바다가 되었다. 당시 이승만 정부는 서울에서 대전으로, 대전에서 부산으로, 제주도로 피난을 떠나야만 하는 위기일발의 상황이었다. 피난민의 물결이 한국 남한을 덮었다. 6.25로 말미암은 인명피해는 말할 수 없이 컸다. 수많은 전쟁 미망인, 고아의 눈물이 이 강산을 적셨다. 또한 재산피해는 가히 천문학적이었다. 300명의 목사님들이 모여 7일간 금식하며 회개하고 나라를 위해 기도했다. 그래서 맥아더장군의 인천상륙작전 UN군의 참전 등은 하나님의 도우심이었다. 그런데 수년전에 서울신문이 전국 고등학생 506명을 대상으로 실시한 "청소년 역사인식" 조사에서 69%가 6.25전쟁은 남쪽에서 북쪽을 침략한 북침전쟁이라고 대답했다는 여론조사 결과를 발표했다. 좌파교육과 역사 인식의 무지나 무관심의 결과라고 생각한다. 우리는 역사를 사실대로 바르게 가르치는 교육이 절실하다. "아아 잊으랴 어찌 우리 이날을 조국을 원수들이 짓밟아오던 날을!" 한때 6.25 노래가 금지곡이 되고 가사까지 개사되었지만 무엇보다 우리는 그 날을 상기해야 한다. 유대인들은 지금도 유월절을 지키며 옛일을 기억하고 있다(신7:19). 미국 하와이의 진주만에는 제2차대전 때 일본군의 폭격으로 격침당한 전함 아리조 나호의 굴뚝에 "진주만을 기억하라"는 문구를 써놓고 있다. 기억하자는 것이다. 독일의 뮌헨 근처에 있는 다카오 유태인 수용소에는, 6백만 명이라는 엄청난 수의 유태인이 학살당했던 치욕의 수용소가 지금도 그대로 남아 있다. 그곳에는 독일의 청년들이 연일 줄을 지어 자기 조상들의 수치를 보면서, 그런 일이 다시는 이런 일이 있어서는 안 된다는 역사적 교훈을 얻고 있다. 나라마다 비극적인 역사를 기록하고 보존하여 그 때를 상기하는 것이다. 우리도 6.25의 비극을 상기하며 믿음으로 바른 가치관을 세워나가야 하리라.

"사랑하는 자들아 너희는 우리주 예수그리스도의 사도들의
미리한 말을 기억하라."(유1:17)

216
교회 가는 길도 모르면서!

어느 목사님이 설교를 부탁받고 초청받은 교회에 가게 되었단다. 그런데, 문제가 생겼다. 초청받은 교회를 찾을 수가 없는 것이다. 한참을 헤매다가 마침 복덕방이 있어서 그 앞에 차를 세워놓고 물어보았다. 그랬더니, 그 복덕방 할아버지가 벽에 붙은 지도를 여기저기 가르키더니 문 밖까지 나와 손을 흔들며 친절하게 가르쳐 줘 그 교회를 찾아 예배시간에 임박하여 예배당에 들어가게 되었다. 설교를 마친 후에 돌아가는 중에 그 복덕방을 찾아가서 감사 인사를 했다. "할아버지 감사합니다. 어떻게 그렇게 친절하신지 너무 고마워서 인사를 하려고 다시 찾아왔습니다. 그런데 할아버지 예수는 믿으시지요?" 물었더니, "아니요, 나는 예수님 믿지 않습니다." "아니, 왜요? 예수님 믿으면 복을 받아 잘 살게 되고, 죽어서는 천당을 가게 되는데 왜 이렇게 좋은 예수님을 믿지 않으신단 말입니까? 제가 천당가는 길을 가르쳐 드리겠습니다." 그랬더니, 이 할아버지가 "교회 가는 길도 모르면서 어떻게 천당 가는 길은 가르쳐 준다는 말입니까?" 남의 이야기가 아니다. 그리스도를 믿어 구원을 받았다면 구원받은 사람답게 살아가야 한다. 주일날 거룩히 지키는 것도 모르고 예배도 드릴 줄도 모르면서 어떻게 하나님이 계신 것을 알겠는가? 하나님 앞에 십일조생활도 모르고 주의 일에 헌신할 줄도 모르면서 어찌 하나님의 축복을 알겠는가? 가난하고 어려운 불쌍한 이웃들을 돌아볼 줄도 모르면서 어찌 하나님의 사랑을 알겠는가? 전도나 선교에는 관심이 없으면서 어찌 영혼을 사랑하는 일을 알겠는가? 자기가 가는 길도 잘 모르면서 어찌 다른 사람들을 가르친다고 할 수가 있겠는가? 교회 가는 길도 모르면서!

"또 비유로 말씀하시되 소경이 소경을 인도할 수 있느냐
둘이 다 구덩이에 빠지지 아니하겠느냐"(눅6:39)

217
반드시 밀물 때가 온다.

미국의 강철 왕 카네기가 젊은 시절, 집을 방문하며 물건을 팔러 다닌 세일즈맨이었다. 어느 날 한 노인 댁을 방문하게 되었는데, 그 집의 벽 한 가운데 걸린 그림이 카네기를 완전히 압도해 버렸다. 그 그림은 황량해 보이기는 쓸쓸한 해변에, 초라한 나룻배 한 척과 낡아 빠진 노가 썰물에 밀려 흰 백사장에 제멋대로 널려있는 그림이었다. 그런데 그 그림 하단에는 "반드시 밀물 때가 온다"라는 짧은 글귀가 적혀 있었다. 카네기는 노인에게 간절히 부탁하여 그림을 받아 와 그의 사무실 한 가운데에 그 그림을 일생동안 걸어 놓았다. "반드시 밀물 때가 온다"는 메시지는 카네기의 일생을 좌우한 굳건한 신조가 되있다.

"우리의 년수가 70이요 강건하면 80이라도 그 년수의 자랑은 고난과 슬픔 뿐이라"(시90:10)하여 인생을 고난만 계속되거나 반대로 고난이 없는 인생으로 아는 사람은 어리석은 사람이다. 썰물의 썰렁한 인생살이가 계속되는 때라도 언제인가는 밀물이 들어오게 된다는 사실을 알고 대비하는 사람은 지혜롭다. 더 더욱 이런 사실을 다른 사람에게 알려주는 사람은 참으로 아름다운 사람이다. 엊그제 밀물이 들어와 조개를 줍던 5세 어린이가 익사하였다는 안타까운 소식이 보도되었다. 아이는 밀물이 있다는 사실조차 몰라 앉아 주개를 줍다가 참변을 당했다. 이 아이에게 이 사실을 알려주지도 않고서, 밀물의 때마저 잃어버리고 다른데 정신 팔린 어른들이 귀중한 어린아이의 생명을 잃게 한 것이다. 그래서 주님은"누구든지 나를 믿는 이작은 자들중에 하나라도 실족하게 하면 차라리 연자맷돌이 그 목에 매여 바다에 던져지는 것이 나으니라"(막9:42) 하심으로 경각심을 갖게 하셨다. 이제 서로가 돌아보아 "당신에게도 밀물 때가 있다."고 말해 인내하며 용기를 가지고 그 밀물 때를 함께 기다리는 자들이 되어야겠다. 흔히 우리 인생에게는 3번의 기회가 있다고 하지 않는가?!

"너는 여호와를 기다릴지어다.
강하고 담대하며 여호와를 기다릴지어다."(시27:14)

218
우리의 자랑은?

"손주를 자랑하려면 돈을 내놓고 자랑하시우!" 연세 많은 분들이 모이면 으레 손주 자랑에 그칠 줄 모르고 너나할 것 없이 자랑 하니 최근에는 손주자랑은 돈을 내놓고 자랑하라고 하므로 그 자랑을 그치게 만드는 위트가 섞인 말이다. 어르신네들은 자식을 키울 때는 느끼지 못한 기쁨을 손주를 보면서 맛본다들 하신다. 자신의 손주야 말로 수재 중에 수재처럼 여겨진다. 그래서 만나는 사람마다 손주를 자랑하는데 하도 자랑하는 시간이 길어지고 자주 반복되어 "이제는 돈을 내놓고 자랑하라!"고 한단다. 그러나 실상 우리네는 자식이나 마누 라 자랑을 하는 사람이 적지 않다. 그래서"자식이나 아내 자랑하는 사람은 팔푼이"라고 했다. 그렇지만 사실 그 누구라도 사람을 자랑한다는 것은 어이없는 자랑이다. 2세 때는 똥오줌 가리는게 자랑거리, 3세 때는 이가 나는 게 자랑거리, 12세 때는 친구들 있다는게 자랑거리, 18세 때는 자동차 운전할 수 있다는게 자랑거리, 20세 때는 사랑을 할 수 있다는 게 자랑거리, 35세 때는 돈이 많은 게 자랑거리이다. 그러나 50세부터는 자랑거리가 거꾸로 된다. 50세 때는 아직 돈이 많은 게 자랑거리, 60세 때는 아직도 사랑을 하는게 자랑거리, 70세 때는 아직 자동차 운전할 수 있다는게 자랑거리, 75세 때는 친구들이 아직 남아 있다는 게 자랑거리, 80세 때는 아직 이가 남아 있다는 게 자랑거리, 85세 때는 아직 똥오줌을 가릴 수 있다는게 자랑거리, 결국 인생이란 너 나 할 것 없이 똥오줌 가리는 것 배워서 자랑스러워 하다가 사는 날 동안 똥오줌 가리는 걸로 마감 한다는 것이 자랑거리이다. 그래서 야고보는 사람이나 재물을 자랑하는 것이 허탄한 자랑이요 악한 자랑이라 한다 (약5:16). 사람은 자랑할 것이 없다. 오직 우리의 자랑은 오직 그리스도를 자랑하고 그리스도로 구원 얻음을 감사하며 살아야 하리라.

"기록된바 자랑하는 자는
주 안에서 자랑하라 함과 같게 하려 함이니라"(고전1:31)

219
신의가 있는 사람들이라야!

스위스은행은 세계적으로 가장 신용이 있는 은행이다. 스위스에는 563개의 금융 기관이 있는데 그 금융기관 모두가 세계적인 신용이 있다. 스위스 은행들이 세계적으로 신용을 얻게 된 계기가 있었다. 1933년 히틀러가 반 유대인 정책으로 유대인들을 핍박하기 시작했다. 유대인들과 반 나치들은 스위스로 재산을 빼돌리기 시작했고 나치정부는 비밀스파이를 스위스로 보내 정보를 얻으려 했다. 이를 안 스위스정부는 기밀을 누설하는 은행원은 6개월간 징역, 혹은 5만 프랑의 벌금형을 선고하도록 법을 만들었 다. 그런데 수만 명의 은행원들이 단 한사람도 예외 없이 신용을 지켰고 그들은 정부의 정책에 적극적으로 협력을 했다. 법이 무서워가 아니고 진실한 마음으로 그렇게 했 었다. 그때 스위스 은행의 신용이 확립되어 오늘날까지 그 전통이 이어지고 있다고한다. 〈명량〉이라는 영화가 열흘 만에 1,000만을 돌파하고 파죽지세로 신기록을 향해 달 리고 있다. 330척의 왜선 앞에서도 굴하지 않고 "신에게는 아직 12척의 배가 있습니다"라고 한 이순신장군의 다짐은 국민들의 마음을 사로잡기에 충분하다. 사람들은 이런 리더쉽을 바란다. 어떤 경우라도 나라와 백성앞에 신의를 지키는 지도자 말이다. 그리고 신실한 지도자 모세에게 협력하는 아론과 훌 같은 사람이 필요하다. 이순신장군이 이긴 까닭은 백성들의 힘이 컸다. 마치 이스라엘이 이긴 까닭은 아론과 훌이 모세의 손을 붙잡고 종일 있었기 때문이었던 것처럼 백성들이 장군에게 협력했기 때문이었다. 일본은 다시 제국주의의 부활을 꿈꾸고 있는데 우리의 정치하는 사람들을 도리어 국민들이 걱정해야하는 이상한 나라가 되어가고 있다. 8.15 해방을 맞은 지 아주 오래 되었으나 아직 우리는 저 일본의 부활을 걱정해야만 하는 나약함에 젖어있다. 그래서 이 시대 각처에 신의가 있는 지도자와 그에게 협력할 줄 아는 아론과 훌같은 사람들이 세워지기를 고대하리라.

"모든 사람을 기쁘게 하여 자신의 유익을 구하지 아니하고
많은 사람의 유익을 구하여 그들로 구원을 얻게 하라."(고전10:33)

220
헌신이 아닌 특권

큰 오해들을 하고 있다. 하나님께 드리는 것들이 바로 나의 희생이요 헌신이라 생각하는 것이다. 그렇지만 내가 사용하고 있는 것들이나 드리는 것들이 하나님께 받지 않은 것은 없다. 하나님이 주신 것들로 다시 드릴 수 있는 것은 성도만의 특권이다. 대영 제국이 자랑하는 아프리카의 개척자 리빙스턴 선교사는 16년간 밀림에서 선교하다 잠시 영국에 귀국했다. 27번째 말라리아에 걸려 사선을 헤매다가 아직 회복이 제대로 되지 아니한 그는 사자에게 물린 한쪽 어깨와 팔이 제대로 낫지 않은 채 케임브리지 대학에서 설교를 했다. "나는 하나님께서 아프리카에 들어가 그곳에 있는 영혼들에게 복음을 전하게 하신 일, 그 일을 위해서 나를 불러주셨다는 것을 놓고 즐거워하지 아니한 날이 없었습니다. 사람들은 내가 그곳에서 많은 희생을 한 것으로 생각하고 말을 합니다. 그러나 도무지 갚을 수 없는 하나님께 진, 큰 빚의 작은 부분을 갚았을 뿐인데, 이것을 희생이라고 할 수 있습니까? 장차 엉뚱스러운 소망과 복된 상급을 약속 받고 있는 일을 하고 있는데 그것이 어찌 희생이 되겠습니까? 여러분은 그런 말과 생각을 버리십시오. 그것은 절대로 희생이 아닙니다. 오히려 특권이라고 말하십시오. 모든 것은 우리 안에 그리고 우리를 위해 나타날 영광과 비교할 때 아무 것도 아닙니다. 나는 결코 희생하지 않았습니다." 실로 우리는 "사나 죽으나 우리가 주의 것"이다(롬14:8). 그래서 바울은 "네게 있는 것 중에 받지 아니한 것이 무엇이뇨"라고 한다(고전4:7). 리빙스턴은 자신은 하나님이 보내시고, 주님이 함께 하셔서 주의 일에 수종들고, 영광스런 상급까지 받게하심이 희생이 아니라고 한다. 하나님이 주신 특권이다. 지금 우리의 예배와 헌물을 드릴 수 있도록 해 주신 것은 특권이다. 하나님께서 우리로 생명 시간 물질 등을 주셔서 드릴 수 있도록 하시고 상급까지 받게 하시니 특별히 주신 은혜 곧 특권이다.

> "이제 내가 육체가운데 사는 것은 나를 사랑하사
> 자기 몸을 버리신 하나님의 아들을 믿는 믿음 안에서 사는 것이라."(갈2:20)

221
이대로는 살 수 없다.

외국인들이 서울생활을 하는 한 방송을 본 일이 있다. 그들 가운데 한 사람이 "서울에서는 어떤 일을 해도 다 잘 될 수 있는데 막상 서울에 사는 사람은 하루하루를 그냥 살아간다"고 하였다. 동남아를 비롯한 많은 외국인들에게 서울을 기회의 땅으로 여겼다. 그래서 이런 땅에서 일할 수 있다는 것에 고무되어 있다. 하지만 막상 서울에 사는 사람들은 전혀 기대감이 없이 사는 것이다. 한쪽 팔이 없는 한 거지가 어느 부잣집에 구걸을 하러 갔다. 그런데 그 집의 부인이 "대문 밖에 있는 저 벽돌을 이쪽으로 옮겨서 쌓으시면 내가 돈을 드리겠습니다"라고 했다. "아니 부인, 한쪽 팔이 없는 것이 보이지 않소? 내게 어떻게 그리 말하시오." 부인이 한 손으로 벽돌 몇 개를 옮긴 후 말했다. "나는 한 손으로 이 벽돌들을 옮겼습니다. 그런데 당신은 왜 못하십니까?" 그러자 거지가 마음을 고쳐먹고 한 번에 두 장밖에 옮기지 못하지만 그래도 벽돌들을 쌓기 시작했다. 두 시간 만에 벽돌을 다 쌓은 거지의 얼굴은 땀으로 범벅이 되었고 몹시 지쳐 있었다. 부인이 거지에게 새하얀 손수건을 주며 얼굴을 닦으라고 하고 일당을 주었다. "왜 이렇게 많이 주십니까? 감사합니다." "이건 당신이 일해서 번 돈이니 감사할 필요가 없어요." 수년 후 그 부잣집에 크게 성공한 사장 한 사람이 나타났다. 자신감으로 가득 찬 얼굴과 멋진 옷을 입은 그 모습이 중후해 보였지만 한쪽 팔이 없었다. 그 사장이 바로 몇 년 전 부인의 집에 와서 벽돌을 옮기고 일당을 받아갔던 그 거지였다. 그날 감동을 받아 "이대로는 살지 않겠다. 이제 거지로 살지 않겠다. 한 손으로라도 일해서 떳떳하게 살겠다."라고 다짐하고 열심히 산 결과 성공하여 사장이 된 것이다. 이 세상에는 단지 가족만을 위해 다람쥐 채 바퀴 돌 듯 하거나 의미 없이 살아가는 사람들로 가득하다. 물론 하루하루 생명을 유지하며 살아가는 것이 감사한 일이지만 하나님의 크신 뜻을 이루려면 "이대로는 살 수 없다."는 각오를 한다면 우리 삶은 더욱 달라지지 않을까!

"오직 너희 그리스도의 복음에 합당하게 생활하라."(빌1:27)

222
추석과 강강술래

추석명절만 되면 어릴 때 고향에서 보냈던 추석명절이 그립다. 추석에는 마을대항 축구시합을 하곤 했는데 그땐 축구를 잘하는 형들은 마을사람들의 우상이었다. 추석에 먹었던 송편이 그립다. 콩을 유난히 좋아한 나를 위해 어머니는 송편에 돈부콩을 넣었는데 나는 콩 넣은 송편만을 골라먹고 했었다. 달이 밝은 밤에는 마당에 사람들이 모여들기 시작하고 누가 먼저라 할 것 없이 원을 만들어 강강술래가 시작된다. 이 강강술래는 주변에서 보는 사람도 흥겹지만 서로 손을 잡고, 발을 맞추고, 호흡을 나누며 선창하는 사람이 생활과 생각을 담는 소리를 하면 모두 함께 뒷소리로 강강수월~래 하며 공감대를 만들어 가고 지내 온 것을 노래로 표현하면서 마음에 있는 갈등도 풀어내고, 새로운 소망을 담아 새로운 생활을 약속하는 자리가 되는 것이다. 이때 누나들과 엄마들이 손을 잡고 돌다가 주변의 사람들의 손을 잡아 끌어들여 함께 돌아 모두가 함께 참여하는 장이 되었나. 상상술래의 유래는 명량(鳴梁) 바다에서 왜적을 무찌를 때 충무공이 중과부적(衆寡 不敵)으로 왜적과 맞서기 어렵게 되자 아낙네들에게 남자 옷을 입히고 우수영 동쪽 에 있는 옥매산(玉埋山)에 올려 보내 산봉우리를 돌며 강강술래를 시켰다고 한다. 왜적들에게 수많은 군병이 집결하는 것으로 보이기 위함이었다. 이런 충무공의 의병 술로 창안한 강강술래가 민속놀이화 되어 그 후 계속하여 전승된 것이다. 강강술래라 는 말은 "강한 오랑캐가 물을 건너온다"는 뜻의 강강수월래 (強羌水越來)라고 한다. 사탄의 세력은 우는 사자처럼 믿는 자들을 넘어뜨리려 공격해오는 이때에 성도들은 손에 손을 잡고서 "악한 세력이 쳐들어온다"고 서로서로 격려하는 소리로 강강수월래를 함께 외쳐 심장도 뛰게 하고 잠자는 영혼들을 깨우리라.

"근신하라 깨어라. 너희 대적 마귀가 우는 사자같이 두루 다니며
삼킬 자를 찾나니"(벧전5:8)

223
페달에서 발을 떼지 말라.

  어떤 화가가 최후의 만찬을 그려 가던 중에 예수님과 12제자의 모델을 찾아 나섰다. 그는 먼저 예수님의 모델을 하기 위해 교회에 찾아갔다. 그리고 성가 대석에 앉아 있는 한 청년을 발견하였다. 그 청년은 얼굴의 광채가 있고, 온화하고 아름다운 모습이었다. 화가는 그를 예수님의 모델로 썼다. 그리고 12제자의 모델을 찾아 베드로를 위시한 제자들을 하나씩 그렸다. 그리고 마지막으로 가롯유다의 모델을 찾아야 했다. 화가는 흉악한 죄수가 갇혀 있는 감옥에 찾아가 교도소장의 허락을 받아 감옥의 흉악한 죄수들을 살피기 시작 하다가 한 사람을 발견했다. 그의 얼굴은 증오와 복수심으로 일그러져 있었고, 살기 가득한 눈을 가진 한 청년이었다. 화가는 그를 가롯 유다의 모델로 쓰기로 하고 그의 방에 들어가 그림을 그리기 시작하였다. 그런데 갑자기 모델이 된 이 청년의 눈에서 눈물을 흘리는 것이었다. 화가는 스케치하던 연필을 멈추고 눈물을 흘리는 그 죄수에게 연유를 물었다. 그러자 깜짝 놀란 말이 그 입에서 나왔다. "나는 당신이 몇 년 전에도 모델로 세운 사람입니다. 나는 교회 성가대 석에 있을 때, 당신이 나를 예수님의 모델로 썼었는데, 어찌하다가 이제는 내가 가롯 유다의 모델이 되어 당신 앞에서는 지경이 되었으니, 너무 괴로워 눈물을 흘리는 것입니다." 바로 그 사람은 몇 년 전에는 예수님의 모델이 될 만큼 거룩하였으나 지금은 흉악한 모습으로 사형을 기다리는 사람이 되어버린 것이다. 그래서 베드로 사도는 정신을 차리고 근신하여 깨어 기도하라 했고(벧전 4:7), 바울은 날마다 죽노라고 했고 자기를 쳐서 복종시킨다(고전9:27) 했나보다. 언덕길을 오르는 자전거의 페달을 밟지 않는 순간 뒤로 미끄러져가고 종래는 내 동댕이쳐진다. 내동댕이쳐지지 않으려면 페달을 밟는 발을 쉬지 말아야 하리라!

> "너희에게 인내가 필요함은 너희가 하나님의 뜻을 행한 후에
> 약속하신 것을 받기 위함이라."(히10:36)

224
후회 없는 인생길

경영학, 미래학, 리더십, 등의 분야의 세계적인 석학인 피터 드러커(Peter F. Drucker)는 90세가 넘어서는 노년에 기록한 〈프로페셔널의 조건〉이라는 책을 썼다. 그는 이 책에서 평생 인생길을 걸어오면서 그에게 뚜렷한 삶의 방향을 정해 주었던 7가지 경험과 교훈에 대하여 말했다.

1. 인생의 목표와 비전을 가진다. 나이와 관계없이 포기하지 않는다.
2. 언제나 하나님이 보고 있다는 확고한 인식이다. 하나님 임재의식은 요셉으로 하여금 거룩한 삶을 살게 하였듯이 그 자신도 이런 의식으로 살았다.
3. 끊임없이 새로운 주제에 대하여 공부한다. 그는 60년 이상을 3-4년 주기로 새로운 주제에 대하여, 새로운 방법으로, 개방적인 자세를 취하고 계속 공부하였다.
4. 자신의 일을 정기적으로 검토하는 것이다. 잘한 일은 더 잘 할 수 있도록, 잘못한 일은 개선하기 위해서 항상 검토한다.
5. 새로운 일이 요구하는 것을 부지런히 배우는 것이다.
6. 피드백 활동을 하는 것이다. 어떤 중요한 일을 행할 때, 예상되는 결과를 기록해 두었다가 6개월 혹은 1년 후에 실제 결과와 비교해 보는 것이다.
7. 어떤 사람으로 기억되기는 원하는가 하는 질문을 하며 사는 것이다.

사람에 따라 다가오는 내용이 다를 수 있지만 인생을 후회없이 살아가기 위하여 드렉커는 부단한 노력을 하였다. 참으로 우리 인생은 마지막이 있다. 그러기에 베드로 사도는 만물의 마지막이 가까웠다고 한다(벧전4:7). 히브리서 기자도 사람이 "한 번 죽는 것은 정한 것이요 그 후에 심판이 있으리니"라고 했다(히9:27). 마지막에 하나님의 심판이 있다. 살아온 삶의 열매로 하나님 심판대에서 평가를 받게 된다. 그러므로 하나님의 심판을 기억하며 살아가는 자들이 참으로 지혜로운 자들이리라.

"슬기있는 자들은 그릇에 기름을 담아 등과 함께 가져갔더니"(마25:4)

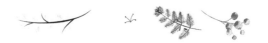

225
프로페셔널 한 그리스도인이 되라!

제대 말년에 있는 한 병장의 내무반에 이등병 하나가 졸병으로 들어왔다고 한다. 그런데 일을 시키려고만 하면 항상 김 이병이 보이지 않았다. 대대장실에 불려갔다가 온다고 하며 사과나 과자봉지를 내미는 것이다. 그 김이병이 바둑을 잘 두니 바둑광인 대대장이 걸핏하면 김이병을 불러가고는 과일이나 과자를 보내는 것이다. 병장은 먹으니 나름 좋아했다. 어느 날에는 대대장에게 불려간 김이병의 손에 과자는 고사하고 얻어 터져서 부은 얼굴로 들어왔다. 그런 이병에게 내무반원들이 물으니 바둑을 두던 대대장이 바둑판을 뒤엎더니 "내가 몇 달 동안 어찌 한 번도 져주지 않나? 뭐 이런 놈이 있어?"하며 때리더란다. 김이병의 말을 듣고 고참들이 "야, 이 병태 같은 놈아, 고문관 같은 놈아! 군대는 요령으로 사는데 대대장에게 계속 이기기만 했으니 얻어터지지. 가끔 져주지 늘 이기기만 했냐?"하며 쥐어 박았다. 그러자 김이병이 울면서 "저는 아마추어가 아닙니다. 프로입니다"라고 하더란다. 아마추어는 상대에 따라 져주기도 한다. 직장의 상사와 바둑을 두면 일부러 져주어 기분을 맞추어 준다. 그러나 프로는 그럴 수 없다. 일단 대국에 들어가면 상대가 직장 상사이든 상관없이 프로는 이기기 위해 최선을 다해 자기 기량을 발휘하는 것이 다. 김이병은 대대장 앞에서도 자기 기량을 다하고 최선을 다해 항상 이긴 것이다. 최근에 부대에 연예인들이 들어가 훈련하는 TV를 보면서 웃은 적이 있다. 그 가운데 "헨리"라는 연예인의 돌발적이고 순수한 모습이 그 프로를 더욱 재미있게 만드는 것 같다. 그런데 특공대 인사가 특이하다. 충성 정통해야 따른다. 곰곰이 생각해 봤다. 무엇이나 그 일에 정통해야 사람들이 따른다는 의미이다. 그렇다. 우리는 프로 그리스도인이 되어야 한다. 어디에서나 상황과 환경에 변함 없이 그리스도인으로서 등경 위의 등불처럼 살아 얼굴에나 언어에나 우리 삶에 주님이 드러나야 한다. 그래야 사람들이 교회 오는 나를 따라오리라.

"우리는 구원받는 자들에게나 망하는 자들에게나...
그리스도의 향기니"(고후2:15)

226
인내하며 항상 전하라.

기원 5세기에 야만족인 프랑크 왕국에 클로비스라는 왕이 있었다. 이 왕이 클로딜다 라는 여인을 왕비로 맞았는데 클로딜다 왕비는 신실한 믿음의 사람이었다. 왕비는 클로비스 왕에게 믿음을 갖게 하려고 애를 많이 썼는데 왕은 늘 거절 했다. 오히려 나라나 집에 어려운 일이 있으면 하나님 탓이라고 화를 냈다. 왕자가 병으로 세상을 떠났을 때는 하나님 때문에 이렇게 되었다고 왕비를 구박했다. 한번은 큰 싸움에서 패해 거의 전멸 당할 위기를 만났다. 왕은 왕비가 그렇게 자주 말하던 하나님이 생각났다. 왕은 "기독교의 하나님이 이 위기에서 벗어나 승리하게 해 준다면 나는 기독교를 믿겠습니다." 서원을 했다. 하나님의 도우심으로 클로비스 왕은 이 전투에서 승리를 했다. 왕은 약속을 지켜 기독교인이 되었고, 그 증표로 서기 496년 크리스마스에 세례를 받았다. 클로딜다 왕비의 끈질긴 기도와 전도가 결실을 맺은 것이다. 힘써 기도하고 꾸준히 선교하면 하나님께서 이와 같이 적당한 때에 여러 가지 방법으로 역사하신다. 왕이 믿기로 하니 그 부하들은 다 함께 믿음을 고백하게 되었다. 그래서 클로비스 왕은 부하군인 3천 명과 함께 세례를 받게 되었다. 지금 우리나라 군대에서도 몇 백 명씩, 또는 몇 천 명씩 진중세례를 받는 일이 있다. 가까운 부대로부터 논산 제2훈련소에서는 매년 진중세례식을 베푼다. 지도자의 결심으로 이런 제도가 지금까지 계속 이어져 오는 것이다. 그렇지만 이런 진중세례의 진정한 원조는 클로비스 왕과 그의 군대와도 같다. 참으로 한 나라를 지배하는 왕의 결심이 크다. 그러나 그런 결심을 하도록 한 왕비의 믿음은 더욱 귀하다. 온갖 구박과 핍박에도 굴하지 않고 인내하며 그리 스도를 전한 왕비의 믿음이야 말로 한 영혼이 아닌 수천의 영혼을 구한 것이다. 인내하고 전했더니 왕은 때가 되어 돌아온 것이다. 성도들은 든든지 아니 든든지 어느 때나 항상 말씀을 전해야 한다. 그리할 때 성령의 감동으로 가장 적절한 때, 신앙을 고백하는 사람들이 되어질 것이리라.

"너는 말씀을 전파하라. 때를 얻든지 못얻든지 항상 힘쓰라."(딤후4:2)

227
십계명부터 다르다.

천주교는 마리아숭배와 성상숭배를 중시하는 종교로 전락되어 버렸다. 제 2계명에 "우상 을 만들지 말라"를 지워버리고 제10계명은 두개로 나누어 9 계명에 "남의 아내를 탐하지 말라"와 10계명에 "남의 재물을 탐내지 말라"로 만들었다. 10계명도 자기 입맛대로 고치는 천주교이니 다른 교리들을 만들 어내는 것이 어렵지 않은 것이다.

기독교의 십계명
1. 나외에 다른 신을 섬기지 말라 2. 우상을 만들어 절하지 말라
3. 여호와의 이름을 망령되이 일컫지 말라
4. 안식일을 기억하여 거룩히 지키라
5. 네 부모를 공경하라 6. 살인하지 말라
7. 간음하지 말라 8. 도적질 하지 말라
9. 거짓 증거 하지 말라 10. 남의 물건이나 아내를 탐하지 말라

천주교의 십계명
1. 하나의 신 천주를 흠숭하라 2. 천주의 이름을 헛되이 부르지 말라
3. 주일을 거룩히 지내라 4. 부모에게 효도하라 5. 사람을 죽이지 말라
6. 간음하지 말라 7. 도둑질을 하지 말라 8. 거짓 증언을 하지 말라
9. 남의 아내를 탐내지말라 10. 남의 재물을 탐내지 말라

WCC에서는 천주교와 개신교가 같은 하나님을 섬기니 하나가 되어야 한다 고 주장하고 부산 WCC총회에서는 다시 확인했다. 이것은 성경이나 그리스 도의 말씀을 무시한 결정이다. 예수그리스도는 말씀은 일점 일획도 없어지지 아니하고 다 이루리라고 하셨다(마5:18).

"이것들 외에 더하면 재앙들을 더하시고 제하여 버리면 생명나무와
거룩한 성에 참예함을 제하여 버리신다고 하셨다."(계22:18,19)

228
샬롬! 샬롬! 살놈! 살놈!

샬롬!은 이스라엘의 인사로 평화(平和)라는 뜻의 히브리어이다. 목포의 어느 목사님의 이야기이다. 목사님은 만나는 사람에게 늘 "샬롬!"하고 인사를 하였다. 하루는 얼굴에 병색이 있는 분을 만나 "샬롬"하고 인사를 하였다. 이분이 목사님의 친절에 감동이 되어 교회에 등록하였고 등록한지 3개월이 지나 목사님과 식사하게 되었다. 그 분은 자신의 형편을 목사님께 얘기했다. 그는 돈도 잘 벌고, 명예도 얻었고, 가정도 행복하고, 평안히 살고 있었다. 그런데 어느 날부터 피곤하고 몸이 부어 얼굴이 새까맣게 변하였다. 병원에 가서 검진해보니 간암 말기라는 진단을 받았다. 의사는 "3개월 밖에 못 산다"고 하였다. 가족들과 친구들도 걱정하고, 모두가 안타깝게 생각했다. 죽을 것을 염려하였다. 그 분은 "나는 곧 죽을 놈"이란 생각만 했다. 그런데 어느 날 목사님이 "살놈! 살놈!" 하고 자기에게 말하는 것이었다. 모두들 "죽을 놈, 죽을 놈" 하는데 목사님만 "살놈, 살놈"하니 정신이 번쩍 들었다. "그래 나는 죽을 놈이 아니고 살 놈이다." 그는 소망을 가지고 약을 먹었다. 의사는 3개월 밖에 못 살 것이라고 했지만 3개월이 지나자 오히려 건강이 회복되고 힘이 생겼다. 그래서 그 분은 목사님에게 "목사님, 감사합니다. 내 육신도, 영혼도 살려 주셔서 정말 감사합니다"라고 하였다고 한다. 복음은 생명이고 생명을 제공하는 것이다. 그래서 바울이 "입을 열어 복음의 비밀을 담대히 전하게 하옵소서"라고 기도했다(엡6:19). 우리는 죽을 사람을 살 사람으로 만드는 이 복음을 전해야 한다. "주 예수를 믿으라 그리하면 너와 네 집이 구원을 얻으리라" 하심으로 우리가 전도한 생명만이 아니라 온 가족이 구원을 얻는다고 하셨다(행16:31). 예수가 그리스도라는 사실을 믿으면 생명이다. 능력이요 영원한 하늘나라 시민이 되는데 온가족이 그렇게 되니 얼마나 놀아운 축복인가? 그러므로 우리 모두는 입을 열어 복음의 비밀을 알리도록 해야 하리라. 생명이 있을 때 말할 수 있는 기력이 있을 때 이 사명을 다하여야 하리라.

"너는 말씀을 전파하라. 때를 얻든지 못 얻든지 항상 힘쓰라."(딤후4:2)

229
세 번의 초청

인생에는 세 번의 초청이 있다. 사명으로의 초청, 죽음으로 영원한 세계로의 초청. 그리고 구원에로의 초청이 그것이다. 이 세상에 존재하는 모든 것은 그들만의 존재의 의미와 가치를 지니고 있다. 그것을 사명이라 한다. 969세까지 산 므두셀라는 그 이름에 그의 사명이 드러났다. 므두셀라의 이름은 "그가 죽을 때 심판이 온다"라는 뜻이다. 그의 이름 그대로 므두셀라가 죽은 뒤 노아 시대에 홍수심판이 왔다. 바로 이것이 그가 그토록 긴 969세까지 산 이유이다. 참으로 사명은 인생의 가장 궁극적인 문제에 대한 해답이고 사명이야말로 우리가 그토록 애타게 찾고 있는 존재의 의미와 목적에 대한 하나님의 명쾌한 대답이다. 그런가 하면 히브리서 기자는 "한 번 죽는 것은 정한 것이요 그 후에 심판이 있으리니"라고 한다(히9:27). 사람은 죽게 되면 심판이 있다는 것이다. 곧 죽음과 함께 하나님의 영원에로의 초청이 따른다. 이때 우리는 영원한 하나님나라에 들어가게 되고 영생을 누리게 되는 것이다. 그러므로 프랑스의 작가 빅토르 위고는 장발장의 입을 통해 "죽는 것은 아무것도 아니다. 다만 한 번도 진정으로 산 적이 없었다는 것이 가장 두려운 일이다"라는 말을 남겼다.

그렇지만 사명을 이루다 영원에로의 초청에 들어갈 사람은 과연 누구인가? 그 사람은 구원에로의 초청에 응하는 사람이다. 구원의 초청을 받아 구원을 받는 자가 하나님은 의미 있는 사명도 받고 영원한 천국으로 초청도 받게 되는 것이다. 그러므로 "나는 지금 왜 이곳에 존재하는가?"라고 물어야하고 이 질문에 앞서 "과연 나는 구원받은 사람인가?"라고 물어야 하는 것이다. 구원에로의 초청에 응한 자라야 하나님의 자녀로 사명을 감당하고 영원한 생명의 나라로 초청이 되기 때문이라라.

> "하나님이 세상을 이처럼 사랑하사 독생자를 주셨으니
> 이는 저를 믿는 자마다 멸망하지 않고 영생을 얻게 하려 하심이라."(요3:16)

230
찬송으로 하나님께 영광을!

웨스트민스터 소요리문답 제1문에서는 사람의 제일되는 목적은 하나님 께 영광을 돌리고 그를 영원토록 즐거워하는 것이라 했다. 바로 하나님의 속성과 그 행하신 일을 드러냄으로 영광을 돌린다. 가장 효과적인 방법가운데 하나는 찬송이다. 한 세기 전에 히윗(E.E.Hewitt)이라고 하는 여성도는 믿음의 사람이었지만 한 사건으로 병상에 눕게 되었다. 그러자 그녀의 마음에는 "하나님께서 나를 잊으셨는가? 이전에 받았던 은혜는 과연 무엇인가?"하는 고민을 하며 기도했다. 하나님께서 그녀를 다시 일으켜 세우시고 확신도 주셨다. 그래서 히윗은 하나님께 신앙고백같은 찬송을 지어 영광을 돌렸다. 그 찬송이 370장(통455장)이다.

1. 주안에 있는 나에게 딴 근심 있으랴, 십자가 밑에 나아가 내 짐을 풀었네
2. 그 두려움이 변하여 내 기도되었고, 전날에 한숨 변하여 내 노래되었네.
3. 내 주는 자비하셔서 늘 함께 계시고 내 궁핍함을 아시고 늘 채워주시네.
4. 내 주와 맺은 언약은 영불변하시니 그 나라가기까지는 늘 보호하시네.
   후렴: 주님을 찬송하면서 할렐루야 할렐루야! 내 앞길 멀고 험해도 나주님만 따라가리.

이 찬송으로 인해 집을 떠난 탕자들이 집으로 돌아오고 낙심자가 위로를 받으며 교만한 사람이 겸손하게 되었다. 꿈을 잃어버린 사람이 다시 비전을 회복하였다. 박종호장로는 졸업하던 해 에 하나님의 은혜를 깨닫고 그가 갖고 있던 미성을 하나님께 드리기로 하여 복 음가수로 출발하였다는 간증을 얼마 전에야 들었다. 주님을 바로 알면 찬송하지 않을 수 없다. 그래서 계시록5장에 네 생물과 24장로가 새 노래로 찬송하고 이들을 둘러 선 천천만만의 천사가 찬송하며 하늘 위나 땅 위에와 땅 아래와 또 바다 위에와 그 가운데 있는 피조물이 보좌에 안으신 이와 어린 양되신 주님을 찬송한다.

"호흡이 있는 자마다 여호와를 찬양할 지어다. 할렐루야!"(시150:6)

231
하나님께 감사하며 살아가자.

    1923년 9월 1일, 도쿄와 요코하마 주변에 큰 지진이 일어나서 20만 명이 죽고, 250만 명이 집을 잃은 적이 있다. 일본이 대란을 만난 것이다. 그때 미국은 아가페 사랑으로 일본을 도왔다. 미국이 국익을 위해 다른 나라에 피해를 주는 일도 있겠지만, 미국의 본바탕은 그리스도의 아가페 사랑이다. 미국 국민들이 일본을 위해 양식과 구제품을 모아 엄청나게 큰 배 150척에 그것들을 싣고 가서 일본을 살렸다. 그때 일본의 히로히토 왕이 "미국 대통령과 국민 여러분, 감사합니다. 감사합니다. 우리 일본은 미국의 고마움을 영원히 잊지 않을 것입니다."라고 말했다. 그리고 친필로도 썼다. 그런데 1943년 12월 7일, 일본이 미국의 진주만을 공격했다. 미국 때문에 살았는데 미국을 공격한 것이다. 은혜를 물에 새기고 원수는 돌에 새긴다는 말처럼 은혜를 원수로 갚은 것이다.

    지금의 우리나라도 마찬가지이다. 6.25시 유엔군을 비롯한 삼사만 명이나 되는 미군이 우리나라에 와서 피를 흘렸다. 맥아더장군은 목숨을 걸고 인천상륙작전을 성 공시켰다. 이런 미군이 없었다면 우리는 지금 공산당 밑에서 비참하게 살고 있을 것 이다. 전쟁 후에도 우리는 미국에서 옷과 양식을 보내주어서 그것을 입고 먹으며 살았다. 그런데 지금 우리가 이런 과거를 다 잊어버리고 미국을 싫어한다면 이는 미 국을 배신하는 것이다. 어떤 경우든지 개인적으로나 국가적으로나 배신하면 안 된다. 2014년 추수감사절이 돌아왔다. 성도들의 할 일은 하나님의 은혜를 기억해내어 감사하는 것이다. 시편기자는 "내 영혼아 여호와를 송축하며 그의 모든 은택을 잊지 말지어다"라고 했다(시103:2). 참으로 2014년 한 해 동안에 크고 작은 일에 함께 하셔서 지키시고 인도해주신 하나님의 은혜에 우리가 감사하는 것은 너무나 당연하리라.

"여호와께 감사하라.
그는 선하시고 인자하심이 영원함이로다."(시136:1)

232
살아계실 때 정성을 다하여야!

추석을 앞두고 가장 큰 행사가 있다면 산소를 벌초하는 일이다. 저희 형제들은 고향에 내려가 아버님 산소를 벌초하는 일을 한 해도 거르지 않았다. 이전에는 6촌 형이 되는 분에게 벌초를 부탁하고 당시 넉넉하지는 않지만 돈을 부쳐드리곤 했다. 그런데 어느 해인가 그 형에게 전화가 왔다. "돈이면 다냐? 한 번도 내려오지 않고 돈만 부치면 다 되는 거냐?"라는 호통을 형제들이 들었다. 물론 그 형의 형편이 나아져서 그렇게 말씀하시기도 하셨겠지만 돈을 보내는 것만으로 다 된 것으로 알았던 우리형제들을 각성시키는 계기가 되었다. 그래서 특별히 바쁜 형제를 제외하고 가능한 형제들이 함께 휴가를 맞추어 함께 고향에 내려가 아버님 산소부터 벌초를 하고 나머지 일정을 보내곤 했으나 나이가 들고 자녀들도 많아 지다보니 서로 시간들을 맞추기가 어려워져 그것마저도 만만하지 않은 것이다. 오늘날에는 조상에 대한 제사의식이 효의 기본이나 되는 것처럼 말하는 사람들이 많아졌다. 언론에서 이런 일이 정석인 것처럼 보도하기도 한다. 그러나 진정한 효도는 살아계실 때 잘해 드리는 것이다. 맹자(孟子)는 진심편(盡心篇)에서 "임금의 자리나 나라의 법규보다도 효의 실천이 더 중요하다"고 말하고 있다. 공자(孔子)도 옆집의 양을 훔친 아버지의 죄는 자식으로서 이를 고발하기보다는 숨기는 것이 더 도덕적이다"라고 자로편(子路篇)에서 말하고 있다. 위정편(爲政篇)에서는 "요즘은 부모에게 물질로서 봉양하는 것을 효도라고 하나 그러나 개나 말도 집에 두고 먹이지 않는가? 공경하는 마음이 여기에 따르지 않는다면 무엇으로써 구별하랴?"고 말하고 있다. 물론 이런 말들은 성경에서 말하는 정의와는 다르지만 단순히 호의호식을 시켜 드리는 것이 진정한 효가 아니라 마음이 더 중요하다는 것을 역설하고 있다. 참으로 물질로 그 정성을 대신하려고 하는 풍조가 만연한 사회라고는 하지만 마음과 정성을 다하여 부모님과 어르신을 찾아뵙고 진심 어린 공경을 드리는 것이야 말로 진정한 성도들의 모습일 것이리라.

"네 부모를 공경하라. 그리하면 너희 하나님 여호와가
네게 준 땅에서 네 생명이 길리라."(출20:12)

233
하나님께 감사하며 살아가자.

누군가 "하나님이 없다고 하는 자를 바다로 보내라"고 했지만 "감사를 모르는 자는 병원으로 와보라"고 말하고 싶다. 이름이 있는 병원마다 우리의 상상을 초월하는 환자들로 넘치나는 실정이다. 오래전 항암치료를 받은 딸의 병실에 위장 장애로 무려 한 달 가까이 아무것도 먹지 못한 40대 후반의 환자가 곁에 누워 있었다. 그녀를 간호하는 가족들의 얼굴은 한마디 말도 없이 지친 모습 으로 누워만 있었다. 그 환자에게 "아침도 점심도 먹지 않고 잠만 자면 어떡하느냐?"고 말을 건네도 보지만 이미 지쳐버린 청년은 "밥을 먹을 생각이 없다"는 말만 하고 다시 머리를 베개에 묻었다. 놀란 것은 그 환자는 마비가 되어져 가는 손바닥에 바늘만한 침을 스스로 무수하게 꽂아놓고 있었다. 성도들 중에는 작은 일에도 감사하는 자가 있는가 하면, 어떤 큰 일을 당하고야 감사하는 자가 있다. 그러나 현재의 삶에서만이 아니라 영원토록 함께하시는 하나님을 믿는다면 모든 일에 감사하는 마음으로 살아야 한다. 진정한 감사자는 생활 속에서 체험하는 아주 작은 일에서도 늘 감사하는 자이다. 가진 것이 없다 할지라도 아침에 뜨는 해를 보고 감사하고 즐겁게 지저귀는 새소리를 듣는것 만으로도 감사할 수 있는 자여야 한다. 한평생을 심한 육체의 장애로 산 헬렌 켈러가 그의 저서 〈The Story of Life〉라고 하는 책에 점자로 써서 남긴 유명한 말이 생각난다. "내가 단 한 번만 저 하늘의 무지개를 바라볼 수 있었으면, 내가 단 한 번만 떨어지는 저 낙엽의 아름다운 모습을 바라볼 수 있었으면, 내가 단 한 번만 저 깊은 산 속에서 졸졸 흘러내리는 시냇물 소리를 들을 수 있었으면... 설리반선생의 아름다운 그 미소를 바라볼 수만 있었으면... 단 한 번만 나에게 그 귀한 감동을 주시는 필립스 목사님의 설교를 들을 수만 있었으면... 더 이상 소원이 없겠다. 그럴 수만 있으면 지금 당장 죽어도 한이 없겠다." 이 얼마나 소박한 소원인가? 보지도 듣지도 말하지도 못한 그녀의 간절한 소원은 이룰 수 없는 소원이었으나 매우 소박한 소원이다. 그렇다면 보고 들을 수 있다는 사실만으로도 감사해야 하리라.

"여호와께 감사하라. 그는 선하시고 인자하심이 영원함이로다."(시136:1)

234
한계를 넘어서야 한다!

살다보면 여기가 한계라고 생각될 때가 있다. 더이상 앞으로 나아가지 못하고 주저앉는 것이다. 그러나 진정 믿음을 가졌다면 그 한계를 넘어서야 한다. 1788년 영국은 호주지역을 죄수들의 감옥소로 사용했다. 그 당시에는 호주가 이렇게 큰 땅인지 알지 못했다. 남쪽은 사막 지대요. 북쪽은 늪지대요. 동쪽은 바다있다. 그리고 서쪽도 아주 높고 울창한 산 이 가로 막혀 그곳에 가기만 하면 다 굶어 죽고, 돌아오는 사람이 없었다. 그래서 해변가에 감옥소를 지어 죄수들을 살게 했다. 그런데 인구는 자꾸 늘어났다. 사람들은 "이 작은 섬에서 어떻게 사나?"하며 절망에 빠졌다. 그때 세명의 정년 이 결심을 했다. "저 험준한 산, 우리가 저 산에 도전을 하자." 그래서 그들은 서쪽의 웅장하고 울창한 그 산에 도전했다. 세 청년은 힘을 합해 산에 오르고 또 올랐다. 음식도 떨어지고 추위서 견딜 수 없었다. 죽을 지경이었다. 그래도 끝까지 올라갔다. 그리고 산 너머를 바라보니 광활한 벌야가 펼쳐져 있는 것이 아닌가? 그래서 여태까지 조상들이나 선배들이 보지도 알지도 못한 새로운 땅, 오늘의 호주 대평원을 발견했다. 21세기 지금 호주는 기회의 땅으로 불려지고 있다. 다른 이가 엄두도 내지 못하는 그 산, 그 한계를 넘자 상상할 수 없었던 큰 평야가 그들 앞에 놓였던 것 이다. 그러하다. 사람은 스스로 한계를 정하는 것은 지극히 주관적인 것이다. 더욱이 그런 자신이 정한 한계는 자기 지식이나 경험으로 만들어진 것이기에 결코 합당하지 않은 것들이 대부분이다. 우리 성도들이 지금 가져야 자세는 한계를 넘어서는 것이다(사62:10). 예수님도 고난의 십자가의 한계를 넘어서 다 이루셨다면 우리도 한계를 넘어서야 온전해진다. 절망과 패배감의 한계를 넘어서야 한다. 부정적이고 소극적인 움츠림의 자리에서 일어나 앞으로 나아가야 한다. 그리하면 새로운 땅, 새로운 소망이 기다리는 곳으로 전진해야 한다. 바로 우리에게 넓은 미래가 펼쳐지리라.

"너희가 이 산을 두루 행한지 오래니
돌이켜 북으로 나아가라."(신2:3)

235
자존감을 회복하여!

한 제자가 스승에게 이렇게 질문했다. "스승님, 오랜 세월 동안 수련을 하였지만, 아직도 인간의 진정한 가치를 모르겠습니다." 스승은 그 제자에게 보석 한 개를 주며 말했다. "시장에 가서 이 보석의 값을 알아 보거라. 단 어떤 값을 부른다 해도 이 보석을 팔지 말아라." 보석을 받아든 제자는 먼저 과일 가게에 들렀다. 그는 보석을 보여 주며 물었다. "제가 이 보석을 가지고 있는데, 당신은 이 보석에 대한 대가로 나에게 무엇을 주시겠습니까?" "사과 두 개 쯤이면 적당할 것 같은데요." 다음에는 야채 가게로 가서 똑같이 물었다. "예, 배추 두 포기를 주겠소." 제자는 이번에는 대장간으로 갔다. 대장장이는 보석에 대해 관심이 있었기에 꽤 많은 돈을 주겠다고 했다. 제자는 몇 군데를 더 돌아다니다가, 한 보석상 앞에서 걸음을 멈추었다. 보석상 주인은 보석을 이리저리 자세히 살피더니 이렇게 말했다. "이 보석, 대체 어디서 났습니까? 이 보석은 돈으로는 계산할 수 없는 어마어마한 가치를 지니고 있습니다." 제자는 보석을 가지고 스승에게 돌아왔다. 그리고 그간의 일어났던 일들을 스승에게 설명하자, 스승은 이렇게 말했다. "이제야, 자네는 인간의 진정한 가치를 깨닫게 되었노라. 사람은 자기 자신을 하찮은 사과나 배추 두 포기에, 또는 얼마의 돈에 팔아넘길 수도 있다. 하지만 돈으로 따질 수 없을 만큼의 고귀한 존재로 자신을 만들 수도 있느니라. 그 모든 것은 자신이 어떻게 생각하고 행동하느냐, 바로 그것에 달려 있느니라." 자기 자신을 어떻게 생각하느냐 하는 것은 대단히 중요하다는 것이다. 성도들의 가치는 그리스도의 보혈을 믿음으로 이루어졌다. 하나님의 자녀가 되었고 천국의 시민으로 영원한 생명을 누릴 하나님의 친 백성자가 되었다. 이렇게 가치있는 존재로 세우셨으니 이제 자존감을 회복하여 성도답게 살아가야만 하리라.

> "택하신 족속, 왕같은 제사장들이요 거룩한 나라,
> 그의 소유된 백성이니..."(벧전2:9)

236
독수리 날개를 펴듯이

우리가 살아가면서 쉽게 잊어버리는 것이 은혜이다. 큰 아픔의 사건을 잊지 못한다면 그것이 언제나 나를 괴롭힐 것이기 때문이다. 아픈 사건 같은 일은 쉬 잊어버리는 것이 복이다. 그러나 호흡이 끝나는 날까지 잊지 말았으면 하는 이런 이야기도 있다. 제임스 어그레이라는 사람이 쓴 〈날고 싶지 않은 독수리〉라는 책이 있다. 그 내용은 이런 것이다. 한 남자가 새를 잡으러 산에 갔다가 가시덤불에 걸려 있는 새끼 독수리를 발견하고 집으로 데려다 닭과 오리가 있는 우리 안에 넣어두고 키웠습니다. 새끼 독수리는 그 안에서 모이와 물을 먹으며, 닭이나 오리와 같이 살았다. 세월이 흘렀다. 점점 아기 독수리는 성장하여 엄청나게 큰 날개를 가진 어른 독수리가 되었다. 그러나 독수리는 날지 못하는 닭처럼 살았다. 그런데 어느 날 우연하게 들른 동물학자가 이 모습을 보고 그 독수리를 다시 날게 하고 싶었다. 그러나 아무리 해도 날지 않는 것이었다. "무엇이 문제일까?" 고민하던 동물학자는 그 까닭을 알아냈다. 바로 그것은 독수리의 몸속에 "독수리 정신(Eagle Spirit)" 대신에 "닭 정신(Chicken Spirit)"만이 있기 때문임을 알게 된다. 어느 날 그 동물학자는 닭이 되어 날지 못하는 독수리를 데리고 높은 절벽위로 올라갔다. 그리고 독수리를 하늘 높이 던져 버렸다. 하늘로 던져진 독수리는 한참 동안 날지도 못하고 그냥 무기력하게 떨어지는 것이었다. 이를 바라보던 동물학자는 낙심이 되어 독수리를 안타깝게 지켜보고 있는데, 그 때 그의 눈앞에서 신기한 일이 벌어졌다. 땅바닥을 향해 떨어지던 독수리는 푸드득하며 수차례 날개 짓을 하더니, 마침내 힘차게 하늘높이 날아가 버린 것이었다. 주워 키운 독수리처럼 하나님께서는 성도들을 불러 닭장과 같은 이 세상에 두셨다. 하지만 독수리라고 인식하지 못한 독수리가 닭과 섞여 살아가버리듯이 세상과 짝하고 살아가 버리는 것이다. 독수리가 날개를 펴 날아오르듯이 이제라도 믿음의 날개를 편다면 우리는 주님이 원하시는 뜻을 향하여 힘차게 날아오르게 되리라.

"그러므로 너희가 그리스도와 함께 다시 살리심을 받았으면 위엣 것을 찾으라.
거기는 그리스도께서 하나님 우편에 앉아 계시느니라."(골3:1)

237
스스로 비천에 처해진 왕

옛날 어느 왕이, 어떤 비천한 하녀를 깊이 사랑했다. 신분상의 엄청난 차이에도 불구하고 왕은 그 하녀가 사랑스러워서 혼인까지 생각하게 되었다. 왕의 마음을 살핀 신하들은 명령만 하시면 그 하녀를 아내로 삼을 수 있다고 했지만, 왕은 그러지 않았다. 만일 억지로 아내를 삼는다면, 그녀의 마음속에는 늘 자신이 왕의 비천한 하녀라는 생각이 평생 지워지지 않을 것이기 때문이었다. 왕은 자기가 그녀를 사랑하는 만큼 그 하녀도 왕의 사랑에 화답하여 진심어린 사랑을 나타내 주기를 원했다. 왕은 여러날 고민하다가 얻은 결론은, 사랑하는 사람과 결혼을 하려면 그와 똑같은 신분이 되어야 한다는 사실이었다. 왕은 마침내 왕좌를 버리고 왕관과 왕 홀도 포기하고, 종의 남루한 옷으로 갈아입었다. 그리고 궁궐을 나와 그 하녀에게 청혼을 하고 그녀를 아내로 맞이했다. 영국의 에드워드 8세(윈저공)가 바로 이야기의 주인공이다.

크리스마스는 하나님께서 우리 인간에게 사랑을 고백하시려 사람이 되신 날이다. 사랑이 구체적으로 실현된 날, 우리와 똑같이 비천한 인간이 되신 날이 바로 "예수성탄" 이다. 그래서 B. 파스칼은 "크리스마스는 인간을 설득하기 위하여 하나님께서 마지막 카드를 던지신 날이다."라고 했으며 게오르규는 "크리스마스는 하나님의 인간적인 얼굴을 우리에게 보여주시는 날이다." 라고 했다. 우리가 할 일은 찬송하므로 응답하면 되리라.

"하나님이 세상을 이처럼 사랑하사 독생자를 주셨으니
이는 그 믿는 자마다 멸망하지 않고 영생을 얻게 하려 하심이라."(요3:16)

238
전환점을 삼으라.

오래전에 라이프지가 지난 천년간 발생한 100대 사건을 발표했다. 1위는 요하네스 구덴베르크의 활관인쇄 발명, 2위와 3위는 크리스토퍼 콜럼 버스의 신대륙발견과 마르틴 루터의 종교개혁이었다. 그리고 이중에는 코카 콜라도 포함되어 있었다. 코카콜라는 "코카콜라의 식민지화"라는 말이 있을 정도로 단순한 청량음료가 아니라 미국 문화의 상징이다. 세계에서 가장 널리 퍼진 영어 단어가 O.K 라는 말이라고 하고 그 다음 말은 코카콜라라고 한다. 이것 은 유엔 회원국 수에 버금가는 1백 95개국에서 생산되며, 세계 청량음료시장 의 45%를 차지한다고 한다. 그런데 코카콜라가 이렇게 유명한 회사가 되는 데는 어떤 전환점이 있었다. 코카콜라의 창업자인 G. 캔들러는 알코올 중독 자였다. 그는 항상 술에 취해 있었고 의지력이 나약해 주위 사람들에게 몇 번 이나 금주 선언을 했으나 번번이 실패했다. 그런데 어느 날 술에 취해 귀가하 던 그는 벼락같은 마음의 음성을 들었다. "자신의 본능적 요구를 거절하는 사 람이 성공한다." 캔들러는 집에 돌아와 아내에게 이 이야기를 들려주었고 아 내는 바로 그 시간에 남편의 "금주"를 위해 간절히 기도했다. 이 부부는 서로 손을 잡고 눈물의 기도를 드렸고 캔들러는 아내의 기도를 통해 영혼의 안식을 얻게 되었다. 그리고 알코올의 유혹으로부터 해방되었다. 캔들러는 그때부터 수입의 10%를 구별하여 드렸으며, 그 이후 회사는 장족의 발전을 거듭해 세 계 적인 기업으로 성장했다. 대부분의 사람에게는 누구에게나 인생의 전환점 이 있다. 전환점을 통해 커다란 변화가 일어나기도 하고 그래서 180도 다른 삶을 살아가게 된다. 믿음의 조상 아브라함은 우르에서 하나님의 부름을 받 고 그곳을 떠나 믿음의 조상이 되었다. 모세는 미디안 광야에서 호렙산 떨기 나무 불 가운데서 하나님의 음성을 듣고 민족을 해방시키는 주인공이 되었다. 한 시대 위대하게 쓰임받은 사람들을 보면 대부분 인생의 전환점이 있었다. 교회와 성도들이 마지막 시대에 하나님의 쓰여지는 도구가 되어야 하리라.

"그런즉 누구든지 그리스도 안에 있으면 새로운 피조물이라..."(고후5:17)

239
용감한 그리스도인

오늘의 풍요의 시대에는 그리스도를 필요로 하지 않는 사람들의 박해가 어느 때보다 심하다. 더군다나 풍요는 우리를 나태하게 만들고 방탕한 길로 유혹한다. 이런 때 우리에게 필요한 덕목이 있다면 용기이다. 박해에 두려워하지 않고 담대하게 대처하는 용기, 세상향락의 유혹에도 단호하게 거절하는 용기가 필요한 시대이다. 왜인가? 우리에게 가장 소중한 분은 바로 그리스도이기 때문이다. 19세기에 영국에 고든(C.G. Gordon.1833~1885)이라는 유명한 장군이 있었다. 고든 장군은 생애의 대부분을 해외에서 보냈다. 이 분이 중국에서 근무하고 있을 때 태평천국의 난이라는 큰 반란이 일어났는데 고든 장군이 이 난리를 평정했다. 그리고 잠시 귀국했을 때 영국 정부가 고든 장군을 표창하려고 했다. 고든 장군은 상금이나 귀족의 칭호를 사양하고 다만 하나, 자기가 참전했던 33회의 전투 기록을 새긴 금메달을 받았다. 고든 장군은 이 금메달을 무척 아꼈다. 고든 장군은 1885년 아프리카 수단에서 반란군과 싸우다가 전사했다. 정부에서 그의 유품을 정리하는데 이 금메달이 보이지 않았다. 고든 장군의 일기를 검토하다가 영국의 어느 지방에 심한 기근이 닥쳤을 때 고든 장군이 그 금메달을 녹여 가난한 사람들을 구제하는데 사용했다는 것을 알게 되었다. 그 금메달을 녹이라고 내 놓던 날 고든 장군의 일기에는 이렇게 적혀 있었다. "내가 이 세상에서 소중하게 여긴 마지막, 그리고 유일한 것도 예수 그리스도께 드린다"라고 하고서 고든 장군은 자기가 가장 귀하게 여기던 것도 주님께 드렸다. 그래서 동서문화사에서 나온 백과사전에 고든 장군에 대해 평가하기를 "그는 용감하고 청렴한 그리스도교인이었다"라고 기록되었다.

> "...살든지 죽든지 내 몸에서 그리스도가
> 존귀하게 되기를 원하노라"(빌1:20)

240
하나님이 다 알고 계신다.

요즘 얼굴 색깔로 그 사람의 질병 유무를 판별하는 색각병리(色覺病理)학이 각광을 받고 있다. 얼굴이나 눈동자에 청색 빛이 나타나면 복통, 냉증, 감기 등이 자주 올 수 있고, 얼굴색이나 눈동자가 붉은 색이면 발열, 흥분, 가슴두근거림이 있고, 황색이면 설사, 소화불량, 부종이 있고 백색이면 무기력, 탈진, 피로가 있고 흑색이면 월경불순, 어혈, 만성피로 등이 나타난다는 것이다. 의사는 환자의 얼굴만 보아도 어디가 아픈가를 알 수 있다는 것이다. 하물며 사람을 창조하신 하나님이시니 우리의 일거수일투족을 다 아신다. 어떤 여행객이 영국 런던에 있는 웨스트민스터 사원을 방문했다. 그는 장엄한 사원 안에 들어가자마자 무릎을 꿇고 기도하기 시작했다. 이 모습을 본 사원 경비원은 즉시 경찰에 연락해 그를 연행했다. 그러나 판사의 배려로 풀려난 여행객이 경비원에게 물었다. "왜 기도를 못하게 하느냐"고, 그의 대답은 "우리가 만일 그걸 허락하게 된다면 사람들은 아무데서나 가리지 않고 기도하려들 것이기 때문이다"라는 것이었다. 과연 불꽃같은 눈으로 바라보시는 하나님은 이런 곳을 무엇이라 하실까? 더욱이 오늘의 기도가 없는 우리네 교회와 성도들을 향하여서는 무엇이라 하실까?

기도를 못하게 하는 곳, 기도하지 않는 곳, 기도가 없는 그 웨스터민스터 사원은 그곳이 아무리 유명한 역사적인 장소라고 할지라도 이름 있는 관광명소는 될지라도 예배도 기도도 없는 그곳은 교회라고 말할 수 없을 것이다.

"여호와여 주께서 나를 아셨나이다.
나의 앉고 일어섬을 아시며
멀리서도 나의 생각을 통촉하시오며"(시139:1)

241
어느 목사님의 수첩

최근에 한 정당의 대표 수첩에 기록된 내용이 한 언론사 기자의 카메라에 포착되었다. 그 수첩 메모에는 "문건파동 배후는 K.Y. 내가 꼭 밝힌다. 두고 봐라. 곧 발표가 있을 것"이라고 적혀 있었다. 청와대 행정관이 자신을 "문건 유출파동"의 배후로 지목했다는 내용을 그 대표가 수첩에 적은 것으로 한동안 논란이 일었다. 그렇지만 한 교회에서 40년을 은혜롭게 목회하신 목사님의 비결이 있다. 이 목사님은 교인을 만날 때는 언제든지 성경, 찬송 외에 검정 색 표지로 된 노트 한 권을 가지고 다니셨다. 그 노트는 바로 〈교인 불평록〉이었다. 교인 중 누군가 목사님을 찾아와서 어떤 교인의 잘못이나 과오에 대하여 불평을 말한다. 그러면 목사님은 교인 불평록을 펼쳐든다는 것이다. 그리고 이렇게 "자~지금부터 말씀하는 불평의 내용을 다 적겠습니다. 그리고 끝에다 자신의 이름과 사인을 남겨 주십시오. 제가 확인한 후에 바로잡도록 하겠습니다."라 말씀한다. 그러면 대부분 불평하러 왔던 사람들이 당황한다고 한다. "목사님! 사실은 그게 아니고~ 뭐 기록까지 남기고 사인할 필요가 있겠습니까? 별것 아닙니다." 그리고는 대부분 뒤도 돌아보지 않고 돌아가더라는 것이다.

만약에 불평을 적어 교회 독서실에라도 비치한다면, 그래서 후손들이 그 불평록을 보게 된다면 그들은 조상을 사소한 일에도 불평하는 부끄러운 사람으로 알게 될 것 이 분명하기에 "별것 아닙니다"하고 돌아가는 것이 현명한 것이다. 참으로 우리 네 불평이란 것들이 조금만 방향을 바꾸어 보게 되면 별게 아니라는 생각이 드는 것 들이다. 기록에 남겨두고 오래 간직하고 후손들에게 물려줄 불평거리는 거의 없다. 이 목사님은 수첩하나가 40년동안 평안한 목회를 하는데 큰 도움이 되었다고 한다.

> "분을 그치고 노를 버리라 불평하여 말라.
> 행악에 치우칠 뿐이라."(시37:8)

242
거룩한 부담감을 가지라!

어느 목사님이 교회공사를 하는데 어느 집사님 한 분이 작업장에서 일하는데 추 운겨울에 차가운 가죽잠바를 입고 일하시는 것이었다 목사님은 오리털 잠바를 하나 사드렸다. 그런데 5년이 지난 어느 날 집사님이 목사님을 찾아와 "그 때 잠바를 주셔서 너무 감사했습니다. 내가 노숙자를 위해 오리털 잠바 500벌을 기증해도 되겠습니까?"하는 것이었다. 그 일은 다음 해에도 오리털 잠바를 500벌을 기증하셔서 노숙자들과 외국인 근로자들에게 나눠주게 하였다는 것이다. 그분의 생활은 그렇게 넉넉하지 않아 자신을 위해 양복 한 벌 제대로 사 입지 않으신 분이었다. 그런데 그 집사님이 그렇게 하신 까닭은 오리털 잠바를 선물로 받고서는 그렇지 못한 자들을 보면 마음에 부담을 가진 것이다. 그래서 "언제인가 여유가 생기면 어려운 사람을 위하여 오리털 잠바를 사드리리라"는 결심을 하였고 여유가 생겨 그렇게 실행하신 것이다. 일산 백석농역 앞에 있는 일산신성교회 이야기이다.

주님은 "너희는 세상의 소금이라." "너희는 세상의 빛이라." 하셨다. 이 말씀은 결코 성도들은 자신만을 위해 사는 존재가 아니라는 것이다. 하나님의 나라위해 이 세상에서 살아가는 동안 역할을 감당하라는 메시지이다. 어둠의 사람들을 바라볼 때 거룩한 부담감을 가져야 한다. 의로운 롯은 소돔가운데 거하면서 불법을 보고 의로운 심령이 상하였다고 했다(벧후2:8). 18세 청년 김군이 IS에 가담하여 충격에 휩싸였다. 그렇게 된 것은 "그 아이 만의 책임이 아니라 부모인 저희 책임도 크다"고 그 부모가 고백했다. 그렇다 우리 그리스도인들이 진리로 인도하지 못하고 빛을 비추지 못한 책임도 있다는 것이다.

> "이 의인이 저희 중에 거하여 날마다 저 불법한 행실을 보고 들음으로
> 그 의로운 심령을 상하니라."(벧후2:8)

243
간절한 갈망으로!

썬다 싱(Sundar Singh)은 1889년 인도 북부의 작은 동네에서 부유한 가정에 막내로 태어나, 부모님의 특별한 사랑을 받으며 자랐다. 썬다 싱은 힌두교가정에서 성장했다. 그는 기독교에서 세운 소학교에 들어가서 공부를 하게 되었는데, 성경을 가르치는 교사들이 그렇게 미울 수가 없었다. 그는 교장이 준 성경을 친구들이 보는 앞에서 갈기갈기 찢은 후에 불태워버렸다. 그러던 그였으나 방황하기 시작했다. 명망있는 승려를 찾아가도, 요가나 명상을 통해서도 그는 갈급한 마음의 답을 얻어내지 못했다. 그러다가 자신이 찢어버린 성경을 읽기 시작했다. 성경을 읽으면서 조금씩 마음에 감동이 왔다. 그래서 굳게 결심하고 기도했다. "참 하나님을 찾지 못하면 죽고 말겠다"는 신정으로 3일 동안 금식하며 골방에서 결사적으로 부르짖었다. "하나님이여! 만일 당신이 정말 살아 계신다면 저를 만나 주소서" 그때 라호라로 가는 밤 열차가 기적을 울리며 지나가는 소리가 들렸다. 그는 "하나님이여! 만일 다음 급행열차가 지나가기 전까지 나타나 주시지 않으시면 열차에 몸을 던져 죽겠습니다." 목욕을 하고 다시 골방에 들어가서 기도했다. 다음 열차가 지나갈 때까지 7시간 밖에 남지 않았다. 그는 밤을 새워 간구했다. 새벽이 되었습니다. 방문 쪽에서 환한 빛이 비치며, 흰 옷 입은 사람이 나타났다. 머리에는 가시관이 씌워져 있고 양 손에 피가 흐르고 있었다. "썬다싱아! 나는 너를 구원하러 왔다. 너는 바른 길을 찾고 있구나. 내가 곧 길이니라" "당신은 누구십니까?" "나는 나사렛 예수다." 이렇게 해서 썬다 싱은 참 신이요 인류의 구원자이신 예수 그리스도를 만났다. 하나님은 간절히 찾는 사람을 만나 주신다. 그래서 시인은 이렇게 고백했다. "하나님이여, 사슴이 시냇물을 찾기에 갈급함 같이 내 영혼이 주를 찾기에 갈급하나이다"(시42:1). 그러므로 바울은 "내가 은혜 받을 때에 너를 듣고 구원의 날에 너를 도왔다 하셨으나 보라 지금은 은혜 받을 때요, 보라. 지금은 구원의 날이로다"고 했다(고후6:2).

> "나를 사랑하는 자들이 나의 사랑을 입으며
> 나를 간절히 찾는 자가 나를 만날 것이니라."(잠8:17)

244
당신은 무엇을 위해 사는가?

　백령도는 북한과 가까운 위치에 있어 그 곳 군인들이 제대하면 빨리 떠나고 싶어 한다. 그런데 해병대 대위출신인 한 사람이 그 섬에서 목욕탕을 경영하면서 살아가고 있다.　바로 군인 교회를 섬기기 위해서이다. 부대의 교회는 군목이 부임하 여도 자주 바뀌고, 교인들도 몇 년이 지나면 바뀌어서 주인의식을 갖고 교회를 섬길 만한 사람이 아무도 없었다. 그래서 이 분은 자기 몸을 바쳐 평생 군인교회를 섬기기로 한 것이다. 섬의 목욕탕은 돈벌이가 되지 않지만 교회를 섬기려고 그곳에 있는 것이다. 그분이 이렇게 섬에 머물게 된 까닭이 있다고 한다. 월남전에 참전했는데 한 전투에서 총에 맞게 되었다. 전우들의 눈에 이 사람은 죽어버린 것 같아 시체들과 함께 한 곳으로 치우는 중에 이 사람이 꿈틀 꿈틀거렸다. 급히 병원으로 옮겨 여러 차례의 수술 끝에 건강을 회복한 것이다. 참으로 하나님의 은혜가 아니고는 그런 일이 있을 수 없었다. "내 몸이 어찌 그때 꿈틀거렸을까? 어차피 죽있던 몸이 하나님의 은혜로 살았으니 주님의 교회를 위해 내 몸을 바치리라." 그래서 그분이 백령도의 작은 교회에서 한평생을 섬기며 살기로 했다는 것이다. 오래 전에 영국의 일간지인 런던 타임지가 행복한 사람에 대해 표현을 가장 잘한 사람에게 상을 주었다. 그때 상을 받은 내용은 첫째, 모래성을 막 완성한 아이. 둘째, 자기 아이의 몸을 깨끗하게 씻겨 주기를 마친 엄마. 셋째, 아주 귀하고 섬세한 예술적인 가구를 다 만들고 휘파람을 부는 목공. 넷째, 죽어가는 환자를 수술해서 살린 의사라는 내용이었다. 행복은 편안한 데 있는 것이 아니라 성취감에서 오는 것이라는 교훈이다. 그러하다. 우리네 일생에 가장 큰 보람과 성취감을 느낄 수 있는 일은 무엇일까? 주님의 몸인 교회를 위해 수고하는 일이 아닐까? 교회를 위해서 살면 행복하리라.

"우리는 몸으로 있든지 떠나 있든지
주를 기쁘시게 하는 자 되기를 힘쓰노라."(고후5:9)

245
극복해야 할 두려움, 간직해야 할 두려움

예일대학의 존 도널드라고 하는 교수는 사람의 마음속에 있는 두려움을 일곱 가지로 분석하였다. 첫째는 실패에 대한 두려움이요, 둘째는 이성에 대한 두려움이요, 셋째는 자기 약점이 드러날까 하는 공포에서 오는, 자기 방어에 대한 두려움이다. 넷째는 다른 사람을 믿을 수 없다는 두려움이요, 다섯째는 생각하는 것에 대한 두려움이요, 여섯째는 말하는 것에 실수가 있을까 하는 두려움이다. 일곱째는 홀로 있기가 두렵다는 것이다. 사람들은 홀로 있는 것에 대한 두려움이다. 이런 두려움은 곧 무능으로 통한다. 두려운 일이 있으면 지능이 떨어진다. 두려움 가운데 생각하는 것은 실수로 돌아가고, 힘을 떨어뜨리기에 이런 두려움은 극복해 야만 한다. 평안함과 고요함이 있고야 지능도 있고 체념도 있고, 능력도 있는 것이기 까닭이다. 하지만 우리는 두려움을 간직해야 한다. 우리가운데 하나님의 은혜에 이르지 못하는 자가 있을까 두려워하고, 쓴 뿌리가 나서 괴롭게 하고, 에서와 같이 망령된 사람이 있을까 두려워하는 것이다(히12:15,16). 우리가 하나님의 자녀로서 하나님의 영광과 기쁨이 되지 못할까 늘 두려움 속에서 살아가야만 한다. 세상의 금심, 세상의 두려움은 우리의 뼈를 썩게 만들지만 주님 때문에 갖는 근심, 그 두려움은 우리 영혼을 맑고 복되게 만들어 주는 것이 틀림없다.

그래서 바울은 "하나님의 뜻대로 하게 한 이 근심이 얼마나 간절하게 하며, 변명하게 하며, 분하게 하며, 두렵게 하며, 사모하게 하며, 열심있게 하며, 벌하게 하였는가?"라고 한다(고후7:11).

> "외모로 보시지 않고
> 각 사람의 행위대로 판단하시는 자를 너희가 아버지라 부른즉
> 너희의 나그네로 있을 때를 두려움으로 지내라."(벧전1:17)

246
목마름을 채우시도록!

최고의 지성인이라 불리는 이어령 교수는 스스로를 "평생 우물을 파는 사람"이었다고 고백했다. 항상 알 수 없는 갈증이 있었고 목마름이 그 마음에 있었다. 그래서 그는 이렇게 고백했다."명예를 달라면서 글을 썼더니 명예가 생겼고, 돈을 벌려고 애쓰니까 돈이 생겼다. 또 병 때문에 병원에 다니니까 병이 나았다. 그런데 어느 날 너무 외로워서 극장에 가서 영화를 보고, 좋아하는 글을 봐도 마음은 채워지지 않고 "이 세상에 나 혼자구나"라는 느낌이 다가와서 절대고독을 느끼게 되었다. "이러한 영혼의 목마름을 어디로 가야 채울 수 있을까?" 고민하며 찾아보았으나 어떤 것으로도 자신의 목마름이 채워지지 않았다는 것이다.

그런데 어느 순간 이어령 교수는 그 갈증이 바로 진리에 대한 갈증이요 창조주에 대한 목마름이었다는 것을 깨닫게 되었다. 그는 하나님께 엎드렸다. 그리고 그 영혼의 깊은 간절함으로 기도했다. 그리고 성경을 손에 쥐고 읽기 시작했다. 전에도 읽은 성경말씀은 전혀 다른 말씀으로 다가왔다. 하나님께서는 그의 영혼을 흡족히 적셔 만족케 해 주셨다. 이어령 교수는 수없이 많은 우물을 파며 고독한 영혼의 광야를 통과한 후, 비로소 영원히 목마르지 않을 샘물을 만났는데 그것이 바로 하나님이었다. 이어령 교수는 그렇게 진리의 하나님을 깨닫게 되니 목마름이 채워졌다고 간증한 것처럼 누구든지 주님을 찾고 찾으면 목마름의 갈증이 해소되리라.

"너희가 전심으로 나를 찾고 찾으면 나를 만나리라"(렘29:13)

247
말씀을 들으라.

믿음은 말씀을 들으므로 생기니 복된 삶을 기대한다면 말씀을 듣는 자가 되어야 한다. 지금부터 약 150년 전 영국의 콜체스터라는 작은 도시에는 심한 눈보라가 몰아쳐 교통이 두절되어 버렸다. 그 도시에는 주일마다 교회에서 예배드리기에 힘썼던 10대의 한 소년이 있었다. 그 날은 교통도 마비되고, 심한 눈보라 때문에 평소에 자신이 출석하던 교회에 가서 예배를 드릴 수가 없었다. 그래서 어쩔 수 없이 집 근처에 있는 교회에 들어갔다. 몇 명되지 않는 작은 교회였다. 또 그날따라 그 교회를 담임하고 계신 목사님이 출타중이라 무명의 한 평신도가 대신 강단을 맡고 있었다. 몇명 안 되는 성도들을 앞에 놓고서, 평신도 설교자는 떨리는 목소리로 이사야 45장 22절의 말씀을 봉독했다. "땅 끝의 모든 백성아 나를 앙망하라. 그리하면 구원을 얻으리라. 나는 하나님이라. 다른 이가 없음이니라." 그의 설교는 더듬거리는, 서투르고 깊이있는 설교는 아니었다. "하나님을 앙망하라", 같은 말만 반복했다. 그런데도 이 소년은 그 설교를 들으면서 자기 스스로에게 자문해 보았다. "하나님을 앙망하라고 말씀하셨는데 내 아버지가 목사이고 내 할아버지가 목사이지만, 나는 지금 하나님을 앙망하고 있는가? 하나님을 앙망하는 자는 구원을 얻으리라고 말씀하셨는데 내 마음 속에 과연 구원의 확신과 감격이 있는가?" 아무리 생각해도 자신이 서지 않았다. 괴로운 생각이 마음에 싹트기 시작했다. 그 때였다. 평신도 설교자가 소년을 보고서 "젊은이, 내가 보건대 당신은 매우 곤고해 보입니다. 그럴수록 예수 그리스도를 바라보세요. 예수 그리스도만 바라보세요." 지극히 평범한 한 마디 그 말이 소년의 마음속에 깊이 박혔다. 그의 잠자는 심령을 깨워 놓기에 충분했던 것이다. 그는 그 말씀을 붙들고 일평생 동안 예수 그리스도만 바라보며 살았는데 바로 이 소년이 영국의 위대한 설교가였던 찰스 스펄전이다. 이름 없는 평신도 설교자의 한 마디 말씀이 그의 마음속에 박힐 때 그를 변화시켰고 일생의 좌우명이 되었던 것이다.

"그러나 너희 눈은 봄으로 너희 귀는 들음으로 복이 있도다."(마13:16)

248
대화의 벽을 허물라.

여름 밤 하늘에 가장 눈에 띄는 별은 견우성이라 불리는 독수리 별자리의 알타이어별과 직녀성이라 불리는 거문고 별자리의 베가별이다. 이 두 별은 일 중에 음력 7월 7일에 은하수를 사이에 두고 가장 가까운 위치에서 밝게 빛난다. 그래서 마치 1년에 한 번 만나는 것처럼 보인다. 그리고 까마귀와 까치는 이 시기에 털갈이를 한다. 그래서 오작교를 만들어 견우와 직녀가 만나게 해 주다가 털들이 빠지고 더러워진 것처럼 보인다. 이런 우연한 자연현상을 기초로 우리나라에는 견우직녀의 전설이 만들어졌고 7월 칠석이라는 절기까지 생겨났다. 그런데 이 전설 이야기처럼 바로 우리들에게 건널 수 없는 은하수가 있다. 1997년 6월 마지막 주간에 주간지 〈Time〉지는 "신앙과 치유"를 특집으로 다루었다. 미국의 손꼽히는 의학연구기관에 의뢰한 불치병을 앓고 있는 사람들을 연구한 조사내용이 기록되어 있다. 그런 병의 근본원인은 75%가 관계단절, 대화단절에서 왔다는 것이다. 그래서 이런 질병치료를 위해서는 가족들과의 대화 회복, 다른 사람들과의 관계 회복이 대단히 중요하다고 지적하고 있었다. 그리고 더 중요한 것은 불치병의 근본원인 가운데 50%가 영적인 문제였다고 한다. 하나님과의 대화 단절, 관계 단절이 문제이므로 신앙회복이 중요하다는 것이다. 우리네 인생들 대부분의 가슴 속에 더 이상 다가가기 힘든 저 은하수와 같은 대화의 벽이 있다. 부부간에, 부모 자식 간에, 교우 간에, 이웃들 사이에 건널 수 없는 저 은하수와 같은 관계의 벽이 있다. 이런 벽들이 병을 만들기도 하고 인생을 힘들게 만들고 있다는 것이다.

"구하는 이마다 받을 것이요 찾는 이가 찾아낼 것이요
두드리는 이에게 열릴 것이니라."(마7:8)

249
진정한 리더십

주기철 목사님이 평양의 산정현 교회에서 시무하실 때였다. 어느 주일날이었다. 목사님이 강단에서 예배를 인도하시는데 장로님 한 분이 헐레벌떡 뛰어와 앉으시려고 하는 모습을 보신 목사님이 강단 위에서 "장로님, 예배 끝날 때까지 뒤에 서 계시기 바랍니다." 그리고 목사님은 계속해서 예배를 인도했다. 장로님은 예배가 끝날 때까지 계속 뒤에 서서 예배를 드렸다. 속으로 불쾌한 생각을 가질 수 있었다. 그 장로님은 주기철 목사님이 오산학교에서 공부할 때, 그를 가르치셨던 분이었다. 사회적으로 보면 스승과 제자사이이다. 또 거기다 주기철 목사님을 산정현 교회로 초빙한 장본인이 바로 그 장로님이셨다. 그 장로님은 예배 시간 내내 뒤에 서서 예배를 드렸다. 그리고 예배가 다 끝난 뒤에 겸손하게 머리 숙여 교인들 앞에서 몇 항목을 말하며 깊이 사죄했다. "본이 되어야 할 장로가 여러분 앞에서 본이 되지 못해서 정말로 죄송합니다. 목사님의 마음을 편안하게 될 장로가 오히려 목사님의 마음을 아프게 해 드려서 미안합니다. 앞으로 다시는 이런 일이 없도록 하겠습니다." 바로 이 장로님은 당시 조선의 간디라고 불리며, 민족의 지도자로 존경을 받았던 고당 조만식 장로님이시다.

오늘의 진정한 리더는 어떤 사람들인가? 바로 섬김을 바탕으로 지도하는 사람이다. 자신은 손가락 하나 까딱하지 않은 사람은 지도자의 자격미달이다. 그리스도께서는 제자들의 발을 씻김으로 섬기는 리더십을 발휘하셨다. 섬김과 먼 바리새인이나 서기관들은 그리스도의 책망의 대상이었다. 참으로 고당 조만식 장로님께서 성도들 앞에 섬기는 자의 자세를 흐트리지 아니한 것은 바로 예수그리스도의 섬김을 본받았기 때문이리라.

> "인자가 온것은 섬김을 받으려 함이 아니라 도리어 섬기려 하고
> 자기 목숨을 많은 사람의 대속물로 주려 함이니라"(마20:28)

250
행실로 주님을 보이라!

믿지 않는 집안으로 시집을 간 어느 믿음이 좋은 며느리가 제사 때문에 많은 신앙적인 갈등을 겪게 되었다. 어떻게 하면 이 어려운 문제를 덕스럽게 해결 할 수 있을까를 기도하면서 성경을 보다가 롬12:1을 발견했다. "그러므로 형제들아, 내가 하나님의 모든 자비하심으로 너희를 권하노니 너희 몸을 하나님이 기뻐하시는 거룩한 산제사(제물)로 드리라. 이는 너희가 드릴 영적 예배니라." 그 구절을 보는 순간 "제사"라는 말이 눈에 들어왔고 눈이 번쩍 뜨였다. 이 며느리는 앞 뒤 구절은 생각지 않고 그저 "산제사"라는 단어만 보고서 "기독교의 제사는 살아계실 때 드리는 것!"으로 받아들였다. 그 후부터 시부모 님의 생신 때는 물론이고, 시부모님 결혼기념일, 시부모님 윤순회갑 일과 은혼식 때, 아무튼 시부모님에게 기념이 될 만한 때만 되면 상다리가 휘도록 음식을 정성껏 마련하여 대접하고 고운 옷을 입고 시부모님께 큰 절을 올렸다고 한다. 그랬더니 시부모님들이 감복했다. 입만 열면 며느리 자랑이어서 온 동네에 효부로 소문이 났다. 그러던 어느 날 시어머니는 "네가 믿는 예수, 나도 믿을란다"라고 하시더란다. 이 이야기는 김동호 목사님의 〈평화하면 평안하다〉라는 책에 실린 이야기이다.

우리네 믿는 사람들이 가정식구나 이웃들에게 잘 대해주면 그 누구라도 감동을 받는다. 부모님이 살아계실 때 인도하여야만 후회가 없는 법이다. 가족이나 형제들에게도 가까이 있을 때 잘하여 주님을 보여 주어야 한다. 이웃에게도 주님을 보여주라고 이렇게 이웃으로 살게 하셨다. 이제 착한 행실을 보여주어야 한다. 그리하면 주님께 손들고 돌아오게 되어질 것이리라.

"그들로 너희 착한 행실을 보고
하늘에 계신 아버지께 영광을 돌리게 하라."(마5:16)

251
십자가로 충성한 그리스도

그리스도께서는 십자가를 위해 예루살렘에 입성하셨다. 십자가에 죽으시려고 입성하신 주님의 걸음은 우리에게 충성이 무엇이며 삶의 가치가 무엇인가를 알려 주는 것이었다. 마지막 피 한 방울까지 희생하신 주님의 걸음을 본 사도요한은 "죽도록 충성하라. 그리하면 생명의 면류관을 주리라"(계2:10)고 했다. 그런가하면 영국 런던의 캔터베리 교회에 니콜라이(Nicolai)라는 집사가 그랬다. 그는 17세부터 교회관리집사가 되어 교회청소와 관리와 잡다한 일은 물론, 매일 5분 동안 종치는 것이 그의 일이었다. 그는 얼마나 정확하게 종을 쳤던지 런던 시민들은 니콜라이가 치는 종소리에 시계를 맞추었다고 할 정도였다. 신앙으로 양육된 그의 두 아들은 옥스퍼드와 캠브리지 대학의 교수가 되었다. 아들들이 "아버지, 이제 일 그만 하세요"라고 말렸지만, 니콜라이 집사는 그 때마다 "아니야, 나는 끝까지 이 일을 해야 해"라고 말했다. 그는 75세의 나이로 죽을 때까지 58년 동안 하루도 빠짐없이 종을 쳤다.

그가 세상을 떠날 때 가족들이 임종을 보려고 모였다. 그런데 종을 칠 시간이 되자, 갑자기 자리에서 일어나더니 비틀거리며 종탑 아래로 가서 종을 치기 시작하는 게 아닌가! 그는 2분정도 종을 치다가 쓰러져 숨을 거두고 말았다. 마지막 에너지를 다 쏟아 충성한 것이다. 이 소식을 엘리자베스 여왕이 들었다. 감동을 받은 여왕은 그의 시신을 황실 묘지에 안장하도록 지시했다. 그의 장례식 날, 런던 대부분의 상점들이 문을 닫았고 유흥업소들도 자진해서 쉬는 바람에 그 날이 자연스럽게 공휴일이 되었다고 한다. 리콜라이집사는 죽을 때까지 변치 않고 충성 하였더니 성자의 칭호를 받게 되고, 온 가족이 귀족처럼 존귀한 자가 되었다. 그의 충성은 이 땅에서만이 아니라 하늘에서 더 큰 영광으로 나타나게 되리라.

> "죽도록 충성하라
> 그리하면 생명의 면류관을 네게 주리라."(계2;10)

252
빈 무덤이 우리의 자랑이다.

　인도에서는 이런 일이 있었다. 스탠리 존스 선교사가 노방전도를 하고 있는데 이슬람교도 한 사람이 이렇게 외쳤다. "우리는 당신네 기독교인들이 못 가진 것 하나를 가지고 있소" 그래서 스탠리 존스 목사가 물었다고 한다. "그것이 무엇입니까?" "메카에 가면 마호메트의 시체가 들어있는 관이 있어서 우리는 정말 그분이 있었다는 것을 알 수 있습니다. 그렇지만 당신네 기독교인들은 예루살렘에 가도 빈 무덤밖에 볼 수 없지가 않소?" 이 말에 스탠리 존스는 대답하였다. "바로 그것이 당신네 이슬람교와 우리 기독교의 다른 점입니다. 우리예수님은 부활하셔서 승천하셨기 때문에 무덤 안에 계시지 않습니다. 빈 무덤은 예수님이 부활하셨다는 확실한 증거입니다"라고 말했다고 한다.

　모든 종교 창시자들이나 교주들이 죽어 무덤을 왕들의 무덤처럼 꾸며 놓고 그 무덤을 자랑하고 그 무덤을 숭배하고 있다. 그렇지만 예수 그리스도는 죽었다가 다시 살아나셔서 우리 기독교인들에게 빈 무덤을 남기신 것이다. 그러므로 우리는 살아계신 예수 그리스도를 바라고 주님이 남기신 빈 무덤을 자랑한다. 아프리카에서 어느 불교인이 기독교로 개종하였다. 개종한 이유를 물으니 그는 이렇게 대답하였다. "만일 당신이 길을 가다가 길을 잃었다고 생각해 보세요. 그런데 거리에서 두 사람을 만났습니다. 그 둘 중의 한 사람은 죽은 사람이요, 한 사람은 산 사람이었습니다. 그렇다면 당신은 누구에게 길을 묻겠습니까? 당연히 산 사람이 아니겠습니까? 마찬가지로 내가 기독교로 개종한 것은 죽은 부처님이 아니라, 산 예수님에게 인생의 길과 구원의 길을 물어보려고 그런 것입니다"라고 말했다. 그렇다. 부활하셔서 살아계신 주님을 섬기는 것이 우리의 자부심이요 자랑이요, 주님이 남기신 빈 무덤은 우리의 자랑거리이다.

> "어찌하여 살아있는 자를 죽은 자들 가운데 찾느냐?
> 여기 계시지 않고 살아나셨느니라."(눅24:6)

253
그 문제가 문제가 아닌 까닭은?

미국 미시건 주 성 요셉 보육원에 아주 포악한 고아 소년이 있었다. 걸핏하면 친구들과 싸우고 학교에서 퇴학을 당했다. 입양도 실패했다. 고아 소년은 웃음과 눈물을 모두 잃어버렸다. 그런 어느 날 보육원의 베레다 수녀가 그를 꼭 껴안으며 속삭였다. "하나님은 너를 놓지 않으신다. 하나님은 너를 사랑하신다. 힘들 때면 울면서 기도해라." 소년은 이 말이 큰 감동을 받았다. 그때부터 그는 그렇게 했다. 틈만 나면 울며 떼쓰며 기도하는 것이었다. 그러자 차츰 그의 마음이 변화되기 시작하였다. 그는 피자 만드는 일을 하고 있었는데 피자 만드는 일에 몰두했다. 피자 한 판을 단 11초 만에 반죽하는 최고 기술자가 되었다. 그러다기 얼마 후 피자 가게를 창업한다. 가게가 점점 커지면서 전국적인 체인점을 만들고, 지금은 세계적인 기업으로 성장시켰다. 이 사람이 바로 도미노 피자를 만든 톰 모너건 이다. 그를 세계적인 기업가로 만든 것은 바로 그의 눈물의 기도였다. 눈물의 기도가 그의 불행을 행복으로 바꾸었다. 그에게 육신의 부모는 없었지만 그의 눈물을 기쁨으로 바꾸어주시는 하늘의 아버지 하나님이 계셨기 때문이다.

이 세상에 발을 붙이고 사는 사람은 모두 문제를 안고 살아간다. 문제가 없는 사람이나 그런 집이나 그런 단체나 그런 국가나 그런 성도나 그런 교회가 없다. 그래서 어느 집회에서 강사목사님이 "삶에 힘든 문제가 있는 분들은 앞으로 나오시면 기도해 드리겠다"고 했더니 그 순간 거의 모든 성도들이 일어나 나오더란다. 문제는 문제를 보지 않거나 볼지라도 스스로 해결하려는 것이 문제이다. 문제가 있으나 문제를 기도제목으로 바꾼다면 그것은 하나님께로 넘어가는 것이기에 문제가 아니리라.

> "너희 염려를 다 주께 맡겨버리라.
> 이는 그가 너희를 돌보심이라."(벧전5:7)

254
우리민족을 위한 언더우드선교사의 기도

"주여! 지금은 아무 것도 보이지 않습니다. 주님, 메마르고 가난한 땅. 나무 한 그루 시원하게 자라 오르지 못하고 있는 땅에 저희들은 옮겨와 심으셨습니다. 어떻게 그 넓고 넓은 태평양을 건너왔는지 그 사실이 기적입니다. 주께서 붙잡아 뚝 떨어트려 놓으신 듯한 이곳 지금은 아무것도 보이지 않습니다.보이는 것은 고집스럽게 얼룩진 어둠 뿐 입니다. 어둠과 가난과 인습에 묶여 있는 조선 사람 뿐입니다. 그들은 왜 묶여 있는지도, 고통이라는 것도 모르고 있습니다. 고통을 고통인줄 모르는 자에게 고통을 벗겨 주겠다고 하면 의심부터 하고 화부터 냅니다. 조선남자들의 속셈이 보이지 않습니다. 이 나라 조정의 내심도 보이질 않습니다. 가마를 타고 다니는 여자들을 영영 볼 기회가 없으면 어쩌나 합니다. 조선의 마음이 보이지 않습니다. 그리고 저희가 해야 할 일이 보이지 않습니다. 그러나 주님, 순종하겠습니다. 겸손하게 순종할 때 주께서 일을 시작하시고 그 하시는 일을 우리들의 영석인 눈이 볼 수 있는 날이 있을 줄 믿나이다. 믿음은 바라는 것들의 실상이요 보지 못하는 것들의 증거니...라고 하신 말씀을 따라 조선의 믿음의 앞날을 볼 수 있게 될 것을 믿습니다. 지금은 우리가 황무지 위에 맨손으로 서 있는 것 같사오나 지금은 우리가 서양귀신 양귀자라고 손가락질 받고 있사오나 저희들이 우리 영혼과 하나인 것을 깨닫고 하늘나라의 한 백성, 한 자녀임을 알고 눈물로 기뻐할 날이 있음을 믿나이다. 지금은 예배드릴 예배당도 없고, 학교도 없고 그저 경계의 의심과 멸시와 천대함이 가득한 곳이지만 이곳이 머지않아 은총의 땅이 되리라는 것을 믿습니다. 주여! 오직 제 믿음을 붙잡아 주소서!"

미개한 조선의 땅에 저 푸른 눈을 가진 언더우드 선교사는 생명 걸고 이 백성들에게 복음을 전하겠다는 의지가 담긴 글이다. 살아계신 하나님은 죄악 길에 빠져 멸망하는 이 민족은 그냥 놔두시지 않고 그들을 깨우칠 시대의 전도자를 세워 외치게 하셨다.

"오직 성령이 너희에게 임하시면
너희가 권능을 받고 ...증인이 되리라."(행1:8)

255
여호와를 앙망하라.

미국의 어떤 남자가 어느 날 출근했는데 책상에 흰 봉투가 놓여있다. 뭔가 꺼내 보니까 해고통지서였다. 일언반구도 암시하지 않고 이럴 수 있나 싶어 회사에 분노와 증오가 끓어올랐다. 자신의 무능력에 크게 좌절하기도 한다. 도저히 집에 붙어 있을 수 없어서 가출했다. 오랜 시간 방황해도 별 수 없게 되자 다시 집에 들어와 날마다 푸념을 늘어놓았다. "모든 게 끝장나고, 더 이상 아무 것도 할 수 없으니 이제는 죽는 길밖에 없소." 그 말을 듣고 있던 아내가 차분한 어조로 호소합니다. "좋아요. 그러나 한 가지 당신이 해보지 않은 게 있으니 그걸 해 보고 그때 가서 죽든지 살든지 합시다." 남편은 퉁명스럽게 그게 뭐냐고 따져 물었고, 아내는 단호한 어조로 말한다. "당신이 다 해 봤다고 말하지만 하나님 앞에 나아가 진지하게 기도해 보지는 않았잖아요." 그 말이 남편의 가슴에 비수처럼 박혔다. 남편은 회개하고 기도하기 시작한다. 그러자 하나님이 위로해 주시고, 마음속의 분노를 녹여주신다. 그러니까 새로운 의욕도 생기고 지혜가 생겼다. 그래서 집을 잡혀 융자를 얻어 작게 건축업을 시작한다. 하나님이 축복하시니 5년 만에 회사의 오너가 되었다. 계속 기도하는 가운데 새로운 사업에 대한 아이디어가 떠올랐다. 당시는 미국에 레저산업이 막 시작되려는 시점이었다. 그는 일반인들이 이용할 수 있는 건전하고 요금이 저렴한 좋은 서비스,와 건전한 분위기 그리고 저렴한 요금을 표방하고 호텔을 하나둘 짓기 시작한다. 마침내 전국 규모의 체인이 되었다. 그 호텔이 바로 "홀리데이 인"이고, 그 남자는 창업자인 케몬스 윌슨이다. 우리 앞에 있는 현실의 문제가 진짜 문제가 아니다. 나 자신이 문제이다. 나의 신앙이 문제이다. 현실이 어렵고 태산 같은 문제가 있을지라도 그 모든 것보다 더 크신 하나님이 나의 아버지이시다. 하나님을 믿고, 하나님을 앙망하면 반드시 새 힘을 주실 것이다. 세상 그 어디에서도 얻을 수 없는 새 힘! 하나님이 주시는 새 힘을 얻어 독수리가 힘차게 날개를 펴서 창공을 오름같이 되어지리라.

"여호와를 앙망하는 자는 새 힘을 얻으리니
독수리가 날개치며 올라감 같을 것이요."(사40:31)

256
진정한 자원

우리나라에는 석유도 나지 않고 특별한 지하자원도 없다. 그러나 이보다 귀한 자원이 있다. 어릴 때부터 하나님의 말씀으로 양육되고 훈련된 사람들이다. 미국 아이오와 주의 어느 마을에서 교회 주일학교 교사가 길거리에 나가니까 네 명의 어린아이가 길거리에서 흙장난을 하고 있어 그 아이들을 교회데리고 와 청년이 되어 떠날 때까지 10년 이상 이 네 명의 어린이를 잘 가르쳤다. 세월이 흘러서 이제 나이가 많아진 주일학교 교사가 은퇴를 하게 되었는데 은퇴식 때 네 통의 축하 편지를 받게 되었다. 한 통의 편지는 중국 선교사에게서 왔고, 한 통의 편지는 미국 연방은행총재에게서 왔고, 한 통의 편지는 대통령 비서실장에게서 오고, 한통의 편지에는 그 봉투에 "후버"라고 이름이 적혀 있는데, 바로 미국의 31대 대통령이었다. 그리고 이런 글이 적혀 있었다. "선생님이 우리가 길거리에서 흙장난을 할 때 선생님이 우리를 불러서 예수 믿고 하나님을 섬기세 하고 그 후에 우리가 수님 말씀대로 하나님을 섬기며 살면서 오늘 이 자리에 와서 승리롭게 살고 있습니다." 그 어린이가 바로 중국 선교사가 되고, 미국 연방은행 총재가 되고, 대통령 비서실장이 되고, 후버 대통령이 된 것이다.

조지 워싱턴 대통령도 어릴 적에 예수 그리스도를 믿고 미국을 창설한 위대한 대통령이 되었으며 16대 대통령 링컨은 통나무집에서 가난하게 초등학교도 못나왔지만 성경을 읽고 예수님을 믿어서 미국을 변화시킨 대통령이 되었다. 우리 한국의 어린이들을 예수님을 만나게 해주어 말씀으로 양육된다면 어느 자원보다 귀한 축복이 되어 질 것이리라.

> "그 어린아이들을 불러 가까이 하시고 이르시되
> 어린 아이들이 내게 오는 것을 용납하고 금하지 말라.
> 하나님의 나라가 이런 자의 것이니라."(눅18:16)

257
아버지, 그리고 어머니

10년도 더 되었다. 〈쓸만한 물가〉라는 소책자에 실은 "아버지"라는 글이 있었다. 아버지란 기분이 좋을 때 헛기침을 하고 겁이 날 때 너털웃음을 웃는 사람이다. 아버지란 자기가 기대한 만큼 아들딸의 학교 성적이 좋지 않을 때 겉으로는 "괜찮아, 괜찮아" 하지만 속으로는 몹시 화가 나는 사람이다. 자식들이 밤 늦게 돌아올 때에 어머니는 열 번 걱정하는 말을 하지만 아버지는 열번 현관을 쳐다본다. 아버지의 최고의 자랑은 자식들이 남의 칭찬을 받을 때이다. 아버지는 이중적인 태도를 곧잘 취한다. 그 이유는 "아들딸이 나를 닮아 주었으면" 하고 생각하면서도 "나를 닮지 않아 주었으면"하는 생각을 동시에 하기 때문이다. 아버지란 돌아가신 뒤에도 두고두고 그 말씀이 생각나는 사람이다. 아버지란 결코 무관심한 사람이 아니다. 아버지가 무관심한 것 처럼 보이는 것은 체면과 자존심과 미안함 같은 것이 어우러져 그 마음을 쉽게 나타내지 못하기 때문이다. 아버지의 웃음은 어머니의 웃음의 2배쯤 농도가 진하다. 울음은 10배쯤 될 것이다. 아들 딸들은 아버지의 수입이 적은 것이나 아버지의 지위가 높지 못한 것에 대해 불만이 있지만 아버지는 그런 마음에 속으로만 운다. 아버지는 가정에서 어른인체를 해야 하지만 친한 친구나 맘이 통하는 사람을 만나면 소년이 된다. 아버지는 어머니 앞에서는 기도도 안 하지만 혼자 차를 운전하면서는 큰 소리로 기도도 하고 주기도문을 외기도 하는 사람이다. 어머니의 가슴은 봄과 여름을 왔다 갔다 하지만 아버지의 가슴은 가을과 겨울을 오고 간다. 이것이 아버지이고 아버지의 모습이다. 어머니는 두말할 것이 없다. 잉태하고 임신하고 출산의 고통을 겪고 진자리 마른자리 갈아 뉘고 먹이고 입히며 끝없이 수고와 봉사를 사랑으로 감당하는 분이 어머니이니 어머니의 수고는 어찌 다 표현하기 어려우리라.

"자녀들아 모든 일에 부모에게 순종하라
이는 주 안에서 기쁘게 하는 것이니라."(골3:20)

258
가시통한 교훈

미국이 흑인노예 문제로 남북전쟁을 하게 되었고 결국 흑인노예를 해방하게 되었다. 그런데 미국에서 흑인노예 해방운동을 일으킨 배후에는 유명한 책 한 권이 있었다. 그 책이름은 영어로 〈Uncle Tom's Cabin〉이다. 우리말로 하면 〈톰 아저씨의 오두막집〉이다. 그 소설은 스토우 부인이 썼는데, 그 부인의 아버지는 유명한 목사인 라이먼 리처드 목사요, 오빠는 아버지보다 더 유명한 헬리워드 리처드 목사이다. 그런데 이 부인이 이 책을 쓰게 된 동기는 다른데 있었다. 이 부인이 결혼해서 단란한 가정을 이루어 얼마 후에 귀한 딸 하나를 낳았다. 이 부인은 딸을 참으로 사랑했다. 그런데 딸이 잘 자라다가 갑자기 병이 들어 죽게 되었다. 갑작스럽게 딸을 잃고 나니 세상을 모두 잃은 것 같았고, 눈을 감으나 뜨나 딸 생각뿐이었다. 자기 마음이 그렇게 아픈 것을 생각하다가 이 세상에는 나와 같은 슬픔을 당하는 여자가 얼마나 많을까 하는 생각을 하게 되었다. 바로 그런 때에 이 부인은 흑인노예들의 형편을 보았다. 흑인 어머니는 딸이 죽지 않아도 다른 사람에게 딸이 팔려감으로 사방으로 가족이 흩어지는 생이별을 하고 있었다. 이때 스토우 부인이 나는 내 딸이 죽어서 이렇게 슬픈데, 살아서 자기 아들딸과 이별해야 하는 흑인 어머니들의 가슴은 얼마나 아프겠는가? 하는 것을 생각하게 되어 이런 일들을 글로 써서 옮긴 것이 바로 소설이 되었다. 그 책이 출간되어 많은 사람이 읽게 되었는데 읽은 많은 미국사람들이 양심에 찔림을 받았다. 그래서 흑인노예는 반드시 해방되어야 한다는 운동이 일어나게 된 것이다. 가시는 아프고 없으면 좋은 것으로 생각되지만 그러나 가시를 통해서도 하나님은 우리에게 이러한 많은 깨달음을 주시는 하나님이시다.

"다만 이뿐 아니라 우리가 환난 중에도 즐거워하나니,
이는 환난은 인내를 인내는 연단을
연단은 소망을 이루는 줄 앎이로다."(롬5:3,4)

259
하나님께서 주신 그날을 잡아라.

미국에 꿈을 안고 사회에 진출하려고 하는 젊은이가 있었다. 그런데 약점이 많았다. 말을 제대로 못한다. 그가 취업하려고 57개의 보험회사에 원서를 냈으나 모두 퇴짜를 맞았다. 천신만고 끝에 취업을 했는데 내성적이라는 이유 때문에 3주 만에 해고되었다. 다음 회사에 들어가 9개월 월평균 87달러라는 형편없는 판매 실적밖에 올리지 못했다. 그에게 누구도 경쟁력에서 이길 수 있는 노하우를 알려주지 아니했다. 그는 트레일러 차량을 개조한 월세 집에서 고객 확보를 위해 전화기를 붙잡고 있다가 계속 실패한 후 눈물을 흘리면서 하나님께 이렇게 기도하였다고 한다. 하나님 저는 반드시 보험 분야에의 최고가 되겠다. 그리고 제가 터득한 노하우를 다른 사람에게 알려 주겠습니다. 저와 함께 하여 주옵소서.그로부터 10년 후 내성적이고 무기력하던 그는 경이로운 기록으로 보험세일즈 분야에 최고가 되었다. 그의 이름은 폴 마이어이다. 그는 현재 미국에서 손꼽히는 크리스천 기업인인데 30대 이전에 백만 장자가 되었고, 40대에는 금속 인쇄 항공분야를 석권하는 재력가가 되었다. 중요한 것은 그의 수입의 50%는 반드시 사회에 기부하고 있다는 것이다. 그는 트레일러 안에서 서원한대로 성공하고 노하우를 전 세계에 보급하고 있다. 그의 저서에서 가장 좋아하는 말은 "하나님께서 주신 그 날을 잡아라."이다.

그리고 그 날을 잡기 위하여 방법이 있는데 (1) 이 세상 모든 것이 당신에게 유익을 주기 위해 움직이고 있다고 믿으라. (2) 재빨리 용서하라. (3) 낙천적이 되라. (4) 주는 사람이 되 라. (5) 미소짓고 최대한 웃어라. (6) 열정적이 되라. (7) 삶을 즐기라. (8) 취미를 가지라. (9) 도와줄 사람을 찾으라 이다. 참으로 간절한 서원기도야 말로 응답이 신속하다.

> "만물의 마지막이 가까웠으니,
> 그러므로 너희는 정신을 차리고 근신하여 기도하라."(벧전4:7)

260
서로서로 관심을 가지라.

오래전에 국민일보(2005.10.25.)에 "제2의 대구지하철 참사, 용감한 여성이 막았다"라는 제목의 기사가 실린 적이 있다. 작년 10월 24일 오후 8시쯤 서울지하철 4호선 사당역에서 당고개행 열차를 탄 36세의 김모 여인은 맞은 편에 앉은 30대 초반의 남자의 행동이 이상하다는 것을 느꼈다. 신문을 보던 그 남자가 라이터를 꺼내 신문지에 불을 붙이려 했기 때문이다. 다행히 불은 곧 꺼졌지만 그 남자는 입으로 바람을 불어 승객들 쪽으로 재를 날렸다. 그런데 문제는 객차 안에 건장한 남자 서너 명이 있었지만, 어느 누구도 그 사람을 말리지 않았다. 오히려 하나둘씩 다른 객차로 자리를 옮겨 갔다. 그 남자가 정상 상태가 아니라고 판단한 김모 여인은 전동차 벽면에 부착된 고객센터 전화번호를 확인한 뒤, 휴대전화로 "누군가 신문지로 불을 붙이려 한다"고 신고했다. 결국 다음 정차역에 대기 중이던 역 직원과 공익근무요원에게 그 남자는 붙잡혔다. 나중에 제포된 그 남자는 경찰 조사에서 "세상 일이 제대로 안돼서 불을 지르려 했다"고 말했다고 하는데, 용기있는 김모 여인의 행동으로 대형사고를 막을 수 있었다. 김모 여인은 이러한 말을 했다. "함께 타고 있던 젊은 남자들이 임씨의 라이터를 뺏거나 불을 붙이지 못하게 했으면 신고할 필요도 없었다. 전화번호를 확인하고 휴대전화를 꺼내들 때는 무척 겁났지만 신고하기를 잘했다고 생각합니다." 참으로 다양한 사고가 교회에 일어난다. 영혼이 추락하거나 망가지는 일이 있다. 때로는 불을 질러 많은 사람의 심령을 불태우는 일도 일어나고, 그래서 교회에서 영혼이 떠나가는 일도 일어난다. 그럴 때 미연에 방지해야 한다. 물론 귀찮게 여겨 그 자리를 피할 수도 있다. 바라만 보고 있을 수 있다. 그러나 이런 일은 초기에 진화해야만 한다. 그러므로 덤벼들어 붙들어야 한다. 두렵다면 신고라도 해야 한다. 초기에 신고한 김모 여인의 기지를 통하여 지하철대형사고 막을 수 있었듯이 교회에서도 자신은 물론 많은 영혼을 구원하게 되리라.

"각각 자기 일을 돌아볼 뿐더러 또한 각각 다른 사람들의 일을 돌아보아 나의 기쁨을 충만케 하라"(빌2:4)

261
사랑의 다른 이름 이해와 용납

미국의 코넬대학 심리학과에서 사랑의 수명에 대하여 연구를 했다고 한다. 과연 사랑의 수명이 얼마나 되는가? 사랑의 수명은 결혼해서 1년 6개월에서 길면 2년 6개월 정도밖에 안 된다고 한다. 그 다음에는 어떻게 살아가는가? 서로 섬기며 용서하며 이해하는 마음으로 살아간다는 것이다. 허니문이란 말은 신혼초의 단꿈을 말한다. 허니문은 얼마나 가겠는가? 사람마다 차이는 있지만 한계가 있다. 사랑마저 한계가 있다고 말한다면 모든 것이 한계가 있다고 보아야 할 것이다. 예쁜 것도 한 순간이다. 우리가 살아가는 힘은 이해하고 용납하고 도와주는 마음이다. 그래서 가정에 오면 힘을 얻고 기쁨을 얻게 되는 것이다. 그렇지만 바울은 이런 이해하고 용납은 사랑의 한 특성이라 한다. 사랑이 그런 모습으로 나타나는 것이다(고전 13:7). 일본의 오사카 고등법원 형사부 총괄판사인 오카모도 겐이라고 하는 분이 36년 동안 재직했던 판사직을 정년퇴임 5년을 남기고 그만 두었다. 주위 사람들이 말려 보았으나 소용이 없었다. 변호사개업을 하는가 생각하는 사람들도 있었다. 그런데, 그는 직장을 그만 두고 요리학원에 다니더니, 요리사 자격증을 딴 후 법원 앞에 음식점을 내었다. 사람들이 이상하게 생각하여 물었다. "내가 재판관이 되어 남의 잘.잘못을 가리면서 유죄선언을 할 때마다 마음이 아팠습니다. 아무리 정당하게 법에 맞추어 판결을 해도 그 판결에 '감사하다'라고 하는 사람은 없었습니다. 나는 지난 36년간 남에게 기쁨을 주지 못했습니다. 그래서 나는 식당의 주방장이 되어 사람들에게 기쁨을 주고 힘을 북돋게 하는 사람으로 마지막 생애를 마감하고 싶었습니다." 우리는 그리스도 안에서 형제자매가 되었다. 한 가족이 된 것이다. 그러므로 우리는 하나가 되어야 한다. 상대방에게 기쁨이 되려고 노력한다면 참으로 그런 성도들이야 말로 주님의 사랑스런 성도들이다. 이제 사랑스런 성도로 계속 남기를 원한다면 서로 이해하고 용납하는 성도, 그래서 하나가 되는 성도들이 되어야 할 것이리라.

> "무엇보다도 열심으로 서로 사랑할찌니
> 사랑은 허다한 죄를 덮느니라."(벧전4:8)

262
소통의 기술이 필요하다.

며칠 전 한 종편프로에 나온 어머니와 중학교 2학년 어린 딸과의 갈등은 참으로 심각했다. 어린 딸은 엑소의 한 멤버의 사진으로 방을 도배하다시피하고 틈만 생기면 그 연예인의 사진이나 공연모습에 심취하였다. 어머니는 그런 딸이 못마땅해 꾸중하며 "공부하라"고 계속 다그쳤다. 방송에 나온 어린 딸은 자신이 초교 6학년 때부터 자결하려고 손목을 그었고 그 후에도 그렇게 한 적이 몇 번 있었다고 고백했다. 그리고 엑소의 멤버를 통해 그런 삶에서 새롭게 일어설 수 있었다고 하며 눈물을 하염없이 흐르고 있었다. 그런데 어머니는 그런 딸의 사정을 전혀 알지 못하고 있었던 것이다. 어린 딸과 어머니의 에피소드는 참으로 우리네 사회가 얼마나 소통이 안 되고 있는가를 여실히 보여주고 있다고 보여졌다. 그런데 이런 가정만이 아니라 최근에 소통이 어려운 곳은 교회가 아닐까 생각이 든다. 교회는 저마다 개성이 강한 사람들이 모였다. 그렇지만 아무런 이해관계가 없이 모인 곳이 교회이다. 그래서인지 누구라도 그 상황을 잘 이해하여 정확하고도 부드러운 목소리를 가지고 말하지 않을 경우에는 오해를 받기 십상이다. 다 같은 입장이라는 평준화된 생각이 도리어 자신을 돋보이게 하려거나 안일하게 대하게 되기 때문이다. 그러나 우리네는 의사소통을 잘하기 위한 노력들이 필요하다. 그러므로 혹자는 다음과 같은 방법을 제시했다. 1) 아는 체하지 말라. 2) 개방적이고, 용납하고, 받아들이는 분위기를 만들라. 3) 서로 칭찬에 인색하지 말라. 4) 서로를 위해 기도하되, 함께 기도하라. 5) 의견은 얼마든지 달리할 수 있으나 그 때라도 부드럽게 알리라. 6) 좋은 청취자가 되도록 힘쓰라. 7) 상대방의 자존심을 살려주라. 8) 이해받기보다는 먼저 이해하고 사랑받기보다는 먼저 사랑하기를 힘쓰라. 9)상대에게 잘못했거나 실수했을 때 용서를 구하라. 10)주님의 마음으로 섬기라. 참으로 우리네 사회는 소통이 필요하다. 더욱이 개성이 강한 사람들이 모인 교회는 더욱 그러하리라.

"무슨 일을 하든지 마음을 다하여 주께 하듯 하고
사람에게 하듯 하지 말라."(골3:23)

263
위기를 기회로!

미국 세관에서 근무하던 나다니엘 호손은 갑자기 해고당하여 당황할 때 부인이 말한다. "여보! 당신은 글도 잘 쓰고 언어 표현력도 좋은데 하나님이 주신 기회 같아요 글을 써보세요." 남편은 "지금 먹고 살아야 할 문제가 눈앞에 있는데!" 부인은 "저축해 놓은 돈이 조금 있는데 어렵지만 그것으로 생활하면서 당신을 글을 써보세요." 그래서 열심히 기도하면서 글을 썼다. 그래서 탄생한 책이 〈주홍글씨〉이다. 17세기 중엽미국의 어둡고 준엄한 청교도 사회를 배경으로 죄지은 자의 고독한 심리를 묘사한 19세기 미국문학의 걸작품이다. 지금의 우리나라는 중동호흡기 질환인 메르스로 인해 온 나라가 큰 시련 가운데 있다. 메르스로 19명이 사망하고 156명이 확진판정을 받고 무려 6천명 가까운 사람들이 격리되는 초유의 사태가 발생했다. 이런 여파로 관광객이 12만명이나 예약을 취소하고 관광지는 물론 명동의 거리가 텅비어 있는 사진이 2,3일 간격으로 보도되고 있다. 경제가 추락하고 사회활동이 위축된 가운데 저마다 얼굴에 마스크를 쓰고 사람을 거리에서 쉽게 보게 된다.

얼마전 모 권사님이 입원한 병원에 입원 수술하여 찾아갔다가 복도에서 쉬고 있던 환자들로부터 "면회하지 말라는데 면회를 왔다"고 질타를 받았다. 죄인처럼 민망하고 죄송한 마음으로 걸음을 재촉했었다. 사람들을 서로 믿지 못하고 의심해야하는 지경에 있다. 지금 우리나라는 큰 위기에 빠진 것이다. 그러나 이런 큰 위기의 순간에 지도자들과 교회가 하나님 앞에 겸비하여 기도해야 한다. 힘들고 어려운 위기가 도리어 하나님이 주신 기회로 알고 믿음으로 기도하면 하나님은 가까이 함께하심으로 일어서게 되어 지리라.

> "우리 하나님 여호와께서 우리가 그에게 기도할 때마다
> 우리에게 가까이 하심과 같이
> 그 신이 가까이 함을 얻은 나라가 어디 있느냐?"(신4:7)

264
꿈을 위하여 힘쓰라.

미국에 가수를 꿈꿨던 한 남자가 있었다. 그는 어린 시절부터 교회 주일 학교를 다녔기 때문에 사람들 앞에서 노래할 수 있는 기회가 많았다. 노래 때문에 사람들로부터 많은 칭찬을 받고 자랐다. 성장하면서 가수가 되고자 했으나 현실적인 문제로 가수의 길이 막히곤 했다. 그러나 마음 한편에는 항상 사람들 앞에서 노래하고 싶었기에 끊임없이 노래하는 일을 시도했다. 그는 가수의 꿈을 포기하지 않고 공원과 해변에서 청소하는 일을 하면서도 노래를 불렀다. 그는 그렇게 무려 37년을 보내던 어느 날, 그가 노래 부르는 것을 누군가 영상으로 촬영했고 이를 계기로 미국 최고의 오디션 "어메리칸 갓 탤런트"에 출연하게 되었다. 그의 무대를 본 전 세계 시청자들은 격려와 응원의 메시지를 보냈다. 그의 이름은 마이크 영이다. 꿈을 향해 포기하지 않는 그의 용기와 열정은 이후 그의 인생을 완전히 바꾸었다. 영국의 대형 에이전트와 계약해 앨범을 냈고, 가수라는 꿈을 이루게 되었던 것이다.

이 사람만이 아니라 송가인은 무명으로 십 수년간을 보내다가 미스트롯에서 1등을 하여 지금은 유명한 가수가 되어 있다. 임영웅이란 가수도 그랬다. 이들 가수들만이 아니라 유명한 가수나 배우들도 젊은시절 지하방에서 숱한 고생을 하며 지냈으나 꿈을 위해 끊임없이 노력한 사람들이었다. 예수님을 믿음으로 우리는 하나님을 아버지라 부르는 복된 자들이 되었다. 그렇다면 주신 꿈과 소망을 위하여 우리는 어떻게 이룰 수 있는가? 힘쓰고 애써야 한다. 노아가 120년이나 산에 방주를 지었듯이, 부름받은 아브라함이 힘을 다해 순종한 것 처럼 힘쓰고 애쓰는 가운데 하나님의 뜻이 이루어지리라.

"예수께서 힘쓰고 애써 더욱 간절히 기도하시니
땀이 땅에 떨어지는 피방울 같이 되더라."(눅22:44)

265
어느 구도자의 감사기도

문학가이며 문화공보부 장관을 지낸 이어령씨가 회심하고 세례 받은 사건은 우리나라의 큰 사건이었다. 이어령 씨는 〈무신론자의 기도 1〉에 이어 〈무신론자의 기도 2〉를 또한 써 냈다.

당신을 부르기 전에는 아무 소리도 들리지 않았습니다.
당신을 부르기 전에는 아무 모습도 보이지 않았습니다.
하지만 이제는 아닙니다.
어렴풋이 보이고 멀리서 들려옵니다. 어둠의 벼랑 앞에서
내 당신을 부르면 기척도 없이 다가서시며 네가 거기 있었느냐?
네가 그동안 거기 있었느냐고, 물으시는 목소리가 들립니다.
달빛처럼 내민 당신의 손은 왜 그렇게도 야위셨습니까?
못 자국의 아픔이 아직도 남으셨나이까?
도마에게 그렇게 하셨던 것처럼 나도 그 상처를 조금만 만져 볼 수
 있게 하소서. 그리고 내 눈물방울이 그 위에 떨어질 지라도
용서하소서. 아무 말씀도 하지 마옵소서.
여태까지 무엇을 하다 너 혼자 거기 있느냐고 더는 걱정하지 마옵소서.
그냥 당신의 야윈 손을 잡고 내 몇 방울의 차가운 눈물을 뿌리게 하소서.

이 시에서 이미 하나님의 아들이신 예수님이 이어령 씨의 손을 잡고 계신 것을 느껴진다. 이어령씨의 이 시야 말로 주님께 손을 잡힌 한 구도자의 감사의 고백이리라.

"나의 힘이 되신 여호와여 내가 주를 사랑하나이다."(시18:1)

266
Crescendo(점점강하게), Decrescendo(점점약하게)

음악 악보를 보면 다양한 기호를 발견할 수 있다. 그 중에 "Crescendo(점점 강하게)"와 "Decrescendo(점점 약하게)"라는 기호가 있다. 이 두 가지 음악 기호는 음의 강약을 조절해줌으로써 악상을 살려주는 역할을 한다. 벌어졌 던 두 개의 선이 오른쪽으로 갈수록 점점 모아지면, 음악적인 용어로 Decre- scendo 점점 약하게로 점점 소리가 줄어든다는 뜻이다. 그러나 모아졌던 두 개의 선이 오른쪽으로 갈수록 점점 벌어지면, 음악적인 용어로 Crescendo 라 한다. 점점 소리가 더 커진다는 뜻이다. 우리의 신앙생활에도 이러한 두 가지 음악기호처럼 나타난다. 점점 올라가는 믿음을 가진 사람이 있는가 하 면, 반대로 점점 내려가는 믿음을 가진 사람들이 있다. 점점 올라가는 "Cre- scendo"의 믿음을 가지고 있는 사람은 발전하여 성숙해 가는 사람이지만, 점점 내려가는 "Decrescendo"의 믿음을 가지고 있다면 퇴보하는 어린이의 초보로 돌아가는 신앙이다.

바울사도는 그리스도의 장성한 분량에까지 자라가라고 한다(엡4:13). 그래 서 생각하는 것이나 깨닫는 것이나 말하는 것이 성숙한 신앙인으로 서여 한다 는 것이다(고전13:11). 그래서 히브리서기자는 뒤로 물러가면 하나님이 기뻐 하지 않으신다고도 한다(히10:38). 기독교는 생명의 종교이기에 생동하고 성 장하여 약진하는 것이 기독교이다. 그래서 점점나아 지므로 시작은 미약할지 라도 나중에는 심히 창대해지는 믿음의 사람들이 되어야 하는 것이다(욥8:7). 참으로 우리 모두는 "Decrescendo(점점 약하게)"와 같은 사람들이 아니라 "Crescendo(점점 강하게)"와 같은 사람들이 되어야 하리라.

> "우리는 뒤로 물러가 침륜에 빠질 자가 아니요
> 오직 영혼을 구원함에 이르는 믿음을 가진 자니라."(히10:39)

267
어느 구도자의 감사기도

영국교회가 심한 박해를 받고있을 때의 일이다. 200여명의 성직자들이 적군을 피해 도망을 가고 있었다. 그 중에는 "헤이비"목사가 포함돼 있었다. 그는 뒤에서 추적해오는 적군을 피해 벽돌공장의 가마솥에 숨어들었다. 그런데 거미 한 마리가 나타나더니 가마솥의 입구에 부지런히 거미줄을 치기 시작했다. 그리고 얼마 지나지 않아서 군인들이 몰려왔다. "반드시 이곳에 숨어있을 거야. 저 가마솥이 아무래도 수상해" 그때 다른 군인이 말했다. "입구에 거미줄이 엉켜있는 것을 보니 저곳에 숨지는 않은 것 같군. 자 다른 곳으로 가보자구", 헤이비 목사는 거미 한 마리 때문에 목숨을 구할 수 있었다. 그는 인간의 생명이 거미 한 마리에 의해 좌우될 수 있다는 사실을 깨닫고 평생 겸손한 자세로 사람들을 섬겼다고 한다. 인간이란 때로는 거미 한 마리에 의해 운명이 결정되는 나약한 존재이다.그러므로 우리는 나약함을 인정해야 한다.

그렇지만 나약하다고 무시하는 것은 도리어 큰 화를 불러일으킨다. 네덜란드의 한스라는 소년이 뚝에 구멍에서 흘러나오는 물구멍에 팔을 넣어 밤새도록 막아서 큰 재난을 면했다는 이야기는 초등학교 교과서에서 나온다. 작은 것이라도 소홀이 하면 엄청난 비극을 불러올 수가 있기에 작은 일이라도 극히 조심하여야 한다. 지난번의 북한의 도발로 이제 남북한은 준전시상황에 돌입했다. 남북한의 고관들은 피할 방법을 다 강구해 놓고 전쟁불사 운운하는지 모르지만 결국 백성들이 이 엄청난 피해를 입게 되는 것이 전쟁이다. 이런 전쟁을 소꿉장난하듯이 감정에 치우쳐 도발하는 북한도 문제이지만 지혜롭게 이성적으로 대응하지 않는 우리네도 문제이다. 자칫 빈대 잡으려다 초가삼간 태우는 일은 없어야 하리라. 참으로 지금은 기도할 때이다. 그러므로 시편기자는 "하나님은 우리의 피난처시요 힘이시니 환난 중에 만날 큰 도움이시라"(46:1)고 하였으리라.

> "내가 환난 중에 여호와께 부르짖었더니
> 내게 응답하셨도다"(시120:1)

268
배려하는 마음!

맹인 한 사람이 머리에 물동이를 이고 손에 등불을 든 채 걸어오고 있었다. 마주 오던 사람이 물어 보았다. "앞을 볼 수 없는데 등불은 왜 들고 다닙니까?" 맹인이 대답했다. "사람들이 제게 부딪히지 않기 위해서요. 이 등불은 내가 아닌 사람들을 위한 것입니다." 그러하다. 이웃에 대한 배려가 없는 부정적인 삶은 자신을 더욱 불행하게 한다. 그래서 "욕심"은 부릴수록 더 부풀어 오르고 "미움"은 가질수록 더 거슬리며 "원망"은 보탤수록 더 분하고 "아픔"은 되씹을수록 더 아리며 "괴로움"은 느낄수록 깊어지고 "집착"은 할수록 더 질겨지는 것이다. 그렇지만 이런 부정적인 일들은 지워버리고 다른 이에게 배려심을 가진다면 마음이 편안해지고 사는 일이 언제나 즐거워지는 법이다. 그래서 "칭찬"은 해줄수록 더 잘하게 되고 "정"은 나눌수록 더 가까워지며 "사랑"은 베풀수록 더 애틋해지고 "몸"은 낮출수록 더 겸손해지며 "마음"은 비울수록 너 편안해지고 "행복"은 감사할수록 더 커지는 것이다.

왜 우리가 배려심이 없는 것일까? 그것은 부모교육에 그 뿌리가 있다고 전문가들은 지적한다. 예로 일본의 부모들은 자녀에게 어느 장소에서든 남에게 폐를 끼치는 행동을 하지 말라며 훈계하고, 미국의 부모들은 자녀에게 남에게 양보하라고 가르친단다. 그러나 한국의 부모들은 자녀에게 남에게 절대지지 말라고 가르친다. 배려와 겸손이 우리가운데 왜 자리를 잡지 못하는가? 그 까닭을 보여준다. 그렇지만 평범한 일상생활에서도 언제나 감사한 마음으로 다른 사람에게 배려하는 마음으로 산다면 그것이 행복이리라.

"아무 일에든지 다툼이나 허영으로 하지 말고
오직 겸손한 마음으로 각각 자기보다 남을 낮게 여기고"(빌2:3)

269
가정을 오픈하여 모이자.

구역셀을 모일 때 가정에서 모여야 한다고 강력하게 권하는 이유가 있다. 가정에서 모일 때 진정한 교제의 장이 이루어질 수 있기 때문이다. 지금부터 70년 전 샌프란시스코의 오페라하우스의 국제회에서 유엔기구 창설이 무난히 이루어졌다. 그러나 이런 결과를 가져온 것은 이에 앞선 1944년8월21일 미국과 영국·소련 등 연합국 대표가 수도 워싱턴 교외의 덤바턴 오크스(Dumbarton Oaks) 저택에 모였기 때문이었다. 덤바턴 오크스는 신(新)고전주의 양식의 아름다운 정원과 방대한 비잔틴 미술 컬렉션을 보유하고 있던 대저택이었다. 모인 대표들은 외교와 군사 분야 전문가들이었는데 쉽게 저택의 은은한 분위기와 정성이 담긴 음식들에 쉽게 휩싸였다. 그래서 세계 영구적인 평화와 안전의 국제기구 유엔(United Nations)을 창설하는 실무차원의 문제들을 이 저택에서 조용하고도 심도 있게 논의할 수 있었던 것이다. 이후 회의에서는 이 저택에서 의논되어진 대로 유엔총회와 안전보장이사회를 설치하고 국제사법재판소를 운영한다는 기본 골격을 마련하는 덤바턴 오크스 회의가 열리게 되었다. 여기에서 유엔의 집단 안전보장(Collective Security)에 관한 권한을 분명하게 하고, 6·25때 유엔군 참전은 이 회의를 통해 가능해졌다고 한다. 참으로 가정이나 일반 주택에서 모이는 것이 집중력이 있고 서로 화합을 쉽게 이끌어 내는 분위기가 되어 진다. 그래서 초대교회는 가정에서 모이는 교회들이었다. 이제 우리가 후반기 구역셀을 모임을 가질 때 가정에서 모이는 것이야말로 의미가 있는 일중에 으뜸일 것이다. 딱딱한 회의실에서나 강당이 아닌 가정이야말로 그 어느 곳에서도 맛볼 수 없는 훈훈한 인간미가 있고 사랑이 배여 있기 때문이다. 성도들은 삭개오가 그랬듯이 가정을 오픈하는 성숙미를 보여야 하리라.

"날마다 마음을 같이 하여 성전에 모이기를 힘쓰고
집에서 떡을 떼며 기쁨과 순전한 마음으로 음식을 먹고"(행2:46)

270
때를 붙잡아라!

전후 독일의 거리에는 많은 과부들과 고아들이 한 덩어리 빵을 얻기 위해 구걸하는 행렬로 메워졌다. 그 당시 서구 교회들은 독일의 교회 재건을 위하여 많은 물자를 지원했다. 많은 물자를 받은 교회는 "먼저 파괴된 교회를 건축할 것인가?" 아니면 "거리의 과부들과 고아들을 먼저 구제할 것인가"로 고민하게 되었다. 결국 독일 교회는 교회 건축을 먼저 하기로 하고 구제는 다음으로 미뤘다. 교회가 복구될 때까지라도 그들은 그 자리에서 그런 모습으로 기다려 줄줄 알았던 것이다. 붉은 벽돌로 교회의 건물이 올라갔다. 그런데 교회 복구를 끝내고 나서보니 있어야할 과부들과 고아들이 그 자리에 있지 않았다.

이미 국가가 그들을 구제했기 때문에 그 자리를 떠난 것이다. 교회 앞에 머물던 그 자리를 떠난 후에 그들은 교회를 외면했다. 다시 교회 앞으로 모이려 하지 않았다. 교회는 구제하고 싶었으나 그 때를 잃고 말았던 것이다. 쉬나이더 리는 신학자는 "교회가 세상으로부터 외면냥하는 것은 소외된 자에 대한 관심을 갖지 않았기 때문이다"고 했다. 참으로 그리스도인들이라면 손가락만 꼽다가 정작 기회를 놓치는 어리석은 사람이 되지 말아야 한다.

그러하기에 누군가 "감사하려면 지금 하라"고 했다. 감사하기 가장 좋은 순간은 바로 지금이라는 것이다. 구원받는 것도 그러하다. 그래서 바울은 고린도교회를 향하여 "보라. 지금은 은혜 받을만한 때요 보라 지금은 구원의 날이로다"라고 했다(고후6:2). "후회 없는 인생을 살았노라"고 말하는 사람은 인생의 성공자이다. 그들에게 그 까닭을 묻는다면 "때를 붙잡았노라"고 할 것이다. 열매 맺는 가을이다. 감사함으로 이웃을 돌아봄으로 때를 붙잡는 성도들이 되어야 하리라.

"세월을 아끼라. 때가 악하니라."(엡5:16)

271
내가 돌아보아야 할 어른들!

어느 교수님이 "아버지가 없는 사회"라는 글을 썼다. 그 글에 이런 이야기가 실렸다. 골프장에서 있었던 이야기이다. 앞 팀이 내기를 하는지 너무 플레이가 느려 뒷 팀 손님들이 화를 냈다. "대체 뭐하는 사람들이야." 캐디가 "형제들이래요"라고 대답했다. "아니 돈을 얼마나 걸었기에 형제들이라면서 저렇게 죽기 살기로 쳐." 그러자 캐디 아가씨가 다시 말했다. "돈이 아니라요, 진 사람이 아버지를 모시는 내기를 하는 거래요."

물론 꾸며낸 이야기라지만 오늘의 이 세상은 "아버지가 없는 사회"이다. 흔들만한 깃발이 없는 사회 "존경하는 스승이 없는 사회", "존경하는 어른이 없는 사회" "존경히는 목사가 없는 사회"가 오늘의 사회일 것이다. 부모들은 그 자녀를 뒷바라지하며 자녀를 인격자로 만들려고 온 정성을 쏟았다. 그러나 결과는 너무 실망스러운 것이다. 실은 자녀들이 스스로 자신의 인격을 만들어가고 있다고 해야 한다. 부모 공경만이 아니라 스승을 존경하고 목회자나 어른들을 존경하는 사람이라면 그 인격이 결코 잘못되거나 어긋날 리가 없다는 것이다. 그래서 "존경할 만한 스승 한 분만 있어도 사람은 잘못되지 않는다"고 했다. 누군가를 존경하고 사랑하는 사람은 자신을 아무렇게 방치할 수 없기 때문이다. 그래서 존경할만한 부모, 어른, 스승, 목회자를 만난다는 것은 하나님의 특별하신 은혜와 축복이라 할 수 있다. 우리가 만난 모든 사람이 나를 만드는 재료이지만 더욱이 "나를 나 되게 만들어 준 사람들"이 바로 이런 분들이었다. 알게 모르게 이런 분들에게 영향을 받아 오늘의 내가 만들어 진 것이다. 고유 명절이 다가온다. 존경하는 분들을 기억하여 목소리를 가다듬어 따뜻한 안부라도 전하는 명절이라면 의미 있는 중추절이 되어 질 것이리라.

> "...또한 각각 다른 사람들의 일을 돌아보아
> 나의 기쁨을 충만케 하라"(빌2:4)

272
"하나님" 그 이름 "하나님"

한국 사람과 일본 사람, 중국 사람은 비슷하면서도 두드러지게 다른 점이 있다. 세 나라 사람이 함께 있으면 우리는 대충 짐작은 할 수 있지만, 서양 사람은 똑같은 종족으로 생각하고 전혀 구분하지 못한다. 겉모습은 비슷하면서도 생각이나, 살아가는 방식에 있어서는 차이점이 많다. 그 중에서도 가장 큰 차이점 중 하나는 하나님에 대 한 개념일 것이다. 일본은 하나님을 "가미사마"라고 부르는데 성경의 하나님도 6천여 가미사미중에 한 분으로 보는 것이다. 그래서 일본 사람들은 오전에는 교회에 서 예배를 드리고, 오후에는 절에서 법회에 참석하고, 결혼식은 교회에서, 장례식은 절에서 치르는 사람들이 있다고 한다. 헌금도 신들에게 고루 바치는 것이다. 그러나 중국 사람들은 하나님을 가리켜 "天帝" 또는 "옥황상제"라고 한다. 그렇지만 한국 사람은 성경의 하나님과 뜻이 거의 같은 하나님을 믿어 왔다. 선교사들이 한국에 들어와 맨 먼저 성경을 번역하는 일을 했는데 일본이나 어떤 아프리카와 달리 하나님이라 번역했다. 세계에는 민족도 많고 언어도 많지만, 성경의 하나님과 꼭 같은 하나님 개념을, 성경이 들어오기 전에 미리 갖고 있었던 나라가 바로 우리 한국이다. 그래서 선교사들이 하나님이라는 말을 번역할 때 몹시 기뻐했다고 한다. 그 때에 카톨릭 에서는 천주님이라 하여, 기독교 일각에서도 하느님이라 번역했으나 유일신 여호와 하나님을 강조하는 말은 "하나님"이란 단어이기에 자연히 하나님이라고 쓰게 되었다. 우리 국가에 "하나님이 보우하사 우리나라 만세"라고 부르는 나라는 우리나라뿐이다. 하나님이 보호해 주시므로 우리네는 금년에도 풍요로운 추석명절을 맞았다. 우리나라가 우상을 섬기는 자리, 귀신을 섬기는 자리를 피하고 유일하신 하나님을 경외하는 명절로 지낼 수 있다면 하나님은 더욱 삶을 풍성하게 해 주실 것이리라.

"여호와 우리 주여 주의 이름이 온 땅에 어찌 그리 아름다운지요
주의 영광을 하늘위에 두셨나이다."(시8:1)

273
10월 행사에 함께 합시다.

IBM의 설립자인 톰 왓슨의 성공비결 중의 하나는 사람을 소중한 자신으로 여긴 다는 것이었다. 한번은 젊은 부사장이 매우 모험적인 신제품개발계획을 보고 했다. 왓슨은 "과연 이 사업이 성공할 수 있는 것이냐?"고 물었다. 이에 부사장은 "위험부담 이 큰 사업일수록 높은 수익률을 올릴 가능성이 있다"고 하며 그 주장을 굽히지 않았다. 왓슨은 그의 열정을 믿고 그 사업을 승낙했다. 그러나 결과는 그의 주장과는 달리 실패하고 말았다. 회사는 1000만 불이라는 거금을 잃게 되었다. 부사장은 실패에 대한 책임을 느끼고 사표를 제출했다. 그러나 왓슨은 정색을 하며 "무슨 소린가? 자네를 교육하는데 무려 1000만 불을 썼는데 어떻게 그만 둘 수 있는가? 다시 시작하게!"라고 도리어 격려했다. 이에 용기를 얻은 부사장은 신제품 개발에 다시 도전하여 성공하였고, 회사는 엄청난 부가가치를 창출하여 성장하게 되었다고 한다. 우리네 사람들 가운데는 일을 빨리 해치우고 싶은 욕심으로 사람들과 관계가 악화되어지거나, 심하면 회복될 수 없는 관계가 되는 경우도 있다. 지도자의 입장에서는 일을 잘해내고 싶은 욕망이 앞서서 사람과 갈등을 빚기도 한다. 그러나 자칫 세상의 어떤 곳보다 교회라는 공동체는 그 특성상 개인인격을 존중하지 않으면 일을 망치는 것은 물론, 사람을 잃어버리는 경우가 십상이다. 그래서 사도는 증언하기를 "사랑하는 자들아 주께는 하루가 천년 같고 천년이 하루같은 이 한 가지를 잊지 말라 오직 너희를 대하여 오래 참으사 아무도 멸망치 않고 다 회개하기에 이르기를 원하시느니라"했다(벧전3:8,9). 예수님의 재림이 늦어지는 까닭을 베드로는 하나님께서 한 사람도 멸망하지 않고 회개하여 구원받기를 원하시기 때문이라고 증언한다. 10월이다. 당장에 행사들이 코앞으로 다가왔다. 교회행사에 가장 중요한 요소는 사람들이다. 성도들이 "하나님의 영광을 위하여! 교회의 명예를 위하여! 자신의 성숙을 위하여!" 함께 모여져야만 한다. 우리 모두가 함께할 때 행사들이 축제가 되고, 하나님 앞에 우리는 더욱 아름답고 선한 자들로 나타나리라.

"형제가 연합하여 동거함이 어찌 그리 선하고 아름다운고"(시133:1)

274
도전하도록 믿음으로 격려하라.

1800년대 초 미국의 매사추세츠주 세관에서 일하던 공무원이 무능하다는 이유로 해고되었다. 그는 실직 사실을 아내에게 알리면서 자신은 인생의 실패자라고 낙담을 하였다. 그러자 지혜로운 아내는 남편에게 "낙심하지 마세요. 지금이야말로 당신이 원하셨던 글 쓰는 일을 시작할 때입니다"라고 말해 주었다. 그러자 남편이 아내에게 "여보 그러면 무얼 먹고 산단 말이오?" 그러자 아내는 남편에게 "제가 일년 정도의 생활비는 저축해 두었어요. 일 년은 걱정할 필요 없습니다"라고 용기를 주었다. 그때 "내가 일 년 내에 훌륭한 작품을 쓸 수 있을까?" 남편이 주저하자, 아내는 "여보, 하나님이 도와주실 것입니다"라고 격려했다. 그리고 남편과 아내 두 사람은 함께 기도했다. 얼마 있지 않아 그는 "두 번 들려준 이야기"라는 작품을 발표했다. 그리고 10년간 열심히 작품을 쓴 결과, 미국이 낳은 가장 위대한 작품이라고 평가되는 "주홍글씨"를 발표하게 된다. 그는 바로 나다나엘 호돈(N. Hawthorne)이다. 낙심할 수밖에 없는 상황에서도 서로 믿음으로 격려하여 당대의 명작을 낳았다

미국의 서부지역을 여행하는 사람들이 빠뜨리지 않고 들리는 라스베가스는 연간 3,500개의 전시회가 열리고 연간 700만 명이나 방문한다고 하니 세계적인 명 도시이다. 그런데 본래 라스베가스는 사막위에 세워졌다. 사실 미국의 LA를 비롯한 서부의 상당부분이 사막지역이었다. 살기 좋은 나라로 알려진 캐나다도 사막지역이 자리하고 있고, 중국에도 사막지역 이 넓게 자리하고 있다. 역시 우리나라 국토의 70%이상이 산악지역으로 구성되었다. 그렇지만 그것만 보며 탄식하고 있다면 나라는 황폐한 나라가 되고 말 것이다. 이런 모습들은 우리네 인생과 흡사하다. 사막과 산악지역을 통과하는 것처럼 우리 인생이 때로는 험난한 길이지만 그럼에도 낙심하지 않고 믿음으로 도전하고 개발한다면 사막같은 그 인생이 분명 아름답고 유익한 인생이 되어지리라.

"그 산지가 네 것이 되리니 비록 삼림이라도 네가 개척하라...
네 것이 되리라"(수17:18)

275
능력 주시는 자 안에서

어떤 부자집 老人이 말을 타고 행차하다가 앞길에서 거지와 같이 보이는 사람이 기뻐 춤을 추는 것을 보고는 "나처럼 돈이 많아도 춤출 일이 없는데 거지는 도대체 무엇이 기뻐서 저렇게 즐겁게 춤을 추고 있는가?" 하고 그 이유를 물어 보았다. 그 거지는 "나는 기뻐서 춤을 춥니다." 하는 것이다. 그리고는 그 이유 세 가지를 말했다. "첫째, 하나님께서 나를 만물 중에서 가장 귀한 사람으로 지어주신 것을 생각할 때에 기쁘지 않을 수 없습니다. 둘째, 나는 다리를 저는 절름발이 장애인이나, 세상에는 나보다 더 힘든 장애인이 많이 있는 것을 알고 있습니다. 셋째, 세상에서는 날 부러워할 사람이 없을 것이나 나는 죽으면 하늘나라에 가서 하나님 품안에 있을 것을 생각하니 너무 기뻐 춤을 춥니다"하였다.

주님은 아무리 힘든 상황에서도 그런 상황을 이겨낼 수 있는 능력(能力)을 주셔서 만족하게 하신다. 그러므로 바울은 빌4;13에서 "내게 능력 주시는 자 안에서 내가 모든 것을 할 수 있느니라." 고백했다. 그리고 "주를 사랑하는 자 곧 그 뜻대로 부르심을 입은 자들에게 모든 것이 합력하여 선을 이루느니라"하여 (롬8:28) 모든 일에 주님은 능력으로 도우시므로 선을 이루시는 하나님이시라고 했다. 세상에서 환난을 만나고, 더욱이 하나님의 나라에 들어가려면 우리가 환난을 많이 당하지만 (행14:22) 그럼에도 야고보는 "여러 가지 만나거든 시험을 온전히 기쁘게 여기라"고 했다(약1:12). 바울도 "환난 중에 즐거워한다"고 했다(롬5:1). 그것은 능력을 주시는 주님께서 "이런 환난으로 인내를, 인내로 연단을, 연단으로 소망을 이루는 분"임을 알았기 때문이었다. 참으로 믿음은 능력을 주셔서 모든 것을 하게 하시는 주님으로 만족하며 크게 기뻐하는 것이리라. 주님이 그렇게 할 수 있도록 우리가운데 역사하시기 때문이리라.

> "할 수 있거든이 무슨 말이냐
> 믿는 자에게는 능치 못할 일이 없느니라."(막9:23)

276
행복한 삶을 사는 사람들

하와이를 우리는 지금 지상 낙원이라고 말하고 있지만 본래 하와이 섬은 부족과 부족 사이에 많은 싸움이 있었던 살벌한 섬이었다. 아무도 찾지 않는 이런 하와이 섬을 결정적으로 바꾼 것은 바로 복음이었다. 선교사들이 복음을 가지고 섬에 들어와 복음을 전하면서 하와이와 남태평양의 섬은 평화스러운 섬으로 변화된 것이다. 이 변화의 와중에 신화적 전설을 남긴 사제 한분이 있다. 다미엔 이라는 신부이다. 그는 하와이 섬 중에 하나인 몰로카이 섬에 들어갔다. 몰로카이 섬은 나환자들을 수용하던 곳이었다. 다미엔 신부는 그들과 함께 살며 그들과 더 가까워지기 위하여 그 자신이 나환자가 되었다. 그래서 몰로카이 섬의 나환자들은 마음을 열고 복음을 받아들이고 가족처럼 지낼 수가 있었다. 그런데 이 다미엔이 마지막 자기 생애를 마무리 짖기 전에 그는 사람들에게 말했다. "내 인생은 참으로 행복했다." 이 말은 평생 이웃들을 섬기느라 일그러진 나환자의 일굴마저 개의지 않았던 나비엔이 마시막 고백이었다.

유대인의 탈무드에는 "하루를 행복하게 살기를 원하는가? 그렇다면 이발을 하라. 일주일간을 행복하게 살고 싶다면 여행을 하라. 한달을 행복하게 살기를 원하는가? 그렇다면 새 집으로 이사를 가라. 한 해동안 행복하기를 원하는가? 결혼을 하라. 그러나 일생이 행복하기를 원하는가 이웃을 섬기라"고. 했다. 지난주간에 많은 분들이 섬기는 일에 동참했다. 서울노회 여전도회원을 섬기고 그리고 슬픔을 당한 가족들을위해 장례식에 참여하여 섬기고, 교회입구 공사현장에서 섬기기도 했다. 다미엔이나 탈무드의 교훈이 아니더라도 아마 이런 분들이 가장 행복하고 보람된 삶을 산 사람들이리라.

"각각 은사를 받은 대로 하나님의 여러 가지 은혜를 맡은 선한 청지기같이 서로 봉사하라."(벧전4:10)

277
부자 아버지

어느 날 미국 시카고의 한 호텔에서 노신사 한 사람이 호텔에 들어서더니 접수원에게 다가서더니 "여보시오, 이 호텔에서 제일 값이 싼 방을 안내해주시오." 그런데 접수원이 이 노인을 보는 순간 깜짝 놀라고 말았다. 당대 유명한 거부 록펠러였기 때문이었다. "아니, 당신은 록펠러 씨가 아니십니까?" 하고 물었다. 노인은 그렇다고 대답을 했다. 그러자 이 접수원은 "아니, 당신의 아들은 우리 호텔에 오면 언제나 제일 비싼 방을 구하는데 어떻게 당신은 제일 싼 방을 구하십니까?"하고 물었다. 록펠러는 안경 너머로 접수원을 바라보더니만 "내 아들에겐 나 같은 부자 아버지가 있지만, 나에게는 그런 아버지가 없다오"라고 말했다고 한다. 어느 목사님이 실의에 빠진 한 성도에게 이 이야기를 들려주시고는 "형제님은 자신을 비천하다고 생각하지만 그러나 당신 아버지가 얼마나 부자인줄 아시오?"하고 물었다. 그러자 "아니, 우리 아버지가 부자라고요"하며 놀랐다. 형제님은 "예수님을 믿습니까?" "네, 믿습니다." "하나님을 아버지라고 부르죠." "네, 부릅니다." "하나님 아버지가 얼마나 부요하시고 존귀하신 분이십니까? 형제님은 바로 그 하나님의 아들이란 말입니다."

자신의 형편을 보고 열등의식과 좌절감 속에 살아가는 사람은 매사에 의기소침하기 쉽다. 그리고 항상 자신이 천하고 약하기에 하나님의 복을 받는 대상이 아닐 것이라 지레 짐작하고서 뒤로 물러가려 한다. 그러나 하나님은 우리를 지으시고 복을 주시었다. 하나님이 우리에게 부여한 가장 큰 복은 우리를 아들 삼아주신 것이다. 천지 만물의 주권자가 되시고 우리 생사화복을 주관하시는 하나님이 우리 아버지 이시다. 눈에 보이거나 보이지 않는 것까지도 모든 것이 다 하나님의 것이다. 하나님은 이렇게 부자 아버지이시다. 부자 아버지를 둔 사람이라면 언제나 당당하리라.

"은도 내 것이요 금도 내 것이니라 만군의 여호와의 말이니라."(학2:8)

278
최대의 발견

영국 에딘버러 의과대학에 제임스 심슨경이라는 분은 마취제 클로로포름을 발견한 사람이다. 그 당시까지는 수술을 할 때 마취를 하지 않고 그대로 생살을 찢고 했다. 그래서 수술을 하는 사람들의 공포심은 이루 말할 길이 없었다. 그러나 이 심슨경이 발견한 클로로포름 덕분에 그 뒤로 많은 사람들이 수술의 공포감에서 해방이 되었다. 그런데 그가 세상을 떠나기 얼마 전에 제자들이 찾아 와서 이렇게 물었다고 한다. "선생님, 평생을 통해서 가장 위대한 발견을 했다고 한다면 무엇을 들겠습니까?" 그들은 그가 "마취제 클로로포름을 발견한 것이 내 생애 최대의 발견이었다"하고 말할 줄 알았다. 그러나 그의 입에서는 너무나 뜻밖의 대답이 나왔다는 것이다. "내 생애에 있어서 최고의 발견은 예수 그리스도께서 불쌍한 죄인인 나를 위해 죽으시고 나를 구원해 주셨다는 사실을 발견한 것입니다"라고 말을 했다고 한다.

1953년 5월 29일 오전 11시 30분 마침내 에드먼드 힐러리는 네팔의 텐징 노르 가이와 함께 지상에서 가장 높은 에베레스트 산 정상 8,848m를 최초로 등정하였다. 그들이 정상에 머문 시간은 약 15분가량이며, 그곳에서 힐러리는 얼음도끼를 들고 포즈취한 텐징의 사진을 찍었다. 힐러리는 아래로 내려다보는 사진 등 증거를 남기 기 위해 그곳에서 몇 장의 사진을 더 찍었다. 그리고 그곳에 텐징은 초콜렛을 남겼 으나 힐러리 경은 자신이 받은 십자가를 그 곳에 남겼다. 최초로 등정한 그 감격을 주님의 사랑과 은혜라고 생각하며 십자가를 남김으로 그의 신앙을 증거 한 것이다. 인간의 최대의 발견이 있다면 예수그리스도를 발견한 것이다. 그래서 사도 바울은 예수그리스도를 발견한 후에 그가 가진 모든 배경이나 지식을 다 배설물처럼 여겨버 렸다는 것은 그가 예수님을 발견한 충격이 얼마나 놀라운 일이이었는가를 말해주는 것이다. 참으로 우리의 생애 중 최대의 발견은 예수그리스도를 발견한 것이리라.

"또한 모든 것을 해로 여김은 내 주 그리스도 예수를 아는 지식이
가장 고상함을 인함이라...내가 그를 위하여 모든 것을 잃어버리고
배설물로 여김은..."(빌3:8)

279
범사에 감사하라.

어느 날 사탄이 지금까지의 사업을 정리하고 그 동안 사람들을 공격하기 위해 사용했던 모든 연장들을 모아 경매에 부치기로 했다. 그러자 많은 사람들이 몰려왔다. 사탄은 인간들의 마음을 미혹하고, 넘어지게 했던 그리고 망하게 하며, 약하게 만들고 타락시켰던 연장들을 진열하였다. 시기심, 고집, 욕심, 보복심, 미움, 교만, 혈기, 열등의식 등 실로 다양한 도구였다. 그런데 연장들이 놓여있는 맨 끝에 아주 비싼 가격에 나와 있는 잘 포장된 도구가 있었다. 너무나 비쌌으므로 사람들은 그것이 무엇인지 궁금하였다. 그래서 사탄에게 물었다. 그러자 사탄은 그것이 "실망"이라는 무기로써 얼마나 위력이 있었는가를 설명하기 시작했다.

대단히 훌륭히 일하던 사람도 이 실망으로 공격하면 일을 멈추었고, 이 무기 앞에서 꼼짝못하고 무기력한 아무 쓸모 없는 사람이 되더라고... 입에 거품을 토하며 신나게 설명했다. 이때 한 사람이 사탄에게 질문하였다. "혹시 그 연장을 사용하여도 넘어지지 않는 그리스도인은 없던가요?"라고 묻자 사탄은 "이 연장을 사용하여도 넘어지지 않는 사람들이 있었다. 그들은 항상 범사에 하나님께 감사하는 성도들이었습니다. 항상 감사하는 마음을 가지고 살아가는 사람에게는 이 무기가 아무 효력을 발휘할 수 없었습니다" 하더란다.

추수감사절이다. 언제부터인가 감사절이 되어야만 감사하는 습관이 몸에 배여 버렸는지 모른다. 감사절에라도 감사를 새기는 것은 귀한 일이지만 우리를 향하신 하나님의 뜻은 범사에 감사하는 것이다. 그래서 송명희 시인은 범사에 감사하라는 시를 썼다. "감사절에만 감사하는 자여, 범사에 감사하라. 위급할 때만 기도하는 자여, 쉬지 말고 기도하라. 기쁠 때만 기뻐하는 자여, 항상 기뻐하라." 참으로 언제나 모든 일에 감사하는 감사가 진정한 감사이리라.

> "항상 기뻐하라. 쉬지 말고 기도하라. 범사에 감사하라.
> 이것이 그리스도 예수 안에서
> 너희를 향하신 하나님의 뜻이니라."(살전5:16~18)

280
십자가의 복음

모라비아 교회 선교사들이 예수 그리스도의 복음을 전하기 위하여 최초로 그린랜드에 파견되었을 때 그들은 그 곳 사람들에게 먼저 자연 종교의 교리를 가르치는 것이 필요하다고 생각했다. 그러나 그 결과는 단 한사람의 개종자를 얻는데 무려 17년이라는 세월이 걸릴 정도로 비참한 것이었다. 그러나 어느 날 카야르낙 이라는 매우 사악한 사내가 선교사의 움막에 들렀다가 우연히 선교사가 성경 읽는 소리를 듣게 되었다. 그 때 선교사가 읽고 있었던 말씀은 예수그리스도의 생애 중 마지막 한 주간에 관한 것이었다. 그 원주민은 그 성경 읽는 소리로 예수께서 죄인들을 위하여 죽으셨으며, 죄인들은 그 분을 통하여 구원받을 수 있다는 사실을 희미하게나마 알게 되었다. 그러나 궁금하여 견딜 수가 없었다. 어느 날 그 원주민은 그런 사실에 대해 자세히 듣기 위해 선교사에게 물었다. "어떻게 그럴 수 있습니까? 저에게 자세히 말씀해 수십시오. 저도 구원받고 싶습니다." 뜻밖의 말에 선교사는 깜짝 놀랐고 그후 얼마 지나지 않아 카야르낙과 그의 가족은 그리스도께로 돌아오게 되었다. 그리하여 그들은 그린랜드에서 구주께 드려진 첫 열매가 되었던 것이다. 무엇보다 이 사건으로 선교사들은 죄인들에게 가장 먼저 설교해야 할 것은 바로 그리스도의 구속의 희생이라는 사실을 깨닫게 되었다는 것이다.

십자가의 복음은 믿는 자들에게 물론이지만 정작 믿지 않는 세상 사람들에게 필요한 것은 말씀이다. 우리가 이 사실을 감추고 세상의 즐거운 이야기로 포장하여 사람들을 인도하려 할 때는 단순히 말쟁이로 전락되고 말 것이지만 십자가 복음을 전할 때는 그들의 심령이 움직이기 시작하게 된다. 우리의 이야기는 가십거리인 인간의 이야기들이지만 십자가의 복음은 예수그리스도의 피의 복음이기 때문이다. 나아가 십자가의 복음이 사람을 움직이는 것은 성령께서 역사하시기 때문이다. 우리가 전해야 할 내용은 사람들에게 꼭 필요한 내용이며 바로 십자가 복음의 소식이어야 하리라.

"십자가의 도가 멸망하는 자들에게는 미련한 것이요,
구원을 받는 우리에게는 하나님의 능력이라."(고전1:18)

281
길과 진리와 생명

힌두교에 심취해 있다가 그리스도인이 된 인도의 한 교수가 있었다. 어느 날 택시를 탔다. 택시에 교수까지 네 사람이 타게 되었다. 각자 소개를 하고 이야기를 나누기 시작했다. 그러다 보니 공교롭게도 종교가 각자 다르다는 것을 알게 되었다. 그때 한 사람이 말했다. "우리는 종교가 달라도 같은 배를 탄 사람들이지요. 결국 같은 목적지를 가진 같은 신을 섬기는 사람들이니까요!." 그러자 가만히 있던 교수가 버럭 고함을 쳤다. "아니오. 당신들은 같은 배를 탔는지 모르지만, 나는 다르오! 나는 다른 배를 탔소!" 그러하다. 진리는 타협할 수 없다. 진리는 오직 하나뿐이기 때문이다. 세상에 여러 종교가 있다. 공자나 소크라테스와 같은 성현들은 진리에 대하여 나름 대로 의견을 가지고 있고, 설명은 하지만 진리자체는 아니다. 그러나 예수님은 자신이 곧 진리라고 선언한 것이다. 사람들은 부산가는 길은 여러 갈래라 한다. 부산가는 길은 여러 길이 있지만 천국 가는 길은 오직 예수님뿐이다. 시대나 지역에 따라서 이것도, 저것도 맞아 진리라고 주장 할만하다. 그러나 진정한 진리는 시대 지역을 초월하여 결코 변하지 않는 것이라야 한다. 예수님만이 시대나 지역을 초월하여 언제나 진리가 되신다. 그래서 성경은 "예수 그리스도는 어제나 오늘이나 영원토록 동일하시니라"했다(히13:8). 생명은 여러 종류가 있고 나름대로 연장할 수도 있다. 그러나 천국의 영원한 생명은 예수님만이 주신다.

그러므로 예수님은 "내가 곧 길이요 진리요 나로 말미암지 않고는 아버지께로 올 자가 없느니라" 하셨다(요14:6). 이 말씀의 원문에는 정관사가 붙어서 그 길, 그 진리, 그 생명이라고 되어 있다. 많은 사람들이 주장하는 길, 진리, 생명이 아니라. 예수님 자신이 바로 그 길, 그 진리, 그 생명이라 하시는 것이다. 그러므로 예수님은 "나로 말미암지 않고는 하나님 아버지께로(천국에) 올 자가 없느니라"하셨으리라(요14:6).

"영접하는 자 곧 그 이름을 믿는 자들에게는
하나님의 자녀가 되는 권세를 주셨으니"(요1:12)

282
헌신으로 존재감을 드러내라!

    독일의 귀족으로 진젠도르프(Nicolaus Zinzendorf 1700-1760)가 있었다. 한번은 박물관에 가서 그림을 감상하는 중에 한 그림을 뚫어지라 바라보며 그는 목석처럼 서버렸다. 그 그림은 예수님이 십자가에 달린 스템버그라는 화가가 그린 그림이었다. 그 그림 밑에는 라틴어로 "나는 너를 위해 이렇게 십자가 에 달렸는데 너희는 나를 위해 무엇을 하느냐?"라고 써있었다. 그림과 글을 보는 순간 진젠도르프 백작은 깊은 충격에 빠지고 말았다. 그는 자리에서 움직이지 않고 계속 그 그림과 글을 바라보았다. 그의 눈에서는 뜨거운 눈물이 흘러 내렸다. 수위가 와서 미술관의 문을 닫을 시간이 되었다고 알려줄 때까지 그는 그 자리에 서 있었다. 그 뒤에 진젠도르프 백작은 주님께 온전히 헌신하는 생활을 시작했다. 모라비안 형제단이라는 신앙공동체를 만들다. 이 모라비안 형제단은 가슴의 종교를 강조한다. 이 모라비안 형제단은 후에 요한 웨슬리목사의 회심에도 많은 영향을 끼쳤나고 한다.

    주님은 우리를 향해 지금도 "나는 너를 위해 십자가에 달렸는데 너희는 나를 위해 무엇을 하느냐?" 하신다. 우리가 어떻게 해야 주님의 십자가에 보답할 수 있겠는가? 무엇을 해야 성도로서 우리의 존재감을 드러낼 수 있는가? 철학자 데카르트는 "나는 생각한다. 그러므로 나는 존재한다"라고 했다. 실존철학자 까뮈는 "나는 반항한다. 그러므로 나는 존재한다"라고 했다. 환경운동 하는 사람들은 "자연은 존재한다, 그러므로 나는 존재한다"라고 한다. 등산가들은 "산이 존재한다. 그러므로 나는 존재한다"라고 한다. 골프하는 사람들은 "골프가 존재한다. 그러므로 나는 존재한다"라고 하는 등 저마다 자기가 좋아하고 즐기는 것으로 자신의 존재감을 증명하려 한다. 과연 십자가로 구원받은 성도는 어떻게 존재감을 나타낼 수 있나? 주를 위해 헌신함으로 드러내야 한다. 그래서 성도라면 "나는 헌신한다. 그러므로 나는 존재한다"라고 말할 수 있어야 하리라.

"그런즉 우리도 그의 치욕을 짊어지고
영문 밖으로 그에게 나아가자."(히13:12)

283
잊혀 지지 않는 물 한잔의 헌신

미국의 중서부에 한 농가에 한 사람이 갈증을 호소하며 물 한 컵을 구했다. 마침 문에서 그 사람을 맞이한 소녀는 정성스럽게 물 한잔을 가져다주었다. 그러자 그 사람은 소녀의 이름을 물어보았다. 소녀는 아무 생각 없이 자신의 이름을 알려주었다. 그 사람은 몇 번이고 감사하다고 하며 가던 길을 갔다. 그로부터 수 년 후에, 그 소녀는 성장하였다. 그런데 그 소녀는 아주 심각한 병에 걸리고 말았다. 그녀는 쫀 홉킨스 병원으로 치료를 받으러 왔다. 그러나 그녀의 치료비가 모두 오십만 달러(약 오천만 원)나 되었기 때문에, 그 값을 치를 능력이 없는 그녀로서는 당황하고 몹시 걱정하고 있었다. 그러나 갑자기 간호사는 그녀를 수술실로 급히 인도했다. 그리고 기적적으로 그녀는 무사히 수술을 받았다. 누군가 그의 수술비를 내 주었다. 그녀는 누가 이 엄청난 돈을 대신 지불해 주었을까 궁금해 하던 차에 영수증을 건네받게 되었다. 그 영수증에는 "물 한 컵으로써 모두 지불됨"이라고 쓰여져 있었다. 바로 그 돈을 지불한 사람은 켈리박사였다. 그가 중서부를 여행했을 때 물 한 컵을 도움받았고 그 때 물을 건넨 소녀의 이름을 기억하고 있었다. 그런데 바로 자신이 근무하던 병원에 소녀가 입원하여 자신이 환자가 되어 수술하게 된 것이다. 소녀는 그 사람을 잊고 있었지만 켈리박사는 그 소녀의 이름을 기억하고 있었던 것이다. 그리고 급한 처지에 있는 소녀의 수술비를 담당한 것이었다. 이 의사가 미국 유명한 외과의사이자 부인과 의사인 하워드 켈리박사이다. 그가 의과대학을 졸업한 날 밤, 그는 일기에 다음과 같이 기록하였다고 한다. "나는 나 자신과 시간과 재능과 야망, 그리고 모든 것을 주님께 드립니다. 복되신 주님, 주께서 쓰시도록 나를 성결케 하소서, 주님께로 나를 가까이 이끌지 못할 것이라면, 세상적인 어떤 성공도 내게 허락하지 마옵소서." 참으로 물 한잔의 고마움을 잊지 않는 켈리박사는 그리스도인의 표상이리라.

"또 누구든지 제자의 이름으로 이 소자 중 하나에게 냉수 한 그릇이라도
주는 자는 내가 진실로 너희에게 이르노니 그 사람이 결단코 상을
잊지 아니하리라 하시니라"(마10:42)

284
당신의 스펙이 해결할 수 있는가?

청년실업문제가 사회의 큰 이슈가 된 것은 어제 오늘문제가 아니다. 스펙을 쌓으려고 밤낮 동분서주한다. 과연 스펙만이 모든 문제를 해결하는가? 오늘의 교회 성도들도 목회자의 스펙에 대한 생각을 많이 한 것 같다. 기업에서 그렇게 하니까 교회 성도들도 그렇게 하는 것이다. 지도자들은 더 절감 하며 그런 스펙을 쌓은 사람들을 찾았다. 스펙을 가진 사람은 가졌다는 이유로 그런 사람을 선호하고, 부족한 지도자는 스펙이 빵빵한 사람을 선호한 것이다. 그렇지만 대기업들도 한 때 그랬으나 그것이 좋은 조건이 아님을 깨닫고 이제는 실질적인 사람을 구하고 있다. 그런데도 지금 교회들은 아직도 스펙에 열을 올리고 있고 그래서 가난한 신학생들이 스펙을 쌓기 위하여 외국으로 너나할 것 없이 떠나고 있다. 그러나 우리 하나님은 그 사람의 스펙을 보고서 그를 종으로 선택한 것이 아니다. 오히려 스펙을 자랑하던 사람들을 밑바닥으로 던져서 나 망가진 후에 그들을 불러 세우신다. 모세를 보라. 모세는 40년 궁궐의 생활은 그가 하늘 높은 줄을 모르고 날 뛰던 시절이었다. 그런 그를 미디안으로 보내 40년 동안 초야에서 목양하는 서민으로 만든 다음에 그를 불러 사용하셨다. 다윗이 골리앗을 물리쳤을 때 일순간에 사울의 사위가 되고 영웅이 되는 위상으로 올라섰다. 그러나 하나님은 그를 그대로 사용하시지 않았다. 그를 사울에게 미움받는 자리에 던져 사망의 골짜기를 걷게 하셨다. 그로 하나님만을 의지하도록 훈련하신 후에 그를 왕으로 올리신 것이다. 바울도 그러하다. 그는 세상의 스펙으로는 부족함이 없는 완벽한 사람이었다. 그러나 하나님은 그런 사울을 사도들에게 푸대접을 받게 하신다. 그것도 부족하여 아라비아로 보내 3년 동안 고난의 길을 걷게 하셨다. 그래서 하나님의 그릇으로 온전히 사용되게 하신 것이다. 지금도 하나님은 우리를 그렇게 훈련하신다. 하나님은 뜻대로 우리를 훈련하신다.

"세상의 천한 것들과 멸시받는 것들과 없는 것들을 택하사
있는 것들을 폐하려 하시나니 이는 아무 육체라도
하나님 앞에서 자랑하지 못하게 하려 하심이라"(고전1:28,29)

285
주일예배는 하나님과 약속이다.

미국의 제 20대 대통령 제임스 가필드(James Garfield)가 대통령에 취임하고서 백악관생활 첫 주에 일어난 일이다. 각료 한 사람이 "대통령 각하! 이번 일요일아침 10시에 각료회의가 계획되어 있으니 꼭 참석해 주십시오." 아주 중요한 회의였다. 그러나 대통령은 중요한 선약이 있어서 회의에 참석할 수 없다고 말했다. 그 각료는 깜짝 놀랐다. "각하! 이것은 미국의 운명이 걸려 있는 중요한 회의입니다. 꼭 참석해야 합니다." 그러나 대통령은 선약은 변경할 수 없는 것이라고 말했다. 그 각료는 하도 이상해서 물었다. "대통령 각하! 약속하신 그 사람이 도대체 누구이기에 그렇게 중요한지 알고 싶습니다." 그러자 가필드 대통령은 "나도 당신처럼 솔직히 대답하리다. 주일 아침 10시30분은 내가 나의 사랑하는 주님을 뵙는 시간입니다. 나는 언제나 그렇게 하겠다고 오래 전에 주님께 약속을 한 사람입니다." 그는 주님과 약속한 대로 주일을 거룩하게 지켰다. 당시 미국의 위기는 아무런 일없이 잘 넘어간 것은 말할 것도 없다.

우리나라는 공무원시험이나 자격시험이 꼭 주일에 시행되어서 성도들은 이런 시험 을 응시할 기회마저 상실하고 살아왔다. 물론 주일개념이 없는 사람이 이러나저러나 문제 가 될 리가 없었지만, 믿음으로 살아보겠다는 성도들에게는 이런 주일시험이야 말로 불이익이었고, 그리스도인들에 대한 이 나라의 역차별이었다. 이미 수년전부터 5일 근무가 실시되어 토요일 휴무가 된지 오래지만 여전히 주일에 공무원이나 자격 시험을 고집하는 못된(?) 관리들이 있어서 주일시험은 요지부동이었다. 그런데 올해부터 주일시험을 폐지하기로 했다는 소식이 들린다. 늦었지만 두 손 들어 환영할만한 일이다. 누가 뭐라 해도 주일은 성도들에게는 생명과 같은 날이기 때문이다. 주일은 하나님께 예배를 드리겠다고 약속된 날이 주일이기 때문이다.

"아버지께서는 자기에게 이렇게 예배하는 자들을 찾으시느니라."(요4:23)

286
거리낌 없이 말해야 할 이름

셀그룹에서 셀장이 숙지해야 할 것은 말을 많이 하지 않도록 하는 것이다. 예전의 구역의 인도자는 홀로 말하는 시간이었지만 셀그룹의 셀장은 회원들이 말하도록 격려하고 그 말을 주위 깊게 들어주는 배려심이 필요하다. 그렇지만 우리가 반복하여 말해야 할 것이 있다. 바로 그리스도를 증거하는 일이다. 한 그리스도인이 세상을 떠났을 때, 도날드 그레이 반 하우스 박사가 필라델피아에서 거행된 그의 장례식을 집례 하게 되었다. 장례식에는 상당히 많은 사람들이 참석하였는데 그 중에는 고인과 가깝게 지내던 중견 사업가들의 많았다. 이 장례식에서 특기할만한 일이 하나 있었는데, 그것은 죽은 그리스도인이 1년 전 "내 무덤 가에서의 증언"이라는 제목으로 편지 한 통을 써서 유서 속에다 넣어두고 그것을 장례식 때 읽어 주도록 부탁했다는 것이다. 그리하여 반 하우스 박사는 그 편지를 개봉하여 읽기 시작했다. "지금은 나의 장례식이 거행되는 시간입니나. 하지만 나는 이 시간을 증거의 시간으로 삼기 원합니다. 맥! 자네도 지금 내 관을 바라보고 있는 군중들 가운데 있겠지. 친구여, 우리가 함께 골프를 칠 때마나 나는 그대가 복음을 받아들일 것을 얼마나 간절히 권면했던가! 하지만 그대는 그것을 받아들이지 않았다네. 죠지! 그대는 지금도 예수 그리스도를 거부하려는가? 그분은 그대를 위해 죽으셨고 지금 그대에게 영생을 주기 원하시는데도?" 여기까지 읽자 거기 모인 사람들은 다음에 혹시 자기이름이 거론될지도 모른다는 두려움 때문에 술렁거리기 시작했다고 한다. 그러하다. 그리스도를 위해서 거리낌 없이 이야기해야만 한다. 말로 하기가 어렵다면, 우리가 위하여 기도하고 있는 잃어버린 친구에게 최소한 그리스도를 증거하는 편지라도 써야 할 것이다. 때를 얻든지 못 얻든지 전해야 할 이름은 예수 그리스도이기 때문이리라.

"너는 말씀을 전파하라. 때를 얻든지 못 얻든지 항상 힘쓰라.
범사에 오래 참음과 가르침으로 경책하며 경계하며 권하라."(딤후4:2)

287
온전한 헌신은 하나님의 영광이다.

조나단 에드워즈(Jonathan Edwards)는 위대한 설교자로 하나님께서 미국 초기부흥의 역사에서 강하게 들어 쓰셨던 사람이다. 그는 자기의 생의 전환점에 서서 자신을 온전히 드림으로 헌신을 이렇게 고백했다.

"나는 내 자신에 대해 어떠한 권리도 주장할 수가 없다. 내 이해력이나 의지나 내 안에 있는 감정, 또 내 몸이나 혀나 손이나 발, 귀, 눈과 같은 지체들, 이 모든 것을 내 것이라 할 수가 없다. 나는 이 모든 것을 주님께 드렸고, 나를 위해서는 아무 것도 보류해 두지 않았다. 오늘 아침, 나는 주님께 나아가 내 몸 전체를 드렸다. 나는 내 힘을 다 주님께 드렸으므로 이후로는 내 자신에 대해 어느 점에 있어서도 내 것이라 주장할 수가 없다. 나는 그분께 분명하게 약속하였다. 만일 내 능력을 하나님의 영광을 위하는 일이 아닌 데에 사용하거나, 전심전력을 기울여 그분을 영화롭게 하지 않는다면 그 자체가 하나님이 아닌 나 자신을 위해 일하는 것이 될 것이다. 만일 내가 아주 적은 일에라도 불평한다면, 만일 내가 냉혹하게 된다면, 내가 직접 복수하게 된다면, 내가 순전히 나 자신을 기쁘게 하기 위해 어떤 일을 하거나, 또는 그것 때문에 주님을 부인하는 어떤 맹세를 하게 된다면, 만일 내가 내 자신을 의지하게 된다면, 주께서 나를 통해서 하시는 일로 도리어 내가 칭송을 듣게 되거나 영예를 얻는 다면, 만일 내가 교만한 자리에 있게 된다면, 나는 하나님께 속한 것이 아니라 나 자신으로서 일한 것이 될 것이다."

에드워즈는 주님을 위해 모든 것을 내어놓은 사람이었다. 그는 하나님께서 그에게 하시는 것 외에는 어떤 것도 원하지 않았다. 자신을 위한 어떤 것도 원하지 않고 오직 하나님께만 영광이 되도록 자신을 드린 사람이었다. 그러므로 에드워즈는 미국개척시대의 부흥기를 이끄는 영적 지도자로 사용되었으리라.

"믿음으로 아벨은 가인보다 더 나은 제사를 하나님께 드림으로 의로운 자라 하시는 증거를 얻었으니 하나님이 그 예물에 대하여 증거하심이라."(히11:4)

288
어른들을 찾아뵈는 것이 효도이다.

고령자 세대가 20%에 육박하면서 홀로 사는 노인들이 급증하고 있는 일본에서는 다양한 세대가 함께 모여 사는 실험이 한창이라고 한다. 그 일환으로 "세대 교류형 집"이라는 새로운 형태의 주거 문화가 시도되고 있다는 것이다. 나고야시에는 다양한 세대가 자연스럽게 교류할 수 있는 주거형태를 실험하기 위해서 2003년부터 만들어진 임대주택이 있는데, 2층 목조주택에 고령자 13명, 아이들을 둔 부부, 직장여성 3명이 살도록 했다 한다. 그리고 젊은이들에게는 고령자들과 어울리는 것을 조건으로, 집 세가 절반 정도 할인된다고 한다. 젊은이 모두가 고령자와 적극적으로 어울리는 것은 아니지만, 고령자들은 출퇴근시간에 마주칠 때 나누는 인사와 어린이들의 웃음소리만으로도 삶의 활력을 느낀다고 한다. 그리고 이곳에서 자라는 어린이들은 다른 사람과 어울리는 법과 어른들의 지혜를 자연스럽게 배운다는 것이다. 주택뿐만 아니라 다양한 연령대가 함께 사는 "세내 소화형 마을"이 능장하기도 했다고 한다. 나이가 들수록 외로움을 느끼는 노인들을 만나도록 하는 것이 교육적으로도 효과가 있다고 보기때문에 이런 시도를 하는 것이다. 이미 독일에서도 정부주도하에 세대 교류형 주택을 확대하고 있다고 한다. 그렇다면 우리가 연로한 부모님을 자녀들이 찾아뵈는 것은 너무나 당연하다. 그럼에도 자녀들은 명절이 되면 청소년기의 손자손녀와 한바탕 실갱이가 일어난다. 까닭은 어른들이 이런저런 훈계 때문이다. 고구마로 끼니를 잇던 시절의 이야기는 본인에게는 추억이겠지만, 어린자녀에게는 전혀 감동이 없다. 더욱이 책망 섞인 훈계를 듣는다면 얼굴을 대하는 것조차 싫어한다. 그렇다할지라도 어린자녀들에게 연로한 어른들을 찾아뵈는 것이야말로 진정한 효도의 첫걸음임을 가르쳐야 하리라.

"자녀들아 너희 부모를 주 안에서 순종하라 이것이 옳으니라."(엡6:1)

289
가시고기의 헌신

가시고기가 있다. 강원도와 경상북도의 동해로 유입되는 대부분의 하천과 충청북도 제천시의 의림지에 분포하는 고기이다. 가시고기는 산란기는 4~7월이며, 일 년에 한 번씩 강을 거슬러 올라와 잔잔한 곳에 보금자리를 마련하고 산란한다. 그러나 산란한 암컷은 떠나버린 다. 그리하면 수컷 큰 가시고기는 둥지를 지키며, 알들을 보호한다. 알이 부화하여 자 랄 때까지 먹지도 않고, 잠자지 않고, 오직 새끼들만 돌보다 죽음을 맞이하는 것이다. 조창인의 장편 소설 "가시고기"라는 소설이 있다. 한 시인 아버지가 백혈병 아들을 간병하는 내용이다. 이 소설에서는 "가시고기"라는 고기를 주인공 아이를 통해서 다음과 같이 설명한다. "가시고기는 이상한 물고기입니다. 엄마 가시고기는 알들을 낳은 후엔 어디론가 달아나 버려요. 알들이야 어찌되든 상관없다는 듯이요. 아빠 가시고기가 혼자 남아서 알들을 돌보죠. 알들을 먹으려고 달려드는 다른 물고기들과 목숨을 걸고 싸운답니다. 먹지도 않고 잠을 자지도 않으면서 열심히 알들을 보호해요. 알들이 깨어나고 새끼들이 무럭무럭 자라납니다. 그리고 새끼 가시고기들은 아빠 가시고기를 버리고 제 갈 길로 가버리죠. 새끼들이 모두 떠나고 난 뒤 홀로 남은 아빠 가시고기는 돌 틈에 머리를 넣고 죽어버려요" 주인공 아버지는 집을 나간 아내 대신 백혈병 걸린 아들을 자신의 모든 것을 희생하며 돌본다. 같은 가시고기라지만 암수가 이렇게 다르다. 교회에도 자리만 차지하다가 손해가 되고 힘이 들다싶으면 떠나버리는 사람이 있는가하면, 전 생애를 바쳐 헌신하고 죽음을 맞이할 때까지 모든 것을 다 바쳐 충성하는 사람도 있다. 마치 가시고기 암컷은 일만 만들어 놓고 떠나버리지만 수컷은 그 일을 목숨을 다해 돌봄으로 생명이 되게 하는 역할을 하는 것처럼 교회에 자신의 재능 시간 물질을 다 쏟고서 하늘나라 가는 성도들이 있다. 이런 분들이야 말로 다음세대를 이루는 분들이요, 주님오실 때까지 교회가 사명을 감당하도록 자신을 헌신한 사람들이리라.

"죽도록 충성하라....내가 생명의 면류관을 네게 주리라."(계2:10)

290
그래서 어쩌란 말인가?

전쟁과 평화의 작가인 톨스토이는 1879년 그의 고백록에서 자신의 이야기를 기술했다. 그는 어린 시절에 기독교를 거부했다. 그는 대학을 다니면서 인생에서 얻을 수 있는 최대의 쾌락을 얻고자 했다. 모스크바의 사교계에 진출하여 엄청난 술을 마셔대고 난잡한 사생활과 도박을 하면서 방탕한 생활을 했다. 그러나 만족하지 못했다. 그런 다음 그는 돈을 버는 일에 야망을 품었다. 그는 유산과 자신이 쓴 책 때문에 많은 돈을 벌었다. 그러나 그것 역시 그를 만족시켜 주지 못했다. 그는 성공과 명예, 사회적 지위를 추구했고 다 성취했다. 그러나 그는 결국 "그래 좋아 그래서 어쩌란 말인가?"하고 자신에게 질문하게 되었고 해답을 얻지 못했다. 결혼하여 예쁜 아내와 사랑스런 많은 자녀들에 둘러싸여 있었고 모든 야망을 이루었고 완벽한 행복으로 보이는 것들에 둘러싸여 있었으나 한 가지 질문이 그를 자살 직전까지 몰고 갔다. "죽음이 나를 기다리고 있으며 그 죽음을 피할 수 없다는 사실조차 소멸시키지 못하는데 나의 삶에 어떤 의미가 있단 말인가?" 그는 그 답을 찾고자 과학과 철학을 깊이 연구했다. "나는 왜 사는가? 나는 어디서 와서 어디로 가고 있는가? 나는 누구인가? 인생이란 무엇인가?" 하는 질문 앞에 답을 찾지 못하고 있었다. 그러다가 어느 날 시골에 갔다. 그가 만난 농부들은 행복하게 살고 있다는 것을 발견했다. 이미 그 답을 알고 있었기 까닭이다. 그들은 바로 예수 그리스도를 믿으며 소망 중에 살고 있었기에 죽음의 권세에 눌려 불행하게 살아가는 자신보다 훨씬 행복하게 살고 있음을 발견하였던 것이다. 그때 비로소 톨스토이도 모든 해답은 예수 그리스도에게만 있음을 깨닫고 길과 진리이며 생명이 되신 예수 그리스도에게 돌아오게 되었고, 그래서 그는 인생을 새롭게 시작할 수 있게 되었다고 고백한 것이다.

> "예수께서 가라사대 내가 곧 길이요 진리요 생명이니
> 나로 말미암지 않고는 아버지께로 올 자가 없느니라."(요14:6)

291
세상에서 가장 강한 능력

올 겨울은 유난히 추워 예년에 나타나지 않던 날씨가 계속되었다. 북쪽에 있는 시베리아의 찬 고기압이 남쪽으로 내려와 한반도 상공에 있는 공기를 밀어내니 갑자기 서울의 날씨가 영하 19도까지 내려가고 체감온도 25도를 넘나드는 추위를 가져왔다. 이런 추위에 성도들은 예년에 없던 독감으로 고생들을 많이 했다. 죠지 뮬러(George Muller) 목사가 애쉴리타운 고아원을 세우고 고아들을 돌보고 있었다. 어느 추운 겨울날 고아원의 보일러가 고장이 났다. 보일러를 고치려면 적어도 일주일은 걸려야 하기에 고아원 전체가 비상이 걸렸다. 직원들이 뮬러에게 달려와 "큰일 났습니다. 영아들이 있는 동에도 보일러가 고장이 나서 영아들이 다 얼어 죽게 되었습니다" 라며 아우성이다. 그러자 뮬러 목사는 일어나 성경을 옆구리에 낀 채로 교회를 향해 저벅저벅 걸어갔다. 밤을 새워가며 부르짖어 기도했다. "날씨를 주장하시는 하나님 아버지, 이 어린아이들은 하나님께서 저에게 맡겨주신 생명들입니다. 이 어린 생명들의 아버지는 하나님이시고 저는 총무일 뿐입니다. 아버지 하나님, 시간과 때를 주장하시는 아버지께서 일주일 동안 봄 날씨로 변화시켜 주옵소서!" 뮬러가 부르짖어 간구하는 동안 갑자기 동풍이 불기 시작했다. 그리고 영국 전체가 봄 날씨로 변화되었다. 그때는 지금과 같은 기상이변도 흔치 않는 때였다. 하나님께서 조지 뮬러의 기도에 응답하셔서 북풍을 중지시키고 동남풍을 불게 해서 영국 전체가 온실이 되게 하셨던 것이다. 보일러를 수리한 후 정상적으로 가동이 되자 다시 한 겨울의 세찬 바람이 쌩쌩 불어왔다고 한다. 참으로 세상에 가장 강한 것이 있다면 기도의 능력이다. 기도하면 하나님이 능력으로 역사하시기 때문에 감히 상상할 수 없는 일들이 일어나는 것이다. 그러므로 세상에서 가장 약한 성도가 있다면 기도하지 않는 성도일 것이다. 그러나 세상에서 가장 강한 성도가 있다면 그는 기도하는 성도들이리라.

"구하는 이마다 얻을 것이요 찾는 이가 찾을 것이요
두드리는 이에게 열릴 것이니라."(마7:8)

292
기독교인들의 민족사랑

기독교인들은 나라 사랑에 앞장서 왔다. 그 예로 일제시대 아리다 도시오라는 일본군 중위가 제암리 교회에 저지른 만행으로 이때 30여명의 교인이 불에 타죽었다. 3.1절 97주년 기념식이 있었다. 오래전 3.1운동비사에 한 여신도는 일제만행을 폭로했다. "나는 평양에서 3.1운동에 가담하여 그 다음날 일본 경찰에 체포되었다. 경찰들은 여러 죄수가운데 우리들을 불러 세우고 먼저 기독교인만을 골라냈다. 우리 중에는 14명의 여신도와 3명의 여전도사가 있었다. 그들은 우리들의 옷을 다 벗기고 채찍으로 내리쳤으며 벌거숭이의 몸으로 여러 남자들 앞에 세워 놓았다. 그들은 우리들의 몸을 돌려가면서 구타했고 담뱃불로 지졌으며 정신을 잃으면 찬물을 끼얹었다. 특별히 여전도사들의 수족을 묶었으며 성경을 빼앗고 기도는 고사하고 말조차 못하게 했다. 사람으로서는 견딜 수 없는 욕과 조롱을 받았다." 총독부 통계에 보면 일제시대에 85개의 교회가 파괴되었고, 3,642명의 교인이 체포 되었는데, 이 중 목사와 장로가 134명 포함되고 또한 47명이 순교당했다고 알려졌다. 그래서 1919년 3.1절에 독립선언문은 "이는 하늘의 명령이며"라고 시작한다. "조선사람으로 하여금 정당한 삶을 영위케 함이요 중국으로 하여금 꿈에도 피하지 못할 불안과 공포로부터 떠나게 하는 것이며 세계 평화와 인류복지에 있어야 할 단계가 되어 우리는 하는 것이다...우리는 엄숙한 양심의 명령으로서 자기의 신운명을 개척하며 결코 일시적 감정으로서 일본을 질축 배척함이 아니로라. 우리는 본디 타고 난 자유권을 지키며 풍성한 삶을 누릴 것이며 진리가 우리와 함께 전진하나니"라고 했다. 이 선언문은 윌슨의 민족자결주의 선포에 영향을 받아 마련되었다고 하는 자들이 있지만 사실 기독교인들이 주체가 되어 말씀을 기초로 만들어 진 것이었다. 독립선언문의 33인 중에 천도교인이 15명이 있었지만 불교인이 2명인 반면 기독교인이 16인이었다는 사실은 놀랄 일도 아니리라.

"...금식한 후에 규례를 어기고 왕에게 나아가리니 죽으면 죽으리이다."(에4:16)

293
미루기만 하지 말라.

러시아의 대문호이자 사상가인 톨스토이가 여행 중 한 주막에 들러 하룻밤을 지내고 다음날아침 주막을 나오려 할 때 병중에 있던 주막집 어린 딸이 톨스토이의 빨간 가방이 갖고 싶어 자신의 어머니에게 조르고 있었다. 소녀는 눈물까지 흘렸다. 이를 본 톨스토이는 본인이 여행 중이고 가방 안에 짐이 있었기에 아이에게 줄 수 없다며, 대신 집에 돌아가 짐을 비우고 가방을 주리라 생각했다. 며칠 후 다시 그 가방을 들고 주막집을 찾아갔다. 하지만 소녀는 이미 죽어 공동묘지에 묻힌 뒤였다. 톨스토이는 소녀의 무덤을 찾아가 가져온 가방을 무덤 앞에 놓고 비석을 세워주었다. 그리고 비석에 "사랑은 미루지 말라"는 글귀를 새겨 놓았다. 톨스토이는 "만약 그때 주막집 어린 딸에게 선뜻 가방을 내주었다면 그 어린 딸은 기쁘고 행복한 마음에 생명의 끈을 조금 더 붙잡았을 수도 있었을 텐데. 그 어린 생명이 이 세상에서 가졌던 마지막 소망을 들어줬을 수도 있었을 텐데"하는 생각으로 후회했다고 한다.

사드배치도 중국의 반대로 흐지부지 되고 있지만. 아무리 좋은 민생법안이라도 현실화 되기까지는 멀기만 하다. 당리당략에 묶인 국회가 제 기능을 못하기 때문이다. 어쩌면 우리네도 좋은 일을 뒤로 미루는데 익숙해 있는지 모른다. 좋은 일이라 하더라도 계획하는데 시간을 보내고, 연구하고 준비하는데 많은 세월을 낭비한다. 기도를 연구하지만 기도는 하지 않는다. 전도를 연구하고 사랑으로 구제할 곳을 찾아 연구하려고 나름 공부한답시고 책상에 앉아 있거나, 혹 연구하였을지라도 자료를 찾아 준비하다가 아까운 세월을 다 보내고 있는 것이다. 물론 미룬다고 말하지는 않는다고 할지라도 "연구해 보고 기도해 보자"고 게으름으로 세월을 보내는 사람은 등잔에 기름 넣는 일을 미루다가 낭패를 당한 다섯 처녀처럼 미련한 사람일 것이다. 영혼구원을 위한 기도와 사랑을 실천하는 일 등은 결코 뒤로 미루지 말아야 하리라.

"게으른 자는 그 손을 그릇에 넣고도
입으로 올리기를 괴로와 하느니라"(잠26:15)

294
하늘을 이어주는 십자가

핀란드에 왕자가 없고 공주만 있는 한 왕이 있었다. 왕은 공주의 신랑을 뽑아 대를 잇게 할 생각으로 왕은 전국에 사윗감을 구한다는 방을 붙였다. 드디어 공주의 신랑 을 뽑는 날이 되자 전국에서 수천 명의 젊은이들이 몰려왔다. 첫 번째 관문은 말타기 와 활쏘기였다. 이 시험에서 거의 탈락하고 20여명 정도의 건장한 젊은이가 뽑혔다. 두 번째 시험은 지혜의 시험이었다. 왕은 문제를 내었다. "높은 하늘과 땅을 잇고 이웃과 이웃을 연결하는 나무를 구해 오너라. 기간은 100일을 주겠다" 20명의 청년 들은 "하늘과 땅을 연결하려면 그 나무는 얼마나 길어야 할까? 이웃과 이웃을 연결하려면 나뭇가지 또한 얼마나 많고 길어야 할까?" 생각하면서 제각기 길을 떠났다. 그런데 그 20명 중에는 수녀원에서 고아로 자란 "존 페로"라는 청년이 있었다. 페로 역시 다른 청년들과 마찬가지로 가장 커다란 나무를 구하려다가 찾지 못하고 수녀원의 성당에 들어가 기노했다. 그는 현명한 왕이 되어 세상의 불쌍하고 버림받은 이들을 위하여 일할 수 있게 해달라고 열심히 기도하다 밖으로 나오던 "존 페로"는 갑자기 뒤를 돌아보았다. 그 순간 나무 십자가가 눈에 들어왔다. 그는 입을 열어 탄성을 발하면서 "그렇다, 그것은 나무로 된 십자가이다" 라고 말했다. 그후 "존 페로"는 핀란드를 잘 다스리는 왕이 되었다고 한다.

십자가는 우리를 하나가 되게 하는 능력이다. 이 땅의 사람들을 하늘의 하나님과 연결시켜주고 이 땅의 사람과 사람끼리도 연결시켜 주는 것이 십자가이다. 죄는 하나님과 원수가 되어 멀어지게 만들었으나 십자가로 우리를 가깝게 만들었다. 서로 반목하여 멀어진 우리를 십자가로 하나가 되게 하고 연합하게 하신 것이다. 오늘은 주님이 이 십자가를 지시기 위해 예루살렘으로 입성하는 주일이며 고난주간 이 시작된다. 원수된 것을 소멸하시고 하늘로 옮겨주시기 위해 십자가를 지신 주님께 이제 감사하고, 더욱 십자가를 묵상하고 자랑하며 살아가는 자들이어야 하리라.

> "전에 멀리 있던 너희가 그리스도 예수 안에서
> 그리스도의 피로 가까워졌느니라."(엡2:13)

295
예수그리스도의 부활흔적

지난 97년에 이 이탈리아 토리노 대성당 내부에 전기누전으로 화재가 발생한 적이 있었다. 그 때 화재 신고를 받고 출동한 소방대원들은 불길에 휩싸인 토리노 대성당 안으로 뛰어 들어가 가장 먼저 꺼내온 것은 명화나 명 조각품, 금과 은으로 만들어진 조각품들이 아니었다. 그런 각종 물건들은 거들떠보지 않고 소방대원들은 화염에 휩싸인 성당 안으로 목숨을 걸고 곧장 뛰어 들어가 3중으로 된 방탄유리를 도끼로 찍어 깨뜨린 뒤, 세마포 수의가 담긴 성궤를 안고 밖으로 나왔다고 한다. 그 세마포 수의가 바로 예수님이 부활하신 후 남기신 수의였기 때문이다. 오래 전에 프랑스의 한 잡지사에서 세계의 저명인사 100명에게 "시구의 파멸이 시작되었을 때, 가장 먼저 반출해야 할 지구상의 보물이 무엇이냐?"는 설문조사를 했다. 그런데 그 설문조사에서 2위가 인간 예술의 극치로 인정받고 있는 미로의 〈비너스상〉이었다. 그런데 그렇게 걸작 품 중의 걸작 품인 비너스 상을 제치고, 1위를 차지한 것은 이탈리아 토리노성당에 보관 중인 〈예수님의 수의〉였다고 한다. 겨우 폭 1미터 5센티미터, 길이 4미터 20센티미터에 불과한 세마포수의가 지구상에서 가장 귀하게 보존해야 할 보물이라는 것이다.

무슨 이유로 수많은 저명인사들이 예수님의 수의를 세상에서 가장 중요한 보물로 생각하고 있을까? 토리노성당 화재시 소망대원들이 이 세마포 한 장을 위해 왜 목숨을 걸었을까? 그 이유는 십자가에 달려 돌아가신 예수님께서 사흘 만에 다시 살아나셨기 때문이다. 그리고 그 예수님의 시신을 쌌던 세마포 수의가 예수님의 부활이 역사적인 사건임을 증명하는 흔적이기 때문이다. 참으로 예수님께서는 음부의 권세를 이기시고 사망권세 깨뜨리시고 사흘 만에 다시 살아나신 흔적으로 세마포 수의는 지금도 웅변하듯 증거하고 있는 것이리라.

"그가 여기 계시지 않고 그가 말씀하시던 대로 살아나셨느니라..."(마28:6)

296
그리스도를 위해 고난도 받아보아야!

당신은 어떤 신자인가? 어느 집사님으로부터 지방병원에 입원한 남편이 위중하다는 소식을 듣고 복음을 전해야 하겠다는 부담감으로 기도하던 중 담양의 한 병원을 방문하게 되어 영접기도를 드리고 왔다. 그런데 여러 시간 달린 고속도로와 시골길의 주변은 다양한 모습 으로 봄의 정취를 풍기고 있듯이 같은 성도들이라도 다양한 모습으로 교회생활 한다.

① "해바라기 신자"가 있다. 중심이 없이 환경 따라 좌우되는 신자를 말한다. ② "나팔꽃 신자"가 있다. 주일 오전에만 예배드리고 오후에 안 보이는 신자이다. ③ "인력거 신자"가 있다. 꼭 심방 가서 끌어와야 나오는 신자이다. ④ "미꾸라지 신자"가 있다. 십자가를 지기 싫어 교회 일거리가 있으면 이리 빼고 저리 빼는 신자이다. ⑤ "벙어리 신자"가 있다. 전도하지 못하고, 일주일 동안 한번도 찬송과 기도를 하지 않는 신자이다. ⑥ "유람선 신자"가 있다. 이곳저곳 정착하지 못하고 왔다 갔다 구경만하다가 일생을 보내는 신자이다. 지체가 몸에 붙어 있듯 그리스도의 몸된 교회의 지체인 성도라면 몸에 붙어 있어야 한다. ⑦ "묵상 신자"가 있다. 예배시간만 되면 묵상하는 신자이다. 보통 때는 눈이 말똥 말똥하다가 찬양대 송영이 시작되면 그때부터 자다가 축도 끝나면 또 눈이 떠진다. ⑧ "대표 신자"가 있다. 가정에서 대표로 교회에 나오는 신자이다. 신앙은 대표신자가 없다. 가족을 대표해서 밥을 먹을 수 없는 것처럼, 대표로 믿고 천국가는 법은 없다. 바울은 "오직 하나님의 능력을 좇아 복음과 함께 고난을 받으라"(딤후1:8)고 했다. 히브리서는"너희가 싸우되 피 흘리기 까지는 대항하지 아니하고 또 아들들에게 권하는 것 같이 권면하신 말씀을 잊었도다"했다(히12:4,5). 참으로 십자가 없는 신앙생활은 아무 의미가 없다. 복음을 위해 핍박도 받아보고, 땀도 흘려보고, 잠도 잃어보고, 영혼구원을 위해 애걸도 해보고 주를 위해 봉사도 해보아야 진정한 성도인 것이리라.

"누구든지 나를 따라오려거든 자기를 부인하고
자기 십자가를 지고 나를 따를 것이니라"(막8:34)

297
하나님의 은혜로라!

나 같은 죄인 살리신 주 은혜 고마워 잃었던 생명 찾았고 광명을 얻었네. 큰 죄악에서 건지신 주 은혜 놀라워 나 처음 믿은 그 시간 귀하고 귀하다. 이제껏 내가 산 것도 주님의 은혜라 또 나를 장차 본향에 인도해 주시리.거기서 우리 영원히 주님의 은혜로 해처럼 밝게 살면서 주 찬양하리라. 이 찬송을 지은 존 뉴튼 목사는 당시 지중해를 오가는 상선의 선장이었던 아버지를 통해 나이 열한 살부터 선원이 되었다. 어렸을 때에는 경건한 신앙인 이었던 어머니의 영향으로 신앙적인 훈련을 받았다. 그러나, 일곱 살 되던 해에 어머니가 폐병으로 돌아가시고 난 후 선원들과 함께 살아가면서 성격도 거칠어지고, 삐뚤어지기 시작하였다. 그는 자라면서 더욱 난폭한 성격으로 모든 사람들로부터 미움을 받게 되었다. 특히 아프리카에서 흑인들을 노예로 잡아오는 노예 선에 서 일하게 되면서 그는 배 안에서 온갖 나쁜 짓만 골라서 하는 잔인한 사람이 되었다.

그러던 중 1748년 3월 1일 그는 배에서 토마스 아켐피스의 〈그리스도를 본받아〉란 책을 우연히 발견해 읽기 시작했다. 책을 읽는 동안 그는 오랫동안 그 의 영혼 속에 깊이 잠자고 있던 어머니의 기도와 찬송소리를 다시 들을 수 있었다. 그는 눈물을 흘리며 무릎을 꿇고 하나님께 회개하고 새로운 삶의 출발을 하며 하나님의 복음을 전파하는 사명을 받고 목사의 길을 걷게 되었다. 그가 회개한 지 29년 되는 1779년, 찬송가 305장 "나 같은 죄인 살리신"을 작사하여 미국 민요 Amziging Grace 곡에 붙여 사람들이 가장 사랑하는 찬송 중 하나가 된 것이다. 참으로 우리는 죄 사함 받아 하나님의 자녀된 것이 하나님의 은혜요 지금까지 살아온 것이 하나님의 은혜이리라.

"그러나 나의 나 된 것은 하나님의 은혜로 된 것이니...
하나님의 은혜로라."(고전15:10)

298
하나님의 능하신 손아래!

　성도 가운데 이런 감동적인 기도를 드린 분이 계신다. 내가 아닌 그리스도께서 영광을 받으시고 존경을 받으시고 사랑을 받으소서. 내가 아닌 그리스도께서 보여지고 알려지고 들려지소서. 내가 아닌 그리스도께서 모든 생각과 말 속에 계시옵소서. 내가 아닌 그리스도께서 겸손하고도 조용한 노력 속에 계시고 내가 아닌 그리스도께서 겸허하고도 성실한 수고 속에 계시옵소서. 과장도, 허식도 아니며 오직 그리스도께서만이 버려진 자들을 불러 모으시나이다. 그리스도 오직 그리스도께서만이 머지않아 내 꿈을 이루어 주시리라 곧 다가올 풍성한 영광, 완전한 영광을 내가 보리니 그리스도 오직 그리스도께서만이 내 모든 소원을 이루시며 그리스도 오직 그리스도께서만이 나의 전부가 되시리 오늘도 오직 하나님께 영광을 올려드리는 아름다운 날이 되게 하옵소서.

　말도 많고 탈도 많은 총선이 끝이 났다. 당선이 된 사람들의 기쁨이 크겠지만 낙선한 사람들은 실망감은 클 것이다. 더욱 당선되리라고 여겼던 사람들은 선거결과를 쉽게 믿고 싶지 않을 것이다. 어떤 곳에서는 100여 표로 갈리는가하면 어떤 곳은 불과 16표차로 갈린 곳도 있다고 하니 참으로 종이 한 장 차이이다. 가장 가슴이 아픈 사람 중에 옥쇄파동을 겪은 사람들이다. 열정적으로 선거운동을 하다가 이런 일을 만났으니 밝은 낮에 날 벼락같아서 마음 가누기가 힘들 것이다. 그렇지만 19대 대다수 국회의원들은 국민들의 지탄의 대상이 되었다. 국회에 들어가는 일이 능사가 아니라는 교훈은 거의 매일 신문지상에 오르내리는 그들의 모습이 익히 보여주었다. 그럼에도 불구하고 하나님이 쓰시려면 사용하실 때가 있음을 믿고 겸허히 엎드려 기도로 준비해야 하리라.

> "하나님의 능하신 손아래서 겸손하라.
> 때가 되면 너희를 높이시리라."(벧전5:6)

299
사랑의 격려가 기적을 일으킨다.

나치스에 의해 사형 당한 오스트리아의 "작은 독재자" 돌푸스 수상의 어머니를 한 신문기자가 찾아갔다 . 돌푸스의 어머니 또한 135cm의 단신이었다. 그녀는 뜻 밖에도 한 마디의 부정적인 말이 아들의 운명을 바꾸어 놓았다고 말했다. "제 아들은 결코 야망을 가진 사람이 아니었어요. 돌푸스는 소년시절 사제가 될 꿈을 갖고 있었 지요. 그런데 주위에서 '너처럼 키가 작은 사람이 어떻게 사제가 되겠느냐?'고 놀렸지요. 돌푸스는 그때부터 열등감을 갖기 시작했고 결국 독재자가 된겁니다." 성공한 사람에게는 "당신이 잘하셨습니다. 참 당신이 옳습니다"라고 사랑으로 격려해주는 아내가 있다고 한다. 성공하는 자녀들의 최고의 훈육방법은 사랑으로 칭찬해주고 격려해 주는 자녀라 한다.

성도들은 하나님 앞에 우리는 부족과 허물투성이다. 그럼에도 사랑으로 감싸고 서로 격려해준다면 기적이 일어난다. 실로 향유옥합을 깨뜨려 주님의 발에 쏟은 여자의 행동은 제자들과 그곳의 모든 사람들이 놀라게 했다. 300데나리온이나 되는 값비싼 최고의 향유를 쏟았기 때문 이다. 그러나 그것은 주님의 사랑에 대한 답례였다. 그 여자는 일곱 귀신이 들려 창기의 삶을 살았었다. 그러나 주님이 사랑으로 치유하시고 사랑으로 감싸주심으로 새사람이 되었고 그런 보답으로 이런 기적같은 일을 한 것이었다. 사랑은 언제나 기적을 일으킨다. 부부의 삶에나 자녀들에게 기적을 보기를 원한다면 사랑으로 격려하라. 주님의 몸 된 교회에서 더욱 그러하다. 불꽃같은 눈으로 바라보시는 하나님 앞에 사랑으로 격려한다면 기적이 일어난다. 바로 이런 사랑의 격려가 있는 교회가 천국이 되어 질 것이리라.

> "무엇보다도 뜨겁게 서로 사랑할지니
> 사랑은 허다한 죄를 덮느니라."(벧전4:8)

300
감사는 하나님의 뜻

사람이 누구의 지배를 받고 관계를 가지는 것은 그의 뜻을 따라 살아가는 것이다. 세상에는 두 가지 뜻이 있다. 하나님의 뜻과 사탄의 뜻이다. 성경은 하나님의 뜻이 있다 하신다. "항상 기뻐하라. 쉬지 말고 기도하라. 범사에 감사하라. 이것이 그리스도 예수 안에서 너희를 향하신 하나님의 뜻이니라"(살전5:16-18)고 했다. 그러나 또 다른 사탄의 뜻이 있다. "항상 낙심하라 쉬지 말고 원망하라. 범사에 불평하라. 이는 너희를 향하신 사탄의 뜻이니라." 불평하고 원망하는 사람은 사탄의 지배아래 사탄의 영향을 받으며 사는 사람이다. 불평의 배후에는 사탄이 자리하고 있기 때문이다. 그러나 하나님은 항상 기뻐하고 기도하고 감사하는 사람의 배후에서 역사하신다.

뇌성마비 시인 송명희 자매는 손가락 하나 제대로 움직이지 못하고, 혼자서는 거동 할 수 없는 중증 뇌성마비 장애인이다. 그런데 그녀는 비록 건강은 없어도, 가진 지식은 없어도, 공평하신 하나님의 은혜에 감사하고, 하나님을 찬양하는 수많은 아름다운 시를 지었다. 그 중에 〈범사에 감사하라〉는 시가 있다. "감사절에만 감사하는 자여, 범사에 감사하라. 고난 주간에만 주의 고난을 기억하는 자여, 주 죽으심 언제나 기억하라. 위급할 때만 기도하는 자여, 쉬지 말고 기도하라. 기쁠 때만 기뻐하는 자여, 항상 기뻐하라." 성도들은 하나님의 자녀로 하나님아버지를 닮아가는 자들이다. 삶에서 불평과 원망을 끊어버려야 한다. 항상 기뻐하고, 쉬지 말고 기도하고, 범사에 감사함으로 하나님의 뜻을 이루어가는 자들이어야 하리라.

> "항상 기뻐하라. 쉬지 말고 기도하라. 범사에 감사하라.
> 이것이 그리스도 예수 안에서 너희를 향하신
> 하나님의 뜻이니라."(살전5:16~18)

301
긍정의 눈으로!

"며느리의 버선 뒤가 계란이 닮았다"고 시어머니는 흉을 보았다고 한다. 본래 버선뒤 모양은 계란모양이라야 아름다운 것인데, 며느리를 미워하는 시어머니의 눈에는 며느리의 버선 뒤가 계란모습이라서 싫은 것이다. 우리네 말에 "사람은 볼 탓이요 음식은 먹을 탓"이라 했다. 사물을 긍정적으로 보는 사람은 언제나 아름답게 보지만 부정적으로 보는 사람은 마땅치 않게 바라보는 것이다. 발명왕 에디슨이 어느 날 긴 여행을 하게 된다. 그는 발명을 위해서 온 시간을 바치는 사람이라 여행 중에서도 기차 안에다가 자그마한 실험실을 만들어 놓고 또 거기서 연구를 하고 있었다. 차가 덜컹거리는 바람에 그만 약병 하나가 떨어지면서 이게 화학작용을 일으켜서 그만 연구실이 불이 났다. 그간에 연구해 왔던 자료, 몽땅 타버리고, 에디슨이 위험에 처해 있을 때, 차장이 달려와서 그를 차창 밖으로 내던져 결국은 생명을 보전했다. 그렇지만 그 때 다쳐서 귀가 멀었다. 순식간에 귀머거리가 되어 버린 것이다. 그럼에도 그는 한 평생 많은 연구를 했고 많은 발명을 했다. 발명왕이라는 이름도 가졌다. 많은 사람들이 묻기를 "어떻게 해서 이렇게 많은 연구를 할 수 있었습니까?" 그러자, 그는 말하기를 "나는 귀머거리가 된 것을 하나님께 감사합니다. 아무리 시끄러워도 나는 못 들으니까 내가 하는 연구에 몰두할 수 있었습니다. 그래서 감사합니다." 어느 각도에서 어떻게 보느냐로 문제가 달라진다. 긍정으로 생각하느냐? 아니면 부정으로 생각하느냐에 따라서 감사가 되기도 하고, 원망이 되기도 하는 것이리라.

"예수께서 이르시되 할 수 있거든이 무슨 말이냐?
믿는 자에게는 능히 하지 못할 일이 없느니라 하시니"(막9:23)

302
예수님을 십자가에 못 박는 사람이라니!

구세군을 창설한 윌리암 부스는 처음에는 별 생각 없이 예수님을 믿었다. 매주 교회에 다니면서 어디를 가든 "나는 크리스천이다"하며 살았다. 그런데 하루는 꿈속에서 신비로운 경험을 했다. 그가 언덕길을 지나가다가 높이 달려 있는 큰 십자가에 한 사람이 달려 있는 것을 보았다. 그런데 어떤 사람이 사다리를 타고 올라가서 십자가에 달려 있는 사람의 손에 큰 망치로 못을 박고 있는 것이었다. 자세히 보니 십자가에 달려 있는 사람은 예수님이셨다. 그 순간 그가 외쳤다. "야 이놈! 이 나쁜 놈! 우리 주님께서 십자가에 한 번 못 박히신 것만 해도 마음이 아픈데, 어디서 또 못을 박고 있어? 이 못된 놈! 당장 내려오지 못해? 내가 너를 죽여 버리고 말겠다." 윌리암 부스의 소리를 듣고 망치질하던 사람이 얼굴을 돌렸다. 그런데 어찌 이런 일이? 그 사람이 바로 윌리암 부스 자신이었다. "아니! 너는 누구냐? 너는 내가 아니냐?" "그래, 나는 너야." "이놈아, 너는 나와 똑같이 생겼지만 나는 네가 아니야. 나는 우리 주님을 십자가에 못 박지 않아." "네 말은 그렇지. 네 생각도 그런 것 같고. 그러나 네가 살고 있는 생활은 이렇게 예수님을 계속 못 박고 있어." 윌리암부스는 꿈에서 깨어났다. 자신을 돌이켜보니 정말 슬쩍슬쩍 죄를 지으며 살았다. 다른 사람들이 모르는 숨은 죄도 있었다. "아! 내가 정말 주님을 십자가에 못 박고 또 못 박았구나" 윌리암 부스는 꿈을 꾼 사건 후에 새사람이 되어 구세군을 창설하여 사람들의 영과 육을 구제하는 일을 하게 되었다.

실로 우리네는 정신없이 무심코 말하고 행동하며 살아가는 생활이 주님을 십자가에 못을 박는 일들이라는 사실을 잊어버리고 살 때가 많다. 그래서 바울은 갈라디아 성도들에게 바울은 "어리석도다. 갈라디아 사람들아! 예수 그리스도께서 십자가에 못 박히신 것이 너희 눈앞에 밝히 보이거늘 누가 너희를 꾀더냐?"했다(갈3:1). 그리고 히브리서 기자는 심각한 죄를 무심코 범하는 자들에게 경고했다.

> "타락한 자들은 다시 새롭게 하여 회개케 할 수 없나니, 이는 자기가
> 하나님의 아들을 다시 십자가에 못 박아 현저히 욕을 보임이라."(히6:6)

303
주일학교 교사들에게 박수를!

한 유령회사를 차렸다가 사기죄로 고발당한 에디슨의 아들 토마스 주니어, 술과 여자에게 빠져 아버지의 장례식에도 참석하지 못한 간디의 아들 할리랄, 자기도취와 교만으로 세계인의 조롱거리가 된 처칠의 아들 랜돌프. 성경의 인물들 가운데는 제사를 업신여긴 엘리의 두 아들, 뇌물을 먹고 판결을 굽게 한 사무엘의 아들 요엘과 아비아, 아버지 다윗에게 칼을 겨는 압살롬 등, 많은 사람이 자녀들로 그 체면을 구겨야 했다. 자녀양육에는 수백의 원리와 수천의 방식들이 존재한다. 그러나 환경과 형편에 따라 자녀양육의 방식이 저마다 다를 수는 있다. 어디로 튈지 모른 아이들이기에 방식이 다양한 것이다. 그렇지만 한 가지 분명한 것은 있다. 자녀를 신앙으로 양육하는 것만큼 바로 세우는 것이 없다는 사실이다. 그런데 이런 우리자녀들의 신앙을 심어주고 신앙생활을 가르치고 양육하는 선생님들이 있다. 주일학교 선생님들이다.

주일학교 교사는 힘들고 수고스러운 자리로 소문이 나있다. 그래서 그 자리에서 벗어나려고 한다. 아이들에게 너무 실망한 나머지 교사를 그만두겠다고 하거나 스스로 지쳐서 자리를 뜨려하는 것이다. 그럼에도 열심히 기도하고 말씀으로 물과 거름을 준다면, 요셉과 같은 아이들이 나올 것이라는 소망으로 다시 아이들 앞에 서는 것이다. 올 여름에도 여름성경학교에서 교사들은 아이들을 바로 세우려고 정성어린 땀을 쏟을 것이다. 우리 부모는 물론, 교우들은 땀 흘리는 교사들을 위해 기도해 주고, 감사편지라도 들고서 찬사의 박수를 보내야 하리라. 자녀교육에 힘쓰는 학교선생님들에게 대접하려 한다면 영적으로 자녀의 인생을 책임지고 있는 주일학교 선생님들에게 정성어린 대접이야 너무나 당연하고, 이런 일은 하나님께서 가장 기뻐하시는 일이리라.

> "배나 존경할 자로 알되
> 말씀과 가르침에 수고하는 이들을 더할 것이니라."(딤전5:17)

304
양이 생명을 얻는 길은?

동물가운데 아이큐가 높은 동물은 침팬지라고 한다. 우리나라 토종견인 진 돗개도 참으로 영리하다. 모든 동물이 다 생존을 위한 공격이나 방어를 위한 아이큐를 가지고 있다. 그렇지만 자기 몸집에 비해 너무나 어리 숙한 동물이 양이다. 일반적 으로 양들은 큰 무리를 지어 다닌다. 앞의 양들이 풀을 뜯어먹 으면 뒤의 양들이 먹을 것이 없어서 뒤에서 민다. 앞에 서는 밀리다가 결국 뛰 게 된다. 그런데 뒤에 있는 양 들도 앞의 양들이 뛰기 때문에 같이 따라서 뛴 다. 양은 무리에서 이탈되는 것을 두려워하기 때문에 무리에서 떨어지지 않 으려고 힘을 다해 달린다고 한다. 앞의 양들은 뒤에서 미니까 뛰고 뒤의 양들 은 앞의 양들이 뛰니까 뛰고 결국 왜 뛰는 지도 모르는 채 뛰다가 벼랑을 만 나면 멈추지 못하고 떨어져 죽게 되는 경우가 허다하다.

사람들도 이와 비슷하다. 왜 사는지 모르고 주변의 유행과 시간에 떠밀려 열심히 뛰 다가 죽음의 벼랑까지 오게 되고 결국 그렇게 허무하게 끝나고 만 다. 그러기에 사람 들은 성경은 양으로 표현했다. 무엇을 먹고 마시고 어디서 살아야 하고 어디로 가야 할지를 모른다. 특히 맹수라도 나타나면 속수무책 당하여 목숨을 잃어버리는 것이다. 그렇지만 양들에게 목자가 있다면 먹고 마 시는 문제, 어디서 밤을 지내고 어디로 가야할지 해결된다. 더욱이 맹수가 나 타날 지라도 생명을 지켜줄 목자가 있으니 염려 없는 것이다. 목자가 없다면 양들은 자유를 누리겠지만 그것도 잠시뿐이다. 곧 사나운 맹수의 밥이 되어 버리거나 어두운 수풀 속에서 벌벌 떨어야 하는 신세가 되어 버리는 것이다. 그런데 여호와가 우리의 목자가 되시고 우리는 그의 기르시는 양이라 하신다 (시 100:3). 양의 참 행복은 목자만 바라보고 따라가는 것이다. 이렇게 목자 를 따르고 순종하는 것이 양이 사는 길이요 필요를 만족하게 얻는 길이다. 이 처럼 목자 되신 여호와 하나님만을 따른 길에 살 길이리라.

"여호와는 나의 목자시니 내가 부족함이 없으리로다."(시23:1)

305
생명을 살리는 자인가? 아니면...

1833년에 스웨덴에서 노벨이라는 사람이 태어났다. 그는 화학자요 발명가로서 두각을 나타내다가 33세가 되는 어느 날 최초로 다이너마이트를 발명하여 온 세상을 떠들썩하게 했다. 그 후 30여 년이 지난 어느 날 조간신문에 난 기사를 보고 노벨은 깜짝 놀랐다. 프랑스 기자가 동명이인인 "노벨이 죽었다"는 말에 그 노벨인 줄 알고 당장 "노벨 사망하다" 기사를 실었던 것이다. 버젓이 살아 있는 사람을 죽었다고 한 것도 노벨한테는 놀라운 일이었지만 그보다 더 충격적인 것이 있었다. 그것은 "다이너마이트의 왕, 죽음의 사업가, 파괴의 발명가 죽다"라고 되어 있는 기사 내용이었다. 그 기사를 보는 순간 노벨은 깊이 생각했다. 오늘이라도 내가 죽으면 사람들은 나를 어떻게 평가하겠는가? 파괴하고 죽이는 사람으로만 기억되는 것은 아닌가?" 노벨은 마음속으로 깊이 생각했다. 그는 죽이는 사람이 아닌 살리는 사람으로 기억되고 싶었다. 그래서 다이너마이트의 발명으로 모은 전 재산을 기꺼이 다 내놓고 인류의 평화와 번영을 위해 공헌한 사람에게 그것을 나누어주도록 했다. 이렇게 해서 만들어진 제도가 바로 노벨상이다.

이 세상 사람들을 어쩌면 두 부류(?)로 나눌 수 있을 것이다. 사람들을 죽이고 파괴하는 사람과 사람들의 생명을 살리고 새롭게 하는 사람들이다. 옥시로 인해 이익을 보던 사람들이 이제 가족을 잃은 사람들의 공격의 대상이 되었다. 아직까지도 세월호 사건은 어두운 사회의 단골메뉴처럼 되어있다. 우리나라에서 외제 승용차로 가장 많이 팔린다는 폭스바겐의 차들이 매연배출 문제로 대부분 종류들이 이제 판매중지가 되었다. 사드배치 반대시위 등 사회면은 매일 이런 문제가 화두가 되어있다. 사람들은 내일 일을 염려한다. 자신이 죽는다는 사실을 염려하면서도 정작 자신이 죽은 후에 있을 심판을 모르거나, 잊어버리고 살아간다. 누구나 하나님의 심판대 앞에 설 것이다. "생명을 살리는 사람이었는가? 죽이는 사람이었는가?"로 심판하시리라.

"어찌하여 네 형제를 업신여기느뇨
우리가 다 하나님의 심판대 앞에 서리라"(롬14:10)

306
어떤 일군인가?

어느 식품회사에 아놀드와 부르노라는 동갑내기 젊은이가 있었다. 그런데 아놀드는 승진을 거듭하기 시작했는데 브루노는 여전히 제자리걸음이었다. 브르노는 자신이 게으르고 매사에 소극적이라는 것은 생각지 않고 사장에게 불공평만 토로했다. 사장은 조용히 그의 말을 경청하고는 브르노에게 아놀드와의 차이를 설명하기 위하여 브르노에게 이렇게 지시를 했다.

"브르노군, 지금 시장에 가서 오늘은 누가 무엇을 팔고 있는지 알아오게" 시장에서 돌아온 브르노는 사장에게 한 농민이 감자를 수레가득 싣고 와서 팔고 있습니다."라고 했다. 이에 사장은 "양이 얼마나 되던가?"라고 물었다. 그러자 브르노는 다시 시장으 로 달려갔다 와서 "감자가 모두 40자루"라고 했다. 사장은 "그러면 그 가격은 얼만가?" 하고 다시 물었다. 브르노가 다시 달려가려고 하자 사장은 "그만하면 됐네. 이제 자네는 여기 앉아서 아놀드가 어떻게 하는지 지켜보게" 하고 사장은 똑같은 지시를 아놀드에게 내렸다. 그러자 아놀드는 시장조사를 마치고 돌아와서는 "사장님 지금 시장에는 한 농민이 모두 40자루의 감자를 팔고 있는데 가격이 저렴하고 또 품질도 괜찮아서 샘플로 한 개 가져왔으니 직접 확인해 보세요. 그리고 이어서 "그 농민은 감자 말고도 토마토 몇 상자를 가져와 팔고 있는데 보기에 가격이나 품질이 아주 좋은 것 같아요. 어제 가게의 토마토가 잘 팔려 지금 남아있는 토마토가 얼마 없는데 제 생각에는 사장님이 보시면 아무래도 들여놓으실 것 같아서 샘플로 가져왔고 농민이 가게 앞에서 사장님을 한 번 만나고 싶어 하네요." 이 보고를 들은 사장은 불평하는 브루스에게 "이제 그만하면 아놀드의 월급이 왜 자네보다 많은지 알겠지?" 모든 일군들을 굳이 두 종류로 구분한다면 아놀드 같은 지혜롭고 적극적인 일군이 있는가 하면, 브르노 같은 소극적이고 사무적인 일군으로 구분할 수 있을 것이다. 성경서 말하는 충성된 일군은 아놀드같은 적극적이고 지혜로운 일군들이리라.

"충성되고 지혜 있는 종이 되어...
때를 따라 양식을 나눠 줄 자가 누구뇨?"(마24:45)

307
웬수! (원수!)

최근에 올림픽에서 메달을 딴 자녀를 둔 부모의 얼굴이 TV에 클로즈업되어 나오곤 한다. 그 메달이 선수 자신들의 영광이지만 나아가 부모의 영광이요 나라의 영광이다. 그러나 예수님은 "사람의 원수가 자기 집안 식구"(마10:36)라고 말씀하셨다. 하지만 사람들은 이 놀라운 말씀에 아무도 토를 달거나 "왜 그러한가요?"라고 묻지도 않았다. 원수라면 나의 정당한 일을 그르치도록 하는 사람이거나 특별히 주님을 따라가는 길에 방해꾼 역할을 하는 사람일 것이다. 그런데 가족가운데 이런 원수로 행하는 사람이 있다는 말씀을 그들은 이해하고 있었다. 우리네 가운데 한동안 남아선호 사상에 빠져 그러더니, 요즘도 한두 자녀뿐 이라서인지 어떤 사람은 자식을 보물 다루듯 하여 제 멋대로 굴게 놓아둔다. 다른 아이를 때리거나 남의 물건을 망가뜨리면 기개가 있다고 자랑하고, 패악스러운 말과 해괴한 행동을 해도 도리어 웃어준다. 혹여라도 남이 제 자식을 잘못 건드리면 사나운 낯빛으로 변하여 갖은 욕설까지 마다하지 않는다. 자식이 버릇없이 굴어도 "크면 자연히 나아지겠지!" 하는 막연한 기대감으로 내버려 두는 것이다. 그러나 후에는 그대로 자란 아이가 자신의 그 성질을 못 이겨 집안을 뒤집어 놓거나, 이웃에 해를 끼쳐도 막지도 못하고 야단치지도 못한다. 다 자란 그 자식이 먼저 차지하려고 무턱대고 빼앗고, 교만 방자해져서 부모나 어른들에게 눈을 부라리며 멋대로 날뛴다. 그제야 막아보려 해보지만 소용없다. 남에게 말하자니 제 얼굴에 침 뱉기라 숨겨 참고 지내다 보니 그 속이 다 썩어 문드러진다. 그래서 일찍이 윤기(1741-1826)가 "잡기(雜記)"에서 "사랑하기만 하고 가르치지 않으면 짐승으로 기르는 것이다(愛而不敎, 獸畜之也)"라고 했을 것이다. 결국 부모는 자식을 미워하고, 자식은 부모를 원망해, 형제간은 물론 부모와 자식 간에 잔인하고 패역한 원수지간이 되어 버리는, 참으로 원수가 집안 식구가 되어버리는 것이리라.

> "마땅히 행할 길을 아이에게 가르치라
> 그리하면 늙어도 그것을 떠나지 아니하리라."(잠22:6)

308
스트레스 해소법!

몸에 해로운 정신적, 육체적 자극이 가해졌을 때 그 생체가 나타내는 경고 반응을 스트레스라고 한다. 그런데 이런 스트레스가 한국인에게 가장 심하다고 하는데 〈삼성경제연구소〉의 연구에 따르면 "우리나라는 다른 나라에 비해 구조적으로 스트레스가 많은 사회"라고 설명한다. 그 유형을 보면. 분단 상황의 〈전쟁스트레스〉, 많은 인구 도시생활의 〈대인관계스트레스〉, 교통문제로 〈약속시간스트레스〉, 교육제도로 〈사교육비스트레스〉, 술을 마시게하는 〈회식 스트레스〉, 책임을 회피하는 지도층으로 〈지도층불신스트레스〉 등이 대표적인 스트레스의 유형들이라고 한다. 실제로 40대 남성 사망율 세계 1위, 간암사망율 1위, 교통사고율 1위, 흡연량 1위 술소비량 1위 등 스트레스로 인한 결과들을 보면 한국 사람들은 초고도의 스트레스 위험수치에 도달해 있는 것이다. 한 때 조선일보 칼럼을 썼던 이규태 씨는 〈바가지 철학〉이라는 글을 썼다. 옛날 어머니들은 비가지에 금이 가 쓰지 못하게 되면 버리질 않고 주렁주렁 엮어서 보관해두곤 했다. 가장되는 아버지가 무슨 일로 화가 치밀면 살짝 금이 간 바가지를 부엌에 늘어놓는다. 세간을 부수러 부엌에 들이닥친 아버지가 이 바가지를 짓밟음으로써 그 바가지 깨지는 소리로 울화를 풀게 하신 것이다. 아무리 화가 났다 해도 세간을 무차별로 파괴하는 것을 막고자했던 옛 어머니들의 숨은 지혜가 엿보이 는 대목이다. 그래서 부엌에서는 아낙네들도 바가지를 박박 긁어 스트레스를 풀었다. 그렇다면 성도들은 스트레스를 어떻게 풀어야 하는가? 한나가 아이가 없어 오는 스트레스와 브닌나의 조롱으로 인하여 받은 스트레스는 남편의 사랑으로 소용없었다. 그래서 한나는 성전에 올라가 기도했다. 물론 하나님의 백성들도 푸는 방법이 바가지를 깨뜨리는 방법도 있으나 궁극적으로 우리의 문제를 해결하시는 분은 하나님이시다. 하나님은 울며 부르짖어 기도하는 사람들의 기도를 들어주신다. 그래서 그 스트레스를 풀어 주시는 하나님이시다.

> "시시로 저를 의지하고 그 앞에 마음을 토하라
> 하나님은 우리의 피난처시로다."(시62:8)

309
침묵의 소리

일본의 어느 마을에 후덕한 군주가 살고 있었다. 백성들은 모두 태평성대에서 행복 하게 살았다. 그러던 어느 날 군주는 말에서 떨어져 미처 손을 쓸 겨를도 없이 세상 을 떠나고 말았다. 아버지 대를 이어서 군주가 된 사람은 그의 외동딸 유미코이었다. 그녀도 선정을 베풀어 칭찬이 자자하였다. 결혼할 나이가 되자 대신들은 저마다 신랑감을 구하겠다고 했다. 그렇지만 유미코는 자기가 직접 신랑감을 구하겠다고 하고서 커다란 북통을 무명으로 씌워 만들었다. 이상한 북을 만들어 놓은 유미코는 신랑감을 공개 모집하였다. 물론 수많은 총각들이 몰려들었다. 유미코는 수많은 총각 들 앞에서 북을 치며 물었다. 〈북소리가 들리나요?〉 모두가 전혀 들리지 않는다고 대 답하였다. 무명으로 만든 북이 소리가 날 리가 없었다. 그렇지만 그 때 한 총각이 말 했다. 〈소리가 들립니다.〉 〈무슨 소리인가요?〉 〈침묵의 소리입니다.〉 이 청년이 신랑으로 선발되었다고 한다. 그는 침묵의 소리를 들을 수 있는 특별한 사람이었던 것이다.

중추절을 앞두고 있다. 친척들은 저마다 영웅담(?)을 말하거나 자식자랑, 손주들 자 랑으로 시간을 사용할 것이다. 사실 잘 나가는 자식이 있다면 자랑하고 싶고, 사랑하 는 손주들은 남과 달라 보여 자랑하고 싶은 것이다. 본인에게 신바람이 나는 이야기 들이지만, 사실 모든 형제들이 듣고 싶은 것은 아니다. 자신의 형편이 그에 미치지 못할 때는 더더욱 그러하다. 그런 사람들에게 교회생활까지 자랑하려든다면 그들의 마음이 닫쳐져 버릴 지도 모른다. 이미 수많은 허탄한 말에 멍멍 해진 귀를 가지고 살아가는 현대인들에게는 내 자랑, 내 이야기는 더더욱 의미가 없어진지 오래이다. 이번 추석에는 침묵으로 "침묵의 소리"를 들려주자. 자랑할 것, 할 말이 많은 것 같은데 나의 침묵하는 소리가 전혀 새로운 감동을 줄 수 있을는지 누가 알겠는가?

"내 사랑하는 형제들아! 너희가 알거니와 사람마다 듣기는 속히 하고 말하기는 더디 하며 성내기도 더디 하라."(약1:19)

310
당신은 준비되었는가?

길에 질주하는 저 자전거들은 기름이 필요없다. 그러나 미국을 횡단하는 점보여객기가 기름을 주유하지 않고 출발하였다면 어떻게 될까? 중간에 기름에 대한 경고등인 빨간 램프가 깜박거리지만 기장은 그 신호를 무시해 버렸다. 그런데 태평양 한 가운데 이르렀을 때 기름이 바닥이 났다. 기름을 주유하는 공중주유기가 오는 시간을 기다릴 수 없을 만큼 촉박하다. 이렇다면 그 항공기는 태평양으로 추락을 면치 못한다. 자동차에 갑자기 기름부족을 알리는 램프에 붉은 빛이 들어와도 걱정이 없다. 조금 가면 주유소가 있기 때문이다. 그러나 태평양 상공을 항해하는 여객기나 어선들은 기름은 생명과 같다. 그 여객기나 상선이 얼마나 큰가는 문제가 되지 않는다. 얼마나 첨단장비들로 구성 되었는가도 문제가 아니다. 얼마나 최근에 제조되었는가 혹은 얼마나 고가인가, 어느 회사 비행기기이고, 누가 조종하고 있으며, 그 비행기의 소유사가 누구인가 또한 하등의 문제가 되지 않는다. 단지 그 상황에서 기름이 있어야 한다. 그러므로 멀리 항해하는 여객기나 상선들은 미리 기름을 충분히 준비하는 것이다. 다른 정비도 점검하는 것은 물론 "기름을 채웠는가?"를 점검하고 준비해야 한다.

말세를 살아가는 우리도 그러하다. 세상 사람들은 여러 세상의 조건들로 우리를 평가하려 한다. 그래서 나름대로 평가하는 기준에 따라 행복이나 성공을 논하고, 자기 들의 가치를 따라 정반을 논한다. 그러나 천국의 잔치에 참여하는 우리들은 다르다. 혼인집에 들어갈 사람이 아니라면 잠을 자든 세상에 취하여 살든 상관할 바 아니다. 그러나 신랑을 맞으러 나간 사람들에게는 등불이 필요하고 기름 그릇도 필요한 것처럼 주님의 혼인잔치에 참여하는 우리들이야말로 준비되어야만 한다. 참으로 주님의 혼인집에 참여하는 우리는 기름과 등불을 준비해야만 하리라.

"그런즉 깨어 있으라.
너희는 그 날과 그 시를 알지 못하느니라."(마25:13)

311
나는 당신을 좋아해요!(I like you)

기네스 북은 세계 진기록만 기록한 책이다. 세계에서 자동차를 제일 많이 판 사람으로 기네스북에 오른 사람이 있다. 죠 지라드이다. 죠 지라드의 수첩에는 자동차를 산 사람 명단이 13,000명이나 있다. 그 만큼 많은 사람들에게 자동차를 팔아 세계에서 자동차를 가장 많이 판 사람으로 기록된 것이다. 그가 그런 인물이 된 비결이 있었다고 한다. 그는 고객들 에게 항상 편지를 쓰는데, 편지를 쓰고 나서 편지 끝에 꼭 쓴 말이 있었다고 한다. "나는 당신을 좋아해요(I like you)", 바로 이렇게 씀으로 그 사람을 기쁘게 하는 것이 그의 비결이었다. 성공하기를 원하는 사람은 다른 사람을 기쁘게 할 것이 무엇인가를 살펴볼 필요가 있다. 물론 바울은 "주께 기쁘시게 할 것이 무엇인가 시험하여 보라"고 했다(엡5:10). 에녹은 하나님을 기쁘시게 하는 자라는 증거로 죽음을 보지 않고 하늘로 승천하지 않았는가? 그러니 하나님을 기쁘시게 하는 것은 너무 중요하다. 주님은 나를 통하여 기쁨을 얻게 되기를 원한다. 그렇지만 역시 우리는 이웃을 기쁘게 하는 자가 되어야만 한다. 바울은 예수님이 그러셨다면 성도들은 예수님을 본받는 사람들로 자기를 기쁘게 하지 않고 다른 사람을 기쁘게 해야 한다고 주장한다(롬15:2).

하나님의 사람들은 언제나 남을 복되게 하는 자들이었다. 아브라함이 가나안에 머물자 가나안이 복된 땅이 되었다. 이삭 까닭에 말라버린 우물들이 다시 개발되어 주민들에게 주어졌다. 설령 그 사회가 부패하고 악한 사회라도 하나님의 백성들 까닭에 그 사회가 그나마 존재하게 되는 법이다. 오늘의 사회가 개인주의에 함몰 되어 가서 사랑이 식어지고 말세지말 행보가 계속되어 진다고 할지라도 깨어 사명을 감당해야만 한다. 하나님을 사랑하고 이웃을 사랑하라는 것이다. 그래서 하나님을 기쁘시게 해 드리고 또한 이웃을 기쁘게 하는 사람들이 되어야 한다는 것이리라.

> "우리 각 사람이 이웃을 기쁘게 하되 선을 이루고
> 덕을 세우도록 할찌니라."(롬15:2)

312
함께 참여함이 격려이다.

국제경기에서 스포츠맨십을 보여준 선수들에게 주어지는 상은 올림픽 창시자인 피에르 드 쿠베르탱의 이름을 따 1964년 제정된 "쿠베르탱 메달"이다. 이 메달은 지금까지 17명이 받았는데 리우올림픽에서는 뉴질랜드의 니키 햄블린과 미국 애비 다고스티노 에게 수여되었다. 육상 5,000m 예선 2조경기에서 2,500m 지점을 통과할 때 햄블린이 넘어지자 앞에서 달리던 다고스티노도 발에 걸려 넘어졌다. 두 선수는 일어났지만 이 번엔 다고스티노가 충돌의 충격으로 주저앉았다. 바로 그때 햄블린이 멈춰 서서 "뛸 수 있겠느냐?"고 묻고는 다고스티노가 일어서도록 두 팔을 잡아 당겨 주었다. 이들은 4년간의 기다림이 물거품이 되는 순간이었지만 서로 손을 내밀어 냉정한 승부의 세계에서 감동어린 장면을 연출한 것이다. 그리고 햄블린도 다고스티노를 일으 켜 세워 두 선수가 서로 의지하며 결승선을 향해 다시 달렸다. 다른 선수들보다 1-2분이나 뒤처진 기록이었지만, 관중들은 올림픽 정신이 살아있음을 감탄하는 박수를 보냈다. 포기하지 않고 결승선을 넘은 두 선수에게 조직위는 결선 출전을 허용했다.

이 세상의 대부분의 사람들은 앞만 보고 달리고 있다. 그래서 다른 사람들을 일으킬 여유조차 없다. 하지만 성도들은 햄블린과 다고스티노처럼 주위에 넘어진 자들을 붙 들어 세우며 달리는 자들이다. 설령 상을 받지 못할지라도 이웃을 돌아보는 자들이다. 전교인체육대회가 토요일로 다가왔다. 이런 행사에는 무어니 해도 먹거리, 볼거리, 놀 거리가 넉넉해야 한다. 풍성한 음식과 다양한 프로그램, 다양한 이벤트를 통해 모두 흡족해야만 한다. 그래서 준비위원들은 정성을 다해 모두 만족하도록 준비했다. 이제 우리 모두는 마음과 몸을 준비해서 참여해야만 한다. "함께 참여하는 것"이 바로 다른 사람을 일으켜 세우는 힘이기 까닭이다. 참여하여 눈만 마주쳐 주어도 그 사람에게 격려가 되고, 잊지 못할 감동을 안겨주게 될 것이기 까닭이다. 전교인 체육대회로 모두에게 격려와 감동을 안겨줄 수 있는 기회가 되어 질 것이리라.

"그두 세 사람이 모인 곳에는 나도 그들 중에 있느니라."(마18:20)

313
기본에 충실하라!

항상 2등만 하는 여학생이 있었다. 아무리 밤을 새며 공부를 해도 2등만 할 뿐이었다. 그럴수록 이 여학생은 1등에 대한 집착은 심해졌고, 1등을 하는 학생에 대한 적대감과 함께 자신에 대한 열등감은 점점 커져갔다. 그러던 어느 날, 한 노인이 이 여학생에게 찾아와 말했다. "얘야, 내가 원하는 것을 들어주면 네가 1등을 할 수 있는 비결을 가르쳐주마." 이 여학생은 1등만 할 수 있다면 무슨 일이라도 할 각오가 되어 있었기 때문에, 노인이 원하는 것을 들어 드리겠다고 하며 "1등 할 수 있는 비결"을 물었다. 노인은 "정말 그렇게 할 수 있느냐?"고 이 여학생에게 다짐을 받은 후에 말했다. "정말 네가 1등을 하고 싶으면, 지금 네가 사귀고 있는 남자친구와 헤어져라." 이 여학생은 그 자리에서 남자 친구에게 전화를 걸어, 헤어지자고 하고나서 그 노인에게 "1등을 할수 있는 방법이 무엇이냐?"고 물었다. 그러자 그 노인이 이렇게 말했다고 한다. "국영수를 중심으로 예습복습을 철저히 해!" 1등할 수 있는 비결치곤 너무 쉬운 것이라 이 여학생은 노인을 한참동안 빤히 쳐다보았다.

그러나 이 유머러스한 말이 진리이다. 공부를 더 잘하기를 원한다면 "기본에 더 충실해야 한다"는 것이다. 그럼에도 기본은 등한히 한 채 요령만을 찾으려고 하는 학생들이 많다. 그렇지만 요령은 진짜실력을 만들어 주지 못한다. 시간이 흐름에 따라 요령은 그 한계를 드러내고 마는 것이다. 신앙생활도 요령으로 하는 사람이 있다. 얼핏 보기에는 신앙생활을 잘해내는 것처럼 보이기도 하지만, 얼마 안 되어 그 실상이 드러나고 만다. 자신이 늦는다고 생각 되어 요령을 찾기도 하겠지만 신앙생활의 기본을 중요하게 지키면서, 한 발 한발 나가야만 한다. 신앙생활의 기본을 지키는 성도가 결국 복된 인생이 되어 지고, 신앙생활의 승리자가 되어 진다. 그러기에 기본! 신앙생활의 기본은 아무리 강조해도 오히려 부족하리라.

"그런즉 너희는 먼저 그의 나라와 그의 의를 구하라.
그리하면 이 모든 것을 너희에게 더하시리라." (마6:33)

314
포용할 줄 아는 용기

링컨에게는 변호사 시절부터 그를 무시하고 모욕하는 원수 같은 한 사람이 있었다. 에드윈 스탠턴은 당시 가장 유명한 변호사였는데, 링컨은 아주 애송이 변호사에 불과했다. 한 번은 링컨이 법정에 나가니 법정에 앉아 있던 스탠턴은 링컨을 보자, 갑자기 자리에서 벌떡 일어나 이렇게 외쳤다. "저 따위 변호사와 어떻게 같이 일을 하는 겁니까? 이번일은 너무 중요하기 때문에 저런 애송이와는 함께 일할 수 없습니다." 그는 불쾌하다는 듯이 문을 꽝 닫고 나가버렸다. 스탠턴은 기회가 있을 때마다 링컨을 얕잡아 보고 무례한 언어와 행동으로 링컨을 골탕 먹였다. 그는 "여러분, 우리는 고릴라를 만나기 위해 아프리카에 갈 필요가 없습니다. 일리노이 주 스프링필드에 가면 링컨이라는 고릴라를 만날 수 잇습니다"라며 독설했다. 그러나 세월이 흘러 대통령이 된 링컨은 내각을 구성하면서 가장 중요한 국방부 장관 자리에 스탠턴을 임명했다. 스탠턴은 "링컨의 원수"였다. 너군나나 그는 같은 공화당 사람이 아니었다. 모든 참모들은 스탠턴 임명을 재고해달라고 링컨에게 건의했다. 링컨은 "그는 사명감이 투철한 사람으로 국방부 장관을 할 충분한 자질이 있습니다. 그는 지금 난국(남북전쟁)을 훌륭하게 극복할 수 있는 소신과 추진력을 갖춘 사람입니다. 그가 이 난국을 해결해 줄 있다면 나는 아무래도 상관이 없습니다." 사랑으로 포용했다. 결국 스탠턴은 국방부 장관으로 재임하는 동안 최선을 다해 일했다. 링컨이 암살자의 총에 맞아 숨을 거두었을 때, 스탠턴은 링컨을 부둥켜안고 통곡하며 이렇게 말했다고 한다. "여기 가장 위대한 사람이 누워있습니다." 원수를 사랑하여 포용하는 것은 아무나 쉽게 할 수 있는 것이 아니다. 원수를 사랑하는 것은 용기가 있는 사람만이 할 수 있는 것이다. 실로 진정한 용기의 사람만이 원수라도 사랑하여 용서할 줄 아는 것이다. 링컨은 용서와 사랑으로 스탠튼을 포용하는 진정 용기의 사람이었다. 이런 용기로 세상과 사람들을 변화시킨 것이리라.

"무엇보다도 열심으로 서로 사랑할지니
사랑은 허다한 죄를 덮느니라."(벧전4:8)

315
위기를 인식하는 지혜

크라이슬러 자동차 회사를 강력한 리더십으로 온갖 장벽을 무너뜨리고 일으켜 세운 사람이 아이어코카(L.A. Iacocca) 회장이다. 1978년부터 1982년까지 35억 달러에 달하던 누적 적자가 1983년에 7억1백만 달러의 수익을 내는 흑자 기업으로 바뀌었다. 1990년까지 갚아야 했던 정부에 대한 12억 달러의 부채도 갚았다. 그렇게 영웅적인 인물이던 그가 1992년에 8억 달러 적자를 기록하고 회사에서 물러나게 되었다. 그 이유를 작가 김준범은 〈위기를 극복한 세계의 경영인들〉이란 책에서 그를 이렇게 평가했다. "아이어코카는 그 어느 경영자도 경험하지 못한 박수갈채와 언론의 집중 조명을 받게 되었다. 그러자 그는 경영의 비결로 강조하던 제품의 질, 사람의 중요성, 수익성에 대한 관리보다 자신의 인기관리 사업에 관심을 기울이게 되었기 때문이었다. 그는 전 세계를 다니면서 인기에 연연하다가 절체절명의 과제인 신제품개발을 10년이나 미루었다. 한 마디로 아이어코카의 몰락은 위기 관리자에서 인기 관리자로 변신한 결과였다. 그는 병든 자신과 회사를 몰랐다."

오늘의 우리나라 국정상황은 위기라고 한다. 그러나 더 큰 위기는 위기를 인식하지 못하고 있다는 데 있다. 숲속의 동물들이 자신이 처한 위기상황을 안다면 쉽사리 잡혀 먹히지 않는다. 마찬가지로 위기를 벗어나는 첫 번째는 위기상황을 인식하는데서 부터 출발하는 것이다. 지금은 마지막 때이다(요일 2:18). 주님은 그날이 다가올수록 불법이 성하리라고 하셨다(마24:12). 바로 지금의 시대는 불법의 시대가 되었다. 바로 마귀는 자기 때가 얼마 남지 않은 줄 알고 최후의 발악을 하고 있는 것이다. "이런 때에 마지막 때의 위기 상황을 바로 인식하고 있는가?" "이런 때에 위기상황에서 벗어날 대책은 세워져 있는가?" 위기를 인식하는 지혜로운 자라면 자신을 돌아보아 시대를 분별하여 준비됨으로 주님 앞에 언제든지 당당히 설 수 있어야 하리라.

> "만물의 마지막이 가까왔으니 그러므로
> 너희는 정신을 차리고 근신하여 기도하라."(벧전4:7)

316
낮은 자리에서 섬기라!

지난 9일 미국 대선에서 도날드 트럼프가 15대 대통령으로 당선되었다. 그동안 레이스에서 과거의 일로 후보사태까지 거론되었던 그가 당선된 것이다. 더욱이 그의 공략이나 행보는 기존의 미국의 역대 대통령과는 달리 파격적이어서 설마 하였는데 선택된 것이다. 점점 세상은 희생같은 용어들을 싫어하고 이익을 추구하는 쪽으로 흘러 가고 있다. 이제 최후의 보루처럼 여겼던 미국마저 그런 욕망으로 넘어가버린 것이다. 그럼에도 기독교 역사상 브라더 로렌스의 얘기는 참으로 유명하다. 그는 카르멜 수도원의 평신도 수도사로서 있으면서 수도원 부엌에서 항상 음식 만들고 설거지하는 일만 했다. 정식 수도사들을 하나님이 보낸 천사로 생각하며 섬겼다. 수도사들이 식사를 하는 모습을 지켜보면서 항상 흐뭇함을 느꼈다. 그리고 그는 "하나님! 이 부엌이 천국이 되게 하소서"라고 기도하며 주님의 임재를 체험하며 살았다. 그런데 신기한 일이 일어났다. 시신 수도사들이 이 식당에 늘어서기만 하면 마음에 하나님의 평화가 임하는 것을 느낀 것이다. 모든 사람들이 매일 식당에 갈 때마다 그런 감동을 느끼니까 그가 있는 후미진 식당은 그 수도원에서 가장 영광스런 자리가 되었다. 하나님을 지극히 사랑했던 한 영혼이 아무도 보지 않는 장소에서 겸손하게 다른 사람들을 위해 헌신하는 모습을 보시고 우리 하나님이 그와 함께 하셨기 때문이다. 이처럼 하나님은 보이지 않는 곳에서 헌신하는 심령을 참으로 기뻐하신다. 나중에 그 카르멜 수도원에서 원장을 뽑는 투표가 있게 되었는데 원장 후보조차 될 수 없었던 평신도 수도사인 브라더 로렌스가 원장에 뽑히는 놀라운 기적이 일어나게 되었다. 하나님은 후미진 곳에서 헌신하는 사람을 반드시 일으켜 세우신다. 섬겨야 하고 참아야 하고 낮아져야 하는 자리이다. 부흥하는 때는 나서기를 좋아하고 시련이 올 때는 슬그머니 빠지려고 하는 유혹은 유혹이 생긴다. 그러나 유혹의 본성을 이기고 희생하여 섬기는 그 자리가 진정 하나님의 축복을 받는 자리이리라.

> "각각 자기 일을 돌아볼뿐더러 남의 일을 돌아보아
> 나의 기쁨을 충만하게 하라"(빌2:4)

317
주께 맡기고 감사하라.

고 김창인 목사님께서 신학교를 졸업하고 부산 대성교회강도사로 부임해 가셨다. 그런데 장로님 한 분이 이상하게도 못살게 굴었다. 정말 죽고 싶을 정도로 그래서 그 사람이 죽었으면 좋겠다 싶을 정도의 심정이었다고 한다. 그 장로는 김창인 강도사가 목사고시를 치를 때는 전국에 있는 고시 위원들을 찾아다니면서 "김창인을 목사시키면 안 된다."고 부탁하고 다녔다. 하나님께서 목사로 시키신다는데 그러니까 그 장로를 보기만 하면 속이 뒤집어지고 가슴이 널뛰듯 하여 혈압이 올라 머리가 쪼개는 것 같아서 정말 미워 죽을 지경이었다. 그러니 자연히 찬송도 안 되고 기도가 되지 않았다. 설교가 엉망이었다. 아무것도 안 되있다. 한동안 믿음이 떨어지는 가운데 그 자신과의 싸움에서 그것을 정리를 할 수가 없었다. 그러다가 "네 원수 갚는 것을 내게 맡기라"는 히10:31절 말씀대로 "하나님 마음대로 하십시오. 박살을 내리면 내시고, 세상의 복이란 복은 모두 다 가져다주시려면 주시고 마음대로 하십시오!"라고 맡기고 정리해버리니까 마음이 평안해졌다. 그리고 얼마 후에 그 장로를 위해 기도하기를 시작했다. 그러니까 기도와 찬송이 되었고 설교가 되었다고 한다. 인생사에 여러 문제가 있을 때 괴로워하며 싸우게 된다. 더욱이 오늘의 우리나라 정세는 참으로 착잡하다. 분별력이 없는 지도자로 인해 촉발된 일들이 분명하다. 그러나 "사사로운 이권을 위한 정치가들의 야욕과 국민들의 경거망동한 행동이 또 다른 오류를 범하지 않을까?" 대한민국 사람으로 생각이 있는 사람들이라면 누구나가 걱정하며 사태를 주시하고 있다. 믿음의 사람들은 이런 현실의 모든 일에 일말의 책임을 느끼며 괴로워한다. 그러나 참 평안은 주님이 주신다. 주님은 "너희는 마음에 근심하지 말라. 하나님을 믿으니 또 나를 믿으라"고 하셨다(요14:1). 사도바울도 "아무것도 염려하지 말고 모든 일에 기도와 간구로 너희 구할 바를 아뢰라. 그리하면 지각에 뛰어나신 하나님의 평강이 너희 마음과 생각을 지키시리라"했다(빌4:6).

"너희 염려를 다 주께 맡겨버리라.
이는 저가 너희를 권고하심이니라."(벧전5:7)

318
눈(雪)이 내렸습니다.

　옛날에 천수답(天水畓)이 많은 우리네 농촌에서는 많은 비, 많은 눈은 언제나 환영이었다. 눈이 많이 내리면 그 해 여름은 비도 많아 가뭄피해를 걱정하지 않아도 되었다. 많은 눈은 보리 등의 겨울 농작물을 덮어주어 겨우내 얼지 않게 하는 보온 역할도 한다. 그래서 눈은 반가운 겨울의 손님이었다. 그러나 지금의 눈은 귀찮은 것이 되어 버렸다. 누군가 눈이 "아름답다"고 했다가 눈을 치우는 또 다른 사람으로부터 "무엇이 그리 아름답다고 하느냐?"고 핀잔을 받았다고 한다. 　현대사회에서는 차량을 이용하는 도시인이나 농촌의 사람들 할 것 없이 자기의 생활에 조금이라도 불편을 주면 모두 귀찮은 것으로 돌려버린다. 그것이 사람이든, 환경이든 자신이 싫으면 "악한 것"이라고 정의해 버리는 사회가 된 것이다.그러나 눈에 쌓인 산야(山野)를 보면 하얗게 변한 산과 들이 너무 아름답지 않은가?

　이전에 내만이나 배국에서 십회를 인도하던 중 겨울에 하얀 눈이 내려 온통 하얀 세상이 되는 대한민국을 소개할 때 저들의 부러워하는 눈빛은 지금도 잊을 수 없다. 물론 우리가 눈으로 인해 조심스러운 발걸음을 옮겨야 하지만 이런 기회에 거리를 걷기도 하고, 대중교통도 이용하면서 사람 사는 모습을 보아 좋고. 길가의 눈을 쓸면서 이웃들이 사뿐 사뿐히 걸을 길을 상상하는 것도 좋다. 좋으신 하나님은 우리와 수많은 동식물에게 물을 공급하시기 위하여 이 삭막한 겨울에 하얀 눈을 창조하셔서 나뭇가지마다 눈꽃이 피게 하신다. 올 겨울에도 눈덮힌 산과 들을 보이시기 위하여 어제는 살포시 눈을 내리신 것이다. 새벽기도의 길을 나서면서 "어머 눈이 왔네! 어쩌면 이렇게 밤사이에 소리도 없이 내렸을까?" 아내는 연신 눈으로 쌓인 아파트 숲에서 눈을 떼지 못하고 있었다. 아마 동심으로 돌아가 상상의 나래를 한껏 펼치고 있었을 것이리라.

> "내가 산을 향하여 눈을 들리라. 나의 도움이 어디서 올꼬!
> 나의 도움이 천지를 지으신 여호와에게서로다."(시121:1,2)

319
진정한 기쁨-돌아온 영혼

어느 교회 장로님이 폐암 진단을 받았는데 제대로 손을 쓸 수 없을 정도로 암세포가 너무 많이 전이되었다. 병원에서도 다른 대안이 없어 그동안 방사선 치료만 계속 해왔는데 별다른 진전이 없었다. 이제는 몸 이곳저곳에서 통증이 심해졌다. 그래서 몰핀 주사를 맞고 지낼 정도였다. 그럼에도 그 병실을 방문한 사람들마다 깊은 감동을 받았다. 장로님의 얼굴이 웃음이 가득 피어 있는 것이다. 우리교회 전도주일처럼 새생명축제가 끝난 다음날 아침, 부목사님 한 분이 장로님 병상을 방문했다. 그런데 그 장로님이 이렇게 말씀하시더라는 것이다. "목사님, 오늘은 특별히 기쁜 날입니다. 너무너무 기쁜 날입니다." 그래서 속으로 "병이 좀 나았다고 의사의 말이 있었나?"하고 생각했는데 장로님 "목사님, 이번 새생명 축제에 저는 병상에 있어 참석을 못해 나의 태신자만 보냈거든요. 그리고는 제가 보낸 부부를 놓고 계속 기도했는데, 글쎄 그 태신자가 참석해서 예수를 믿기로 결신을 했다니 얼마나 마음이 기쁘고 감사한지 제 생각이 나서 그 다음날 아침 일찍 저를 찾아와 '장로님, 그동안 기도해주셔서 고맙습니다'하고 인사까지 하고 갔습니다. 그러니 정말 기쁩니다." 중병으로 죽어가는 병상에서도 태신자 로 품은 한 가정이 구원받았다고 해서 장로님은 그렇게 기뻐한 것이었다. "그 부부가 누구인가요?" 물었더니 "예! 내 승용차 기사부부 입니다"라고 했다. "같이 출퇴근하며 수 없이 전도했으나 귀를 막고 안 듣던 그 기사는 스스로 하나님 앞에 돌아와 예수님을 믿겠노라고 믿음을 고백했으니 얼마나 감사한지 모른다"고 연실 장로님은 방실거렸다고 한다. 중한 병상에서도 하나님께서 가장 기뻐하시는 일을 생각하고 그 기쁨을 주체하지 못하는 장로님이 있다면, 건강한 몸으로 예배드리고 있으면서 하나님 아버지가 기뻐하는 그 기쁨을 누리기 위해 사람들을 인도하지 못한다면 되겠는가? 우리모두 최선을 다하여 인도하여 하나님의 기쁨을 누리는 자들이 되어야 하리라.

"하나님은 모든 사람이 구원을 받으며
진리를 아는데 이르기를 원하시느니라"(딤전2:4)

320
인생길이 끝나면 어디로 갈 것인가?

오늘이 나의 마지막 시간이라면 어떻게 할 것인가? 그리고 우리는 이후에 어디로 갈 것인가? 러시아의 문호 도스토에프스키는 그가 스물여덟 살 때에 사형선고를 받은 일이 있었다. 영하 50℃나 되는 추운 겨울날, 그는 형장으로 끌려갔다. 형장에는 기둥이 세워져 있었고 한 기둥에 세 사람씩 묶었는데 그는 세 번째 기둥의 가운데에 묶였다. 사형집행 예정시간을 생각하면서 시계를 보니 자신이 살아 있을 수 있는 시간이 5분이었다. 그는 이제 5분밖에 남지 않은 생명을 어디에다 쓸까하고 생각해 보았다. 형장에 같이 끌려온 아는 사람에게 마지막 인사를 한마디씩 하는데 2분이 걸리고, 오늘까지 살아온 생활과 생각을 정리해 보는데 2분을 쓰기로 하였다. 남은 1분은 오늘까지 발을 붙이고 살던 땅과 눈으로 볼 수 있는 자연을 마지막 한 번 둘러보는데 쓰기로 하였다. 이렇게 생각하면서 눈물이 고인 눈으로 옆에 묶여 있는 두 사람에게 최후의 인사를 하고, 남은 가족을 잠깐 생각하고 나니 벌써 2분이 지나버렸다. 이제 자신에 대하여 생각하는데 문득 "3분 후에 내가 어디로 갈 것인가?" 하는 생각이 나면서 눈앞이 캄캄해지고 아찔해졌다. 세월을 한순간, 한순간 아껴 쓰지 못한 것이 후회되었다. "이제 다시 한 번 살 수만 있다면 순간마다 값있게 쓰련만"하는 생각이 절실하였지만 돌이킬 수 없는 뉘우침뿐이었다. 탄환을 총에 장진하는 소리가 철커덕 나자 견딜 수 없는 죽음의 공포가 밀려왔다. 그런데 바로 그 순간 장내가 떠들썩하더니 한 병사가 흰 손수건을 흔들면서 달려오고 있었다. 황제의 특사령을 가지고 왔던 것이다. 토스토에프스키는 그곳에서 풀려 나와 시베리아 유형생활을 하며 많은 생각을 하게 되었다. 마지막 5분 동안의 시간을 절실하게 생각했던 그 때를 생각하며, 그는 세상을 떠나면 어디로 갈 것인가를 한 순간도 뇌리에서 떨쳐본 적이 없었다고 한다. 죽을 인생을 살려주심을 기억하는 것이 지혜이리라.

"가로되 주 예수를 믿으라.
그리하면 너와 네 집이 구원을 얻으리라."(행16:31)

321
맡기면 이루어진다.

기도없이는 아무것도 이룰 수 도 없고, 얻을 수도 없다. 야고보는 너희가 얻지 못함은 구하지 않기 때문이라 했다(약4:2). 미국의 백화점 왕으로 알려진 "제이시 페니"라는 사람이 있다. 목사의 아들로 태어난 페니는 사업을 시작했지만 실패하고 많은 빚을 지게 되었다. 빚쟁이들에게 시달리고 심한 재정난을 겪으면서 그의 걱정과 근심은 이만저만이 아니었다. 건강이 최고로 악화되면서 페니는 미시간 주 배틀크릭에 있는 격리병원에 수용되었다. 어느 날 아침 지치고 낙심한 그에게 바람을 타고 찬송소리가 들려왔다. 그가 무거운 몸을 이끌고 소리 나는 곳을 간신히 찾아갔더니 어떤 작은 건물에서 기도회가 열리고 있었다. 그는 뒷자리에 가서 앉았는데 매우 친숙한 찬송 "너 근심 걱정 말아라"가 연주되고 있었다. 그 찬송은 그의 마음속에 가득한 염려를 몰아내었고 큰 확신을 주었다. 그는 외 치기 시작했다."하나님! 저는 아무것도 할 수 없습니다. 저는 이제 지쳤습니다. 저를 좀 도와주세요." 그러자 그의 기도를 하나님이 들어주셨다. 후에 그는 고백하기를 "나는 무한히 어두운 공간에서 찬란한 태양빛으로 옮겨지는 느낌이었고 마음속의 무거운 짐이 옮겨져서 그 방을 나올 때는 새로운 사람이 되었다"고 술회했다. 그 후에 그는 건강을 회복하고 다시 용기를 내어 사업을 시작한 결과 성공하였으며 미국의 대백화점 왕이 될 수 있었다. 우리가 성공하는 비결은 하나님께 맡기는 것이다. 내가 일하면 내 힘으로만 일하지만 맡기면 하나님이 하나님의 힘으로 일하시기 때문에 크고 알지 못하는 상상이외의 일이 일어난다(렘33:3). 기도하여 맡기면 하나님은 반드시 들으시고 응답해 주시리라.

"너의 행사를 여호와께 맡기라
그리하면 너의 경영하는 것이 이루리라"(잠16:3)

322
기로에서 바르게 선택하라.

　　예전에 상품 광고에는 "순간의 선택이 10년을 좌우한다"는 내용이 있었다. 하지만 인생길에서는 어떤 선택을 하느냐에 따라 인생의 행불행의 진로가 결정이 되어 진다고 해야 할 것이다. 미국에서 어느 주일 저녁에 두 명의 젊은이가 도박장을 찾아갔다. 그런데 도박장 바로 옆에는 한 작은 교회가 있었다. 아무생각 없이 도박장으로 들어가던 두 청년 중 한 명은 우연히 교회 입구에 적혀있던 그 주일의 설교 제목을 보게 되었다. 거기에는 "죄의 삯은 사망이다"라고 쓰여 있었다. 그 글귀를 보자 그 청년의 마음에 갑자기 죄의식이 생기기 시작했다. 그는 다른 친구에게 "우리 오늘 도박장에 가지 말고 교회에 가자"고 했다. 그러자 그 친구는 "한번 결심을 했으면 가야지. 교회라니 무슨 소리야?"라며 단번에 거절하는 것이었다. 결국 한 사람은 처음 결심대로 도박장으로 갔고, 다른 사람은 교회로 들어갔다. 그 날 교회에 가서 예배를 드린 청년은 설교말씀을 듣고 예수 그리스도를 구주로 영접하고 새사람으로 거듭나는 체험을 했다. 그리고 그때 회심한 청년은 그로부터 30년이 지난 후 미국의 대통령으로 취임하게 되었다. 그가 바로 미국의 유명한 클리브랜드(Cleveland) 대통령이다. 그러나 그가 대통령에 취임하는 그 순간, 30년 전 도박장을 선택했던 젊은이는 감옥에서 자신의 친구가 대통령으로 취임하는 신문 기사를 읽게 되었다. 클리브랜드 대통령이 청년시절 도박장과 교회사이에 선택해야만 하는 기로에 놓였던 것처럼 우리는 축복과 저주사이에서 선택해야 하는 갈등에 순간순간 놓이게 되어 진다. 이 땅에 평화를 주시려고 오신 예수님을 선택하므로 하나님의 자녀가 된 우리에게도 그러하다. 그럴지라도 때마다 바른 선택을 할 수 있어야 하나님의 기대에 부응하는 진정한 그리스도인이리라.

"...너희 섬길 자를 오늘날 택하라.
오직 나와 내 집은 여호와를 섬기겠노라."(수24:15)

323
즐거이 맞이하라!

터키의 재판관 호드자의 이야기가운데 이런 유명한 일화가 있다. 중세시대 터키에 매우 가난한 한 사람이 어떤 마을의 거리를 걸어가고 있었다. 이 사람의 손에는 빵 한 조각만 달랑 쥐어있었다. 그는 걷다가 고기완자를 굽고 있는 식당 옆을 지나게 되었다. 고기의 맛있는 냄새가 이 사나이 발걸음을 멈추게 만들었다. 참다못한 사나이는 빵 한 조각을 그 고기완자 위에 올려놓고 냄새가 빵에 스며들게 했다. 그런 뒤 냄새가 묻은 빵을 입에 대고 막 먹기 시작할 때 화가 난 주인이 이 사나이를 덥석 잡아 재판관에게 넘겼다. 빵집 주인이 나스레딘 호드자(Nasreddin Hodja)라는 재판관에게 이 가난한 남자를 고발한 것이다. "재판관님, 이 녀석이 제 허락도 없이 우리 식당에서 요리하는 고기의 냄새를 훔쳤다. 냄새를 훔친 벌로 돈을 변상 받도록 해주십시오." 잠시 동안 생각한 재판관 호드자는 자기 품안에 있던 지갑 을 꺼내서 식당주인 앞에 흔들었다. "재판관님, 도대체 무엇을 하고 계십니까?" "지금 나는 자네한테 저 사나이 대신에 냄새 값을 지불하고 있는 중이야, 돈 소리 들었지? 자네가 돈 소리를 들은 것이 꼭 저 사내가 자네 음식 냄새를 맡은 것에 합한 거야." 사실 냄새까지도 돈 받으려고 했다는 이런 황당한 이야기들이 많다. 이 세상에는 수단과 방법을 가리지 않고 돈 버는 일에만 집착하는 사람들이 많다는 것이다.

성탄절! 이런 세상에 아기 예수님이 탄생하셨다. 동방박사들처럼 경배하려 찾아온 사람도 있었으나, 여관집 투숙객들처럼 무관심으로 일관하는 사람들도 있었고, 헤롯처럼 해하려는 사람들도 있었던 이 세상에 주님은 탄생하신 것이다. 21세기를 바라보는 세상 형편이 그 때보다 나아지지 않았다. 이런 때라도 즐거이 주를 맞아야만 하리라. 주를 기뻐하는 자들에게는 평화가 임할 것이기 때문이리라.

"하나님께 영광이요
땅에서는 기뻐하심을 입은 사람들 중에 평화로다."(눅2:14)

324
섬김으로 빛이 되라!

　성탄절을 보낸 다음 날에 조간신문이 배달되었다. 1면 중앙에 여러 아이들과 찍은 부모의 커다란 사진이 나오고 그 아래에는 "크리스마스가 천사가 된 입양 10남매"라는 글이 쓰이어 있었다. 그리고 국내 최다 입양한 김상훈목사와 윤정희사모의 이야기가 1면에 자세하게 소개되었다. 딸 셋 아들 일곱인데 김목사가 낳은 아이들은 없다. 두 사람은 1992년 결혼했으나 네 번의 유산 후 출산을 포기하고 2000년부터 아이를 입양하기 시작하여 2014년까지 모두 열 명을 입양한 것이다. 특히 윤사무의 어머니는 장애인들을 집에 데려다가 마당에서 씻기고 아버지 옷을 입혀 보내곤 했는데 어머니의 영향을 받아 윤사모도 중증장애인 보호소에서 결혼하지 않고 아이들을 돌보겠다고 지내고 있었으나 김 목사가 그런 그의 마음을 돌리기 위해 함께 장애인 보호소에서 봉사하면서 두 사람이 결혼하게 되었다고 한다. 두 사람이 입양한 아이들은 부모에게 버려진 아이들이시거나 상애가 있는 아이들 이었다. 병으로 인해 살 수 없다고 진잔 받은 아이가 살고, 구순구개열 수술로 언어장애가 있는 아가 치료받고, 안짱다리가 된 아이, 파양으로 상처를 받은 아이들도 정상으로 돌아왔다. 입양 시 아이큐가 60으로 지적장애 3급이었던 아이가 사랑으로 케어해주니 이제는 IQ가 130이 넘는 정상아이가 되었다고 한다. 김 목사는 본래 토목기사였으나 모세기관지염으로 살수 없다는 판정을 받은 딸 하선이를 수술하고서 하나님께 "살려 달라."고 기도하므로 살아난 것을 보고 그는 토목엔지니어의 길을 버리고 신학을 하여 목사가 되었다고 한다.

　이 시대는 가능한 편하고 부담이 없이 교회생활을 하려는 시대이다. 그러나 우리 구주예수님은 희생하시려 저 높은 곳에서 이 낮은 자리로 내려오시어 우리 향해 "너희는 세상의 빛이라"너희 착한 행실을 보고 하늘에 계신너희 아버지께 영광을 돌리게 하라"하셨다(마5:16). 하나님은 김목사 부부처럼 사랑의 헌신자로 세상의 빛이 밝혀지기를 원하시리라.

"너희는 세상의 소금이라...너희는 세상의 빛이라."(마5:13,15)

325
비전을 위해 준비하고 헌신하라.

4자 성어가운데 유비무환(有備無患)이 있다. 전쟁이나 자연재난도 미리 준비되었다면 너끈히 이겨낼 수 있다는 이 평범한 진리는 신앙생활에서 더욱 빛이 난다. 주님이 주신 비전을 위해서 준비해야 하고 준비했다면 좌우로 치우치지 않고 그 비전을 위해 헌신해야 한다. 현대선교의 아버지라 부르는 윌리엄 케리(W Carey)는 구두수선공으로 일하면서 예수를 믿어 선교에 대한 비전을 갖게 되었다. 그는 선교사가 되려면 그 나라의 언어를 배워야 하기에 그는 구두수선공으로 일하며 독학을 하면서도 여러 나라의 언어를 공부하여 능숙하게 구사할 수 있는 실력을 키웠다. 어느 날 캐리의 친척동생이 들어가기로 한 옥스퍼드의 단과대학에 캐리를 데리고 갔다. 단과대학의 한 유명한 어학교수를 찾아가 이야기를 나누었다. 그 교수는 캐리의 어학실력이 뛰어남을 발견하고서 캐리에게 "당신이 이 학교에 들어오면 이 나라 역사에 큰 영향을 미칠 것이오, 그리고 이 나라의 여왕께서도 당신을 기뻐하실 것입니다." 라고 말했다. 그러나 캐리는 "교수님께서는 영국이라는 나라와 여왕을 말씀하셨는데 제게는 이미 저의 전 생애를 건 한 나라가 있습니다. 그 나라는 바로 하나님의 나라입니다. 저는 여왕보다 더 높으신 분의 부름을 받았고, 그분을 향한 저의 충성은 변할 수 없습니다"라고 했다. 윌리엄 캐리는 그 교수의 제의를 거절하고 세계 선교를 위해서 인도로 떠나게 되었고 인도어로 성경을 번역하고, 사전을 편찬하여 선교의 장을 열었던 것이다. 주님이 주신 비전을 위해 준비하고서는 자신의 욕망을 위해 사용한다면 결코 바른 모습은 아니다. 주님이 주신 그 비전을 위해 준비했다면 이제는 주님을 위해 기꺼이 헌신해야만 하리라.

"또 무리에게 이르시되 아무든지 나를 따라 오려거든
자기를 부인하고 날마다 제 십자가를 지고 나를 좇을 것이니라"(눅9:23)

326
바라봄의 법칙

어떤 산골 마을 앞산에 큰 바위가 있었는데, 그 바위는 인자한 어른의 얼굴 모습을 띄고 있었다. 그 마을에는 대대로 내려오는 전설이 하나 있었는데 언젠가 그 큰 바위얼굴을 닮은 사람이 나타나서 마을사람들을 행복하게 해줄 것이라는 전설이었다. 그 마을 사람들은 언제 그 사람이 나타날 것인가를 기대했고, 때론 그 마을 출신의 성공한 사람들은 "내가 혹시 그 사람이 아닐까?" 기대를 하기도 했다. 그러나 모두 아니었다. 날마다 그 바위 얼굴을 바라보며 마음속으로 대화하고 그 인물이 나타나길 고대하던 한 소년이 있었다. 그는 마침내 성장하여 그 마을의 지도자가 되었는데 그는 사랑과 지혜와 온유함으로 그 마을을 섬기고 가르쳤다. 어느 날 그 마을의 지도자가 된 소년이 마을사람들을 보고 얘기할 때 어디선가 "맞다! 바로 저분이야! 저분이 큰 바위얼굴의 주인공이야!" 하고 외쳤다. 나다나엘 호르손의 "큰 바위 얼굴"이라는 책의 내용이다. 이 이야기는 "사람이란 무엇을 바라보느냐?" 그리고 "무엇을 생각하느냐"에 따라서 그렇게 닮아간다고 하는 것이다. 이것이 전문적인 용어로 "바라봄의 법칙"이다. 사람이란 누구를 모델로 하느냐에 따라서 그렇게 변해간다는 것이다. 큰 바위 얼굴이라 책의 주인공인 이 소년에게는 큰 바위 얼굴자체가 그의 모델이요, 그의 스승이 되었던 것이다. 우리 성도들은 가정에서 부모로서 자녀들에게 신앙과 삶의 모델이다. 그리고 교회에서 여러 성도들의 모델들이다. 그러므로 자신이 신앙으로 바로서서 그리스도를 닮은 모습으로 바로서서 본을 보여주므로 믿음의 계보를 세우는 자들이 되어야 하리라.

"내가 그리스도를 본받는 자가 된 것 같이
너희는 나를 본받는 자가 되라"(고후11:1)

327
주님을 닮은 사람

홍콩의 이가성(李嘉誠)은 세계 10위 안에 드는 자산 30조 대 재벌이다. 그러나 그는 세탁소 점원에서 출발하여 홍콩의 경제를 주름 잡고 있으며 세계적으로 아시아를 대표하는 기업인으로 평가받고 있다. 그가 좋은 평가를 받는 데에는 부자 임에도 검소한 삶을 살고 있기 때문이다. 우리 돈으로 5만 원도 안 되는 구두를 신고, 10만 원 대의 정장을 입으며 비행기는 항상 이코노미석을 이용한다. 그러면서도 매년 장학금으로 약 3천억 정도를 기부하는 자선 사업가이기도 하다. 하루는 30여 년 동안 자신의 차를 운전해 온 운전기사가 퇴임을 하게 되었고 이가성은 그에게 노후를 편히 보내라고 200만 위안(약 3억 원)을 건넸다. 그러나 운전기사는 정중히 거절했다. 그 이유를 물으니 운전기사는 자신도 노후를 위해 2천 만 위안(36억 원)정도를 모아두었다고 대답했다. "월급이 그 정도의 액수를 모을 정 도가 안 되는데 어떻게 그렇게 큰돈을 모았느냐?"고 묻자 운전기사는 이렇게 대답했다. "제가 회장님의 차를 운전하면서 회장님의 전화 내용을 듣게 되었고, 회장님이 투자하실 때마다 저도 따라 투자했더니 이렇게 큰돈을 모을 수 있었습니다."

"파리를 쫓으면 변소 주위만 맴돌고, 꿀벌의 뒤를 쫓으면 꽃밭을 노닌다."는 말이 있다 사람은 어떤 사람을 가까이 하느냐에 따라 자신의 모습도 달라질 수 있다. 비단 물질적인 것뿐만이 아니다. 가치관, 인간관계, 미래를 바라보는 시선, 언어생활, 취미, 삶의 철학 등이 그 따르는 사람과 같아지는 것이다. 이 땅에 살아가는 성도들은 누구를 바라보고 살아가야 할 것인가? "믿음의 주요 온전하게 하시는 이인 예수를 바라보자"했다(히12:2). 바울은 "달음질하기를 향방없는 것 같이 아니하고 싸우기를 허공을 치는 것 같이 아니하며"라고 했다(고전9:26). 승리하는 복된 삶은 열심히 달리는 것도 중요하지만 방향은 더욱더 중요하다. 방향을 바로 달려가되 예수 그리스도만 바라고 살아가야 하리라.

"너희 안에 이 마음을 품으라
곧 그리스도 예수의 마음이니"(빌2:5)

328
복되게 하는 사람들

우리의 설은 저마다 웃어른을 찾아 새해 인사드리고 웃어른들은 새해 복을 빌어주는 민족 고유의 명절이다. 그렇지만 부모에게 가장 귀한 자녀는 어떤 자녀일까? 무엇보다도 부모의 권위를 높이고 순종하는 자녀일 것이다. 영국 최초의 목사 중 한 사람이었던 윌리엄 그래드 스톤(William Grad Stone) 경은 이렇게 말한 적이 있다. "나는 이 시대에 있어서 세계적인 인물 95명을 알고 있다. 이 중 87명이 성경에 순종한 사람이다." 지상교회는 문제가 많이 일어나는 곳이다. 누군가 말했듯이 죄인들이 많이 모인 곳이 교회라서 그런지도 모른다. 이런 문제가 일어날 때 필요한 사람은 순종하는 사람이다. 교회에 똑똑한 사람이 많으면 교회가 잘 될 것 같은데, 오히려 일어난 분란이 커지고 시끄러워 진다. 하나님의 역사는 똑똑한 사람이 일으키는 것이 아니다. 비록 똑똑하지는 못해도 묵묵히 순종하는 사람이 하나님의 역사를 일으킨다. 겸손히 순종하는 사람이 많은 교회에 풍성한 사랑이 넘치고, 놀라운 하나님의 역사가 일어나는 법이다. 그러므로 하나님께서는 미련한 자를 택하시고 약한 자를 택하셔서, 지혜롭고 강한 것을 부끄럽게 하시고 천하고 무능한 자들을 택하셔서 있는 것들을 폐하신 하나님이시다(고전1:27,28). 약한 자나 미련한 자나 없는 자들의 특징인 겸손함으로 순종함으로 일하시고 이런 순종하는 자에게 복을 주신다. 슈메이커는 이렇게 말한 적이 있다. "하나님께 10% 순종하면 10%의 행복을, 50% 순종하면 50%의 행복을, 100% 순종하면 100%의 행복을 누릴 수 있다." 그러하다. 100% 순종은 하나님의 손길을 움직이게 하여 기적을 일으킨다. 온전한 순종이 응답받는 비결이요, 문제의 여리고를 무너뜨리는 비결이다. 설 명절에 가족이 모인다. 서로 자기주장을 내세워 불복한다면 설에 시끄러운 가족사를 만들겠지만, 웃어른에게 순종하는 가족이라면 그 분위기가 화기애애하여 복되고 화목한 가족사를 만들 것이리라.

> "순종이 제사보다 낫고 듣는 것이 숫양의 기름보다 나으니
> 이는 거역하는 것은 점치는 죄와 같고
> 완고한 것은 사신 우상에게 절하는 죄와 같음이라."(삼상15:22,23)

329
당신은 구원받았습니까?

사람들 중에는 구원을 스스로 확신하거나 다른 사람들이 확신을 말해주어서, 그리고 감정적으로 영적체험을 하거나 그런 체험을 반복했기에, 의지적으로는 열정을 가지고 출석하고 봉사하고 찬양하기에 구원을 받았다고 장담한다. 그러나인 죠나단 에드워드는 이런 것이 구원을 확증하는 것은 아니라고 하여 충격을 준다. 미국 역사상 가장 위대한 청교도 사상가요, 철학자요 신학자요 부흥사인 죠나단 에드워드는 그의 책 〈신앙과 감정〉 3부에서 구원의 증거가 될 수 있는 참 증거12가지를 말했다. 먼저 신적인 요소로서는 첫째, 구원은 성령의 내주로 일어나는 신적이고 초자연적인 것에서 생겨난 것으로서 마음의 변화를 수반한 깃이 구원의 증거다. 둘째, 바른 구원과 신앙의 기초는 하나님의 하나님 되심으로써 하나님께 속한 것들의 탁월한 본질에 대한 참된 감각이 생긴 것이 구원의 증거다. 셋째, 하나님의 거룩하심에 대한 아름다움을 맛보는 것이 구원의 증거다. 그리고 지성적 변화로서는 첫째. 하나님을 아는 참 지식이 생겨나게 되고 둘째. 구원에 대한 깊은 확신을 가지게 된다는 것이다. 마지막으로, 의지적 행동적 변화로서는 첫째. 참된 겸손이 생겨나게 된다. 둘째, 성품의 변화가 생겨난다. 셋째, 그리스도를 닮아가려는 노력이 생겨나게 된다. 넷째, 하나님을 두려워하게 된다. 다섯째, 신앙의 균형을 가지게 된다. 여섯째, 하나님을 향한 갈망이 생겨나게 된다. 일곱째, 인내와 복종 등 신앙이 행동으로 표현된다. 참으로 현금에는 "나는 구원을 받았는가?" 스스로 점검하며 살아가야 할 시기이다(행2:40). 힘차게 신앙생활의 달음질을 했는데 종착점에서 기다리시는 주님이 "너는 모른다."고 말씀하신다면 세상에서 가장 불쌍한 사람이 되고 마는 것이리라.

"너희가 믿음에 있는가? 너희 자신을 시험하고 너희 자신을 확증하라.
예수 그리스도께서 너희 안에 계신 줄을 너희가 스스로 알지 못하느냐?
그렇지 않으면 너희가 버리운 자니라."(고후13:5)

330
하나님을 위한 사명자!

키에르케고르가 코펜하겐 대학의 신학생 시절 그가 22세 되던 때에 일기를 이렇게 썼다. "온 천하가 다 무너지더라도 내가 이것만은 꽉 붙들고 놓을 수가 없다. 내가 이것을 위해 살고 이것을 위해 죽을 수 있는 나의 사명을 발견해야 한다." 과연 우리 그리스도인에게 있어서 우리가 생명을 걸 수 있는 "이것"은 무엇인가? 바울은 이렇게 대답한다. "내가 달려갈 길과 주 예수께 받은 사명, 곧 하나님의 은혜의 복음을 증거 하는 일을 마치려 함에는 나의 생명조차 조금도 귀한 것으로 여기지 아니하노라"(행20:24), 바울에게는 복음을 전하는 사명이 확고했다. 그래서 "내가 복음을 전할지라도 자랑할 것이 없음은 내가 부득불 할 일임이라 만일 복음을 전하지 아니하면 내게 화가 있을 것이로다 내가 내 자의로 이것을 행하면 상을 얻으려니와 내가 자의로 아니한다 할지라도 나는 사명을 받았노라"고 했다(고전9:16,17).

모든 일의 일꾼은 세 종류이다. 첫째는 자신을 위하여 일하는 자, 둘째는 일을 위하여 일하는 자, 셋째는 하나님을 위하여 일하는 자이다. 하나님을 위해 일하는 자의 특징이 있다. "나는 하나님을 위해 태어난 자이다."라는 사명감이 있다는 것이다. 하나님을 위하여 심부름꾼이 된다는 마음으로 일하는 사람을 사명적인간이라 부른다. 심부름꾼이야 누구의 일을 어떻게 하느냐에 따라 다양하게 불려진다. 회사의 조그만 심부름꾼이 소사, 몰래 보낸 심부름꾼이 밀사, 하나님 심부름꾼이 천사. 특별한 심부름꾼이 특사, 급한 심부름꾼이 급사, 임금의 심부름꾼이 칙사, 공적 심부름꾼이 공사, 심부름 받은 신하가 사신, 심부름 받은 제자가 사도, 심부름 받은 사람이 사자라 부른다, 그러면 우리는 어떤 심부름꾼인가? 하나님께로부터 사명을 받은 하나님의 심부름꾼이다. 하나님의 심부름꾼이라면 바울처럼 주님만을 바라며 일하고, 주님만을 위해 죽고 사는 자들이리라.

> "우리가 살아도 주를 위하여 살고 죽어도 주를 위하여 죽나니
> 그러므로 사나 죽으나 우리는 주의 것이로다."(롬14:8)

331
온유하고 겸손하여야!

모세가 200만이 넘는 이스라엘의 불평과 원망을 들으면서 그들을 이끌어 갈 수 있는 비결은 그의 온유함이었다(민12:3). 종교개혁자 칼빈도 종교개혁을 완성할 수 있었던 것도 그의 겸손과 온유함이었다. 한번은 칼빈이 스트라스버그로 가는 길에 그의 친구 윌리암스 파렐을 만나기 위해 제네바에 잠시 머물게 되었다. 이때 그의 친구 파렐은 칼빈에게 종교개혁운동을 하자고 제안한다. 본래 학자가 되려고 공부했던 칼빈이었지만 친구의 끈질긴 권유를 받고는 제네바에서 종교개혁 운동에 힘쓰게 된다. 하지만 그의 엄격하고 철저한 성품 탓에 많은 사람들의 반발을 사게 되고 3년 후에 제네바시 의회의 결의에 따라 칼빈은 추방을 당하고 만다. 칼빈은 원망이나 불평이 없이 제네바를 떠났다. 그러나 3년 후, 칼빈은 다시 초청을 받는다. 종교개혁의 일은 칼빈이 있어야 가능하겠다고 여겨 다시 초청한 것이다. 이때 쫓아냄을 받은 수모를 당한 칼빈이었으나 이런 초청이 하나님의 뜻이라고 생각하고, 그는 온유하고 겸손함으로 다시 돌아온다. 그래서 제네바에서 모든 사람과 화평한 가운데 종교개혁을 성공시켰다. 지금도 제네바에 가면 그를 기념하는 동상이 우뚝 서 있다.

예수님은 "수고하고 무거운 짐 진 자들아 다 내게로 오라"하고(마11:28) 초청한 후에 "나는 마음이 온유하고 겸손하니 나의 멍에를 메고 내게 배우라 그리하면 너희 마음이 쉼을 얻으리니 내 멍에는 쉽고 가벼움이라"고 했다(마11:29). 진정한 쉼과 안식은 온유하고 겸손한 사람들이 누릴 수 있다는 것이다. 사람이란 분수에 넘치는 칭찬을 했을 때 교만하거나 우쭐대기 쉽고, 자신의 신분을 망각하는 사람들이 있다. 억울한 말을 들었다고 하여 발끈 화를 내는 사람들도 있다. 하지만 억울해도 주님처럼 온유와 겸손한 마음을 지닐 수 있다면 그는 참으로 주님이 인정하는 인물일 것이리라.

"이 사람 모세는 온유함이 지면의 모든 사람보다 더하더라."(민12:3)

332
책임만이 아닌 진정한 회개라야!

행복을 막는 가장 중요한 것이 있다면 회개가 없다는 것이다. 2차 대전 후에 패전국인 두 나라가 있다. 독일과 일본이다. 두 나라는 2차 대전 후 지금은 부강한 나라가 되어 있다. 일본은 전범국가라는 오명 때문에 우리나라를 비롯한 중국 등 많은 나라들이 비판적인 시각을 가지고 있다. 그렇지만 독인은 주위의 모든 나라로부터 존경을 받는 나라가 되어 있다. 하물며 이스라엘까지도 독일과 우호적으로 수교를 맺고 있다. 차이점은 무엇인가? 독일은 자신들의 죄를 철저히 회개하였으나 일본은 회개하지 않았다. 불행하게도 일본이란 나라에는 회개라는 단어가 없다. 회개라는 말 대신에 책임이라는 말을 쓴다고 한다. 그래서 잘못한 것을 회개하는 대신 책임을 지면된다고 생각하는 것이다. 그래서 그들은 전쟁으로 수탈해간 것이 얼마이고 천하보다 귀한 생명을 빼앗은 것이 얼마인가? 전 국토를 유린하여 우리 부모들을 금수만도 못하게 취급하여 종 부리듯 했던 그들의 민행은 그 무엇으로도 보상이 안 되고 책임을 질 수 없는 것들이다. 그럼에도 그들은 이 엄청난 피해를 얼마의 차관과 얼마의 대가를 지불한 후에 이제 책임이 끝났으니 허물이 없다는 논리를 펴는 것이다. 3.1절이 다가온다. 아직도 일본에 대한 앙금이 가득한데 그들은 지금도 독도는 자기네 땅이라고 우겨대다가 급기야 교과서에 실어서 자라는 세대들에게 가르친다고 하니 참으로 약삭빠른 일본사람답다고 말할 만도 하다. 그런데 우리는 이 뻔뻔한 모습은 일상에서도 쉽게 접하고 살아가는 지도 모른다. 마땅히 자신의 허물을 회개해야 할 사람들이 얼굴을 들고 큰 소리를 치는 모습들이 종종 화면에 등장한다. 때로는 회개를 버리고 책임만 강조하다가 목숨을 던지는 사람들의 소식도 듣는다. 그러나 책임이 아닌 회개라야 한다. 성도들이 하나님 앞에 존귀한 것은 회개라는 관문을 이미 통과했고 또한 일상에서 회개를 목걸이처럼 달고서 늘 고백하고 살아가기 때문이리라.

> "무릇 내가 사랑하는 자를 책망하여 징계하노니
> 그러므로 네가 열심을 내라, 회개하라."(계3:19)

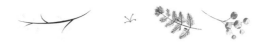

333
떳떳한 성도가 되어야!

미국의 대부호였던 록펠러가 호텔에 예약을 했다. 호텔은 비상이 걸렸다. 세계 제일의 갑부를 맞이할 준비를 갖추었다. 그리고 호텔에 서 가장 잘생긴 청년을 택해서 록펠러의 특별 시중을 들도록 했다. 록펠러는 예정대 로 그곳에 와서 며칠 동안 머물렀다. 떠날 날이 되어 록펠러는 체크아웃을 했다. 그리고 관례에 따라서 그는 자기의 시중을 든 청년에게 팁을 주었다. 청년은 록펠러가 세 계 제일가는 갑부니까 팁을 두둑하게 줄 것이라고 기대했다. 그러나 막상 팁을 받고 보니까 남들이 주는 정도밖에는 되지 않았다. 청년은 뒤돌아서서 록펠러가 들으라는 듯이 볼멘소리로 이렇게 불평했다. "이게 뭐야! 세계에서 제일가는 대재벌이 쩨쩨하게" 록펠러는 그 말을 듣고서 청년에게 다가왔다. 그리고는 이렇게 말했다. "여보게, 젊은이. 자네가 정당한 팁을 받으면 자네는 떳떳한 호텔의 직원일세. 그러나 자네가 정당한 팁 이상을 원하고 요구한다면 자네는 구걸하는 거지에 지나지 않을 걸세. 나는 자네를 거지처럼 취급하고 싶지는 않았네. 왜 인줄 아는가? 나는 자네가 하도 친절하고 성실해서 자네를 우리 회사에 특채로 데리고 가려고 생각했기 때문일세. 그러나 이제는 내 생각을 바꾸어야 되겠어." 어느 경우라도 자신의 자리를 지키는 사람이야 말로 당당하고 떳떳한 사람이다. 그러나 더 당당하고 떳떳한 사람은 헛된 욕심에 사로잡혀 분수를 잃어버리지 않고, 하찮은 일이라도 정성을 다하는 사람이다. 에서는 팥죽 한 그릇의 욕망 때문에 축복된 장자의 명분을 잃어버린 그래서 망령된 자였다. 성도들은 다양한 환경에 처해있으니 어쩌면 주님을 섬기는 희생정도나 헌신의 방법은 다양할 수 있을 것이다. 그렇지만 성도들은 누구나 동일한 예배의 자리를 벗어나지 않고 언제나 신령과 진정으로 예배를 드리는 자들이어야 한다. 심령부흥성회가 열린다. 성도라면 너나 할 것 없이 예배자로 참석하여 주의 말씀을 들어야 한다. 하나님 앞에 떳떳하고 당당한 사람은 자신의 자리를 지키는 사람이어야 하리라.

> "한 그릇 식물을 위하여 장자의 명분을 판 에서와 같이
> 망령된 자가 있을까 두려워하라."(히12:16)

334
주안에서 하나 되어야!

1945년 해방을 맞이한 우리민족이 서로 시각을 달리하여 자기가 옳다는 주장으로 6.25전쟁을 일으켜 서로 죽이고 파괴하는 일을 자행했다. 하나가 되지 않는 곳은 그곳은 작게는 한 가정에서부터 크게는 국가 간에 전쟁을 방불케 하는 큰 다툼이 일어나고 나아가 전쟁까지 불사하는 것이다. 피를 나눈 가족들도 그러하다면 남들 이야 더 할 나위 없다. 그런데 우리나라 사람들은 이 다른 시각을 가진 사람들이 서로 수백여 미터사이에 두 그룹이 되어 상대방의 주장을 비난하고 있다. 우리 안에 여전히 다툼의 씨앗이 자라고 있는 것이다. 서로 다른 생각을 하는 사람들이 만나, 속에 가진 생각을 있는 그대로 표현함으로 서로 얼굴을 붉히며 논쟁하는 정도를 넘어 주먹다짐까지 할 상황에 이른 것이다. 다행히 지금은 경찰차가 중간에 경계를 이루어 이런 불상사는 일어나지 않지만 미국에는 트럼프 대통령을 지지하는 쪽과 반대하는 쪽이 서로 치고빋는 일이 일어나 여릿이 부상당했다하니 우리나라에서도 이런 일이 일어나는 것은 시간문제가 되었다. 이럴 때 하나님의 백성은 어떻게 해야 하는가? 기도하는 일이다. 주님만을 바라고 간절한 심정으로 기도하는 일이다. 이때가 나라와 민족을 위하여 기도할 때이다. 먼 타국에 있었던 느헤미야는 일신상의 안일을 생각하지 않고 조국의 위기와 민족의 환난을 생각하고 눈물로 기도했다(느1:4). 에스더는 민족의 위기에서 "죽으면 죽으리라"고 결심하고 기도했다(에4:16). 우리도 "우리 모두가 다 진정 주님을 바라보고 하나가 되게 해 주옵소서!"라고 기도해야 한다. 나라 안팎으로 어지러운 때에, 우리는 하나 됨을 위하여 기도해야 한다. 우리가 하나 되지 못하면 우리 민족에게는 큰 위기이다. 하나 되지 못하고. 깨어지는 가정, 깨어지는 민족, 깨어지는 교회는 사탄이 자리를 깔고 역사하는 곳이 되고 말 것이 지만 기도하면 하나님이 개입하셔서 하나가 되게 하심으로 승리하게 될 것이리라.

"평안의 매는 줄로 성령의 하나되게 하신 것을 힘써 지키라"(엡4:3)

335
성경에 붙잡힌 사람

마틴 루터(Martin Luther)가 청년시절, 대학 도서관에서 서적들을 살피다가 라틴어성경을 발견하였다. 예배 시간에 읽어주는 복음서와 서신의 일부를 들은 적이 있었지만 성경 전권을 본 것은 그 때가 처음이었다. 놀라움으로 성경의 책장을 넘기기 시작했다. 성경을 읽으면서 고동치는 가슴과 설레는 마음을 진정시킬 수가 없었다. 그러는 도중 하나님께 부르짖었다. "오 하나님 이 성경을 내게 주옵소서" 그는 성령의 도우심으로 성경을 읽으며 하나님의 말씀을 들었다. 그 후 루터는 성경을 더 깊이 연구하기 위해 수도원으로 들어갔다. 그리고 일과 시간에 시간을 내어 성경을 연구하였고 말씀의 사람이 되어 갔다. 그러다가 종교개혁을 진행하게 되었다. 그렇지만 개혁의 길에는 위기가 많았다. 루터는 1521년 보름스 국회에 소환을 당한 것이다. 국왕 찰스 5세가 루터에게 최후통첩을 한다. "이 모든 것들이 사실이냐? 아니라고 한 마디만 하면 살려주겠다." 이때 루터가 대답한다. "내 잘못이 성경에서 증명되지 않는 한 내 주장을 절대로 바꿀 수가 없습니다. 내 양심은 성경에 붙잡혀 있습니다. 나는 양심을 배반할 수 없습니다. 내가 여기 있나이다. 주여 나를 도와 주소서. 루터가 종교개혁을 성공할 수 있었던 까닭은 지속적으로 성경말씀을 따르는 삶을 살았으며 그의 양심이 성경에 붙잡혔기 때문이다. 흔히 사람들은 돈과 명예와 권력을 붙잡고 살아간다. 그런가하면 쾌락을 붙잡고 살아가는 사람들이 무수하다. 그렇다. "사람이 무엇을 붙잡고 살아가느냐?"에 따라 그의 삶의 방향이 달라진다. 그 까닭은 그런 것들에게 붙잡혀 삶을 살아가기 때문이다. 그렇지만 "무엇에 붙잡혀 살아가는가?"로 그 인생의 결과는 전혀 판이하다. 바울이 말씀에 붙잡혀 복음을 증언한 것처럼(행18:15) 루터가 말씀과 다르게 가는 로마 캐토릭을 개혁할 수 있었던 것은 성경을 붙잡았기 때문이었다. 아니 루터가 성경에 붙잡혔기 때문이었다. 과연 무엇을 붙잡고, 무엇에 붙잡혀 살아가고 있느냐로 다른 평가를 받게 될 것이리라.

"실라와 디모데가 마게도냐로서 내려오매 바울이 하나님의 말씀에 붙잡혀 유대인들에게 예수는 그리스도라 밝히 증거하니"(행18:5)

336
자랑스런 얼굴

세계에서 한글은 다양하게 현상을 표현할 수 있는 가장 뛰어난 글이라 한다. 우리나라 말이 다양하기 때문이기도 한데 우리나라 말은 그 속뜻을 알면 고개가 끄덕여질 정도로 깊다. 예를 들어 "몸"이란 모든 것이 모여 있다고 해서 "몸"이다. "얼굴"이란 얼이 들락날락 하는 구멍이라는 뜻이다. "얼"은 사람의 넋, 혼, 정신을 의미하는 말이다. 그래서 흔히 넋 나간 모습으로 있는 사람을 보고 "얼빠진 사람"이라고도 한다. 어쩌면 사람의 희로애락 진선미(喜怒哀樂 眞善美)가 얼굴에 다 나타나 있다.

그래서 "오만상을 다 쓴다."고도 한다. 그러므로 회사는 입사시험 가운데 "면접"을 본다. 그 얼굴을 보는 것이다. 물론 스펙(Specification)을 보기도 얼굴을 본다. 이상하게 면접에서 떨어지는 사람은 계속 떨어지고 붙는 사람은 그냥 한 번에 붙습니다. 그 이유는 붙는 사람의 "얼굴"에는 생기, 자신감, 여유의 "얼"이 있다. 떨어지는 사림의 "일굴"은 뭔지 모르게 불안하고 용기가 없고 자신 없는"얼"이 나타난다. 그러므로 최근에 취업준비생들은 "얼굴"관리부터 하는 것이다. 그렇지만 교만, 시기, 탐욕을 품으면 그 "얼굴"은 폐허된 집처럼 되고 만다. 사람이 겸손, 감사, 말씀을 품으면 그 "얼굴"은 광채가 나고 생명력이 넘쳐나는 천사 같은 얼굴이 되는 것이다. 거만한 얼굴도 예수 믿으면 겸손한 얼굴이 되고 날카롭고 냉정한 얼굴도 부드럽고 따뜻한 얼굴이 되는 것이다. 누구나 나이 40이 넘으면 자신의 얼굴에 책임을 질 수가 있어야 한다. 거울을 보고서 나의 얼굴을 평가하는 것도 한 방법일 것이다. 그러나 다른 사람이 나를 어떻게 평가하는가로 알 수도 있다. 나의 지금의 얼굴이 삶이고 인격이고 신앙의 모습이다. 나아가 이런 얼굴이 성도들의 자랑이 되고 천국에서 면류관이어야 하리라(살전2:20).

"형제들아 우리가 잠시 너희를 떠난 것은 얼굴이요 마음은 아니니
너희 얼굴 보기를 열정으로 더욱 힘썼노라."(살전2:17)

337
사랑으로 손을 잡아주라.

어느 병원에서 생긴 이야기이다. 임종하고 있는 한 노인이 있었다. 노인은 심장 마비를 치료하느라고 강한 진통제가 들어가서 정신이 몽롱한 상태였다. 노인은 마지막으로 아들을 기다리고 있다고 희미하게 말했다. 그 때 해병대 군복을 입은 청년이 들어섰다. 간호원이 소리를 질렀다. "할아버지! 기다리던 아들이 왔어요." 노인은 말없이 손을 내밀었다. 군인은 그 손목을 꼭 잡았다. 그런 상태로 시간이 흘렀다. 간간히 간호원이 들어 와서 상태를 확인하고 돌아갔다. 그 군인은 밤새도록 그 손을 꼭 잡고 놓지 않았다. 간호원이 들어와서 그만하고 눈 좀 붙이라고 하여도 말없이 노인의 손목을 잡고 있었다. 새벽에 노인은 세상을 떠났다. 청년은 간호원에게 말했다. "이 분이 누구신가요?" 간호원이 놀라서 물었다. "당신 아버지가 아닌가요?" 청년이 말했다. "아닙니다." "그러면 왜 손목을 그렇게 꼭 잡고 밤을 새우셨나요?" 청년이 말했다. "내가 이 방에 들어오자 그분이 나를 향해 손을 내밀었습니다. 그분의 손목을 잡자 이 분의 눈동자가 빛났습니다. 그리고 내 손을 꼭 쥐어 주었습니다. 나는 그 분의 바라보는 눈빛을 실망시킬 수가 없었습니다. 그래서 임종까지 붙들고 있었습니다." 청년이 잡은 손은 사랑의 손이었다. 세월호가 3년 만에 인양 되었다. 중조기가 되면 물살이 세어지고 물결도 높아지므로 소조기 때를 맞추어 인양하려 했는데 순조롭게 인양이 되어 목포로 안전하게 옮겨졌다. 우리는 잊고 있었으나 지금까지 사랑하는 자녀를 잃고 그 시신마저 수습하지 못한 사람들의 심정인들 오죽하겠는가? "그 많은 비용을 들여서 인양은 왜 하는 걸까?" 의문을 제기하기도 한다. 그러나 아들딸을 잃은 사람들의 처지를 생각하니 십분 이해가 되는 것이다. 언제부터 우리는 좌우로 편향되어 있다. 그래서 자신과 함께 서지 않거나 생각하지 않는 사람들을 적대시하는 버릇이 생겼다. 그러기에 우리네는 참으로 멀리도 서 있다. 그러나 이제부터라도 상대의 손을 잡아 주는 것이 사랑이리라.

"이르노니 너희 원수를 사랑하며
너희를 핍박하는 자를 위하여 기도하라"(마5:44)

338
그리스도의 피로 살아났다.

한번은 인도의 성자로 알려진 선다 싱에게 영국의 학자들이 물었다. "신약에 예수의 피로 구원되었다는 말을 선생님은 어떻게 해석합니까?" 선다 싱은 이렇게 대답했다. "내가 버마에서 복음을 전하고 있을 때 일이오. 어느 날 나는 그리스도는 우리 죄인을 구하기 위해서 피 흘려 죽으셨다 라고 말씀을 전했죠. 그런데 그 사람들이 내게 어떻게 그럴 수가 있냐고 믿기지 않는다는 투로 질문을 하더군요. 그 때 한 신사가 나서면서 '이 사람이 하는 말은 참말입니다'라고 말했어요. 처음에 나는 그가 기독교인인 줄 알았어요. 그런데 알고 보니 기독교인도 아니었소. 그는 계속해서 이렇게 말합니다. 언젠가 그가 산속을 걷다가 비탈에서 미끄러져 크게 부상을 입고 많은 피를 흘렸다는군요. 마침 그의 아버지가 그를 발견해 급히 병원에 데려갔으나 그 땐 이미 거의 죽어 있었답니다. 의사가 그를 보고 살아날 가망이 없다고 하자 기가 막힌 아버지는 의사를 붙들어 '얘는 내 외아들 인네 인간의 힘으로 할 수 있는 것은 뭐든지 하겠습니다'라고 사정했다고 해요. 아버지의 애원에 못이긴 의사는 누구든지 피를 내어준다면 살릴 수 있다고 말했고 그의 아버지는 자기 피를 빼서 그에게 주었다고 합니다. 결국 '아버지는 죽고 그는 살아났습니다.' '이 버마 사람처럼 나는 산에서 떨어져 영의 피를 잃어 버렸소. 살아날 가망은 이미 전혀 없어 죽음에 다다랐을 때 예수 그리스도께서 그의 피를 나에게 부어 주셨소. 그가 나에게 생명을 주신 것이라오.' 누구든지 그 마음을 기쁘게 바치는 자는 예수 그리스도의 죽음에 의해 구원받을 것입니다."

히 9:22에는 "율법을 좇아 거의 모든 물건이 피로써 정결케 되나니 피흘림이 없은즉 사함이 없느니라"고 했다. 그리스도께서는 피흘려 죽으셨다. 그래서 그 피가 우리에게 뿌려져(벧전1:2) 가까워지게 하시고 죽은 양심에서 우리를 깨끗하게 하여 살아계신 하나님을 섬기도록 하신다(히9:14). 그러므로 죽었던 우리를 살리신(엡2:1) 십자가에서 피흘려주신 은혜에 감사해야 하리라.

> "전에 멀리 있던 너희가 그리스도 예수 안에서
> 그리스도의 피로 가까워졌느니라."(엡2:13)

339
모방할 수 없는 부활

요즈음 불교가 다방면으로 기독교를 모방하고 있다고 한다. 우리 기독교의 찬송가 처럼 그들도 찬불가를 만들어 부르고, 우리 기독교가 심방하는 것처럼 그들도 심방도 하고, 우리의 주일학교처럼 그들도 불교 어린이학교를 개설하고, 우리가 수련회를 하는 것처럼 그들도 수련회를 하고, 주일의 개념이 없던 그들이 우리처럼 주일마다 정기 예불도 드리고 있는 것이다. 계속해서 기독교를 모방하고 있다. 그러나 불교가 아무리 기독교를 모방한다 할지라도, 한 가지만은 모방할 수 없다. 부활이다. 불교에는 부활이 있을 수 없다. 왜냐하면 불교의 창시자 석가모니는 82살의 나이에 중병에 걸려 세상을 떠나 화장된 후, 사리가 나온 후에 무덤에서 다시 살아나온 적이 없기 때문이다. 그는 세상을 떠나기 전 사라림 숲속의 큰 사라 나무 밑에 병들어 누워서 마지막 임종 설법을 했다. 그는 그 설법을 통하여 제자들에게 석가자신은 신이 아니므로 자기를 신으로 섬기지 말라고 했다. 그는 인륜(人倫)에 대해서는 나름대로 깨달은 바가 있으나, 천륜(天倫)에 대하여는 깨닫지를 못했던 것이다. 놀라운 것은 석가는 나마다경을 통하여 구원의 메시야에 대한 예언을 남겼다. "하시야소래 오도무유지등야(何時爺蘇來 五道無油之燈也)"(나마다경 38:8) "어느 때인가 야소, 즉 예수라는 분이 오실 것인데, 그 때는 내가 깨달은 것이 기름 없는 희미한 등불과 같이 될 것이다"라는 예언이다. 석가는 예수님이 탄생하시기 480년 전, 이사야 선지자나 스가랴 선지자나 말라기 선지자 등과 같은 다른 예언자들처럼 예수님이 메시야로 오실 것을 예언한 것이다. 결국 그 예언대로 길이요 진리요 생명이 되신 예수님께서는 이 땅에 육신을 입고 오셔서, 모든 인류의 죄를 다 짊어지시고 십자가에 달려 죽으셨다. 그러나 다른 어떠한 종교에서도 모방할 수 없는 독특함이 우리 기독교에 있다. 부활이다. 예수님은 죽으시고 3일 만에 다시 살아나셨다. 그래서 부활절을 기념해야 마땅하리라.

> "그가 여기 계시지 않고
> 그가 말씀하시던 대로 살아나셨느니라..."(마28:6)

340
가장 귀한 선물

어느 날, 미국의 한 아버지가 그 지역의 부잣집 관습대로 고등학교를 졸업하는 자녀에게 차를 사주려고 아들과 함께 틈틈이 차를 보러 다니다 마침내 알맞은 차를 발견 했다. 졸업식 날, 아버지는 아들에게 작은 선물을 주었다. 그 선물 포장을 뜯자 성경 책과 함께 이런 편지가 있었다. "빌! 졸업선물로 주는 이 성경을 평생 가까이하며 살 아라." 빌은 아버지가 차 대신 성경을 준 것이 너무 속상해 그날로 집을 나가버렸다. 오랜 세월이 지났다. 빌은 아버지의 사망소식을 듣고 집에 돌아왔다. 장례를 치르고 며칠이 지난 어느 날, 그가 아버지의 서재에 앉아있는데 그의 눈에 옛날에 아버지가 준 성경책이 들어왔다. 그가 그 성경책의 먼지를 닦고 성경을 열어보자 거기에는 그의 졸업 날짜에 맞춰 발행된 수표가 들어있었다. 그 수표에 아버지와 함께 골랐던 차와 똑같은 금액이 적힌 것을 알고 그는 한탄의 눈물을 쏟았다. 하나님은 우리에게 보화들을 약속했다. 그런데 그 약속들이 성경에 들어있다. 그렇지만 오늘의 많은 성도들이 자기 뜻에 맞지 않는 다거나, 당장 보이지 않는다고 성경을 멀리하고 살아간다. 그렇지만 세상의 약속에는 허탄한 약속이 많지만 하나님의 약속에는 결코 빈 약속이 없다. 약속하신 바를 반드시 이루시는 하나님이시다. 우리가 살아가는데 필요한 축복의 항목들을 성경에 열거해 주셨다. 그리고 축복의 문을 열어 영육이 강건하도록 해주시는 약속과 더불어 부활과 영원한 생명까지 약속해 주셨다. 그러므로 성경은 보물지도이다. 하나님이 우리에게 하신 약정서이다. 성경은 하나님이 우리를 사랑해서 주신 가장 귀한 선물이다. 참으로 이 성경 속에 하나님 의 약속하신 보화들이 다 있다. 이제 그 누구라도 이런 성경 속을 달리면서 보화들을 믿음으로 주워 인생주머니에 담을 수 있다면 보화 창고를 가진 사람이다. 그러므로 우리는 성경을 읽어 주님의 마련한 축복을 잡아야 하리라. 우리를 살리신(엡2:1) 십자가에서 피흘려주신 은혜에 감사해야 하리라.

> "주의 법을 사랑하는 자에게는 큰 평안이 있으니
> 그들에게 장애물이 없으리이다."(시119:164)

341
동일하지 않는 잣대

어느 부모에게 아들과 딸이 있었는데, 둘 다 혼인하여 미국에서 살고 있었다. 오랜만에 아들과 딸을 보기 위해 미국으로 가게 되었다. 먼저 L.A에 살고 있는 딸을 방문했다. 밤늦게까지 밀린 얘기를 나누고 잠들었는데 다음 날 아침에 일어난 부모는 놀라운 광경을 보았다. 딸은 자고 있는듯한데 의사 사위가 일찍 일어나 혼자 아침식사를 차려 먹고, 샌드위치 도시락을 싸가지고 출근하는 것이었다. 딸을 저렇게도 아껴주는 사위가 그렇게 대견스러울 수가 없었다. 두 사람은 며칠 후에 샌프란시스코에 있는 아들네 집에 갔다. 역시 정담을 나눈 후에 잠들었는데 다음날 아침, 이들은 다시 한 번 깜짝 놀라게 되었다. 며느리는 꼴도 안 보이고, 금이야 옥이야 받들어 키워서 미국 유학까지 시켜 박사가 된 아들이, 궁상맞게도 참으로 궁상맞게도 제 손으로 아침을 지어 먹는 것이었다. 그리고 샌드위치 도시락을 싸들고 출근하는 것이었다. 그런 아들을 본, 부모는 그런 아들이 한없이 측은하고, 한편 며느리가 몹시 괘씸하게 느껴졌다. 두 사람이 돌아오는 비행기에서 아내가 남편에게 먼저 말을 꺼냈다. "여보 우리 사위는 참 잘 얻은 것 같아요! 큰 병원 의사인데도 손수 밥을 해 먹고 도시락까지 싸가지고 가는 것을 보니 그렇게 대견할 수가 없어요!" "그런데 며느리는 아무래도 잘못 얻은 것 같아요! 귀한 우리 박사아들에게 부엌일까지 시키고 잠만 자고 있으니 그런 버릇을 어디서 배웠나 모르겠어요!" 대선후보들의 토론을 시청한 적이 있다. 정책토론보다는 상대방의 약점을 집중적으로 공격하는 후보들의 모습이 아마 이중 잣대를 사용한 것처럼 보이는 까닭은 저 혼자만의 생각은 아닐 것이다. 내가 하면 로맨스고, 남이 하면 불륜이라는 말이 있다. 공동체를 이루고 살아가는 우리네가 남과 나에게 들이미는 잣대가 다르기만 하다면 공의는 멀기만 하고 이 사회의 갈등은 계속될 것이리라.

**"외식하는 자여 먼저 네 눈 속에서 들보를 빼어라.
그 후에야 밝히 보고 형제의 눈 속에서 티를 빼리라."(마7:5)**

342
하나님 아버지를 알게 하라.

어느 초등학교에서 있었던 일이다. 선생님이 교실 칠판에 "뿌리"라고 적었다. 그리고 반의 학생들이 차례대로 한 아이씩 앞에 나가 집안의 뿌리 곧 조상에 대해 서 준비해 온 내용을 발표하였다. 한 아이가 자랑스러운 듯이 발표했다. "저는 전주 이씨 47대 손입니다. 저의 증조할아버지는 조선시대에 예조 판서를 지내셨습니다. 저의 할아버지는 지금 교장 선생님으로 계십니다. 그리고 저의 아버지는 큰 회사의 중역이십니다. 저의 집안이 너무나도 자랑스럽습니다." 아이는 어깨를 으쓱거리면서 자리로 돌아갔다. 아이들이 돌아가면서 준비해 온 내용을 발표했다. 그런데 한 아이가 앞으로 나가는 모습을 보는 순간 선생님은 가슴이 철렁 내려앉 았다. 그 아이는 부모 없이 보육원에서 자라는 아이였기 때문이었다. 선생님은 아이의 마음에 상처가 되었을 것이라는 생각으로 마음을 졸일 수밖에 없었다. 그런데 뜻밖이었다. 이 아이는 조용한 어조로 발표를 하였다. "저의 아버지는 하늘에 계신 하나님이십니다. 저의 아버지는 이 세상 모든 것의 주인이십니다. 저의 아버지에게는 자녀들이 많이 있습니다. 그래서 저에게는 아주 많은 가족들이 있답니다. 특히 저의 아버지는 사랑이 많으신 분이십니다. 그래서 그 자녀들을 한 사람도 빠짐없이 누구나 똑같이 구원하시고 사랑하신답니다." 그 말을 듣고 있던 선생님의 두 눈에서 뜨거운 눈물이 흘러내렸다. 오늘은 어린이 주일이다. 우리 어린 자녀들을 어떻게 양육할 것인가? 바로 위 어린이처럼 믿음을 가지고 하나님을 아버지라고 부를 수 있도록 양육하는 것이다. "자식들은 여호와의 기업이요 그의 상급이라"했다(시127:3). 하나님은 자신의 기업을 우리 각 가정에 맡기신 것이다. 그러므로 우리 자녀들에게 진정한 하나님 아버지를 알도록 만들고, 그래서 믿음으로 살아가도록 양육해야 한다. 우리의 자녀들이 하나님 아버지를 아버지라 부르면서 믿음으로 살아간다면 이 땅에서 겪는 그 어떤 슬픔과 고난이라도 얼마든지 이겨낼 수 있으리라.

> "자식은 여호와의 주신 기업이요
> 태의 열매는 그의 상급이로다."(시127:3

343
일체감 의식으로!

지금은 돌아가셨으나 부목사로 사역할 때 본 교회 권사출신이신 안귀향전 도사님과 함께 심방하게 되었다. 안 전도사님은 함께 심방하는 심방대원이셨 다. 거의 주간에 매일 심방을 했는데 하루는 연세가 많아 치매로 고생하시는 권사님의 집에 방문을 했다. 예상은 했지만 노 권사님의 방문을 열자 눈을 의심할 정도였다. 온 방에는 변이 널려 있었고 벽에는 변이 여기저기 발라져 있었는데 그야말로 발 디딜 틈이 없었다. 권사님의 가족들이 돌본다고 해도 아들은 택시운전사로, 며느리는 식당 주방일을 위해 나가있고, 아이들은 학교로 간 낮 시간이었기에 돌아보는 사람이 없었다. 30대 초반의 목사인 나는 그런 광경을 처음 목격했다. 그래서 선뜻 그 변으로 씨든 손을 잡을 수 없어 방설였다. 그런데 같이 간 안전도사님은 그 권사님의 손을 덥석 잡으셨다. 그리고 소매를 걷어붙이시고 세면장으로 가서서 세숫대야에 물을 담아 권사님의 손을 닦으셨다. 그리고 방을 청소하기 시작했다. 저는 그 때서야 정신을 차리고 전도사님을 도와 함께 걸레를 들고 방을 훔쳤으나 여전히 저의 코는 코가 아니었다. 그런데 더럽게만 여겨지고 냄새로 가득한 그 상황에서 안 전도사님은 변 냄새나 더러움을 초월한 듯, 연신 애정 어린 모습으로 권사님에게 같은 말을 반복하며 몸을 닦아주는 것이었다. 아마 전도사님의 이런 자연스런 행동은 오랫동안 한 교회에서 함께 의지하며 신앙생활을 한 분이었기도 했으나 그리스도의 사랑으로 나온 행동이었다. 그 권사님과는 일체감이 있었던 것이다. 일체감의식이 있는 사랑하는 관계이기 때문에 몸을 닦아드리는 일에 망설임이 없었다. 30년도 훨씬 더 지났으나 지금도 손톱사이에 시커먼 오물을 파내는 그 전도사님의 모습이 눈에 선하기만 하다.

"그리스도의 평강이 너희 마음을 주장하게 하라 평강을 위하여 너희가 한 몸으로 부르심을 받았나니 또한 너희는 감사하는 자가 되라"(골3:15)

344
부모는 위대한 스승이다.

부모는 가장 위대한 스승이다. 어릴 때부터 가장 많은 시간을 함께 보내고, 감수성이 예민한 자녀들을 잘 알아 가르친다는 장점이 있기 때문이다. 그렇지만 럭비공처럼 어디로 튈지 모르기 때문에 아이들을 가르치는 부모는 명확한 교육철학을 가지고 지도해야만 한다. 자녀들을 성공적으로 양육한 죤 웨슬레이의 어머니 스잔나 웨슬리 여사는 자녀 교육에 대한 명확한 규칙이 있었다.

1.비겁한 마음을 먹거나, 벌을 두려워하는 것 때문에 나중에 가서는 고치기 어려운 거짓말 하는 버릇이 생길까봐 늘 살폈다. 그래서 잘못하였다고 생각될 때 그것을 솔직하게 고백하고 다시는 안하기로 약속하면 때려주지 않는다는 법을 세워 놓았다. 2. 거짓말이나, 훔치는 일이나, 교회 안에서 장난치는 일이나, 주일날 장난치는 일이나 복종을 안 하는 일이나 싸우거나 하는 등등의 죄가 되는 일을 했을 때는 절대로 벌을 주지 않고 지나치는 일은 없었다. 3. 똑같은 잘못 때문에 두 번 야단을 치거나 매를 때리는 법은 없다. 그리고 일단 고치고 난 다음에 다시 그것을 책망해 서는 안 된다. 4. 특히 스스로 생각해서 순종하는 모습을 보였을 때는 항상 칭찬을 해주고 결과에 따라서 자주 상도 준다. 5. 어떤 아이든지 순종 하는 행동을 하거나 남을 기쁘게 해주기 위하여 마음먹고 행동했을 때는 그것이 비록 제대로 되지는 않 았어도 그것을 잘 받아들여 주고 다음에는 더욱 잘하도록 사랑으로 가르쳐 준다. 6. 예의범절을 바르게 하고 남의 물건이면 비록 그 값어치가 일전짜리 핀 하나라도 침해하지 말고 주인의 허락이나 동의 없이는 만지지도 말아야 한다.

이런 규칙은 귀하지만 부모들이 귀찮게 여겨 가르침을 실천하지 않기 때문에 이 세상에 부끄럽게도 정의를 무시하는 일들이 많이 일어나고 있다. 참으로 부모는 자녀 에게 좋은 스승이 되어야 함을 아신 하나님은 자녀교육을 부모에게 맡기셨으리라.

"네 자녀에게 부지런히 가르치며 집에 앉았을 때에든지 길에 행할 때에든지 누웠을 때에든지 일어날 때에든지 이 말씀을 강론할 것이며"(신6:6,7)

345
심는 대로 거둡니다.

뻐꾸기 한 마리가 나무 위에 앉아 슬피 울고 있었다 . 그 때 옆 가지에 앉아 있던 비둘기가 물었다. "왜 그리 슬피 우십니까? 배가 고프신가요?" 뻐꾸기는 한숨을 토해내며 말했다. "내 아이들이 나를 알아보지 못한 답니다. 자녀들에게 이런 대접을 받을 줄은 정말 몰랐어요. 노년이 너무 쓸쓸하군요." 비둘기가 다시 물었다. "당신이 언제 아기를 낳으셨나요? 둥지에 알을 품고 오랫동안 앉아있는 모습을 본적이 없는데요." 뻐꾸기는 부끄러운 표정으로 대답했다. "화창한 날씨에 컴컴한 집안에 틀어박혀 있을 수는 없잖아요? 그래서 알들을 모두 다른 새집에 넣어놓고 이 산 저 산을 다니며 노래를 불렀답니다." "참 욕심이 많으시군요. 심은 것도 없이 바라는 것이 많네요."

5월이 지나가고 있다. 어느새 산위에는 나뭇가지들이 잎들로 가득해 졌다. 연두색 잎들이 어느새 파랗게 물들어 여름도 문 앞에 성큼 다가선 것이다. 누군가 저렇게 나무들을 심기 시작한 것이 번식을 계속하여 산에는 나무들로 빼곡해졌다. 뒤뜰 화단에는 누군가 심은 호박잎이 하나둘 늘어가고 있다. 얼마 후에는 호박넝쿨들로 가득할 것이 분명하다. 심는 대로 되어지고 거두는 것은 하나님이 주신 기본법칙이다. 많이 심으면 많이 거두게 되고, 적게 심으면 적게 거두는 것이다. 그러기에 사람들은 이런 저런 것으로 심고 살아간다고 말하는 것이다. 그런데 과연 "가정을 위하여 심고 있는가? 심고 있다면 얼마나 심고 있는가?" 이제 가정의 달을 보내면서 가정을 위해 심어보기로 하자, 남편을 위해, 아내를 위해 사랑과 헌신으로 심지도 않으면서 후에 거두려고 하는 것은 욕심일 것이다. 자녀들을 위해 노력도 하지 않으면서 노후에 자녀들이 잘해주길 바라는 것은 뻐꾸기 같은 욕심이다. 자녀들에게 복음을 전하지 않으면서 예수믿는 자녀가 되어지길 기대하고, 말씀을 가르치지 않으면서 진리로 세워지기를 기대하는 것은 욕심일 것이리라.

"스스로 속이지 말라. 하나님은 업신여김을 받지 아니하시나니
사람이 무엇으로 심든 지 그대로 거두리라."(갈6:7)

346
진정한 행복은 주어지는 것이다.

20세기 중엽 미국에 에델 듀 폰트(Ethel du Pont)라는 유명한 여성이 있었다. 이 여성은 세상의 좋은 것이란 좋은 것은 모두 소유한 여자였다. 당시에 미국 굴지의 대 회사인 듀 폰트 회장의 맏딸로 태어나서 어마한 재산을 물려받았다. 좋은 대학에서 공부를 했다. 아름다운 미모를 지녔다. 당시 미술가들은 이 여성을 가리켜 미국에서 가장 아름답고 품위있는 여성이라고 극찬했다고 한다. 미국의 제32대 대통령인 루즈벨트 대통령의 셋째 아들과 결혼을 했다. 그러므로 세상적으로 멋진 인생이요, 세상 모든 사람들이 부러워할 만한 여자였다. 그러나 이 여성은 49세의 나이로 스스로 목숨을 끊고 말았다. 모든 것을 다 갖추었는데 자살을 하고 만 것이다. 그녀는 마음은 허무와 고통에서 벗어나지를 못한 것이 문제였다. 그래서 스스로 목숨을 끊은 것이다.

세상 사람들은 이런 처방을 DIY라고 한다. DIY는 "Do It Yourself"의 준말로 필요한 깃은 "니 자신이 만들이 쓰리"는 뜻이다. 1945년 영국에서 시작된 이 운동이 지금은 전 세계로 퍼졌다. DIY는 처음에는 가구들이나 장식소품을 만드는 일에서 시작되어 지금은 집을 짓거나 자동차를 만드는 일까지 확산되었다. 그래서 행복한 가정도 스스로 만들 수 있다고들 말한다. 그러나 명가에서 자라 좋은 대학을 나온 에델 듀 폰드가 그것을 몰라 죽은 것이 아니다. 진정한 평안과 행복은 예수님을 마음에 모시고 살아갈 때 주어지는 것이다. 그래서 예수님은 "나의 평안을 주노라. 내가 주는 것은 세상이 주는 것과 같지 아니라"하셨다(요14:27). 에델 듀 폰드가 온갖 좋은 것을 가져서 외적으로는 부족이 없었으나 그녀의 마음에 예수님이 없었다. 공허와 허무가 그 마음을 자리해서 마음을 사로잡고 있었던 것이다. 그것이 비극을 불러온 것이리라.

> "나는 빛으로 세상에 왔나니 무릇 나를 믿는 자로
> 어두움에 거하지 않게 하려 함이로라."(요12:46)

347
땅을 차지할 온유한 자

당나라에 노사덕이라는 덕이 많은 사람이 있었다. 얼굴에도 덕이 넘쳤고, 늘 인내하여 그 누구와도 다투는 법이 없었다. 그의 조카가 벼슬길에 오르면서 삼촌인 그에게 인사를 하러 왔다. "앞으로 인간관계를 어떻게 맺겠는가?" "숙부님, 걱정하지 마세요. 누가 제게 침을 뱉으면 그 침을 속히 닦고 아무 말도 하지 않고 그저 인내하겠습니다." 참으로 조카는 훌륭한 사람이었다. 누구라도자기 얼굴에 침을 뱉으면 얼굴이 빨개져 대들 것이다. 그런데 노사덕의 조카는 침을 닦기만 하고 아무 말도 하지 않겠다는 것이다. 그렇지만 노사덕은 한 술을 더 뜬다. "조카, 그러면 안 돼. 침을 닦으면 그 사람의 기분이 나빠지니, 침이 마를 때까지 그냥 두어야지"라고 했다. 그래야 좋은 인간관계를 맺을 수 있다는 것이다. 참으로 노사덕은 역사에 길이 남을 덕장이었다. 그렇지만 우리 주 예수 그리스도께서는 온유한자는 복이 있다고 하시며 "온유한 자가 땅을 기업으로 받을 것이니라" 하셨다(마5:5). 그리고 "나는 너희에게 이르노니 악한 자를 대적하지 말라. 누구든지 네 오른편 뺨을 치거든 왼편도 돌려 대라."고 하셨다(마5:40). "또 너를 고발하여 속옷을 가지고자 하는 자에게 겉옷까지도 가지게 하며 또 누구든지 너로 억지로 오리를 가게 하거든 그 사람과 십리를 동행하라." 하셨다.(마5:41.42) 역사에 실제로 그런 인물이 바로 모세였다. 모세는 이스라엘 백성들이 대적할지라도 그는 참아내었다. 때로는 백성들만이 아니라 같은 피를 나눈 미리암과 아론이 대적했다. 그리고 성막에서 일하는 레위지파 고라가 당을 지어 대적했다. 지위고하를 막론하고 대적하여 괴롭혔으나 그럼에도 온유함으로 참아낸 것이다. 그래서 하나님께서"이사람 모세는 온유함이 모든 지면의 모든 사람보다 더하더라."(민12:3)고 하신 증언대로 온유한 사람이 모세였다. 하나님은 모든 말을 들으시고 상황을 살피신다. 모세는 그 아픔 속에서도 하나님이 아시고 온유한자에게 기업을 주심을 알고서 참아낸 것이리라.

"여호와여 나를 살펴보셨으므로 나를 아시나이다."(시139:1)

348
다른 이의 부흥이 내 부흥이다.

메이어(F.B. Meyer, 1847-1929) 목사가 런던에 있는 크라이스트 교회에서 목회를 하고 있었다. 그 당시 영국의 위대한 설교자로 알려진 스펄전(C.H.Spurgeon, 1834-1892)목사는 메트로폴리탄 테버너클에서 매주일 아침 6천여명의 회중을 상대로 설교하고 있었 그리고 웨스트민스트예배당에는 영국의 위대한 성경교사로 알려진 캠벨 모건(G.C, Morgan, 1863-1945) 목사가 강단을 맡아 있어서 많은 사람들이 그 교회로 몰려들었다. 이 두 목사와 같은 시대에 목회하고 있었지만 유독 메이어 목사가 섬기는 크라이스트 교회는 부흥이 더디었다. 이렇게 스펄전과 모건사이에서 목회하던 메이어목사는 어느 날 자신이 커다란 시험에 빠져 있음을 발견하고 놀랐다. 그 자신이 어느 순간부터 잘 나가고 있는 스펄전 목사와 모건 목사를 질투하고 있는 것이다. 그렇지만 메이어 목사는 얼마 지나지 않아서 더 적극적인 방법을 찾아내었다. 그래서 이런 시험을 축복으로 바꾼다. 그는 양편에 목회하는 스펄전 목사와 모간 목사를 위해서 축복하며 기도하기 시작한 것이다. 지금까지 메이어목사는 "하나님 나를 축복해 주옵소서. 교회의 빈자리들을 채워 주소서. 우리교회 부흥을 주소서"라고 기도했었다. 그러나 이제는 오른쪽에 자리 잡고 있는 터버네클의 스펄전 목사와 왼쪽에 자리하고 있는 웨스트민스터의 캠벨 모건 목사님을 위해서 "하나님 저들을 축복하셔서 더 크게 부흥하게 하소서"라고 기도했다. 그러자 얼마 후에 놀라운 일이 벌어졌다. 자신이 섬기는 교회 부흥을 위해 특별히 기도하지 않았음에도 양편의 두 교회와 함께 메이어가목회하는 교회까지 채워지고 부흥이 된 것이다. 두 교회의 잔이 넘치니 이곳 메이어가 섬기는 교회의 잔도 차고 넘친 것이다. 참으로 다른 사람이 잘 되도록 기도하면 나도 잘된다는 것이 하나님나라의 원리인 것이리라.

"도리어 복을 빌라. 이를 위하여 너희가 부르심을 입었으니
이는 복을 유업으로 받게 하려하심이라."(벧전3:9)

349
너 날 무엇 주느냐?

에케이 호모(Ecci Home)는 십자가에 달리신 그리스도의 모습을 그린 성화로, 독일 화가 슈테른베르그(Sternberg)의 작품이다. 그 그림 밑에 이런 글이 적혀 있다. "나 너를 위해 이 일을 했건만 너 날 위해 무엇을 했느냐?" 그림을 보고 프랜시스 해버갈(Frances Ridley Havergal)은 말할 수 없는 충격을 받아 영감이 떠오르는 대로 종이 위에 찬송시를 쓰기 시작했다. 그 날 밤 벽난로 옆에 앉아 시를 꺼내 다시 읽었는데 문장에 서툰 표현인 것 같아 시가 적혀 있는 종이를 벽난로 불 속으로 던져 버렸다. 그런데 그 순간 굴뚝에서 강한 바람이 거꾸로 불어와 불에 던진 종이 조각을 난로 밖으로 토해 버리는 것이었다. 이 종이에 기록된 찬송시가 311장 "내 너를 위하여"란 찬송으로 세계 그리스도인들이 감명 깊게 부르는 찬송이다. "내 너를 위하여 몸 버려 피 흘려 네 죄를 속하여 살 길을 주었다. 널 위해 몸을 주건만 너 무엇 주느냐? 널 위해 몸을 주건만 너 무엇 주느냐?"

이스라엘은 여호와 하나님의 능력으로 애굽에서 구원받았다. 그리고 광야 생활에서 하나님의 도움을 전적으로 받으며 살아가면서도 그 은혜를 모르고 도리어 원망과 불평으로 지냈다. 그러더니 결국 그들은 약속의 땅에 들어가지 못한 것이다. 우리들도 격변의 시대에 하나님의 은혜로 살았고 또한 살아가고 있다. 은혜주신 주님을 위해 무엇을 드릴까? 머리를 한 번쯤 감싸는 시기가 감사절이다. 그러려면 독일의 화가 슈테른 베르그가 그린 그림의 라틴어 제목 "에케이 호모" "이 사람을 보라"고 하는 그림처럼 주님을 바라보는 것이다. 신앙생활을 오래하다 보면 예수의 죽음이나 십자가의 고통에 감격이 없을 때가 있다. 날 위해 죽으신 주님의 희생으로 말미암아 천한 우리가 하나님의 자녀가 되었으나 별 감동이 없는 것이다. 이럴 때일수록 예수그리스도의 십자가를 바라보고 저변에 굳어있는 감사의 마음을 불러 일으켜 의미있는 맥추절이 되도록 해야 하리라.

"어리석도다. 갈라디아 사람들아! 예수 그리스도께서 십자가에 못 박히신 것이 너희 눈앞에 밝히 보이거늘 누가 너희를 꾀더냐?"(갈3:1)

350
"오버아머가우" 마을의 감사

14세기 중엽 유럽은 흑사병으로 유럽인구 3분의 1이상이 희생을 당했다. 그 후에도 300여년 간 주기적으로 발생하여 공포의 대상이 되었다. "30년 전쟁"을 겪던 독일에도 흑사병이 창궐해 많은 사람들이 사망했다. 1633년 "오버아머가우 "마을주민들은"주께서 저희를 흑사병에서 지켜주신다면 10년마다 예수님의 고난과 죽으심, 그리고 부활하심을 기념하는 뜻으로 연극을 만들어 바치겠습니다" 라고 기도했다. 기적이 일어났다. 그날 이후에는 이 마을에서 흑사병 사망자가 더 이상 발생하지 않았던 것이다. 그리고 "오버아머가우"의 예수수난극은 이 약속에 따라 1634년부터 공연되고 있다. 전쟁으로 인해 불가피했던 두 차례를 빼고는 매 10년마다 꼬박꼬박 공연을 치르며 380년 동안 신실하게 약속을 지켜왔다. 예수 수난극이 열릴 때면 전 세계 50만 명이 넘는 사람들이 이 작은 산골 마을로 모여든다고 하니 그 명성을 확인할 수 있다. "오버아머가우"의 예수수난극이 특별한 이유는 이 공연에 참가하는 2,400명의 출연자가 모두 이 마을 주민이기 때문이다. 마을에서 태어났거나 20년 이상 거주한 사람에게만 참가 자격이 주어진다고 한다.

"오버아머가우" 마을은 날씨가 변덕스러워 농사도 되지 않는 지역이었다. 그런데 감 사하는 마음으로 공연한 덕분에 이 마을 입장료와 숙박비 수입이 8천만 달러가 넘었 다고 한다. 우리 돈으로 960억 원이다. 가정 당 일년 수입이 1억 원이 되는 것이다. 농사나 짓고 공예품이나 깎아 팔았다면 그 마을은 이름도 없는 시골 동네를 벗어나지 못했을 것이다. 그래서 이곳은 독일에서 가장 유명한 마을이 되었다. 은혜를 잊지 않고 건강을 주신 하나님께 보답하는 아름다운 마음을 하나님은 이렇 게 축복하신 것이다. 그래서 요나는 감사로 제사를 드리며 서원을 갚겠다고 하였다(욘2:9). 하나님의 은혜에 감사할 줄 알 때 하나님의 은총이 더하게 될 것이리라.

"여호와께서 내게 주신 모든 은혜를 무엇으로 보답할꼬"(시116:12)

351
마음을 지키라.

참으로 영국의 청교도들의 신앙은 역사에 남을만한 고귀한 것들이었다. 당시청교도들의 주제는 "마음을 지키라, 악마를 이기라, 확신하라"였다. 신앙의 좌소(座所)는 마음이기에 마음을 지키는 것이 신앙을 지키는 것이다. 그렇지만 성도라면 마음을 지켜야 할 이유가 있다.

마음을 지켜야 마귀의 유혹이나 위급한 상황에서도 하나님을 생각할 수 있기 때문이다. 마음을 지켜 주님을 늘 생각하지 않으면 예배시간이나 식사기도도 잊고 지나칠 수 있다. 평소에 하나님을 늘 생각하고 살아야 악마가 유혹하는 위태한 상황이 발생해도 하나님을 생각해 낼 수 있는 것이다. 또한 우리가 무엇을 생각하느냐로 우리의 행동이 나오기 때문이다. 우리의 사고는 우리의 마음을 주장한다. 우리의 마음은 행동을 결정하고 우리의 행동은 습관을 낳고 우리의 습관은 우리의 인격을 만든다. 그리고 우리의 인격은 우리의 미래를 결정한다. 그러므로 생각이 얼마나 중요한지 모른다. 하나님을 생각하면 하나님도 우리를 생각해 주시기 때문이다. 하나님은 우리의 중심을 보시는 하나님이시다(삼상16:7). 여호와께서는 우리의 생각까지도 통찰하시고 계시기 까닭에 우리의 생각까지도 다 감찰하셔서 받으신다. 그래서 시편기자는 "나의 입술의 모든 말과 나의 마음의 묵상이 주께 열납되기를 원하나이다"했다(시19:4). 그리고 "하나님이여, 나를 살피사 내 마음을 아시며 나를 시험하사 내 뜻을 아옵소서"라고 기도했다(시139:23). 무엇보다도 여호와 하나님을 생각하면 그의 은혜가 감사하여 서원을 갚을 수 있기 때문이다. 화를 마음에 품으면 그것이 마음에 축적이 되어 여러 가지 병의 원인이 되지만, 마음에 여호와와 그의 말씀을 품고 주야로 묵상할 수 있다면 참으로 복이 있는 자인 것이리라(시1:1).

"무릇 지킬만한 것보다 네 마음을 지키라.
생명의 근원이 이에서 남이니라"(잠4:23)

352
교회에 대한 오해

에밀 브루너의 〈교회의 오해〉라는 책에서도 여러 번 지적하고 있듯이 일반적으로 사람들은 교회에 대해서 몇 가지로 큰 오해가 있다.

첫째, 교회를 학교(institute)라고 오해하는 것이다. 물론 교회에서는 그룹별로 여러 가지 성경공부를 가르치고 배우지만 그것 자체를 교회라고 생각해서는 안 된다. 성경 공부와 교회는 별개이다. 진리를 가르치고 배운다고 해서 교회를 학교라고 생각하는 것은 잘못된 헬라식의 판단이다. 둘째, 친교(koinonia, fellowship)하는 곳을 교회라고 오해하는 것이다. 성도들이 모여서 차를 마시며 친교하는 것이 교회라는 것은 망상이다. 물론 성도의 교제가 있지만, 이것이 결코 교회의 본질은 아닌 것이다. 셋째, 교회를 자선사업 단체로 오해하는 것이다. 어려운 일이 있을 때마다 교회를 향하여 "도대체 교회가 무엇하고 있느냐"고, 교회가 돈을 내놓지 않는다고 한다. 본인들은 한 푼도 내지 않으면서 교회가 돈을 쓰지 않는다고 원망한다. 크게 잘못된 생각이나. 물론 교회는 구제해야 한다. 그러나 교회는 구제를 위하여 존재하는 기관이 아니다. 교회가 굳이 구제하는 기관이어야 한다면 영혼을 구제해야 한다. 넷째, 불의에 항거하는 어떤 저항단체로 오해하는 것이다. 불의에 대하여 책망하고 의를 세우는 것은 진리를 믿는 자들이 하는 일이기에 교회는 불의에 대항해야 한다. 그렇지만 교회는 더 큰 역할이 있다. 영혼을 구원하여 천국으로 인도하는 일이다. 예수그리스도께서는 한 영혼이 천하보다 귀하다고 하셨다. 그러므로 주님이 이 세상에 오셔서 하신 일은 천국을 전파하는 일이셨다. 병을 치료하시고, 죄인을 돌아보아 가까이 하시고, 가난한 자들을 돌아보시는 일을 하셨던 것은 주님이 구주(救主)가 되시니 믿음으로 천국 백성으로 살라 하심이었다. 두주 후면 지엘 테라스 입주가 시작된다. 저분들에게 예수 그리스도를 전하여 천국 백성을 삼는 일을 하는 것이 우리들, 우리 교회의 사명이다.

"또 가라사대 너희는 온 천하에 다니며
만민에게 복음을 전파하라"(막16:15)

353
헌신하는 당신에게 엄지척입니다.

1999년 미국 컬럼바인 고등학교에서 총기 난사사건이 일어났다. 범인은 한 여학생을 향해 총을 겨누며 "하나님을 믿느냐?"고 물었다. 그 때 케시 버넬은 "그렇다."고 당당하게 대답했다. 그리고 이어서 총탄 세례를 받았다. 그렇지만 당시 죽음 앞에서 보인 이 소녀의 신앙 고백은 미국에서 아이들로 하여금 신앙의 정체성을 갖게 했다. 이 사건 후 미국 청소년들의 개인적 결단들이 PC 통신을 타고 전 세계로 퍼져나갔는데 그 중에 하나가 국기게양대 앞의 기도회 모임이었다. 우리나라 고등학교에서도 기독학생들이 국기게양대 아래 모여 기도하기 시작하여 당시 전국적으로 500여 학교에서 많은 학생들이 아침 8시30분에 모여 찬양하고 기도했었다. 학교 선생님 들과 학생들이 주님을 알도록, 그리고 이 땅에 통일이 되어 북한 형제들에게도 복음이 전해지도록 기도했다. 물론 이런 일로 학교마다 학생주임이 학생들을 불러 주위를 주는가 하면, 집에 전화하여 종교에 미친 학생이라 비난까지 했다. 당시 우리 사회는 이러한 일을 결코 그냥 지나치지 않다. 그러나 돌이켜보면 복음을 전파하는 곳에 핍박과 환난이 언제나 있다. 그렇지만 선진들은 두려워하거 그런 환난으로 중단하지 않았다. 바울은 환난이 그를 기다린다고 성령께서 알려주셨으나 그는 고백했다. "나의 달려갈 길과 주 예수께 받은 사명 곧 하나님의 은혜의 복음증거하는 일을 마치려 함에는 나의 생명을 조금도 귀한 것으로 여기지 아니하노라"(행20:24). 이렇게 생명을 걸고 사명을 감당하는 사도 바울 같은 주의 종들을 통하여 복음이 전파되어지고 하나님의 나라가 건설되어진 것이다. 여름행사를 앞두고 있다. 무더운 찜통더위 속에서 일신의 안일을 생각하지 않는 자없을 것이다. 그럼에도 불구하고 무더위가운데서도 진액을 쏟으며 헌신하는 교사들이 있기에 이번 여름행에도 어린 영혼들이 살아나게 되어질 것이다. 나아가 하나님의 뜻이 이루어지고 하나님의 나라가 세워지는 것이리라.

"그러므로 내 사랑하는 형제들아 견고하며 흔들리지 말며
항상 주의 일에 더욱 힘쓰는 자들이 되라
이는 너희 수고가 주 안에서 헛되지 않은 줄을 앎이니라"(고전15:58)

354
성령의 도우심을 구하라!

전 문화부 장관이었던 이어령씨가 딸이 고난 받는 모습을 보게 되었다. 딸이 암에 걸리고 시력이 상실되었으며 손자 아이가 죽는 모습도 보았다. 그런 고난 속에 살아가는 딸을 보면서 자신이 할 수 있는 일이 아무것도 없음을 깨닫고 무력감을 느낀다. 그런데 딸이 점점 회복되고 성령의 역사하심으로 하나씩 치유되는 것을 보았다. 고난을 겪는 딸의 굳은 신앙의 모습을 보면서 이어령씨는 감동을 받는다. 그래서 그는 예수를 믿고 세례를 받았다. 그렇지만 그는 어느 잡지의 인터뷰 기사에서 "지금도 솔직히 잘 안 믿어진다"고 고백하였다. 이어서 "쉽게 믿는 사람들이 부럽다"고 했다. 이성의 존재인 인간이 초자연적인 예수의 부활과 승천, 그리고 천국을 믿는다는 것은 기적과도 같은 일이다. 그래서 사람들이 못 믿어 이 세상에는 아직도 믿지 않는 사람들이 태반이다. 그럼에도 우리 성도들은 세상 사람들이 믿지 못하는 예수를 믿는다. 나아기 우리는 그 믿음을 지기기 위해서 이떤 고난도 불사한다. 이렇게 이렇게 믿어지는 것인가? 사람의 힘이 아니라 성령의 역사 때문이다. 그러하다. 진리는 아무나 알고 깨닫는 것이 아니다. 지식이 있다고 성경의 말씀을 깨닫는 것도 아니고 무지하다고 말씀을 깨닫지 못하는 것도 아니다. 바울은 "너희가 그 은혜를 인하여 믿음으로 말미암아 구원을 얻었나니 이것이 너희에게서 난 것이 아니요 하나님의 선물이라. 행위에서 난 것이 아니니 이는 누구든지 자랑치 못하게 함이니라"고 했다(엡2:8,9). 성령의 일하시면 믿어진다. 그러므로 예수님은 성령이 오시면 모든 것을 가르치시고 생각나게 하실 것이라 하셨다(요14:26). 저들에게 복음을 전하려면 많은 일꾼들이 필요하다. 그러나 그보다도 더욱 필요한 일은 성령의 도우심이다. 베드로는 무지한 사람이었으나 성령이 함께 하시니 3,000명이 회개하고 돌아와 세례를 받았다. 우리에게 가장 필요한 것은 성령의 도우심이다. 성령께서 충만하여 도우시도록 성령의 무장은 아무리 강조해도 부족하다.

"성령이 친히 우리 영으로 더불어
우리가 하나님의 자녀인 것을 증거하시나니"(롬8:16)

355
교회는 어떤 곳이어야 하는가?

레베카 피펏은 미국 오레곤 주에 있는 한 대학에서 사역하던 중 빌이라는 한 학생을 만났다. 빌은 난해한 문제들에 항상 심취해있었고 그의 머리카락은 늘 헝클어져 있었다. 그리고 눈이 오나 비가 오나 항상 맨발로 다녔다. 그러던 그가 어느 날 그리스도인이 되었다. 그 당시 그 대학 건너편에 한 교회가 있었고 그 교회는 대학생 사역을 좀 더 활성화하기 위해 애쓰던 참이었다. 그래서 좀 더 따뜻하게 학생들을 대하려고 노력하였다. 어느 주일날이었다. 빌은 그 교회에서 예배드리려고 그 교회에 들어섰다. 물론 청바지에 티셔츠를 입었고 여전히 맨발이었다. 그런데 그날따라 빈자리가 거의 없었다. 빌은 맨 앞줄까지 가보았지만 자리가 없었다. 그는 망설이지 않고 통로 바닥에 그냥 쭈그리고 앉았다. 그러자 장내에는 긴장감이 돌기 시작했다. 그때였다. 갑자기 나이 지긋한 노신사가 자리에서 일어났다. 그리고 빌에게로 걸어가는 것이었다. 빌을 아는 학생들은 "저 노신사가 빌이 그리스도인이 아니라고 생각하고 빌에게 꾸중하기 위해 다가가고 있을 거야! 저분이 문제가 아니라 저 모습을 하고 있는 빌이 문제야"라고 생각했다. 그 노신사가 천천히 빌 가까이로 다가가자 모든 교우들은 쥐 죽은 듯이 조용해져서 그 노신사의 행동을 주시했다. 그 노신사는 빌에게 가더니 약간 힘들게 몸을 구부리며 빌의 옆에 털썩 앉았다. 예배가 마칠 때까지 그 노신사는 빌 옆에서 복도에 앉아 예배를 드렸다. 그 광경을 보며 예배를 드린 모든 교우들의 눈시울이 뜨거워졌다. 이런 사실은 레베카 피펏이 경험했던 이야기를 〈빛으로 소금으로〉라는 책에 기록하여 소개되었다. 교회가 어떤 곳이어야 하며 어떤 사람들이 모여 예배를 드려야 하는가? 한번은 예수님은 성전에서 이익을 위해 장사하는 자들을 채찍으로 쫓아내셨다. 그리고 "기록된바 내 집은 기도하는 집이라 일컬음을 받으리라 하였거늘, 너희는 강도의 굴혈을 만드는도다"하셨다(마21:13). 교회는 하나님을 찾아 기도하고 싶은 자들이 와서 예배하는 곳이어야 하리라.

"이에 일어나 가라사대
너희 중에 죄 없는 자가 먼저 돌로 치라 하시고"(요8:7)

356
스트레스의 처방은 휴식이다.

　한 사회학자는 현대 사회의 특징을 세 가지로 요약해서 말하고 있다. 첫째는 현대사회는 콘크리트 사회이다. 현대 도시인들이 아파트, 빌딩 콘크리트 속에 갇혀 살고 있다. 마음과 생각도 콘크리트처럼 굳어져 버린 사람이 많다. 둘째는 현대사회는 스피드 시대이다. 전문공부장관 이어령 씨는 과거시대가 "가마솥 문화"인 반면 신시대는 "라면세대"라고 말했다. 가마솥은 오랜 시간 음식을 내먹는데 라면은 뜨거운 물을 넣어 휘휘저어 후딱 먹어버린다. 그래서 오늘날에는 너나 할 것 없이 누구나 "빨리 빨리"를 추구하면서 더욱 급해지기 시작했다는 것이다. 셋째는 현대사회는 스트레스 시대이다. 사람들은 성공을 원하지만 실제로 성공하는 사람은 전체 인구의 3%에 불과하다. 97%의 사람은 힘들고 어렵게 살아간다. 그러므로 사람들이 삶의 스트레스로 인해 두려움, 불안과 공포심, 분노와 원한이 증가한다. 미국의학계의 보고에 의하면 1900년대 초에는 미국 사람들의 사망 원인 10가지를 분석해 볼 때 모두다 전염성 질환이었다고 한다. 그런데 오늘날에는 치명적인 질병의 원인이 다 스트레스에 관련된 질환이라 한다. 한국인의 경우도 예외는 아니다. 그러므로 이런 스트레스를 완화하고 활력을 충전시키는 노력이 절대적으로 필요한데 바로 그것이 휴식과 안식이다. 그렇지만 휴식을 죄악처럼 여기던 시절을 보낸 어른들에게 여전히 휴식이 사치처럼 여긴다. 여행하기 위해 공항에 몰려있는 사람들을 보면서 불편하고 비소를 던진다. 이런 현대사회의 비극에 대해 〈느리게 산다는 것의 의미〉의 저자인 피에르 상소는 "안식의 상실"을 지적하며 그런 사람들을 "잃어버린 세대"라고 말했다. 하나님은 인간을 엿새 동안 지으시고 이레 되는 날에 쉬심으로 본을 보이셨다. 그리고 엿새 동안 일하고 일곱째 날에는 쉬라하셨다. 치열한 경쟁으로 휴식도 없이 밤낮을 가리지 않고 일을 하는 것을 당연시하는 분들도 있을 것이나 기계에 기름을 치지 않으면 고장이 나는 것처럼 휴식 없이 일하면 결과는 치명적인 결과로 나타나리라.

"이르시되 너희는 따로 한적한 곳에 와서 잠간 쉬어라 하시니"(막6:31)

357
뿌린 데로 거두리라.

하나님께서 우리 인생들에게 주신 변하지 않는 원리가운데 하나는 무엇을 심든지 그대로 거둔다는 것이다(갈6:7). 영국의 유명한 군인이며 정치가인 윈스턴 처칠 수상에 관한 일화도 이런 사실을 말해 준다. 처칠이 어렸을 때 런던에 있는 템스강에서 수영을 하다가 깊은 물에 빠진 적이 있었다. 허우적거리며 "사람 살려요"라고 소리를 쳤다. 그런데 마침 어떤 청년이 지나가다가 뛰어들어 처칠을 구해주었다. 나중에 이 사실을 안 처칠의 할아버지가 청년에게 "은혜를 보답하고자 하니 당신의 소원이 있으면 말해 보세요"라고 하자 청년은 "선생님, 저는 의학 공부를 하는 것이 소원입니다"라고 대답했다. 그래서 처칠의 할아버지는 그가 의과대학을 졸업하기까지 학비를 대 주었다. 그 청년이 바로 알렉산더 플레밍이라는 사람인데, 열심히 공부하여 교수가 되었다. 그는 항상 연구실에서 실험하여 여러 가지 약을 발명하였다. 그 중에서 유명한 것은 지금도 많이 알려져 있는 페니실린 주사약이다. 플레밍은 이 약을 성공시킴으로 노벨의학상을 타기도 했다. 그 후 세계 2차 대전 때 처칠 장군이 아프리카 전쟁에서 큰 병에 걸렸다. 이 소식을 전해들은 플레밍 박사는 직접 비행기를 타고 아프리카로 건너가, 페니실린으로 그의 병을 고쳐주었다. 처칠과 플레밍은 서로 어려움에 처했을 때 도움을 받고 도움을 줌으로 서로의 은혜를 갚은 아름다운 사람들이었다.

8.15광복 72주년을 맞아 몇 사람의 애국지사 후손들이 상을 받는 장면이 TV에 방영되었다. 대통령은 그동안 "그동안 친일을 하면 3대가 흥하고 독립운동을 하면 3대가 망한다"는 말까지 나왔지만 앞으로는 이런 말이 사라지도록 독립유공자를 3대까지 예우하겠다"고 약속했다. 당연히 심었다면 거둔 것이 하나님의 공의이다. 그러기에 먹을 것을 물위에 던져도 먼 훗날에 도로 찾게 되는 것이리라(전11:1).

"너는 네 식물을 물 위에 던지라
여러 날 후에 도로 찾으리라"(전11:1)

358
미래의 지도자를 세우는 사람

처서와 함께 교회에서는 여름행사를 마쳤다. 세월이 지날수록 인적, 물적자원이 아쉬운 가운데서도 교사들과 봉사자들이 수고해 주시고, 후원의 손길을 펴주신 분들이 계셔서 여름행사를 은혜롭게 마친 것이다. 아이들을 위해 희생하는 것은 먼 미래를 위한 투지이기에 마치 물에 식물을 던지는 것과 다를 바 없다. 그러나 이런 사람으로 하나님의 교회는 든든히 서는 것이다. 그 모본이 "죤 워너 메이커"이다. 헌신의 사람 죤 워너 메이커는 삼십 대에 세계 최초로 백화점을 만들었으며, 세계 최고의 백화점의 회장이 된 사람이었다. 그는 "고객은 왕이다"라는 말을 처음으로 사용하고, 탁월한 경영 감각을 가지고, 현대 비지니스의 창시자가 된 사람이었다. 무엇보다 19세 부터 85세까지 한 번도 주일예배와 봉사를 거르지 않았고 심지어 주일성수를 위해서 백화점 문을 닫고 "나는 하나님의 날을 세상의 재물과 바꾸고 싶지 않습니다"라고 말한 사람이었다. 그리고 자신이 맡은 제신부 상관식은 부업이고 주일 학교의 교사직을 본업으로 여겼고 우리나라와 세계 곳곳에 YMCA를 세운 항상 온유하고 겸손하고 성실하고 충성된 사람이었다. 그렇지만 워너 메이커는 어린이를 너무나도 사랑해서 어린이를 가르치고 섬기는 일을 최고의 기쁨으로 생각하고 하나님의 나라에 갈 때까지 어린이를 가르치는 일을 쉬지 않았던 사람이다.

우리에게는 현재의 삶도 중요하지만 미래를 위해서 준비하고 헌신하는 삶이 필요하다. 마치 노아가 미래를 위해 방주를 준비하듯 미래를 위해 투자해야 한다. 바로 워너 메이커를 닮으려는 사람이 있다면 바로 그가 미래의 지도자를 세우는 주역이 될 것이리라.

> "마땅히 행할 길을 아이에게 가르치라
> 그리하면 늙어도 그것을 떠나지 아니하리라"(잠22:6)

359
교회의 주인은 누구인가?

어느 곳에 실업자 아버지가 있었다. 직장에서 쫓겨나 실업자가 된 것이다. 그러나 집은 점점 가난하여졌다. 지붕이 새도 고칠 돈이 없었다. 비오는 어느 날 안방에 빗물이 새어나와 줄줄 흐르고 있었다. 그러자 아버지가 일어서더니 "잠간 나갔다 온다"고 나갔다. 그리고 밤이 늦도록 돌아오지 않았다. 식구들이 무슨 일이 생겼는가 하여 찾아 나섰다. 아버지가 갈 만한 곳을 모조리 찾았지만 찾을 수가 없었다. 할 수 없이 돌아오는 데 지붕위에 누군가가 우산을 쓰고 쪼그리고 앉아 있었다. 아들이 엄마에게 놀라서 물었다. "엄마! 우리 집 지붕위에 누가 있어요." 물끄러미 바라보던 엄마가 아들에게 말했다. "그냥 집에 들어가자." 안방으로 들어갔다. 물이 새지 않았다. 엄마가 말했다. "아들아! 아빠가 돈을 못 버니까 미안하여 우리 편안하게 자라고 저렇게 지붕위에 올라가서 비가 새지 못하게 몸으로 막고 있는 것이란다. 아빠 자존심 건드리지 않게 모르는 척 하자구나!" 가정이란 무거운 짐을 진 아버지는 가장으로서 돈을 벌어오지 못하자 자신의 몸으로라도 이렇게 해서 자기 몫을 해내는 것이었다. 이 이야기는 〈아름다운 1003가지 이야기〉 가운데 있는 이야기이다. 그러하다. 가게를 책임지는 사람이 그 가게의 주인이다. 회사를 책임지는 사람이 그 회사의 주인이다. 가정을 책임지는 사람이 그 가정의 주인이다. 그렇다면 교회의 주인은 누구이겠는가? 교회에는 다양한 사람이 공동체를 이루고 있다. 다양한 사람, 그리고 많은 사람이 모이기에 "나 하나쯤이야!"라고 슬며시 빠지려는 사람, 남에게 짐을 지우고 자기는 손가락 하나도 대지 않는 사람(눅11:46), 남이 짐 지는 것을 보고 비판하는 사람도 있다(갈6:14). 그러나 아무리 무겁더라도 그 짐을 지고 책임지는 사람이 그곳의 주인이듯이 교회의 무거운 짐들을 지고서 책임지려는 사람이 교회의 주인이다. 이런 사람으로 하나님의 나라인 공동체, 교회는 든든히 서가게 되어 질 것이리라.

"너희가 짐을 서로 지라 그리하여 그리스도의 법을 성취하라."(갈6:2)

360
가장 행복한 사람

이 세상에서 가장 행복한 사람이 어떤 사람일까? 어떤 무명의 시인은 행복한 삶을 이렇게 노래했다. "아직 해가 뜨기 전 싱그러운 바람이 차갑다고 느껴질 때 부시시한 얼굴도 바라보면 기분 좋은 사람과 체온을 느끼며 산책할 수 있는 삶, 함께 세운 목표를 위해 어려움도 즐거움으로 이해하며 손잡고 걸어가는 삶, 좋은 사람이 감기에 걸린 것이 안쓰러워 하루 일을 스스로 포기하고 싶은 사랑하는 이가 곁에 있는 삶, 비록 부자가 아니라도 다른 사람을 위해 마음을 쓸 줄 아는 넉넉한 가슴을 지닐 수 있게 그 마음에 사랑의 나무를 가꾸어 가는 삶, 언제나 연인 같은 느낌이 드는 사람과 평생 의심하지 않으며 열애를 하듯 사랑하면서 좋은 이웃, 좋은 친구, 좋은 사람들과 더불어 살아가는 삶, 이 모든 것보다도 이 모든 것이 다 없어도 그 사람 하나로 눈물겹도록 사랑하는 한 사람 갖고 있는 삶, 런 삶이라면 행복한 삶이라 여기겠습니다."

몇 년 전에 가장 행복한 사람에 대한 조사를 한 적이 있다. 각국사람들을 소사 했는데 방글라데시 국민들이 자신이 가장행복하다고 여기는 사람들로 나타났다. 그들의 국민소득은 최하위이지만 행복하다고 하는 것이다. 저 북한 사람들도 자신들이 가장 해복하게 살고 있다고 여긴다는 보도도 보았다. 그러나 이런 행복들은 다 주관적인 것들이다. 곧 자신의 마음이 행복하니 남이야 무어라하든지 간에 행복하다는 것이다. 다른 사람의 형편을 몰라 자신의 삶이 최고인 것으로 아는 것이다. 그렇지만 이런 행복은 그에게는 타당할는지 모르지만 객관적으로는 행복의 공식은 아니다. 행복은 보편타당한 객관성을 지니는 것이라야 한다. 그렇다면 누구나 인정하는 행복은 무엇인가? 바로 우리 주 예수그리스도로 영생복락을 누리는 것이다. 이런 행복을 위해 우리 교회는 잔치를 배설했다. 가족과 이웃을 행복에로 초대하는 주일이다. 오는 자마다 행복을 한 아름 안겨주는 기회가 되어 질 것이리라.

"이는 저를 믿는 자마다 영생을 얻게 하려 하심이니라."(요3:15)

361
Amazing Grace / 나 같은 죄인 살리신

    영국 베드포드라는 곳의 죤 뉴톤은 어릴 때 교회를 잘 나가던 착한 아이였다. 그러나 어머니가 죽고 아버지가 재혼하자 그는 빗나갔다. 술을 즐기고 허랑방탕했으며, 폭력을 일삼았다. 한때는 부하를 200명이나 거느린 깡패 두목이었다. 그러다가 더 쉽게 돈을 벌려고 노예장사를 시작했다. 아프리카에 가서 노예를 사다가 유럽에 파는 포악한 노예상인이 된 것이다. 그러던 어느 날 고향에 돌아와 어쩌다 한번 교회에 나가게 되었는데 그 날 설교가 탕자의 비유였다. 둘째 아들이 자기 몫을 받아 아버지를 멀리 떠나 허랑방탕하게 살던 이야기를 들으니 "아, 내가 탕자구나"하는 생각과 함께 눈물이 비 오듯 쏟아졌다. 그는 눈물로 회개하고 하나님께로 돌아왔다. 그리고 그는 후에 목사로서 수많은 사람에게 은혜를 끼치는 목사가 되었다. 그 때 죤 뉴톤이 회개하고 지은 노래가 바로 "Amazing Grace" 곧 "나 같은 죄인 살리신"이다.

1. 나 같은 죄인 살리신 그 은혜 고마워 잃었던 생명 찾았고 광명을 얻었네!
2. 큰 죄악에서 건지신 그 은혜 고마워 나 처음 믿은 그 시간 귀하고 귀하다.
3. 이제껏 내가 산 것도 주님의 은혜라 또 나를 장차 본향에 인도해 주시리.
4. 거기서 우리 영혼이 주님의 은혜로 해처럼 밝게 살면서 주 찬양하리라.

    참으로 죄인 된 우리는 예수그리스도를 만나 광명을 찾았고 생명을 얻었다. 예수님을 핍박하던 바울 같은 우리, 하나님을 멀리 떠난 뉴톤처럼 탕자인 우리를 하나님이 은혜로 불러주신 것이다. 그래서 이제는 그리스도인이 되었다. 이제는 이 은혜에 감사하고 평생 예수그리스도를 섬기며 살아가야 하리라.

"너희는 그 은혜에 의하여 구원을 받았으니
이것은 너희에게서 난 것이 아니요 하나님의 선물이라."(엡2:8)

362
전화위복케 하시는 하나님!

1985년 미국의 남부 앨리바마주에 큰 소동이 일어났다. 넓은 들에 목화를 심는 곳인데 목화에 목화벌레가 기승을 부려 모든 목화밭을 버리게 만든 것이었다. 이러한 재앙은 한 해로 그친 것이 아니라 몇 년을 계속하였으니 그곳에 목화재배로 살아가는 사람들에게는 여간 고통이 아니었다. 그곳의 사람들은 모여 대책을 논의했으나 뾰쪽한 묘안이 나오지 않았다. 그런데 참석자 중에 한 사람이 "이제부터 차라리 목화농사를 포기하고 땅콩농사를 짓기로 하면 어떨까요"라고 했다. 그들은 그게 낫겠다고 하여 넓은 들판에 목화를 제거하고 땅콩을 심기 시작했다. 그런데 그 땅은 목화보다는 오히려 땅콩에 적합한 땅이었다. 수확해 보니 목화수익보다 몇 배나 땅콩수입을 올렸다. 그리고 이곳은 후에 세계적인 땅콩생산지가 되었다. "안되면 돌아가라"는 말이 있듯이 목화에서 땅콩으로 바꾼 결과가 너무 큰 이익으로 돌아온 것이다. 이곳 사람들은 그것을 기념하여 동상을 하나 세웠는데 그 농상은 "목화벌네 동상"이라고 한다. 목화벌레 때문에 땅콩을 심게 되어 크게 성공했기 때문이었다. 그 동상 밑에는 이런 글귀가 새겨져 있다고 한다. "우리는 목화벌레에 대해서 깊은 감사를 표하는 바이다. 이 벌레는 우리에게 번영을 가져다주었기 때문이다." 앨라바마 사람들은 목화벌레 때문에 땅콩으로 바꾸게 되었으니 결과적으로 목화벌레가 전화위복을 가져다 준 것이다.

하나님은 전화위복의 하나님이시다. 그래서 위기가 번영의 길이 되게 하시고 때로는 실패가 큰 형통을 가져다주는 것이다. 에서로 야곱을 더욱 복되게 하시고 애굽에 종으로 팔려간 요셉을 더욱 크게 사용하신 하나님은 우리에게도 전화위복의 역사를 주시는 하나님이시다. 그러기에 주님은 회당장에게 "의심하지 말고 믿기만 하라"하시고(막5:36) 제자에게 "하물며 구하는 자에게 성령을 주시지 않겠느냐?"하셨다(막11:13). 주님은 우리 성도들에게도 전화위복케 해 주실 것이리라.

"하나님을 사랑하는 자 곧 그 뜻대로 부르심을 입은 자에게는
모든 것이 합력하여 선을 이루느니라."(롬8:28)

363
하나님의 은혜로!

존 스토트는 영국 성공회 사제로서 세계적인 복음주의 거장이다. 세속화 되어가는 세상 속에서 복음의 위대함을 역설한 현대 영국교회의 아버지와 같은 분이다. 그런데 이분은 아주 독특한 취미생활을 하고 있었다. 쉬는 날이면 망원경과 카메라를 들고 템즈강 강변에 나가 새를 관찰하고 촬영하곤 했다. 새에 대해서는 전문가 수준이었다. 새에 대해서만 아는 것이 아니라 새를 통해서 주시는 하나님의 메시지를 들었다. 그는 새를 통해서 주시는 메시지를 모아 "새, 우리들의 선생님"이라는 책을 출간하기 까지 했다. 이 책에 보면 새를 자기 날개 짓으로 나는 자력 비행의 새와 공기 힘을 이용해서 나는 타력 비행의 새의 두 종류로 나눈다. 자기 힘으로 나는 자력 비행의 새는 우리 주변에서 쉽게 발견할 수 있는데 참새, 까치, 지바구니 같은 새들이다. 이런 새들은 높이도, 멀리도 날지 못한다. 그래서 늘 우리 주변에 날아다닌다.

반면에 공기 힘을 이용해서 타력으로 나는 새는 이와는 정반대이다. 이런 종류의 새는 민가와 떨어진 곳에서 사는데 하늘의 제왕 독수리, 바다 위의 갈매기, 수천 킬로를 비행하는 철새 등 이런 종류의 새는 참새나 까치처럼 고단한 날개 짓을 하지 않아도 날개만 펴고 공중에 떠 있기만 해도 바람이 도와준다. 그래서 창공 높이 솟구쳐 올라 멀리 날아오르고, 때로는 바다와 대륙을 횡단하기도 한다. 날개를 펴서 바람을 타기만 하면 멋진 비행을 할 수 있는 새들이다. 그래서 이사야 선지자는 "오직 여호와를 앙망하는 자는 새 힘을 얻으리니 독수리 날개 치며 올라감 같을 것이요"라고 했다(사40:31). 그런데 새들만이 아니라 사람도 자기 힘으로 사는 사람과 하나님의 은혜로 사는 사람. 이 두 종류의 사람으로 나누어진다. 하나님의 자녀 된 진관교회 성도요, 예수그리스도를 믿는 성도라면 자신의 힘이 아닌 하나님의 은혜로 살아가야 하리라.

"나의 나 된 것은 하나님의 은혜로 된 것이니...
내가 모든 사도보다 더 많이 수고 하였으나 내가 아니요
오직 나와 함께하신 하나님의 은혜로라."(고전15:10)

364
현대인의 우상이 된 TV

현대인의 우상은 TV 라고 해도 과언이 아닐 정도이다. 현대를 살아가는 사람들은 TV에 갇혀 살아가고 있는 것이다. 이런 현대인을 빗댄 "TV, 시편23 (여호와는 나의 목자시니)"이 있다. "TV는 나의 목자시니 내가 부족함이 없으리로다. 그가 나를 폭신한 소파에 눕게 하시며, 썰만한 안방으로 인도하시는 도다. 내 영혼을 파멸시키고, 광고주를 위하여 놀이와 폭력의 길로 인도하시는 도다. 내가 제자로서의 삶을 요구받을지라도, 사명과 의무에 대한 책임을 느끼지 않을 것은, TV가 나와 함께 하심이라. TV안테나와 리모컨이 나를 안위하시나이다. 그가 주님이 보시는 앞에서, 상업광고로 부추기시고, 인본주의의 기름으로 내 머리에 바르셨으니, 내 욕심이 넘치나이다. 나의 평생에 나태와 무지가 정녕 나를 따르리니, 내가 TV에서 보여주는 세계에 영원히 거하리로다." 그런가 하면 TV 찬송가 419장(주 날개 밑 내가 편안히 쉬네)도 나왔다. "TV앞에서 내가 편안히 쉬네. 밤 깊고 비바람 불이쳐도, TV께서 날 즐겁게 하시니, 거기서 평안히 쉬리로다. TV 앞은 즐거워라, 그 쾌락 끊을 자 뉘뇨. TV보는 내 기쁜 영혼, 영원히 거기서 살리. TV앞에 참된 기쁨이 있네. 고달픈 세상길 가는 동안, 그 앞에 앉아 세월을 잊고, 영원한 안식을 누리리라. TV앞은 신나는구나, 그 눈길 끊을 자 뉘뇨? TV보며 모든 것 잊고, 영원히 충성 다 하리."

이 정도로 TV로 사람들이 휘둘리고 있어 누군가 빗대어 말한 것이지만 씁쓸함을 금할 수가 없다. 이쯤 되니 TV가 우상이 아니라고 말할 사람이 없을 것이리라.

**"아비나 어미를 나보다 더 사랑하는 자는 내게 합당치 아니하고
아들이나 딸을 나보다 더 사랑하는 자도 내게 합당치 아니하고"(마10:37)**

365
용서함으로 묵은해를 마무리 하자!

다사다난한 한해가 저물어 간다. 누구나 새해를 맞게 되면서 새롭게 시작하기를 원한다. 새해에 새 마음을 가기를 원한 것이다. 새 옷을 입으려면 낡은 옷을 벗듯이 새 마음을 가지기 위해서는 낡은 마음을 청산해야 한다. 그러나 막상 새로워지는 것이 별로 없음에 스스로가 놀라곤 한다. 그런 까닭은 각오가 약하여서거나, 출발선에서 너무 오래 미적거림도 원인일 수 있다. 하지만 무엇보다 더 큰 원인은 대부분 용서하지 못한 앙금들이 원인일 때가 많다.

실제로 용서란 하나님과 사람사이의 관계 회복은 물론, 사람과 사람사이의 관계도 새롭게 하는 놀라운 능력을 지니고 있다. 이처럼 용서가 능력인 까닭은 하나님의 용서를 받은 사람의 일이기 때문이다. 하나님은 주님의 목숨을 주시고 용서하셨기에 우리가 용서하며 살기를 원하신다. 그렇지만 우리 그리스도인들은 용서보다는 형제나 이웃의 쓰라린 기억을 잊어버림으로 문제를 해결하려 한다. 그것은 과거의 상처를 깊이 가둬두는 것일 뿐 문제해결책이 못된다. 용서는 어쩌면 화해보다 한 차원 높은 것이며 무조건 눈감아 주거나 참는 것 과도 다르다. 또한 상처받은 감정의 찌꺼기를 덮어버리는 것도 아니다. 가라앉은 분노는 믿음이 흔들려 삶이 요동할 때는 다시 솟구쳐 올라오기 때문이다. 하나님께서 주님의 십자가를 통해 용서하셨듯이 우리도 내면의 깊은 아픔을 삭히고 녹여서 용서해야 한다. 우리는 주님의 십자가 과정을 용기 있게 통과한 후에야 비로써 용서가 주는 참 기쁨에 참여할 수 있으리라.

> "서로 용서하기를 하나님이 그리스도 안에서
> 너희를 용서하심과 같이 하라.(엡4:32)"